AF820648

Raimund Jakob, Lothar Philipps,
Erich Schweighofer, Csaba Varga (Hg.)

Auf dem Weg zur Idee der Gerechtigkeit

Ilmar Tammelo in Salzburg 1977 (R.J.)

Raimund Jakob, Lothar Philipps,
Erich Schweighofer, Csaba Varga (Hg.)

Auf dem Weg zur Idee der Gerechtigkeit

Gedenkschrift für Ilmar Tammelo

LIT

Gedruckt mit Unterstützung des Bundesministeriums
für Wissenschaft und Forschung in Wien und der Stiftungs- und Förderungsgesellschaft der Paris-Lodron-Universität Salzburg

UNIVERSITÄT SALZBURG

Umschlagsfoto: Ilmar Tammelo 1977 in seinem Privatissimum (R.J.)

Gedruckt auf alterungsbeständigem Werkdruckpapier entsprechend
ANSI Z3948 DIN ISO 9706

Bibliografische Information der Deutschen Nationalbibliothek
Die Deutsche Nationalbibliothek verzeichnet diese Publikation in der Deutschen Nationalbibliografie; detaillierte bibliografische Daten sind im Internet über http://dnb.d-nb.de abrufbar.

ISBN 978-3-643-50034-2

©LIT VERLAG GmbH & Co. KG Wien 2009
Krotenthallergasse 10/8
A-1080 Wien
Tel. +43 (0) 1-409 56 61
Fax +43 (0) 1-409 56 97
e-Mail: wien@lit-verlag.at
http://www.lit-verlag.at

LIT VERLAG Dr. W. Hopf
Berlin 2009
Verlagskontakt:
Fresnostr. 2
D-48159 Münster
Tel. +49 (0) 2 51-620 32 22
Fax +49 (0) 2 51-922 60 99
e-Mail: lit@lit-verlag.de
http://www.lit-verlag.de

Auslieferung:
Deutschland: LIT Verlag Fresnostr. 2, D-48159 Münster
Tel. +49 (0) 2 51-620 32 22, Fax +49 (0) 2 51-922 60 99, e-Mail: vertrieb@lit-verlag.de

Österreich: Medienlogistik Pichler-ÖBZ GmbH & Co KG
IZ-NÖ, Süd, Straße 1, Objekt 34, A-2355 Wiener Neudorf
Tel. +43 (0) 22 36-63 53 52 90, Fax +43 (0) 22 36-63 53 52 43, e-Mail: mlo@medien-logistik.at

Schweiz: B + M Buch- und Medienvertriebs AG
Hochstr. 357, CH-8200 Schaffhausen
Tel. +41 (0) 52-643 54 30, Fax +41 (0) 52-643 54 35, e-Mail: order@buch-medien.ch

Die Idee der Gerechtigkeit ist kein ausschließlicher oder endgültiger Maßstab für das soziale, politische oder rechtliche Leben, und die Ideale der Gerechtigkeit geben keine Ziele ab, die unbesehen angenommen oder angestrebt werden sollten. ... Sie ist immerhin ein „Mutterwert“ für andere soziale, politische und rechtliche Werte, die ohne ihre weitgehende Verwirklichung nicht verwirklicht werden können. Erst aus der verwirklichten Gerechtigkeit kann ein erstrebenswerter Frieden, ein ungefährdetes Gemeinwohl und eine Sicherheit, die den Samen der Verderbnis nicht in sich trägt, hervorgehen.

Ilmar Tammelo, 1977, Theorie der Gerechtigkeit, S. 135

Inhalt

IV. Allgemeine Rechtstheorie

V. Rechtslogik

VI. Topik und Verfahren

VII. Grundlagen der Rechtsinformatik

Vorwort

Im Februar 1982 ist der Philosoph und Rechtstheoretiker Ilmar Tammelo kurz vor seinem 65. Geburtstag nach mehrmonatiger Erkrankung einem heimtückischen Leiden erlegen. Im Jahr 1972 war der aus Estland stammende und damalige australische Rechtsgelehrte als Gast- und in der Folge als ordentlicher Professor an die Universität Salzburg berufen worden und hat dort neun Jahre gelehrt. Diese Zeit darf mit Recht als die produktivste Phase seines wissenschaftlichen Schaffens angesehen werden.

Zu Lebzeiten war Tammelo im unmittelbaren und im besten Sinn des Wortes ein akademischer Peregrinator, zuerst als Studiosus, dann als Gelehrter, er war sowohl im kontinental-europäischen als auch im anglophonen Rechtsdenken zu Hause. Diese Reise hin auf die andere Seite der Welt und zurück war nicht immer eine freiwillige gewesen. Tammelo war nicht nur als physische und als geistige Person auf dem Weg und hat auf diesem die Rechtssysteme gewechselt und seine Kenntnisse erweitert, vielmehr hatte er – nicht zuletzt bedingt durch die existentiellen Bedrohungen und Erfahrungen seiner jungen Jahre – durchgängig ein übergeordnetes geistiges Ziel vor Augen, nämlich die Suche nach einem Weg zur Idee der Gerechtigkeit als Grundvoraussetzung für den Frieden zwischen den Menschen und Völkern auf dieser Welt. Diese Suche war breit angelegt, trotz aller Erschwernisse von Gelassenheit bestimmt und hat dort wo es das Recht betrifft sowohl dessen inhaltliche als auch die formale Dimension umfasst. Sie war Aus druck seiner Einstellung zum Leben und hat sein Handeln gegenüber Dritten beeinflusst. Als akademischer Lehrer war es ihm ein großes Anliegen, diese zielgerichtete und zugleich weltoffene Denkweise weiter zu vermitteln. Darin mag der Grund liegen, dass seine Forschungen zur Rechtsethik und zu Gerechtigkeitsfragen in Recht, Gesellschaft und Politik noch immer von ungebrochener Wirkkraft, um nicht zu sagen von zukunftweisender Aktualität sind.

Als eine Spätfolge seines Wirkens können die 1998 erstmalig und dann jährlich federführend von Friedrich Lachmayer und Erich Schweighofer organisierten und durchgeführten internationalen Salzburger Rechtsinformatik-Symposien IRIS angesehen werden. Mit diesen ist ganz bewusst ein Erfolgsrezept der rechtslogischen und rechtsphilosophischen Seminare und Symposien von Tammelo, nämlich Interdisziplinarität und offener Zugang, wieder aufgenommen worden. Das

2007 im Rahmen der Universität Salzburg abgehaltene IRIS-Symposion war aus Anlass seines 90. Geburts- und 25. Todestags Ilmar Tammelo gewidmet. Und dort hat dann auch die Idee Gestalt angenommen, ein Vierteljahrhundert nach der 1984 in Berlin erschienenen ersten Gedächtnisschrift „Objektivierung des Rechtsdenkens", dieser die vorliegende, weitere Gedenkschrift folgen zu lassen.

Diese Gedenkschrift enthält neben einem Abschnitt zu Leben und Wirken von Tammelo sieben weitere Abschnitte, die den von ihm empfundenen Herausforderungen, seinen besonderen Zugängen und wissenschaftlichen Arbeitsfeldern gewidmet sind, nämlich: „Zwischen Vernunft und Mystik", „Theorie der Gerechtigkeit", „Allgemeine Rechtstheorie", „Rechtslogik", „Topik und Verfahren", „Grundlagen der Rechtsinformatik", und schließlich „Neue Entwicklungen", letzteren ist er immer mit kritischem Geist aber offen gegenüber gestanden. Als Besonderheit ist dem Band als Anhang eine seiner ganz frühen Arbeiten angefügt, eine „Seminararbeit" deren Wiederveröffentlichung Tammelo leider selbst hat nicht mehr vornehmen können. Es geht dabei um die wissenschaftliche Auseinandersetzung mit einem seiner akademischen Lehrer: „Kritik zu Prof. Kliimann's normativistischer Unterscheidung des Privat- und des öffentlichen Rechts", Dorpat (heute: Tartu) 1941. Ein bibliografischer Anhang beinhaltet schließlich eine Zusammenstellung der Nachdrucke und Übersetzungen von Tammelos Arbeiten von 1984 bis 2008 sowie Arbeiten über ihn.

Im Hinblick auf das breitgefächerten Spektrum dieses Sammelbandes und die jeweilige engere Fachzugehörigkeit seiner zweiundzwanzig Autoren aus Wissenschaft und Praxis, die in neun Nationalstaaten tätig sind, ist noch anzumerken, dass in die jeweilige Gliederung, die Zitierweise samt Abkürzungen und dergleichen seitens der Text- und der wissenschaftlichen Redaktion, die beide in den Händen von Raimund Jakob lagen, bewusst nicht vereinheitlichend eingegriffen worden ist. Ähnliches gilt für die von den einzelnen Autoren der deutschsprachigen Beiträge herangezogene Rechtschreibung. Dass die Drucklegung des Bandes möglich wurde, ist nicht zuletzt der Förderung durch das Bundesministerium für Bildung, Wissenschaft und Kultur in Wien sowie jener durch die Stiftungs- und Förderungsgesellschaft der Paris Lodron Universität Salzburg zu danken.

Ein Gedanke noch: Die Suche und das Streben nach Gerechtigkeit zählen zu den ältesten Bedürfnissen der Menschheit und den frühsten des einzelnen Menschen. Tammelo hat auf diesem Feld Beiträge geleistet, die auch heute noch Gültigkeit haben. Seine Ideen haben Tammelo überlebt, es liegt nun an der Nachwelt sich mit ihnen angemessen auseinander zu setzen und sie fortzuführen.

Die Herausgeber

I. Leben und Wirken von Ilmar Tammelo

Das Frühwerk Ilmar Tammelos: Der Weg zum Wissenschaftler [1]

Peeter JÄRVELAID

Einleitung

Als ich dem Kollegen versprach, über die wissenschaftlichen Anfangsjahre Ilmar Tammelos zu schreiben, dachte ich, die Themenstellung sei sehr deutsch. Der britische Historiker Charles Harold Williams hat über jene Tradition vermerkt, dass deutsche Historiker über einen eigenen Wissenschaftszweig der Periodisierung verfügen, den sie sehr ernst nähmen. [2] Da die estnische Geschichtswissenschaft bis heute unter dem starken Einfluss dieser Tradition steht, bedeutet dies, dass uns ebenfalls die Periodisierung von Tammelos Leben interessiert. Als ich 1993 meinen Beitrag hierzu durch die Veröffentlichung von „The Works of Ilmar Tammelo (1939-1943)“ [3] leistete, datierte ich als Frühwerk jene Arbeiten Tammelos bis zu dessen Ausreise aus Estland nach Deutschland 1943.

Als ich mich nun fünfzehn Jahre später erneut mit den frühen Schriften Tammelos beschäftigte, wurde mir deutlich, dass seine erste Schaffensperiode nicht nur in die Jahre von 1939 bis 1943 fiel. So muss die Grenze dieses Periodisierungszeitraums sowohl nach vorne (auf das Jahr 1937), als auch nach hinten vorläufig bis zum Jahr 1948 verlängert werden. Dies war im Leben Tammelos eine sehr intensive Zeit der Wissenschaft und Selbstfindung. Nach fünf Jahren Aktivität in Deutschland mit einer Promotion in Marburg und einer Habilitation in Rechtsphilosophie in Heidelberg verließ er 1948 das Land – nach einem mehr als zwanzig Jahre währenden „Umweg“ über Australien – in Richtung Österreich.

---

[1] Übersetzung aus dem Estnischen von Prof. Olaf Mertelsmann, Tartu.

[2] Siehe Thomas Meissen: Forschungskonzepte und Realienkunde: Die ersten Bände der „Enzyklopädie der Neuzeit“, in: Neue Zürischer Zeitung, 23. August 2006, Nr. 194, S. 42.

[3] The Works of Ilmar Tammelo (1939-1943). Hrsg. von Peeter Järvelaid, Hamburg, 1993, 223 S.

Bibliografie

In der internationalen Literatur wird am häufigsten die 1984 von Dorothea Mayer-Maly zusammengestellte Bibliografie genutzt,[4] die durch meinen Beitrag 1993 ergänzt wurde,[5] wobei ich die Bibliografien des estnischen Exils[6] und auch Raritäten aus estnischen Bibliotheken nutzen konnte.[7] Einige seiner Handschriften erschienen in der letztgenannten Publikation erstmals im Druck.[8] Weiterhin wurden noch Nachdrucke älterer Beiträge Tammelos oder ihre Übersetzungen ins Estnische veröffentlicht. Es liegen jedoch noch einige unveröffentlichte Schriften vor, die der Bearbeitung und Publizierung bedürfen. Heute kann festgestellt werden, dass in Tammelos Heimat Estland ein lebhaftes Interesse an seiner Arbeit entstanden ist und deshalb die wissenschaftliche Bibliografie im Bereich der Übersetzungen ins Estnische der Ergänzung bedarf.[9] Ein eigenes Thema ist jedoch die Zusammenstellung einer Bibliografie der Schriften über Tammelo, denn im letzten Vierteljahrhundert sind zahlreiche wichtige Beiträge entstanden.[10]

1. Familie und Schule

Ilmar Tammelo kam in einer Familie strebsamer Landschullehrer 1917 auf die Welt. Die Familie seiner Mutter, die Treufeldts, war dafür bekannt, dass ihre Mitglieder als Lehrer arbeiteten wie auch seine Mutter. In dieser Familie wurde viel Wert auf Ausbildung gelegt und man war einverstanden in diese für den Nachwuchs zu investieren. Doch der frühe und unerwartete Tod des Vaters grenzte die materiellen Möglichkeiten weiter ein und machte das Streben nach Bildung noch begehrenswerter. Ilmar Tammelo begann in der Nähe der Universitätsstadt Tartu

---

4 Dorothea Mayer-Maly: Verzeichnis der Veröffentlichungen von Ilmar Tammelo, in: Objektivierung des Rechtsdenkens. Gedächtnisschrift für Ilmar Tammelo. Hrsg. von W. Krawietz, Th. Mayer-Maly, O. Weinberger. Berlin, 1984, S. 747-753.

5 The Works of Ilmar Tammelo, S. 205-216.

6 Ilmar Arens: Folia bibliographica. A Bibliopgraphy of Works Published by Estonian Scholars in Exile: Jurisprudence, Political Science, Sociology, Economy 1942-1976, Stockholm 1977, S. 25-30.

7 Siehe Jaan Isotamm: Ilmar Tammelo teoste bibliograafia, in: Akadeemia, 1990, Nr. 10, S. 2232-2240; Peeter Järvelaid: Täiendusi Ilmar Tammelo teoste bibliograafiale, in: Akadeemia, 1991, Nr. 10, S. 2046.

8 Ilmar Tammelo: Õigusteaduse metodoloogia, in: The Works of Ilmar Tammelo, S. 31-100; ders.: Prof. Kliimann'i era- ja avaliku õiguse normativistliku vaheteo kriitika, in: ebd., S. 101-120; ders.: Õigusnorm ja ta struktuur, in: ebd., S. 121-204.

9 Siehe den bibliografischen Anhang in diesem Band.

10 Siehe den bibliografischen Anhang in diesem Band.

an der Grundschule in Kaagvere 1923, wo er bis 1927 von seiner Mutter unterrichtet wurde. Die Mutter konnte während des Unterrichts ihren jüngeren Sohn nicht anderweitig unterbringen, weshalb er früh an den Stunden teilnahm. Zur Überraschung des Schuldirektors lernte der junge Schüler aber besser als manche schulpflichtigen älteren Kinder.

Ilmar Tammelo war seit der Geburt von schwächlicher Gesundheit und früh wurde Tuberkulose diagnostiziert. Sein Umfeld machte sich deshalb Sorgen um seine Zukunft, was er selbst bereits als Kind verstand. Einmal hatte sein älterer Bruder Richard, als die Kinder allein zuhause waren, eine Blutung gestoppt und ihm so wohl das Leben gerettet. [11] Die Familie befand sich unter einer Art doppeltem Druck, denn früh waren sowohl die Begabung als auch die schwache Gesundheit festzustellen. Ilmar Tammelo setzte seine Schullaufbahn in Puhja, in der Nähe Tartus, an der sechsklassigen Grundschule (1928-1930) und in Tartu am Jungen-Gymnasium fort (1930-1934). Der Mutter und den Verwandten war die Bedeutung einer guten Ausbildung wichtig, damit der Junge in Zukunft keiner schweren körperlichen Arbeit nachgehen musste. 1934 unterbrach er für zwei Jahre die Schule wegen einer Lungentuberkulose. In dieser Zeit beschäftigte er sich aktiv mit Fremdsprachen. 1937 absolvierte er dann als Abendschüler das Ühis-Gymnasium in Tartu.

Zum Zeitpunkt des Abiturs befand sich Tammelo in einer solchen Lebensphase, wie er in seinem philosophischen Selbstportrait erwähnt, dass er Dichter werden wollte. [12] Ihn interessierte nicht nur der theoretische Mechanismus des Dichtens, sondern auch die Analyse der Form des Textes. Nach seiner Aussage führten ihn die Experimente auf dem Gebiet der Form in einen solchen Zustand, dass er fühlte, dass sein Interesse für die formalen Aspekte des Dichtens seine poetische Kraft zerstörerisch beeinflussen. Als Dichter können wir Tammelo heute anhand von einigen Veröffentlichungen aus den Jahren 1935 bis 1937 bewerten. [13] Als junger Mann mit den Voraussetzungen für wissenschaftliches Denken veröffentlichte er eine erste kleine Untersuchung zur Analyse eines Gedichts unter dem Titel „Über Irdriim“. [14] Damit ist sein Interesse für die Textstruktur auf das

[11] Ilmar Tammelo war seinem Bruder Richard auch später sehr dankbar. Auf dem Umschlag seiner Heidelberger Habilitation finden wir eine Widmung für ihn. Tammelo wusste damals nichts über sein Schicksal und schrieb deshalb „für meinen Bruder Richard, dessen Schicksal ich nicht kenne“. Er freute sich, als sein Bruder ihn schließlich später in Österreich besuchen konnte. Siehe Ilmar Tammelo: Untersuchungen zum Wesen der Rechtsnorm. Heidelberg, 1948.

[12] Ilmar Tammelo: A Self-Portrait, in: Meie Kodu, 17. März 1982, S. 9.

[13] Ilmar Tammelo: Lõpu eel (1935), in: The works of Ilmar Tammelo, S. 13; ders.: Lahkumisõhtu; Põud; Sentimentaalselt. Luuletused, in: Rada. Tartu Õhtuse Ühisgümnaasiumi õpilaskond. Tartu, 1937; ders.: Lõpu eel (1935); Põud (1937), in: Meie Kodu, 17. März 1982, S. 9.

[14] Ilmar Tammelo Irdriimist, in: Rada. Tartu Õhtuse Ühisgümnaasiumi õpilaskond. Tartu, 1937.

Ende der Schulzeit datierbar, wenn auch als Dichter. Seine weiteren Versuche auf dem Gebiet der Rechtstexte haben offenbar hier ihren Ursprung, die er aufgrund seiner neuen Tätigkeit nun besser kannte. [15]

Ilmar Tammelo setzte seine Ausbildung dann an der Universität Tartu fort, der einzigen des Landes. Offenbar fiel die Entscheidung im kleineren Familienkreis zuvor, die keinesfalls leicht war, bedeutete sie doch erhebliche materielle Belastungen. Der ältere Bruder ging in die Kaufmannslehre, um schneller finanziell unabhängig zu werden und möglicherweise den jüngeren Bruder zu unterstützen. Die Wahl des Studienfaches Jura hatte wohl auch den praktischen Hintergrund, neben einer Fortsetzung der Ausbildung, später in der Gesellschaft gut zu Recht zu kommen. [16] Doch zu diesem Zeitpunkt bestand in Estland bereits ein Überangebot an Juristen und junge Berufsanfänger fanden nur schwer eine angemessene Arbeit. Am 11. September 1937 wurde Tammelo immatrikuliert. [17]

2. An der Universität Tartu

Eine wichtige Rolle in der Entwicklung Tammelos spielte anfangs offenbar sein Onkel, der Jurist Jaan Treufeldt (1888-1979). [18] Als Absolvent der Rechtsfakultät der Universität Tartu konnte er als Vorbild dienen und auch praktische Ratschläge geben. Wahrscheinlich war es gerade jener Onkel, der ihn in die namhafte Studentenkorporation Rotalia einführte. Einer ihrer Gründer und in den dreißiger Jahren zweifellos ihre führende Persönlichkeit war der Professor für Estnische Rechts-

[15] Für die Rechtssemiotik sind Tammelos Arbeiten interessant. Siehe Vadim Verenich: Introduction: The Perspectives of the Tartu-Moscow Semiotic School on Legal Semiotics, in: International Journal for the Semiotics of Law (2005) Nr. 1, S. 1-4; Ilmar Tammelo: About Legal Philosophy, in: ebd., S. 83-94.

[16] Zahlreiche Esten studierten damals Jura, ohne je zu praktizieren, sondern als Journalisten, Politiker oder Schriftsteller tätig zu sein. Der bekannteste ist A.H. Tammsaare (1878-1940), ein Kandidat für den Literaturnobelpreis.

[17] Album Academicum Universitatis Tartuensis 1918-1944. Tartu, 1994, Bd. 3, S. 16163, Nr. 16156.

[18] Dieser Onkel war nicht nur unter Juristen, sondern auch in der politischen Elite bekannt. Nach kaufmännischen Kursen hatte er in Kopenhagen an einer landwirtschaftlichen Hochschule und anschließend in Tartu Jura studiert. Neben seiner Tätigkeit als Jurist war er auch Journalist und Mitbesitzer einer Druckerei. Während des Zweiten Weltkriegs flüchtete er nach Schweden und emigrierte von dort später nach Australien. Album Academicum Universitatis Tartuensis, Bd. 2, S. 2869, nr. 2869.

geschichte Jüri Uluots (1890-1945) [19]. Dieser bemerkte früh Tammelos Begabung und blieb bis zu seinem frühen Tod sein akademischer Betreuer. [20]

Als Ilmar Tammelo sein Studium aufnahm, befand sich die Juristische Fakultät in einer Hochphase. Die Bemühungen der zwanziger Jahre, den wissenschaftlichen Nachwuchs an verschiedenen europäischen Hochschulen ausbilden zu lassen, und aus führenden Universitäten des untergegangenen Zarenreichs anerkannte Professoren zu übernehmen, trug Früchte. Da einige der neu berufenen Professoren noch sehr jung waren, bestand die Hoffnung, dass der positive Trend fortgesetzt wurde. Tammelos wissenschaftliches Interesse zeigte sich relativ schnell nach der Aufnahme des Studiums. Zu den Traditionen in Tartu gehörte es, jährlich einen Wettbewerb für schriftliche Arbeiten von Studenten abzuhalten. Wir wissen, dass auch Tammelo einen Beitrag 1940 unter dem Titel „Simulierte Handlungen und Handlungen in fraudem creditorum“ verfasste und einreichte, doch wegen des kommunistischen Umsturzes entfiel der Wettbewerb an der Juristischen Fakultät. [21]

Über den formellen Verlauf seines Studiums gibt seine Studenten-Akte Auskunft. [22] Weiters erfahren wir durch die Erinnerungen von Kommilitonen und durch seine eigenen Kommentare. Laut mündlicher Auskunft des späteren Schriftstellers Jaan Kross (1920-2007) befand sich die Studentenwohnung Tammelos im ersten Stock in der Veski-Straße gegenüber dem Tartuer Gerichtsgebäude in unmittelbarer Nähe von Stadtzentrum, Bibliothek und Universität. Anscheinend war für Tammelo jedoch die Bibliothek wichtiger als das Unterrichtsgebäude. Laut Jaan Kross verbrachte er die meiste Zeit mit der Lektüre. Die Vorlesungen besuchte er nur selten und bereitete sich auf die Prüfungen mit Hilfe der Mitschriften anderer oder der von den Professoren verfassten Lehrbüchern vor.

Ilmar Tammelos persönliche Einschätzung seiner *alma mater* und der Lehrkräfte findet sich in der Einleitung der Magisterarbeit: „Die Entwicklung des Themas der vorliegenden Arbeit, die Rechtsnorm und ihre Struktur, benötigt, die grundlegendsten und schwierigsten Probleme zu behandeln, für die bis jetzt noch keine zufrieden stellende Lösung gefunden wurde. Dass ich dies wage, erklärt

---

[19] Damals konnte niemand ahnen, welche Rolle Uluots für die staatliche Kontinuität Estlands noch spielen sollte. Lauri Mälksoo: Professor Uluots, the Estonian Government in Exile and the Continuity of the Republic of Estonia in international Law, in: Nordic Journal of International Law (2000) Nr. 3, S. 289-316.

[20] In der Korporation Rotalia war Heikki Aleksander Leesment (bis 1938 Lensment) der akademische Vater, ein Jurastudent in Tartu, der während des Krieges nach Schweden und später weiter nach Kanada emigrierte. Zu ihm hielt Tammelo einen intensiven Kontakt aufrecht.

[21] 1942 reichte Tammelo seine Untersuchung dann als Abschlussarbeit ein, sie ist bis heute nicht aufzufinden.

[22] Eesti Ajalooarhiiv (Estnisches Historisches Archiv, EAA) 2100/1/15951, Bl. 3.

sich zum einen mit meinem philosophischen Interesse, zum anderen mit meiner Überzeugung, dass juristische Spezialfragen vom Wissenschaftler nur dann erfolgreich und gründlich geklärt werden können, wenn er wirklich versucht hat, eine bestimmte Klarheit über die juristischen Grundprobleme zu gewinnen. Denn ich glaube, dass auch dann, wenn meine Behauptungen sich als irrtümlich und der Gedankengang sich als fehlerhaft erweisen sollten, die vorliegende Arbeit für mich eine Basis bedeuten kann, auf der ich später meine weiteren Umbewertungen, Ableitungen, Verbesserungen des Gedankengangs und Ergänzungen aufbauen kann. Die Lösung der juristischen Probleme fußt deshalb auf einem bestimmten eigenen unabhängigen philosophischem Ausgangspunkt, bei dessen Herausbildung mich verschiedene Strömungen der modernen Philosophie beeinflusst haben, so wie auch die juristisch-philosophische Weltanschauung der Juristischen Fakultät der Universität Tartu, welche Ausdruck fanden in einigen Werken der Lehrkräfte sowie in den Lehrveranstaltungen. Unabhängig von der grundsätzlichen Verschiedenheit mancher Meinungen und Standpunkte, lässt sich – so scheint es mir – doch eine einheitliche Linie finden, die erlaubt zu erahnen, dass die geistige Schöpfung der Rechtswissenschaftler der Universität Tartu auf dem selben Grunde gedeiht.“ [23] Tammelo nutzte die gut ausgestattete Universitätsbibliothek und machte sich mit den neuesten theoretischen Schriften bekannt. [24] Doch für uns sollte es auch eine interessante Frage sein, was er von seinen Lehrern lernte und es selbst als „juristisch-philosophische Weltanschauung der Fakultät“ bezeichnete. Wie diese „Weltanschauung“ aussah, dies hat Tammelo nicht ausgedrückt. Deshalb versuchen wir diese „Weltanschauung“ mit Hilfe von Lebensbildern der Professoren zu greifen, die Tammelos Weg zum Wissenschaftler beeinflusst haben. Sie alle waren markante Persönlichkeiten und spielten in der estnischen Gesellschaft eine wichtige Rolle.

3. Seine akademischen Lehrer

3.1. Professor Nikolai Maim (1884-1976)

Da Ilmar Tammelo aus gesundheitlichen Gründen nicht das humanistische Gymnasium absolviert hatte, legte er als erstes Examen die Lateinprüfung im Januar 1938 ab, doch der erste Professor bei dem er studierte war der Staatsrechtler Nikolai Maim, bei dem er Rechtsphilosophie und später Staatsrecht belegte. Maim

[23] The Works of Ilmar Tammelo, S. 19.

[24] Bis 1945 galt unter estnischen Intellektuellen die Beherrschung der drei lokalen Sprachen Estnisch, Deutsch und Russisch noch nicht als Fremdsprachenkenntnis. Doch Tammelo beherrschte weitaus mehr Sprachen.

hatte vor dem Ersten Weltkrieg in St. Petersburg und Moskau an den beiden bekanntesten Universitäten des Reichs Jura studiert und war von 1914 bis 1917 Beamter des Innenministeriums. Es war seine Aufgabe gewesen, nach der Februarrevolution 1917 das Gouvernement Livland nach ethnischem Prinzip aufzuteilen, was später die Herausbildung der Nationalstaaten Estland und Lettland beschleunigte.[25] In der Republik Estland war er am Aufbau von Innen- und Außenministerium beteiligt, war Mitglied der Konstituierenden Versammlung und nahm an der Ausarbeitung der Verfassung teil. 1919 nahm er das Angebot der Universität Tartu an, die Juristische Fakultät wiederaufzubauen. Maim war der erste Este, der in Tartu eine juristische Dissertation verteidigte. Für die Arbeit „Der Parlamentarismus und der souveräne Staat" hatte er umfangreich in London und Paris in Bibliotheken gearbeitet.[26] Als Mensch war Maim sehr tolerant und er drängte seinen Studenten nicht die Ansichten einer bestimmten Schule auf, die er selbst unterstützte, sondern versuchte in der Diskussion das gesamte Spektrum der damaligen Ansichten zu erhellen.

1938 schrieb Ilmar Tammelo seine erste Seminararbeit als Student über Maims Lieblingsthema, den Parlamentarismus. Seine Behandlung des Themas war aber sicherlich sehr angewandt, denn er analysierte die seit dem 1. Januar dieses Jahres gültige neue Verfassung. Bedauerlicherweise ist dieser Text verschollen. Maim gehörte auch zur Kommission, die Tammelos Magisterarbeit 1943 bewertete. Das Schicksal führte ihn später mit seinem ehemaligen Studenten als Kriegsflüchtling in Marburg wieder zusammen. Gerade Tammelo bot seinem einstigen Professor samt Familie ein erstes Quartier im Haus einer studentischen Korporation. Offenbar sorgte Tammelo auch für erste Kontakte an der Universität, die Maim eine Stelle als außerordentlicher Professor bis zur Emigration in die USA 1950 verschafften.[27] Maim blieb ein überzeugter Verfechter des Parlamentarismus. Wenn Tammelos Werk oberflächlich in drei Themenkreise einzuordnen ist, Rechtslogik, Gerechtigkeit und die so genannte Weltordnung, dann finden wir die Einflüsse seiner früheren Professoren. Maim war in Tartu mit seiner Theorie der Weltordnung wohl ein Einzelgänger, doch seine Arbeiten beeinflussten seine Schüler. Er selbst bezeichnete seine Lehre als Mundologie oder Weltwis-

---

[25] Nikolai Maim: Minu elulugu, nagu ta mulle näis, in: ders.: Mundoloogia, Tartu 2008, S. 393.

[26] Nikolai Maim: Parlamentarizm i suverennoe gosudarstvo, Tartu 1927.

[27] In der Universitätsbibliothek in Tartu befindet sich in der Handschriftenabteilung sein persönlicher Bestand.

senschaft. [28] Tammelo wandte sich diesem Thema später in estnischsprachigen Veröffentlichungen zu, eventuell bereits 1952, sicherlich jedoch 1957. [29]

3.2. Professor Jüri Uluots (1890-1945)

Waren Maims Einflüsse eher geistiger Natur, dann war Uluots' Rolle sehr praktisch als Betreuer und akademischer Vater. Ilmar Tammelo belegte bei ihm mindestens drei Fächer: Allgemeine Rechtslehre, Römische und Estnische Rechtsgeschichte. Jüri Uluots war ebenfalls ein Absolvent der St. Petersburger Universität und hatte sich dort bis 1918 auf eine Professur vorbereitet. Als Professor hatte er große Verdienste bei der Herausbildung der estnischen Gesetzgebung. [30] Er nahm 1919 an der Zusammenstellung erster staatsrechtlicher Akte teil, war Autor des Entwurfs der Verfassung 1920 und spielte eine wichtige Rolle bei der Endredaktion der 1937 verabschiedeten Verfassung. [31] Er hatte Estland als Jurist in Kommissionen des Völkerbundes vertreten, nahm an sowjetisch-estnischen Verhandlungen teil usw. Von 1939 bis 1940 bekleidete er das Amt des Premierministers, er symbolisierte die staatliche Kontinuität Estlands 1941-1945 als Premierminister mit den Rechten des Präsidenten und lieferte somit die Grundlage für eine bis 1992 bestehende Exilregierung. [32] Uluots zählte zu den politisch einflussreichsten Juristen des Landes, doch auch in der Wissenschaft war er sehr angesehen. Als Professor für Estnische Rechtsgeschichte entwickelte er die Theorie der juristischen Kontinuität weiter fort, [33] die sehr wohl wissenschaftlich kritisiert wurde, aber sich in der Praxis als notwendiges Instrument bei der Sicherung der estni-

---

[28] Nikolai Maim: Weltwissenschaft, Stuttgart-Bottnang 1946; ders.: Staat und Weltorganisation, in: Apophoreta Tartuensia, Stockholm 1949, S. 208-216; ders.: Suveräänsuse iganemine kaasajal, in: Õigusteaduslik ajakiri, 1957, Nr. 1, S. 4-16.

[29] Ilmar Tammelo: Õigluse probleem ja filosoofia, in: Tulimuld, 1952, Nr. 1, S. 41-43; ders.: Mõtisklus maailmaprobleemist, in: Meie Side, 1957, Nr. 4, S. 2.

[30] Jüri Uluots: Seaduse sünd. Eesti õiguse lugu, Tartu 2004.

[31] Jüri Uluots: Aus der Ideenwelt der neuen Verfassung Estlands, in: Die Verfassung der Republik Estland. Nebst dem Beschluss des Estnischen Volkes betreffend die Einberufung einer Nationalversammlung und dem Gesetz betreffend die Übergangzeit, Tallinn 1937, S. 3-6.

[32] Lauri Mälksoo: Illegal Annexation and State Continuity: The Case of the Incorporation of the Baltic States by the USSR: A Study of the Tension between Normativity and Power in International Law, Leiden-Boston 2003; ders.: Which Continuity? The Tartu Peace Treaty of 2 February 1920, the Estonian-Russian Border Treaties of 18 May 2005 and the Legal Debate about Estonia's Status in International Law, in: Archiv des Völkerrechts (2005) Nr. 4, S. 513-524;.

[33] Jüri Uluots: Die Verträge der Esten mit den Fremden im XIII. Jahrhundert, Tartu 1937.

schen Staatlichkeit erwies. [34] Als erster Jurist wurde er Mitglied der 1938 gegründeten Estnischen Akademie der Wissenschaften.

Für Ilmar Tammelo war es sicherlich wichtig, über einen einflussreichen akademischen Mentor zu verfügen, der ihn und die Herausbildung seiner Begabung mit großer Sorgfalt behandelte. Wenn auch nicht immer die Beziehung zwischen Lehrer und Schüler ohne Spannungen war, denn Tammelo war sehr eigensinnig und wollte seinen eigenen Weg gehen. Als Tammelo sich 1938 für Uluots' Vorlesung über Allgemeine Rechtslehre registriert hatte, erreichte er etwas Unerwartetes. Uluots hatte in St. Petersburg eine sehr gute rechtstheoretische Vorbereitung erhalten und unter anderem bei dem bekannten Rechtstheoretiker polnischer Herkunft Leon Petrazickij (1867-1931, deutsch Petrazycki) studiert. [35] Deshalb kannte er die Literatur zur allgemeinen Rechtslehre insbesondere bis 1920 sehr gut, hatte aber die weitere Diskussion besonders im englischen und romanischen Sprachraum wegen seiner Arbeitsbelastung nicht verfolgen können. Aus diesem Grund war die Verwunderung von Tammelos Studienkollegen groß als kurz vor dem Examen eine Mitschrift der Veranstaltung erschien, [36] die verständlicher aussah als die Vorlesung selbst, um neue Autoren ergänzt und überhaupt modernisiert war. [37] Uluots war großzügig bereit die Beteiligung Tammelos an dieser Arbeit anzuerkennen.

Für Ilmar Tammelo war die Herausgabe dieser Methodologie des Rechts sicherlich wichtig für seine zukünftige Karriere. Er selbst schrieb: „Dass ich dies wagte erklärt sich aus meinem philosophischen Interesse und der Überzeugung, dass ein Wissenschaftler juristische Detailfragen erst dann erfolgreich und gründlich lösen kann, wenn er eine gewisse Klarheit bezüglich der juristischen Grundfragen erreicht hat." Dies behauptete er wohl erst 1943 in der Einleitung seiner Magisterarbeit, doch dies bestätigt seine wissenschaftliche Grundhaltung 1937-1939. Professor Uluots schätzte die Begabung Tammelos sehr hoch ein und machte den Vorschlag, ihn zielgerichtet für eine Zivilrechts-Professur aufzubauen, denn ein solcher Spezialist war nach seiner Auffassung für die Universität nötig. Die Rechtsphilosophie war seiner Meinung nach durch Maim hervorragend abgedeckt und auch der Professor für Kriminalrecht, Helmut Kadari, zeigte Interesse. Tammelos Interessen waren allgemeinerer Natur, doch er vermochte sich eine Karrie-

[34] Jüri Uluots: L'Etat estonien du point de vue historique, in: Revue baltique 1 (1940) Nr. 1, S. 20-28.

[35] Siehe Jörg Baberowski: Petrazickij, Lev Iosifovič (1867-1931), in: Juristen. Ein biographisches Lexikon. Von der Antike bis zum 20. Jahrhundert, München 2001, S. 492-493.

[36] Jüri Uluots: Õigusteaduse metodoloogia konspekt [zusammengestellt von Ilmar Tammelo auf Basis der Vorlesung], Tartu 1939.

[37] The Works of Ilmar Tammelo, S. 15.

re in der Welt des Zivilprozesses vorzustellen. Als Tammelo studierte, brach eine schwierige Zeit an, als die damaligen Professoren ihre Studenten besonders zum Lernen motivierten, denn sie glaubten, dass solide Kenntnisse in einer fremden Umgebung die Rettung bedeuten konnte.

Ilmar Tammelo hatte seit März 1942 mehr mit Uluots zu tun, als die deutschen Besatzungsbehörden alle Abschlüsse der sowjetisierten Universität für nichtig erklärten. Damit musste auch Tammelo Zusatzprüfungen ablegen. Dies tat er am 27. März 1942. Am 22. Mai 1943 legte er die Magisterprüfung ab und bat darum, bis zum nächsten Sommer weiter immatrikuliert zu bleiben, um weiter zu studieren, denn ein Viertel seiner Dissertation sei bereits fertig gestellt. Die Magisterarbeit „Rechtsnorm und Struktur“ [38] schloss er im August 1943 ab und verteidigte sie im November. Professor Uluots war bezüglich seiner Schüler ein großer Idealist. Er selbst war während der deutschen Okkupation in schwierigste politische Angelegenheiten involviert, doch versuchte er die Studenten, von der Gefahr fernzuhalten. So unterstütze Uluots den Vorschlag, dass Tammelo 1943 in Deutschland weiter studierte.

Verständlicherweise war Tammelo selbst aktiv geworden, eine Studienmöglichkeit im Ausland zu finden, doch ohne Uluots' Unterstützung wäre dies wohl so schnell nicht möglich gewesen. Bedauerlicherweise ist Tammelos Magisterarbeit bis heute nicht übersetzt worden, doch es lohnt sich für an Rechtsphilosophie Interessierte seine Heidelberger Habilitation von 1948 zu lesen, denn auf dem Gebiet der Rechtslogik fand er zu seinen Einsichten bereits 1943 in Tartu. Auch der Text ist stellenweise nahezu deckungsgleich. Laut Uluots spiegelte die Magisterarbeit 1943 „die umfangreichen Kenntnisse des Autors auf diesem Gebiet wider und war der Versuch eines echten Wissenschaftlers die Wahrheit zu finden.“ [39]

3.3. Professor Artur-Tõeleid Kliimann (1899-1941)

Das Studium Tammelos neigte sich 1940 dem Ende zu, denn er vermochte sich intensiv auf die Prüfungen vorzubereiten. In diesem Moment hatte er einen äußerst interessanten Disput mit Artur-Tõeleid Kliimann, der in der Literatur zumindest in akademischen Kreisen auch als Kronjurist bekannt ist. [40] Kliimann war

---

[38] Ilmar Tammelo: Õigusnorm ja ta struktuur, in: The works of Ilmar Tammelo, S. 121-204.

[39] The Works of Ilmar Tammelo, S. 19.

[40] Peeter Järvelaid: Artur-Tõeleid Kliimann (1899-1941), in: Akadeemia (1999) Nr. 2, S. 256-275; Lauri Mälksoo: Von der Demokratie bis zur Diktatur. Ein verborgener Dialog zwischen Artur-Tõeleid Kliimann und Carl Schmitt, in: Der Staat: Zeitschrift für Staatslehre und Verfassungsgeschichte, deutsches und europäisches öffentliches Recht (2004) Nr. 1, S. 57-82.

der erste Absolvent der Juristischen Fakultät der Universität, der während der estnischen Eigenstaatlichkeit 1932 promovierte. Seine Dissertation „Theorie des administrativen Akts“ [41] wurde noch ein halbes Jahrhundert später als ein Vorbild für estnischsprachige Qualifikationsarbeiten im Fach Jura eingeschätzt. Kliimann hatte nach Absolvierung der Universität Tartu drei Jahre in Wien bei Hans Kelsen studiert. [42] In den Jahren 1939/40 erreichte Kliimann seine wissenschaftlich beste Zeit. Anlässlich seines 40. Geburtstags 1939 hatte er die Monographie „Die Rechtsordnung“ veröffentlicht, die von Kollegen besonders positiv aufgenommen wurde [43] oder zumindest als hochwissenschaftliche theoretische Arbeit von kritischeren Geistern respektiert wurde.

Tammelos Interesse am wissenschaftlichen Disput war derart groß, dass er keine Chance ungenutzt ließ, auch nicht im Falle bekannter Autoritäten. Kliimann war in Tartu als begabter, wortmächtiger, aber auch ehrgeiziger Mann schwierigen Charakters bekannt. Darum fragten sich Tammelos Mitstudenten im Herbst 1940, ob eine der Autoritäten des Faches den Standpunkt des Jüngeren akzeptiert. Uluots stand Tammelo etwas näher, denn beide gehörten zur Korporation Rotalia, doch Kliimann hatte sich der angesehendsten Korporation des Landes angeschlossen, dem Verein studierender Esten, der Estland auch die Trikolore verdankte.

Tammelo trug sich im Herbst 1940 bei Kliimann zum Verfassen einer Seminararbeit ein, „Kritik der normativistischen Unterscheidung des Privat- und des öffentlichen Rechts“, die heftig Standpunkte aus dessen Monografie „Rechtsordnung“ kritisierte. Doch es scheint, dass sich die beiden talentierten Männer verstanden. Wenn auch für Kliimann die Kritik eines jungen Studenten an seiner Arbeit ungewohnt war, vergab er doch die Höchstnote (*maxima sufficit*), doch vertrat er gegenüber dem Studenten den Standpunkt, dass offensichtlich dieser irre. [44] Tammelo begann erneut die theoretische Literatur zu überprüfen, um eine Replik für seinen Professor zu schreiben, in dem er einen hochrangigen Partner für seine wissenschaftlichen Bemühungen fand. Doch bald sollten noch unruhigere Zeiten beginnen, die das Schicksal umwarfen. Im Sommer 1941 erreichte der Weltkrieg auch Estland und Professor Kliimann wurde unter ungeklärten Umständen im Keller des Hauptgebäudes der Universität ermordet. Er war unter den Sowjets zeitweilig Prorektor gewesen. Ilmar Tammelo durchlebte diese tragische

---

41 Artur-Tõeleid Kliimann: Administratiivakti teooria, Tartu 1932.

42 Kliimann war sicherlich stark von Kelsen beeinflusst, doch er suchte seinen eigenen Weg als Rechtstheoretiker. In seinem 1939 erschienen Hauptwerk setzte er sich intensiv mit Kelsen auseinander.

43 Besonders hoch wurde die Arbeit von Professor Juhan Vaabel (1899-1971) eingeschätzt, der ebenfalls in Wien bei Kelsen und dessen Kollegen studiert hatte.

44 The Works of Ilmar Tammelo, S. 16.

Ereignis auf seine Weise und griff die begonnene Diskussion in einer kleinen Forschungsarbeit auf: „Kritik der normativistischen Unterscheidung des Privat- und öffentlichen Rechts von Professor Artur-Tõeleid Kliimann“. Diesen Beitrag fertigte er offenbar 1941 an, übersetzte ihn ins Deutsche und suchte nach einer Publikationsmöglichkeit im Ausland. Wir wissen, dass er ihn 1944 zur Bewertung an Prof. Julius Moór (1888-1950) sandte, [45] doch nach einigen Angaben schickte er ihn auch Hans Kelsen.

Als Verbeugung vor seinem Lehrer kann auch die Marburger Dissertation Tammelos 1944 angesehen werden „Kritische Untersuchungen zur normativistischen Unterscheidungen des Privat- und des öffentlichen Rechts“. Diese 69 Seiten umfassende Arbeit stützt sich auf die frühere in Tartu verfasste Seminararbeit. 1950 veröffentlichte er gesondert einen Aufsatz über Kliimanns Standpunkte. [46] Damals sah er ihn als Felix Kaufmann und Fritz Schreiner nahe stehend an.

3.4. Professor Helmut Kadari-Kristal (1903-1976)

Mit Helmut Kadari als Dekan der Juristischen Fakultät hatte Tammelo offenbar wenig zu tun. Doch beide wussten wahrscheinlich voneinander. Als im Juni 1940 Estland von der Sowjetunion okkupiert und anschließend annektiert wurde, erhielt Michael Stolleis’ Sentenz vom „Recht im Unrecht“ [47] eine existentielle Bedeutung für Ilmar Tammelo. Er stand kurz vor dem formalen Abschluss des Jurastudiums, doch nun entwickelten sich die Vorgänge an der Universität Tartu stürmisch. Ein Paradox bestand darin, dass die großen Veränderungen das alte Personal vorerst im Amte beließen. An der Juristischen Fakultät blieben die meisten Professoren und Dozenten auf ihrem Posten, aber die Universität selbst änderte ihren Namen und wurde zur Staatlichen Universität Tartu. Auch wurde Marxismus-Leninismus zum Pflichtfach, anderweitig war ein Abschluss unmöglich. Professor Kliimann wurde zu dieser Zeit Prorektor. Seit 1937 war die Fakultät praktisch eine Gefangene des jeweiligen politischen Regimes und seiner Mitläufer. Studenten, die absolvieren wollten, mussten den jeweiligen Strömungen folgen, oftmals ohne sie in einer längeren Perspektive bewerten zu können.

---

[45] Ilmar Tammelo: Kritik zu Prof. Kliimann’s normativistischer Unterscheidung des Privat- und des oeffentlichen Rechts (Dorpat, 1941), in: Aus dem Nachlass von Julius Moór. Budapest, 1995, S. 63-145. Das beigelegte Anschreiben findet sich auf den Seiten 45-46.

[46] Ilmar Tammelo: Artur-Toeleid Kliimanns Rechtstheorie, in: Archiv für Rechts- und Sozialphiloshie, 1950/51, Bd. 39, S. 90-101.

[47] Siehe Michael Stolleis: Recht im Unrecht. Studien zur Rechtsgeschichte des Nazionalsozialismus, Frankfurt am Main 1994, S. 7.

Die Wege von Ilmar Tammelo und Professor Helmut Kadari (1903-1976) kreuzten sich zu diesem Zeitpunkt. Damals konnten Zufall und Schicksal enorm viel entscheiden. Tammelo hatte seinen Mentor, Professor Uluots, verloren, denn die neuen Machthaber zwangen ihn, als Premierminister zurückzutreten, entließen ihn als „bürgerlichen Nationalisten" aus der Universität und trugen ihn und seine Familie in die Liste der zu Deportierenden und Arretierenden ein.[48] In dieser Situation kam die Einladung Kadaris Laborant am Lehrstuhl für Kriminalrecht zu werden, dies entsprach in etwa dem deutschen Assistenten. Damit wurde Tammelo schon vor dem Abschluss Mitarbeiter seiner Hochschule.

Prof. Helmut Kadari war wirklich eine interessante Persönlichkeit. Vor dem Studium hatte er bei einem der talentiertesten Künstler Estlands, Ants Laikmaa, gelernt in der Hoffnung selbst Künstler zu werden. Nach dem Abschluss des Jurastudiums in Tartu 1926 verteidigte er 1929 seine Magisterarbeit „Über den Zweikampf" und erhielt die Chance für Auslandsstipendien, um sich an unterschiedlichen europäischen Hochschulen im Kriminalrecht weiterzubilden. Seine erste Reise führte ihn nach Heidelberg zu Professor Georg Radbruch. Anschließend arbeitete er in Wien und Rom. In den Jahren 1933 bis 1935 reiste er nach München, Hamburg, Wien, Rom, Prag und Griechenland. Deshalb war Tartu auch kein unbekannter Ort für Prof. Radbruch als Tammelo sich in Heidelberg an ihn wandte, sondern er hatte lange Kontakte dorthin gepflegt.

Der Sommer 1941 verlief für Tammelo sehr aufregend, denn die Sowjets konnten ihn möglicherweise deportieren, verhaften oder in die Rote Armee mobilisieren. Vom 25. bis 27. Juni entkam er zweimal einer großen Gefahr. Zusammen mit Freunden hatte er den bevorstehenden Abschluss des Studiums gefeiert und entkam der nächtlichen Verhaftung, weil er in einem Nebenzimmer schlief, das nicht kontrolliert wurde. Von den drei Personen, die an diesem Abend mitgefeiert hatten, kehrte nur einer lebendig aus Sibirien zurück. In Anbetracht von Tammelos schwacher Gesundheit hätte er die Lagerhaft sicherlich nicht überlebt.[49] Am 26. Juni erhielt er ein Diplom *cum laude*. Am folgenden Tag sollte er am Einberufungspunkt sein, wo er für untauglich erklärt wurde. Dies ermöglichte Tammelo zum 1. Juli als Oberlaborant am Institut für Kriminalrecht eingestellt zu werden, das von Prof. Kadari geleitet wurde. Die Sowjets kamen mit neuen Forderungen, die Loyalität der Angestellten zu festigen. Tammelo wurde Kandidat für die Mitgliedschaft in der Kommunistischen Partei. Diese Tatsache sollte ihn noch lange verfolgen und während seines Deutschlandsaufenthalts nach dem Krieg fanden

---

[48] Freunde und Mitglieder der Korporation Rotalia verbargen Jüri Uluots und seine Familie, was sie vor dem GULAG bewahrte.

[49] The Works of Ilmar Tammelo, S. 17.

sich Personen, die dies an die Behörden der USA weiterleiteten. Es ist bekannt, dass Tammelo plante in die USA zu emigrieren, doch es gab zwei Hindernisse, Tuberkulose in der Kindheit und der Eintritt als Kandidat in die KP.[50]

Unter der deutschen Okkupation wurde an der Universität mit „Mitläufern mit den Sowjets" abgerechnet, weshalb auch Tammelos Situation nicht leicht war. Prof. Kadari wurde entlassen und der ehemalige Prorektor Kliimann ermordet. Tammelo rettete die Rückkehr von Prof. Uluots an die Hochschule, der viele Kollegen vor Anschuldigungen verteidigte. Noch surrealer wurde die Lage für Tammelo, als im März 1942 auf deutsche Initiative die während der Sowjetzeit ausgegebenen Diplome annulliert wurden und er erneut einen Abschluss ablegen musste. Tammelo zog sich zu seinen Verwandten nach Puhja in der Nähe Tartus zurück, um die schwierigen Zeiten abzuwarten. Im zweiten Stock der Apotheke widmete er sich dann wissenschaftlicher Tätigkeit. Gleichzeitig begann er darüber nachzudenken, Estland zu verlassen, um an einem Wissenschaftszentrum zu arbeiten, wo die Umgebung anregender als in Puhja und vom Krieg weniger zu spüren war.

4. In Deutschland (Freiburg, Marburg, Heidelberg)

Laut Angaben im Archiv schrieb Tammelo am 28. Oktober 1942 nach Marburg, ob er dort nicht promovieren könne.[51] Im Marburger Universitätsarchiv ist die Antwort des Prodekans erhalten, der empfahl sich an Professor Fritz von Hippel zu wenden. Im August 1943 verteidigte Tammelo in Tartu seine Magisterarbeit und kandidierte bereits im September für ein Deutschlandstipendium. Seit 15. November 1943 war er offiziell Stipendiat, der für ein oder zwei Semester nach Deutschland reisen konnte. Zuerst sollte Tammelo in Tübingen Erfahrungen sammeln, doch es gelang ihm nicht, bürokratische Hürden zu überwinden. Am 22. November wandte er sich an die Universität Freiburg mit dem Plan, sich auf eine Dissertation über den Zivilprozess vorzubereiten und dort Material zu sammeln. Im März 1944 sollte die Verteidigung erfolgen. Den Winter 1943/44 verbrachte Tammelo in Freiburg. In Briefen lobte er die Stadt und die reine Luft, war von der Bibliothek aber enttäuscht. Am 17. Januar 1944 erläuterte Tammelo Prof. Uluots in einem Brief den Entschluss, die Dissertation in Deutschland zu verteidigen und nicht auf dem Gebiet des Zivilprozesses, sondern in der Rechts-

[50] Als 1982 die Universität Tartu ihr 350.-jähriges Jubiläum feierte, durfte Ilmar Tammelo als im Exil lebend nicht genannt werden. Doch unter den 1941 in die Partei aufgenommenen Mitarbeitern findet sich sein Name als „J. Tammelo". Karl Siilivask, Hillar Palamets (Hg.): Tartu ülikooli ajalugu kolmes köites 1632-1982, Bd. 3: 1918-1982, Tallinn, 1982, S. 165.

[51] The Works of Ilmar Tammelo, S. 18.

philosophie. Im Frühjahr 1944 befand Tammelo sich bereits in Marburg, wie wir aus dem dortigen Archiv wissen.

In der Handschriftenabteilung der Universitätsbibliothek Heidelberg ist Tammelos Schriftwechsel mit Prof. Radbruch erhalten (29. April – 12. Juli 1944) und dieser enthält die notwendigen Informationen. Zur Vorbereitung auf die Promotion belegte Tammelo in Marburg wenigstens sechs Veranstaltungen: Rechtsphilosophie (Hippel), Seminare zur Rechtsphilosophie (Zimmerl), Zivilrecht (Hippel), Vorlesung zum Kriminalrecht (Zimmerl), Übung zum Kriminalrecht (Stock), Verwaltungsrecht (Schatzel) und den Sonderkurs „Volk und Staat". [52] In Marburg präsentierte Tammelo Prof. von Hippel eine Seminararbeit, die er bereits 1940 für Prof. Kliimann in Tartu geschrieben hatte und im Folgejahr ins Deutsche übersetzt: „Normativistische Unterscheidung des Privatrechts und des öffentlichen Rechts". Am 20. April 1944 sprach von Hippel die Empfehlung zum Verfassen einer Dissertation aus.

Tammelo benötigte viel Mühe, damit in Deutschland sein Magisterabschluss anerkannt wurde. War man vor dem Krieg in Tartu noch der Auffassung, der Magisterabschluss entspräche einer deutschen Promotion, [53] so hatte dann Tammelo doch große Probleme ihn als dem deutschen Magister ebenbürtig akzeptieren zu lassen. Das Verfassen der Dissertation erfolgte schnell, denn Tammelo hatte die Vorarbeiten bereits geleistet.

So schloss er den Text „Kritische Untersuchungen zur normativistischen Unterscheidung des Privat- und des Öffentlichen Rechts" (69 Seiten) ab. Dieser wurde von den Professoren von Hippel und Zimmerl im Oktober 1944 bewertet und am 26. Oktober erfolgte die mündliche Prüfung und am nächsten Tag erhielt Tammelo die Doktorurkunde. Nach Tartu schickte er die Freudenbotschaft von der Promotion und schrieb, dass er nähere Bekanntschaft mit den Professoren Adolf Schönke und Erik Wolf gemacht habe. [54] Zu diesem Zeitpunkt war die Stadt erneut von den Sowjets besetzt, denn die Deutschen hatten ihre Truppen bereits im September aus Estland evakuiert.

5. Ilmar Tammelos Kollegen in Estland und Deutschland

Über die Stimmungslage von estnischen Intellektuellen in Deutschland nach dem Krieg gibt die Publikation „Estonia" der estnischen Studentenschaft Auskunft, die

---

[52] The Works of Ilmar Tammelo, S. 20.

[53] Tatsächlich gelang es einigen Magistern ihren estnischen Abschluss in Deutschland als Promotion anerkannt zu bekommen darunter auch der bekannte Historiker Georg von Rauch.

[54] The Works of Ilmar Tammelo, S. 21

seit 1946 erschien. Ilmar Raamots Artikel „Probleme der estnischen Intellektuellen in Deutschland", [55] rief die Esten dazu auf, die Zeit ihres Aufenthalts maximal zur Verbesserung ihrer Ausbildung zu nutzen. Sie lebten in der Hoffnung, dass die Okkupation der Heimat nur zeitweilig wäre und sie bald zurückkehren könnten. [56] Wie oben erwähnt, benötigte Tammelo einen derartigen Aufruf nicht. Doch vor diesem Hintergrund ist besser sein Freundeskreis in Deutschland und das Phänomen zu verstehen, dass nach dem Weltkrieg zahlreiche Esten in der ganzen Welt Professor wurden. Grundlage war die allgemeine Haltung, einmal zurückzukehren und die neuen Kenntnisse in der Heimat anzuwenden. Tammelo lebte anders als viele Schicksalsgenossen in Deutschland nicht in einem DP-Lager. In Heidelberg entwickelten sich enge Kontakte zu Ilmar Arens (1912-1994), der sich bei Prof. Uluots zum Rechtshistoriker spezialisiert hatte und der sich aktiv an „Estonia" beteiligte. Arens unterstützte Tammelo bei der Veröffentlichung von Aufsätzen der Heidelberger Periode.

In der wirtschaftlichen Notlage nach dem Krieg in Deutschland war die Organisierung der Veröffentlichung von Tammelos Habilitationsschrift eine gemeinsame Arbeit seiner Freunde. „Untersuchungen zum Wesen der Rechtsnorm" erschien als Gegenleistung für Spiritus, den seine Freunde „organisiert" hatten, denn dieser war bei der Vergütung des Verlags besser als Geld. Für Tammelo war es wichtig, dass er sich in Heidelberg auf die Habilitation vorbereiten konnte [57] und dies bei Prof. G. Radbruch (1878-1949). [58] Tammelo hatte Verbindungen nach Heidelberg schon seit 1944, doch er konnte sich nicht lange in der Stadt aufhalten. Nachdem Prof. K. Engisch seine Kenntnisse positiv bewertet hatte, konnte er sich schließlich habilitieren und am 28. Juli 1947 erfolgte in Heidelberg die Probevorlesung. Seit dem Sommersemester 1948 war Tammelo Privatdozent an der Ruprecht-Karl-Universität in Heidelberg. An seinen Veranstaltungen nahmen

[55] Ilmar Raamot: Eesti haritlaskonna probleeme Saksamaal, in: Estonia, 1946, Nr. 1, S. 2-4; ders.: Eesti haritlaskonna probleeme Saksamaal, in: Estonia, 1947, Nr. 3, S. 9-10.

[56] Ebd., S. 10.

[57] Tammelo lebte in Heidelberg in der Moltkestraße 23.

[58] Für die Magisterprüfung in Tartu 1943 zähle Radbruchs „Rechtsphilosophie" (Lepizig 1932) zur Pflichtlektüre. The Works of Ilmar Tammelo, S. 22.

all jene Esten teil, die damals seinen Freundeskreis bildeten. Dazu neben Ilmar Arens [59] und Ülo Sepp [60] auch Dr. jur. Karl Aun [61] und Dr. jur. Artur Taska [62].

Zum Schluss

Als man in Estland am Ende der achtziger Jahre begann, sich mit dem Werk Tammelos auseinander zu setzen, erschien als erste Übersetzung der Kliimann gewidmete Aufsatz in der Zeitschrift „Sowjetisches Recht" („Nõukogude õigus / Sovetskoe pravo") im Jahr 1989. Darauf folgte die Monografie „Survival and Surpassing", [63] deren estnische Übersetzung der Überschrift, „Überleben und vorwärts gehen", Tammelos Werk in dieser Zeit hervorragend charaktierisiert. Es handelte sich um sein Lebensmotto, dass ihm bei seiner Arbeit half, Ideen aus einer früheren Zeit, als er von 1937 bis 1943 in Tartu studierte, zu übernehmen und neue Ideen zu generieren. Wie oben erwähnt sollte man Tammelo als einen Denker ansehen, der von den Strömungen seiner *alma mater* geformt wurde. Deshalb sind Tammelos Veröffentlichungen nach dem Krieg „Legal Dogmatic and the Mathesis Universalis", [64] und auch „Logik und so genannte rein immanente Predikationen", [65] seine kleine Aufsatzsammlung „Drei rechtsphilosophische Aufsätze" (Heidelberg 1948) sowie „Artur-Tõleid Kliimanns Rechtstheorie" [66] noch ein Bestandteil seiner frühen Schaffensphase, die sich aber auch auf seine spätere Arbeit auswirkten.

59 Ilmar Arens: Das Wackenrecht und die rechtliche Schichtung der bäuerlichen Bevölkerung im estnischen Kreise Wiek am Anfang des 16. Jahrhunderts, Heidelberg 1948.

60 Ülo Sepp: Das Prinzip der Demokratie und Grundrechte der Staatsbürger nach estnischen Verfassungen 1920, 1934 und 1937, Heidelberg 1948.

61 Karl Aun: Der völkerrechtliche Schutz nationaler Minderheiten in Estland von 1917 bis 1940, Hamburg 1951.

62 Artur Taska: Die Grenzen des Küstenmeeres Estlands, Lund 1974 (Diss. jur. Kiel, 1952).

63 Ilmar Tammelo: Ellu jääda ja edasi minna, in: Akadeemia, 1990, nr. 6-10, S. 1313-1344; 1521-1552; 1761-1792; 1985-2015; 2205-2240.

64 Ilmar Tammelo: Õigusdogmaatika ja Mathesis Universalis. in: Estonia I, Göttingen 1946, S. 38-41; ders.: Legal Dogmatic and the Mathesis Universalis, Heidelberg 1948.

65 Ilmar Tammelo: Loogika ja puhtimmanentsed predikatsioonid, in: Estonia III, Göttingen, 1947, S. 36-38.

66 Ilmar Tammelo: Artur-Tõleid Kliimanns Rechtstheorie, in: Archiv für Rechts- und Sozialphilosophie. 1950, Bd. 39, S. 90-101.

Ilmar Tammelo – seine Zeit in Salzburg. Ein Gelehrtenporträt anhand von sieben Bildern

Raimund JAKOB

Vorbemerkung

Meinen Gedanken voranstellen möchte ich den von Ilmar Tammelo gewählten Spruch „Survival and Surpassing", dieser war auch der Titel einer von ihm 1971 in Melbourne erschienenen Schrift. Bei flüchtigem Hinhören und wenn man dieses Buch nicht kennt, könnte man meinen, dieses Motto sei bei Friedrich Nietzsche und den üblicherweise damit im Zusammenhang stehenden Vorstellungen von einem Übermenschen entlehnt. Eine solche Deutung ließe sich rein sprachlich auch vertreten, wäre aber in der Sache grundlegend falsch. Für Tammelo nämlich bestand die Bedeutung dieses Spruchs darin, trotz aller Schwierigkeiten und Probleme und fern aller Romantik nach dem, was Gerechtigkeit sein mag, zu suchen und zu streben, damit Gelassenheit und Friede in der Zukunft Realität für die Menschen werden könnten. Die Grundlage für dieses Denken wird man aber nicht zuletzt in jenen existenziellen Bedrohungen und Überlebenserfahrungen zu suchen haben, die Tammelo in der ersten Hälfte seines Lebens geprägt und schließlich in gewisser Weise auch seine Einstellung zum Leben und sein Handeln gegenüber Dritten beeinflusst haben. Es wird sich im Nachfolgenden zeigen, dass Tammelo diesem Motto bis an sein Lebensende treu geblieben ist.

Schon zu Lebzeiten hat man den wie kaum ein anderer in einem umfassenden Sinne interessierten und arbeitenden Rechtstheoretiker Tammelo mit einer Reihe von Labels versehen. Die einen sahen und sehen ihn als „großen österreichischen Esperantisten" – so nachzulesen in der Esperanto Version des Online-Lexikons Wikipedia, andere erkennen in ihm den Erfinder der Rechtslogik und Mitbegründer der Rechtsinformatik, wieder andere sehen ihn als Mystiker oder konventionsfernen philosophischen Neuerer, romantisierenden Weltverbesserer und Rechtsdenker, wobei dann noch Zuordnungen zu den unterschiedlichsten Denkrichtungen erfolgen. Von Naturrechtlern ist er gelegentlich als radikaler Rechtspositivist eingeschätzt worden. Er selbst hat sich im Diskurs mit Vertretern des kognitivistischen Naturrechtsdenkens, die dem Naturrecht durch die Ableitung von Tatsachenfestsstellungen eine „objektive" Grundlage geben wollen, als „Konativisten" bezeichnet;[1] für einen solchen sind Tatsachenfeststellungen zwar eine notwendige, nicht aber eine hinreichende Bedingung der Begründung von Werturteilen und Normen. Er sieht sich damit in der Nähe zu Alfred Verdross. Ja, und dass er nicht nur im Alltag offen für spielerisches Denken war und einen sehr subtilen Humor gepflegt hat, werden vermutlich nur Wenige von ihm erwarten, ist bei näherer Betrachtung aber konsequent.

Alle diese Aussagen zur Person Tammelo haben mehr oder weniger ihre Richtigkeit, allerdings scheinen sie letztlich doch zu kurz zu greifen. Obwohl sich – bedingt durch die zeitliche Distanz – Verschiedenes klar abzeichnet, scheint es dem Autor noch zu früh, Tammelo mit einem definitiven Markenzeichen zu versehen, denn dazu sind seine Ideen und Denkansätze viel zu ungewöhnlich, zu differenziert, aber auch aktuell problembezogen, um nicht zu sagen zu jung. Hier soll ein eher persönlichkeitsbezogenes Bild von Tammelo entworfen werden, wobei sich dieses Bild aus Einzelbildern, aus Skizzen – gewonnen aus verschiedenen Perspektiven – zusammensetzt; dahinter steht die Überlegung, dass einem solchen Bild keine Endgültigkeit zukommt wie etwa einer Biografie oder der abschließenden Zuordnung zu einer Denkrichtung, vergleichbar einem Akt, der für die Ablage bestimmt ist. Einzelne Bilder hingegen bleiben in gewisser Weise für den Betrachter offen und zusammen mit seinem Werk auch noch zu einem anderen Zeitpunkt interpretationsfähig. In unserem Fall sollen sie noch durch ein Selbstporträt ergänzt und durch die eine oder andere Anekdote angereichert und damit anschaulicher werden.[2]

---

1 Zur Philosophie des Überlebens, Freiburg / Br. 1975, S 234ff.

2 Soweit die in diesem Beitrag geschilderten Fakten und Überlegungen nicht anhand von Literatur (inklusive von Medienberichten) respektive vorhandenen Archivalien, Personalunterlagen und Vorlesungsverzeichnissen nachvollzogen werden können (solche Quellen sind nicht immer im einzelnen angeführt), beruhen sie neben Auskünften Dritter auf Erlebnissen und unmittelbaren Beobachtungen des Autors, nicht zuletzt aber auf persönlichen Mitteilungen von Ilmar Tammelo selbst. Beginnend mit dessen Eintreffen Anfang Oktober 1972 in Salzburg hat sich der Autor sowohl als Mitarbeiter als bald auch als Vertrauter bis zum Vorabend der definitiven Abreise nach Australien im Januar 1982 mit Tammelo in ständigem persönlichen Kontakt befunden. Für die Zurverfügungstellung amtlicher Daten darf ich hier dem Dekan der Salzburger Rechtsfakultät, Herrn oUniv.-Prof. Dr. Kurt Schmoller, herzlich danken. Zum Lebenswerk von Tammelo, insbesondere dessen Beschäftigung mit den formalen Aspekten des Rechtsdenkens siehe Schreiner, Helmut (1984): Ilmar Tammelos Leben und Werk, In: Objektivierung des Rechtsdenkens (GS Tammelo), Berlin, S 5ff.

1. Bild und Vorgeschichte: Von Estland[3] nach Australien

Als junger Mann erlebte Tammelo, der am 25. Feber 1917 in Narva, Estland als eines von zwei Kindern in eine Lehrerfamilie geboren wurde (Vater Richard-Friedrich Eichelmann und Mutter Johanna geb. Treufeldt), unruhige Zeiten. Anders als sein älterer Bruder Richard, war Ilmar von eher schwächerer gesundheitlicher Verfassung. Die Namensänderung von Eichelmann in Tammelo („Eiche") in den 1930er Jahren wird man im Zusammenhang mit der damals – als Ausdruck nationaler Identität – üblichen Estnifizierung von Eigennamen, wohl aber auch in den vorhersehbaren politischen Entwicklungen und Überlebensbedingungen zu sehen haben. So musste der Student gelegentlich auch mal vor den jeweiligen fremden Machthabern – sowohl vor den einen wie den anderen, den Sowjets wie den Deutschen – auf dem Land und in den Wäldern seiner Heimat Zuflucht suchen. Nach eigener Einschätzung besonders prägend für sein Denken war ein Onkel, der Schwager seiner Mutter, ein Apotheker, der für ihn so etwas wie ein Vaterersatz wurde, nachdem der Vater bereits 1919 im Unabhängigkeitskampf der jungen Republik Estland gefallen war; dieser Onkel war „Halbjude". 1937 – 1943 studierte Tammelo an der Universität in Tartu (Abschluss mit Magister iuris), in der Folge begibt er sich – was unter den gegebenen Umständen (auch) nicht ungefährlich war – zum Studium nach Deutschland. Bei alldem darf nicht vergessen werden, dass in der ersten Hälfte des 20sten Jahrhunderts eine akademische Ausbildung in Deutschland nicht nur in Estland hohes Ansehen genoss. 1944 erwarb er an der Universität Marburg / Lahn das juristische Doktorat. Nach dem 2. Weltkrieg und seiner Habilitierung 1947 bei Gustav Radbruch in Heidelberg („Untersuchungen zum Wesen der Rechtsnorm", erschienen in Heidelberg 1948) war es für Tammelo wichtig, eine dauerhafte Bleibe zu finden, wobei Estland, das in die UdSSR eingegliedert worden war, für ihn nicht in Frage kam.

Über verschiedene Umwege gelangte er nach Australien, wo er als *displaced person* Aufnahme gefunden hat. Später sollte dann auch noch der Bruder seiner Mutter, ein Jurist, der wohl die seinerzeitige Wahl des Studiums von Ilmar mit beeinflusst hatte, nach Australien emigrieren. Anfangs war nicht an eine Fortsetzung einer akademischen Karriere zu denken, denn die Australier hatten anderes mit ihm im Sinn. So musste sich Tammelo unter anderem als Holzfäller im australischen Busch durchschlagen, was zu weiteren gesundheitlichen Beeinträchtigungen führte, an denen er noch lebenslang laboriert hat.

[3] Siehe Järvelaid, Peeter (Hg. 1993): The Works of Ilmar Tammelo 1939-1943 (in estnischer Sprache). Hamburg; derselbe (2009): Das Frühwerk Ilmar Tammelos: Der Weg zum Wissenschaftler, in diesem Band.

Schließlich war es ihm doch möglich, in das akademische Leben zurückzufinden. Es folgten zwei weitere Graduierungen (Melbourne 1951 MA in Political Philosophy und Sydney 1964 LL.M. in International Law and Jurisprudence) und einige wissenschaftlich äußerst produktive Stationen und Forschungsaufenthalte außerhalb Australiens. 1952 wurde er ein Mitarbeiter (Research Assistant) am Department des im angloamerikanischen und südost-asiatischen Raum weithin berühmten Rechtsphilosophen und Völkerrechtlers Julius Stone an der Universität von NSW in Sydney, wo er zuletzt als Forschungsprofessor (Reader in International Law and Jurisprudence) tätig war. Stone war die Persönlichkeit, die für Tammelos wissenschaftliches Denken bis zuletzt von großem Einfluss sein sollte. Neben anderen Funktionen, die er während dieser Zeit ausfüllte, war Tammelo auch Gründungspräsident der Australian Society of Legal Philosophy.

Bei Stone lernte er den Salzburger Rechtsphilosophen René Marcic kennen, der ein akademisches Freijahr dazu nützte, sich bei Julius Stone mit der Rechtssoziologie vertraut zu machen, einer Disziplin, die im Zusammenhang mit dem Zweiten Weltkrieg für den deutschen Sprachraum und Europa „verloren" gegangen war. Während dieser Zeit nahm Marcic zudem täglich an der Arbeitsgemeinschaft für Rechtslogik von Tammelo und Ron Klinger teil; Rechtslogik war damals noch ein völliges Novum. Auf dem Heimweg nach Österreich sind Marcic und seine Gattin auf dem Flug von London nach Salzburg am 2. Oktober 1971 in Belgien in der Nähe der Stadt Gent Opfer eines Flugzeugabsturzes geworden. In Sydney hatten Tammelo und Marcic sich angefreundet; im letzten Brief von Marcic an seine Mitarbeiter schrieb dieser, dass er in Sydney mit Tammelo einen Freund gewonnen hat, der durch die Schicksalsläufte nach Australien verschlagen worden war und der als Europäer gerne wieder nach Europa zurückkehren wollte, ... am liebsten würde er ihm seine eigene Lehrkanzel an der Salzburger Universität anbieten, doch würde er diese nach seiner Rückkehr ja selbst benötigen. Rückblickend betrachtet, mutet dies wie ein Omen des Schicksals an, denn nur kurze Zeit später wurde die Lehrkanzel infolge des Unglücks vakant.

2. Bild: Tammelo kommt nach Salzburg

Tammelo hatte sich – nicht zuletzt im Hinblick auf den Umstand, dass er anders als viele seiner Kollegen an der Fakultät nebenbei nicht als Anwalt tätig war, was für seine nachuniversitäre Zeit von Bedeutung gewesen wäre – bereits zuvor für eine Rückkehr nach Europa und einen Ruf an eine andere österreichische Universität interessiert, wo eine rechtsphilosophische Lehrkanzel zur Besetzung anstand. Allerdings zog Tammelo in diesem Fall seine chancenreiche Bewerbung zugunsten eines Mitbewerbers zurück, als er erfahren hatte, dass dieser aus einem Oststaat kam und – wie Tammelo meinte – den Ruf nach Österreich nötiger hatte als er selbst. In der Folge interessierte er sich für das nunmehr verwaiste Salzburger Ordinariat. Er war dort nicht der einzige Bewerber, sondern eine Reihe von bundesdeutschen Gelehrten mit entsprechenden Kontakten zur heimischen Wissenschaftsszene kamen ebenfalls zur Vorstellung und zum Vortrag nach Salzburg. Insofern befand sich Tammelo zunächst in der Außenseiterposition, obwohl er kein gänzlich Unbekannter war, jedenfalls beim akademischen Mittelbau schätzte man ihn bereits nach einem im Zuge einer früheren Europareise in Salzburg gehaltenen Vortrag. Besonders bei den Angehörigen des Rechtsphilosophischen Instituts war er nachhaltig in Erinnerung geblieben, nicht nur wegen seines eindrucksvollen Vortrags voll von – für das hierzulande geübte Rechtsdenken – neuen und ungewöhnlichen Ideen zu den „Kriterien von Gerechtigkeit“, sondern auch wegen seines unkonventionellen Umgangs – bis hin zu einem Besuch des „Augustiner-Bräustübls“ (es handelt sich hierbei um einen bekannten Biergarten in der Art wie man solche in München findet) und dem Erwerb eines Rucksacks (Stadtrucksäcke waren damals noch nicht bekannt, Tammelo hielt jedoch in Erinnerung an seine Vergangenheit als Holzfäller einen Rucksack für ein ausgesprochen praktisches Transportmittel für Bücher und andere Utensilien eines Gelehrten). Der seinerzeitige Vortrag in Salzburg war letztlich auch Ursache und Grundlage für den Aufenthalt von Marcic in Sydney gewesen.

Es war dies die Zeit der Ministerschaft von Dr. Herta Firnberg im österreichischen Wissenschaftsressort (1971 – 1983), wo der betroffene akademische Mittelbau so etwas wie ein ministerielles Gehör und ein (zunächst einmal) faktisches Mitspracherecht bei Besetzungen von Lehrkanzeln eingeräumt bekam. Dazu kam, dass die Ministerin in mancherlei Beziehung weltaufgeschlossener war als einzelne der ihr anvertrauten Hohen Schulen und Fakultätskollegien im Lande das damals waren. Die Erfahrung aus der persönlichen Kenntnis von Tammelo und der oben genannte Brief sowie die Tatsache, dass Tammelo bereits damals zum – eher überschaubaren – Kreis der international anerkannten Rechtsphilosophen zählte, ein Umstand der zu diesem Zeitpunkt vielen der Entscheidungsträger vor Ort nicht unbedingt bewusst war, machten ihn zum Wunschkandidaten des Mittelbaus. Man muss sich dazu in diesem Zusammenhang vor Augen halten, dass Anfang der 1970er Jahre, aber auch noch später – von einzelnen Ausnahmen abgesehen – gerade an den heimischen Rechtsfakultäten der Blick der einzelnen Fachvertreter so gut wie nicht über den eigenen Sprachraum hinaus gereicht hat. Und so mancher von diesen hat erst einige Zeit später von bundesdeutschen Kollegen erfahren, wen die Fakultät mit ihrer Berufung da „an Land gezogen“ hat.

Am 2. Oktober 1972, ein Jahr nach dem tragischen Flugzeugunglück von Arsele, ist Tammelo zusammen mit seiner Gattin Lyndall Lorna in Salzburg eingetroffen. An der dortigen Rechtsfakultät hat er seinen Dienst im WS 1972/73 als Honorar- und Gastprofessor angetreten; als Gastprofessor deshalb, da die Frist für die Kündigung seines Postens an der Universität in Sydney ein halbes Jahr betrug. Seine Ernennung zum Ordinarius für Allgemeine Staatslehre, Österreichisches Verfassungsrecht und Rechtsphilosophie an der Rechts- und Staatswissenschaftlichen Fakultät ist mit Wirksamkeit vom 1. April 1973 erfolgt. Als bezeichnend für die bürokratischen Hürden einer damaligen Berufung aus dem Ausland darf angesehen werden, dass man Tammelo im August 1972 anlässlich der ministeriellen Intimierung der Gastprofessur und der bevorstehenden Ernennung zum Ordinarius ersucht hat, seine Reise und die Übersiedlung von Australien nach Österreich zunächst selbst vorzufinanzieren. Parallel zu seiner Salzburger Gastprofessur hat er im ersten Wintersemester eine ebensolche in München wahrgenommen. Dort entwickelte sich auch ein fruchtbarer Kontakt und Austausch mit dem Münchner Rechtsphilosophen (und frühen Rechtslogiker) Lothar Philipps. Nach einem vorübergehenden Aufenthalt in der Stadt Salzburg haben die Tammelos etwa 36 Kilometer von Salzburg im ländlichen Lochen in Oberösterreich ein Haus erworben. Diese Entscheidung war bewusst getroffen worden, zumal 36 Kilometer für australische Verhältnisse keine Entfernung darstellen und der Ort ruhig ist. In Österreich hingegen können 36 km eine ziemliche Strecke bedeuten. Das hat sich in der täglichen Praxis bald herausgestellt, und nach wenigen Jahren ist Tammelo mit seiner Gattin wieder stadtwärts, nach Anif an die südliche Peripherie von Salzburg übersiedelt.

3. Bild: Ein Selbstporträt

Von Tammelo existiert aus seiner Salzburger Zeit ein schriftliches Dokument in englischer Sprache, das er mit „A Self-Portrait“ übertitelt hat. Der Umfang beträgt eine Maschinschreibseite und es ist leider nicht datiert, ungewiss ist auch der Verwendungszweck. [4] Der Inhalt lässt den Schluss zu, dass das Selbstporträt um

[4] Möglicherweise hat dieses Papier mit der Teilnahme an einem Wettbewerb für den „Rolex-Award“ zu tun, der zu dieser Zeit jährlich für wissenschaftliche Projekte international ausgeschrieben wurde. Zum Zweck des *fund raising* für „sein“ Institut hat Tammelo einmal an diesem Wettbewerb teilgenommen. Erst im Nachhinein hat sich herausgestellt, dass mit diesem Preis nur naturwissenschaftliche Projekte honoriert werden sollten, und die Bewerbung somit nicht zielführend sein konnte.

den Beginn des letzten Drittels der 1970er-Jahre formuliert wurde. Es wird hier in Übersetzung wiedergegeben. [5]

„Ein Jugendtraum von mir war es Dichter zu werden. Meine Bemühungen diesbezüglich äußerten sich in einer Kultivierung der sprachlichen Form, die letztlich einen vernichtenden Effekt auf mein eigentliches poetisches Denken hatte, so dass ich die Poesie insgesamt aufgab. Mein Rechtsstudium empfand ich damals als eher unbefriedigend, die Beschäftigung mit der Philosophie verschaffte mir da in gewisser Weise Erleichterung. Meine Studien konzentrierte ich von da an auf die Rechtsphilosophie. Und auch hier verspürte ich gelegentlich sprachgestalterische Impulse beim Niederschreiben meiner Gedanken.

Meine frühe Neigung zum Arbeiten mit und zum Gestalten von Sprache mag für ein erwachendes Interesse an Fragen der Logik verantwortlich gewesen sein. Auf dem Gebiet der Logik des Rechts, die meine Aufmerksamkeit stark in Anspruch genommen hat, habe ich versucht, diese für die Rechtspraxis tauglich zu machen. Um entsprechende Anwendungsmöglichkeiten aufzuzeigen, habe ich unter anderem praxisnahe, logische Entscheidungsvorgänge konstruiert und dazu eine verbesserte Begrifflichkeit und Terminologie entwikkelt.

In meinen Arbeiten zu einer Theorie der Gerechtigkeit habe ich nach einem Ausgleich für mein formales juristisches Denken gesucht. Auch hier habe ich versucht für die Praxis relevante Ergebnisse meiner Arbeit zu erzielen, indem ich ein theoretisches Modell anbiete, welches gängige philosophische Vereinfachungen vermeidet und der Komplexität von Gerechtigkeitsproblemen in Rechts- und Politikbereichen gerecht wird.

In den letzten Jahren habe ich meine Aufmerksamkeit immer mehr auf die „Megaprobleme" gerichtet, mit denen die Menschheit im technischen Zeitalter konfrontiert ist. Daher habe ich mich in der Folge unter anderem ökologischen, demographischen und polemologischen Fragen gewidmet und bin gerade mitten in einem Projekt, welches eine Friedens- und auch eine Hoffnungsphilosophie zum Ziel hat. Dementsprechend versuche ich Prinzipien für ein neues „eurokratisches" Regierungssystem zu formulieren, welches unsere zunehmend überforderte und die Menschen im Stich lassende Gegenwartsdemokratie in ihren Möglichkeiten übertreffen soll.

Nicht zuletzt versuche ich einen Grundstein zu legen für eine translinguistische geplante Sprache, die es ermöglichen soll, einen bestimmten Gedanken so angemessen wie möglich zum Ausdruck zu bringen.

So fühle ich mich einer Aufklärung verpflichtet, die eine Neubeurteilung unseres historischen Ideenerbes sowie konstruktive Bemühungen beinhaltet, Wege und Mittel bereit zu stellen, die uns befähigen aus der misslichen Lage heraus zu kommen, in der sich die Menschheit gegenwärtig befindet. Eine meiner Leitideen hierbei ist die einer „communitas suprema", welche nicht nur gegenwärtig jeden Menschen an jedem Ort mit einschließt, sondern auch in der vorhersehbaren Zukunft."

---

[5] Der Originaltext in englischer Sprache ist als Addendum zu diesem Beitrag wiedergegeben.

Soweit die Selbstcharakterisierung.

4. Bild: Arbeitsstil und Auftreten

Entsprechend seinem Wahlspruch „Survival and Surpassing" hat Tammelo seine wissenschaftlichen Aktivitäten ganz auf das Ziel ausgerichtet, dem Streben nach und der Suche von Gerechtigkeit. Zwei Faktoren sollten ihn diesem Ziel näher bringen: Die Vernunft gemeinsam mit dem radikalen Zweifel und die tägliche Selbstbemeisterung des Menschen, der sich zu diesem Ziel auf den Weg macht. Den Begriff „Selbstbemeisterung" hat er in der Auseinandersetzung mit dem Zen-Buddhismus kennen gelernt, mit dem er sich anlässlich einer Gastprofessur 1969 an der Keio Universität in Tokio näher vertraut gemacht hat. Was sich Tammelo unter „radikalem Zweifel" vorgestellt hat, hat er in der 24 Seiten starken Publikation „Rational Man and Radical Doubt" zusammen gefasst, die bereits 1952 von der Estonian Academic Society in Sydney herausgebracht worden war. Vielleicht hat sein Postulat des radikalen Zweifels in der einen oder anderen Weise auch damit zu tun, dass jene Personen, die für Tammelos Denken prägend geworden sind – sein Onkel, der Apotheker, und darauf aufbauend Julius Stone – beide mit der jüdischen Kultur vertraut waren. Und zu deren grundlegenden Aussagen gehört es – im Gegensatz zu den christlichen Religionen – dass die Ankunft des Messias und die Zukunft des Einzelnen nicht gewiss ist, dass Zweifel also angebracht ist.

Betrachtet man nun den Arbeitsstil von Tammelo, so muss gesagt werden, dass ihm die Ideen zu einem bestimmten Thema nicht einfach so zufielen, sondern seine Arbeit war immer das Produkt einer vorangegangenen Selbstbemeisterung: Auch wenn er meinte, er könne nichts schreiben, dann zwang er sich an die Schreibmaschine und begann einfach zu schreiben. Die nächsten Schritte bestanden in einer fortgesetzten Begutachtung und Kontrolle, wobei er immer Stufe für Stufe als kritischer Gegner seiner selbst auftrat. Wenn er schließlich eine Arbeit für „hinreichend vorzeigbar" gehalten hatte, dann gab er sie nur an solche Mitarbeiter, Kollegen und Freunde weltweit weiter, von denen er sich ernsthafte und aufrichtige Kritik erwartete. In der Auseinandersetzung mit dieser Kritik kam es dann schließlich zu den bekannten Arbeiten.

Diese Vorgehensweise bzw. die Ernsthaftigkeit seines Wunsches nach Kritik soll anhand eines Beispiels demonstriert werden, an dem der Autor selbst beteiligt war. Als er sich wieder einmal mit Argumentationstheorie und juristischer Topik befasst hat, forderte Tammelo mich auf, mich aus meiner Sicht mit seinen Überlegungen auseinanderzusetzen. Damals habe ich mich bereits mit der Psychologie des Rechts beschäftigt, die sich bei aller Theorie letztlich den Fakten verpflichtet fühlt. Tammelo hat die Meinung vertreten, dass juristisches Argumentieren paraduktiv, meint selbstreflexiv, zu geschehen und sich jeder Seduktion, jedes Erschleichens von Zustimmung zu enthalten habe, im Regelfall das Gegenüber zu einer entsprechenden Meinungsbildung perduzieren wird und im Idealfall sogar euduktiv sein soll, womit ein auf Einsicht zielender Überzeugungsprozess gemeint ist.[6] Meine Position war die, dass aus der Sicht der Psychologie eine erfolgreiche Argumentation grundsätzlich nicht ohne ein gewisses Quantum an Identifizierung, sprich Seduktion auskommt, und weiters, dass es in der täglichen Realität so gut wie nicht möglich ist, die einzelnen Wirkweisen von Argumentation im Hinblick auf ein Gegenüber präzise festzulegen. Über diese Theorie – Praxis – Problematik haben wir an mehreren Tagen aus unterschiedlichen Blickwinkeln diskutiert und ich bin mir ziemlich sicher, ihn mit meinen Argumenten nicht wirklich umgestimmt und schon gar nicht euduziert zu haben. Schlussendlich hat er eine eigene Publikation zurückgestellt, mir zugleich aber ermöglicht, meine Überlegungen nieder zu schreiben und in einem renommierten juristischen Medium im Ausland zu veröffentlichen.[7]

Wie sahen rein äußerlich seine Arbeiten aus? Was ihre äußere Form anlangte, so hat er sich an jene Standards gehalten, wie man sie von den Universitäten im angloamerikanischen Raum her kennt. Artikel in Zeitschriften und Sammelbänden hat er üblicherweise in Form des wissenschaftlichen Essays verfasst, eine Praxis, die deutschsprachigen Juristen fremd ist, wobei er davon ausging, dass im englischen Sprachraum mit 3.000, im deutschen mit 3.500 Worten (d.s. ca. 10 – 12 Manuskriptseiten) das Auslangen gefunden wird. Wer nicht in der Lage ist, sich in diesem Umfang mit einer konkreten Fragestellung auseinanderzusetzen, war in seinen Augen ein Schwätzer. Für Zitate verwendete er vor allem das Harvard System of Referencing (HSR), das davon ausgeht, dass sich die Autoren- und Seitenangabe innerhalb des Textes und die verwendete Literatur am Ende des Textes befinden. Hinsichtlich Fußnoten vertrat er – jedenfalls trifft dies auf sein reifes Werk zu – die Auffassung, dass es solche nur ganz ausnahmsweise geben sollte, denn ein wichtiger Gedanke gehört in den Text, und unwichtige Dinge sollte man besser weglassen. Jene „Fußnotenfriedhöfe", wie wir sie nicht selten in den Arbeiten deutschsprachiger Juristen finden, standen bei ihm in Verdacht, der Verschleierung von Inkompetenz zu dienen.

---

6 Tammelo, Ilmar (1977): Theorie der Gerechtigkeit, Freiburg / Br., S 99ff. In Auseinandersetzung damit: Wimmer, Franz Martin (1990); Du sollst argumentieren – zur Logik juristischer Argumentation, In: Vetter, H. & Potacs, M., Beiträge zur juristischen Hermeneutik, Wien, S 106ff.

7 Argumentation und Identifizierung (1979), In: Oikeustiede. Jurisprudentia (Jahrbuch der Finnischen Juristenvereinigung), Vammala, S 61ff.

Hinsichtlich seiner sozialen Kommunikation ist zu sagen, dass er in kontroversen Fällen nicht selten paradox argumentiert hat oder aus einem konfliktträchtigen, einem eristischen System überhaupt „ausgestiegen" ist. Dieses Aussteigen aus einem beginnenden Streitgespräch konnte auf verschiedene Weise geschehen: Einmal, dass er die Argumente des Gegners in der Auseinandersetzung derart verstärkte oder betonte bis jenem diese selbst peinlich wurden (Enantiodromie [8]), oder dass er sie kippen ließ wie das im Beispiel vom halbvollen bzw. vom halbleeren Glas zum Ausdruck kommt, oder dass er sein Gegenüber mit sanfter Nachdrücklichkeit von den eingenommenen Positionen hin zu den vermuteten Interessen geführt hat (Negotiating [9]). Bei ritualisierten Auseinandersetzungen innerhalb der Gruppe, etwa im Fakultätskollegium, war er es, der sich auf die üblichen Rituale der Problematisierung einer Angelegenheit nicht einließ und die Dinge unmittelbar ansprach (paradoxe Intervention [10]) und damit seine Gegner hilflos machte und so die scheinbar schwächere Sache zur stärkeren machen konnte. Zudem konnten im konkreten Fall potentielle Widersacher sich nicht darauf verlassen, in welcher Form und aus welcher Richtung seine Argumentation diesmal kommen würde.

5. Bild: Der Institutsvorstand

Tammelo ist es gelungen, das Salzburger Institut für Rechtsphilosophie in der zweiten Hälfte der 1970er Jahre zum zweitgrößten Europas zu machen, gemessen am Personalstand und den bibliotheksmäßigen Ressourcen, aber auch – soweit überhaupt vergleichbar und nachvollziehbar – an Außenaktivitäten und an Veröffentlichungen. Das größte Institut zu dieser Zeit – nach allgemeiner Einschätzung – war das von Norberto Bobbio in Turin; für dieses Institut waren finanzielle Mittel beinahe unbegrenzt vorhanden, zur Verfügung gestellt von einem US-amerikanischen Gönner. Die Vergrößerung des Salzburger Instituts durch Tammelo erfolgte sozusagen nach innen, da er bereit war, vorhandene Einflussmöglichkeiten und Kompetenzen nach außen abzutreten, solange nur im Innenbereich die diesen Einflussmöglichkeiten korrespondierenden Ressourcen erhalten geblieben sind. Für ihn war letztlich maßgebend, dass der Geist frei ist und wirken kann wie und wo er will, auch ohne die Einschränkung durch ein bestimmtes „Firmenschild".

---

[8] Geht zurück auf Herakles von Ephesos „Alles ist in Bewegung".

[9] Vgl. Fisher, Roger & Ury, William (erstmalig 1981): Getting to Yes. The Harvard Concept, Cambridge / Massachusetts.

[10] Vgl. Watzlawick, Paul (Neuauflage 2002): Die Möglichkeit des Andersseins – Zur Technik der therapeutischen Kommunikation, Bern.

So hat er nicht allzu lange nach seinem Dienstantritt auf die weitere Teilnahme am Interfakultären Institut für Politikwissenschaft verzichtet. Offiziell waren es organisatorische Gründe im Zuge von Reformen, dass man aus dem interfakultären Institut ein senatsunmittelbares (und damit von den Juristen und ihrer Fakultät unabhängiges) Institut gemacht hat; im Hintergrund wollten jedoch die Politologen, nachdem im In- und im Ausland bereits promovierte und habilitierte Politologen in ausreichender Zahl vorhanden waren, schon länger die Hegemonie der Juristen über ihr Fach los werden. Im Jahr 1976 sind dann die Öffentlichrechtler der Fakultät im Zusammenhang mit dem Wunsch nach einer zusätzlichen Lehrkanzel mit der Bitte an Tammelo herangetreten, ob er nicht die Fachkompetenz für Verfassungsrecht niederlegen könnte. Hier stimmte er gerne zu, da seine Vorliebe in diesem Bereich mehr der Staatslehre und der Politischen Philosophie galt als dem Rest des Fachs. In beiden Fällen war die Bedingung für die Zustimmung, dass seine personellen und bibliotheksmäßigen Ressourcen unangetastet blieben. Die Fakultätskollegen haben diesen Ausbau zu einem rechtsphilosophischen Großinstitut eigentlich gar nicht so richtig wahrgenommen, die Ministerin jedoch hat dies sehr wohl bemerkt und es wohlwollend geschehen lassen.

Tammelo war der Überzeugung, dass zu einem wissenschaftlichen Institut ein entsprechender Output gehört und man deshalb auch über ein eigenes wissenschaftliches Publikationsmedium verfügen müsse. Er hat also selbst dieses Medium geschaffen, „Rechtsphilosophische Mitteilungen“ war der Titel. So etwas zu realisieren war damals noch recht kompliziert, ohne Computer, nur mit Schreibmaschine und Kopiergerät (nur am Psychologischen Institut hat es damals in Salzburg eine ähnliche Initiative gegeben). Die Sache mit dem Mitteilungsblatt war recht mühsam und es hat sich dann die Gelegenheit ergeben, gemeinsam mit dem Verlag Peter Lang zwei einschlägige Salzburger Schriftenreihen zu begründen und herauszubringen, es waren dies, zusammen mit seinem Freund und Weggefährten Robert Weimar (Siegen), die „Salzburger Schriften zur Rechts-, Staats- und Sozialphilosophie“ und, zusammen mit Werner Krawietz (Münster), Weimar und Ota Weinberger (Graz), die „Beiträge zur Allgemeinen Rechts- und Staatslehre“; eine davon existiert heute noch allerdings unter einem geänderten Titel (in der Nachfolge von Tammelo am Salzburger FB Michael Fischer, Schriften zur Rechts- Sozial- und Wirtschaftsphilosophie). Tammelo selbst hat beträchtlich zum wissenschaftlichen Output des Instituts beigetragen. Neben seinen Lehr– und Prüfungsverpflichtungen und der Mitwirkung in Habilitations- und anderen Kommissionen als Ordinarius und Institutsvorstand hat er in seiner Salzburger Zeit unmittelbar vier Monographien bzw. Handbücher veröffentlicht, davon eines doppelt (deutsch und niederländisch) und drei (davon ein zweibändiges Werk) mit Co-Autoren. Außerdem stammen aus dieser Zeit aus seiner Feder 56 Artikel in Zeitschriften oder Sammelbänden, [11] dazu kommen noch eine Vielzahl von Herausgaben sowie weitere Funktionen in Herausgeberboards, Redaktionsboards (ARSP) und internationalen wissenschaftlichen Komitees. Zu all dem war er noch als Vortragender auf den großen einschlägigen wissenschaftlichen Veranstaltungen weltweit vertreten und mehrfach hat er selbst Symposien oder eine Konferenz ausgerichtet. Eines seiner Prinzipien war hier, an einer wissenschaftlichen Veranstaltung nie ohne einen eigenen Beitrag aufzutreten; passive Teilnahmen oder Nur-Diskussionsteilnahmen hat es bei ihm nicht gegeben.

In die Zeit von Tammelo fällt auch der Einbau des Fachs Methodologie der Rechtswissenschaften in das Salzburger juristische Curriculum (1974), mittlerweile sind die Methoden in die jeweiligen vom Studienplan vorgesehenen Arbeitsgemeinschaften integriert. Anders verhält es sich mit der „Rechtslogik", diese ist inzwischen zu einer Nischendisziplin für eine hochspezialisierte Minderheit geworden. Allgemein hat sie sich nicht so richtig durchsetzen können. 1974 und 1977 hatte Tammelo gemeinsam mit Helmut Schreiner die zweibändigen „Grundzüge und Grundverfahren der Rechtslogik" (München) als Studienbehelf für dieses Fach veröffentlicht. Weitere Gefährten und Schüler auf diesem Feld der Wissenschaft waren damals Gabriel Moens, Ivanhoe Tebaldeschi und Hajime Yoshino als ausländische Gastgelehrte und vom Salzburger Universitätsinstitut für Philosophie Rudolf Stranzinger.

6. Bild: Was ist geblieben?

Unmittelbar nach der Rückkehr vom X. Weltkongress der Internationalen Vereinigung für Rechts- und Sozialphilosophie 1981 in Mexiko City hat Tammelo erste ernsthafte Symptome seiner Krebserkrankung wahrgenommen. Die Untersuchungen und eine Operation haben bald gezeigt, dass keine Hoffnung für einen guten Ausgang bestand. Für den 5. – 8. Oktober hatte er aus Anlass des zehnten Todestags seines Amtsvorgängers, des in Salzburg in breiten Kreisen besondere Popularität besitzenden ehemaligen Chefredakteurs der „Salzburger Nachrichten" und späteren Universitätsrektors, René Marcic noch ein internationales Symposion organisiert; es ist – *sit venia verbo* – zu seiner eigenen Abschiedsvorstellung

[11] Siehe dazu Mayer-Maly, Dorothea (1984): Verzeichnis der Veröffentlichungen von Ilmar Tammelo, In: Objektivierung des Rechtsdenkens, aaO, S 747ff.; sowie die aufgrund estnischer Quellen ergänzte („compiled") Fassung von Järvelaid, Peeter, In: The Works of Ilmar Tammelo 1939 – 1943, Hamburg 1993, S 205ff. Eine Fortführung dieser Bibliografie (1984 – 2008) samt einer Zusammenstellung der Arbeiten „über" Tammelo befindet sich in diesem Band.

geworden; und wer ihn näher gekannt hat, kann sich vorstellen, das war in gewisser Weise von ihm auch so geplant. Seine Erkrankung hatte sich herumgesprochen, und alle Größen der Rechtsphilosophie, von denen er selbst eine war, waren aus aller Welt gekommen, angefangen von ihrem damaligen Doyen Chaim Perelman ... Eine solche Konzentration von einschlägigem Sachverstand hat es weder vorher noch nachher in Salzburg gegeben.[12] Die ihm noch verbleibende Zeit und zugleich damit die Auflösung seiner bürgerlichen Existenz hat er sehr bewusst geplant. In diesem Sinne hat er auch seine „vorzeitige Emeritierung aus Gesundheitsgründen" betrieben. Seine Lehrbefugnis hat zuletzt Rechtsphilosophie, Methodologie der Rechtswissenschaften und Allgemeine Staatslehre umfasst. Es war ihm ein großes Anliegen, seine Gattin, eine ausgebildete australische Juristin und Anwältin, die sich in Österreich nie so richtig akklimatisiert hatte, zurück in ihre Heimat zu bringen. So ist es auch geschehen. Rund eine Woche nach seinem Eintreffen in Australien ist Tammelo am 7. Februar 1982 in Sydney kurz vor seinem 65. Geburtstag verstorben.

Mittlerweile sind 27 Jahre vergangen, was ist aus Tammelos Ideen und Gedanken geworden? Von ungebrochener Wirkkraft, um nicht zu sagen zukunftsweisender Aktualität sind noch immer seine Forschungen zur Rechtsethik und zu Gerechtigkeitsfragen in Recht, Gesellschaft und Politik. So hat man sich 2003 in der Schweizerischen Eidgenossenschaft anlässlich der öffentlichen Diskussion eines Entwurfs für ein Transplantationsgesetz im Zusammenhang mit Billigkeitsfragen auf Aristoteles, Radbruch und – Ilmar Tammelo berufen.[13] Aber auch die Einbeziehung der Zeitdimension in das Gerechtigkeitsdenken darf als ein Verdienst von Tammelo angesehen werden,[14] und diese stellt gerade gegenwärtig einen unverzichtbaren Bestandteil für dieses Denken dar. 1980 hat Tammelo in der Festschrift für Alfred Verdross zum 90. Geburtstag folgendes geschrieben: „Die Menschen haben gegeneinander schon immer ungerecht und verantwortungslos gehandelt. Beim heutigen Stand der Zivilisation ist es für das Überleben der Menschen von vitaler Bedeutung, diesem Treiben ein Ende zu setzen und nach möglichster Gerechtigkeit zu streben – dies nicht nur im Hinblick auf unsere Zeitgenossen, son-

---

[12] Die Ergebnisse dieses Symposions sind niedergelegt in.: Mayer-Maly, Dorothea & Simons, Peter M. (1983): Das Naturrechtsdenken heute und morgen (GS Marcic II), Berlin.

[13] So Sitter-Liver, Beat in seiner Studie vom 15. September 2003 zuhanden des Bundesamts für Gesundheit (BAG) in Bern (Tx_Gutacht_Sitter_de-4.pdf) zum Schweizerischen Organtransplantationsgesetz, S 224 (auf: http//www.bag.admin.ch; zuletzt aufgesucht am 1. Dezember 2008).

[14] Stichwort „futurologisches Naturrecht": Zur Philosophie des Überlebens, aaO, S 243ff.

dern auch rücksichtlich unserer Nachfahren". [15] Als diese Sätze geschrieben wurden, war es um unsere Umwelt noch nicht so schlecht bestellt wie heutzutage, jedenfalls war dies nicht so bekannt, und auch die Pensionskassen waren damals noch einigermaßen wohlgefüllt. Ein besonderes Ärgernis hat für Tammelo auch der Umstand dargestellt, dass an den Hebeln der Macht und den Schaltern der Atomwaffen alte Männer standen, die ihr Leben bereits gelebt haben und in deren Köpfen die Zukunftsperspektive fehlt. Ein Aspekt, der vielleicht noch nicht genug in das kollektive Bewusstsein der Menschen Eingang gefunden hat.

Was die Rechtsinformatik betrifft, die sich am Salzburger Institut unter Tammelo und noch vor der Zeit einer allgemeinen Computerisierung und des Internetzugangs auf der Basis der Rechtslogik entwickelt hat, ist viel Positives zu berichten; sie stellt mittlerweile ein anerkanntes und gut nachgefragtes Studienfach dar. Unter diesem Einfluss und in diesem Ambiente hat sich ein jährliches internationales Symposion etablieren können (IRIS), dass sich mittlerweile als größte und bedeutendste wissenschaftliche Tagung in Österreich und Süddeutschland auf dem Gebiet der Rechtsinformatik einen festen Platz erobert hat. Dass dies dann so geschehen konnte, ist ganz wesentlich Friedrich Lachmayer zu danken, einem Wiener Weggefährten Tammelos auf diesem Gebiet, der zusammen mit Dietmar Jahnel und Erich Schweighofer die Initiative zu den Salzburger Rechtsinformatik-Gesprächen ergriffen hat, aus denen dann IRIS entstanden ist. Nicht zuletzt aber ist in diesem Zusammenhang das ebenfalls von Lachmayer entwickelte und organisierte Rechtsinformatiksystem RIS des Bundeskanzleramts zu nennen, dass mittlerweile auch über Österreich hinaus Interesse gefunden und praktische Bedeutung erlangt hat.

Noch ein Blick auf Tammelos Salzburger Institut: Die Reformen der Universitätsorganisation und des Rechtsstudiums in den vergangenen Jahrzehnten sind auch hier nicht ohne Auswirkungen geblieben. Das dereinst zweitgrößte Institut für Rechtsphilosophie im gesamten europäischen Raum ist mittlerweile zusammen mit der Rechtssoziologie, der Rechtsgeschichte und den Wirtschaftswissenschaften in einem gemeinsamen Fachbereich für Sozial- und Wirtschaftswissenschaften aufgegangen, und ist dort für die rechtswissenschaftliche Grundlagenforschung zuständig, und hier hat auch die Psychosoziologie des Rechts im Rahmen des juristischen Doktoratsstudiums bis auf weiteres noch eine *de facto* Nische erhalten.

Dem wissenschaftlichen Wirken von Tammelo während seiner Salzburger Zeit sind auch verschiedene offizielle Würdigungen und Ehrungen zuteil gewor-

---

[15] Über die Zeitdimension der Gerechtigkeit, In: Miehsler, H. et alii (Hg.), Ius Humanitatis, Berlin, S 263ff.

den. Von dreien soll hier die Rede sein: So hat in Anbetracht seiner großen wissenschaftlichen Verdienste im Mai 1979 die Finnische Akademie der Wissenschaften Tammelo zum „Ausländischen Mitglied" gewählt. Posthum schließlich ist ihm vom Bundespräsidenten der Republik Österreich das Ehrenkreuz für Wissenschaft und Kunst I. Klasse verliehen worden. Und nur wenige Wochen später hat ihn die Universität Bologna mit der Verleihung des Ehrendoktorats der Politikwissenschaften geehrt.

Nachschrift und siebtes Bild

Was seinerzeit in der wissenschaftlichen Alltagsarbeit am universitären Institut untergegangen ist und auch bei aller Aufmerksamkeit nicht immer leicht zu erkennen war, zeichnet sich nunmehr – nach einer zeitlichen Distanz von bald drei Jahrzehnten – in aller Deutlichkeit ab. Nämlich, dass das unermüdliche Wirken und das umfangreiche und vielgestaltige Werk von Tammelo, das in seiner Salzburger Zeit zur Reife gelangt war, allein ein Ziel zum Gegenstand hatte, nämlich: Jene Bedingungen und Kriterien zu erkennen und zu fördern, die den Menschen weltweit ein friedvolles Zusammenleben ermöglichen, und das Wissen darum öffentlich zu machen, kurz gefasst, das Streben nach Gerechtigkeit in allen ihren Erscheinungsformen. Das beginnt bei scheinbar so banalen und unspezifischen Problemstellungen wie im Falle der Sprachplanung und der Sprachgerechtigkeit, betrifft die als klassisch bekannten Fragestellungen der Gerechtigkeitstheorie, geht aber noch weit über diese hinaus und schließt keinen Lebensbereich aus. Berührungsängste und Denktabus hat Tammelo bei seinen Forschungen nicht gekannt; ein Ausspruch von ihm hat gelautet: „Man kann auch mit dem Teufel reden, der Teufel war auch einmal ein Engel".

Die Suche und das Streben nach Gerechtigkeit zählen zu den ältesten Bedürfnissen der Menschheit und den frühesten des einzelnen Menschen. Tammelo hat auf diesem Feld Beiträge geleistet, die auch heute noch Gültigkeit haben. Seine Ideen haben Tammelo überlebt, es liegt nun an der Nachwelt, sich mit ihnen angemessen auseinanderzusetzen und sie fortzuführen.

Der hier vorliegenden Beitrag basiert auf einem Vortrag, den der Autor auf Einladung der Österreichischen Botschaft in Tallinn am 7. April 2006 an der Estnischen Nationalbibliothek im Rahmen des Symposions „Illmar Tammelo (1917-1982) – Zur Philosophie des Überlebens" gehalten hat.

ADDENDUM:

Ilmar Tammelo
Salzburg

A Self-Portrait

A boyhood desire of mine was to become a poet. However, my efforts to achieve this ambition led me to cultivation of form, which had a withering effect on my poetic thought, so that I gave up poetry altogether. My studies of law bored me, but I found a relief in philosophical studies. When I later specialized in legal philosophy, I occasionally experienced poetic impulses when writing down my thoughts; my early inclination to the form of poetry may have been responsible for my awakening interest in logic. In legal logic, which has engaged much of my attention, I have tried to render it relevant to practice. Thus I have devised actually utilizable logical decision-procedures and an improved notation and terminology, especially for "legal logic in action". I have sought for a counterbalance to my formalistics of juristic thought through my work in the theory of justice. Here, too, I have tried to render the results of my work relevant to practice: by offeringa theoretical model which avoids current philosophical simplifications and matches the complexities of the problem of justice in the area of law and politics. In recent years, I have paid increasing attention to the "megaproblems" facing humanity in our technological age. Hence I have addressed myself, *inter alia*, to ecological, demographical, and polemological issues and am now engaged in a project which would result in a philosophy of peace and also in a philosophy of hope. Accordingly, I am seeking to formulate principles for a new ("eucratic") system of government, which would transcend our ailing and failing democracy and to lay a foundation for a "translinguistic" planned language, which would make it possible to reach the greatest attainable adequacy of expression to thought. So I feel committed to a new enlightenment involving a reassessment of our historical inheritance of ideas and constructive efforts to make ways and means available enabling us to escape from the contemporary predicament of humanity. One of my guiding ideas here is the *"communitas suprema"* which would include not only everyone everywhere in this present time but also in the foreseeable future.

IRIS als Fortsetzung des Symposienkonzeptes von Ilmar Tammelo

Friedrich LACHMAYER

Ilmar Tammelo war in den Siebzigerjahren Ordinarius für Rechtsphilosophie an der Universität Salzburg. In dieser Zeit hat er immer wieder Seminare und kleinere Symposien veranstaltet, die auf ihre Weise charakteristisch waren. Es nahmen daran nämlich nicht nur Studenten und seine wissenschaftlichen Mitarbeiter teil, sondern auch Gelehrte aus der ganzen Welt.

Wenngleich auch seine Stellung an der Universität einem Außenstehenden auf der institutionellen Sozialebene machtmäßig nicht sehr ausgeprägt erschien, so hat er dennoch auf der Bühne der weltweiten Gelehrtenrepublik sehr wohl seine Stellung und seinen Einfluss besessen. Es war erstaunlich, wie weit her Rechtstheoretiker kamen, nur um an diesen Gesprächsrunden teilnehmen zu können. Namen wie Gardies (Frankreich), Yoshino (Japan), Philipps und Weimar (Deutschland), Aarnio, Klami und Tolonen (Finnland) fallen mir hier ein.

In der Erinnerung wird mir deutlich, dass es vor allem das wissenschaftliche Gastrecht war, das Ilmar Tammelo seinen Besuchern in dezenter und ausgewählter Höflichkeit angeboten hat. Einerseits war es die Bestimmtheit, welche die Sicherheit des Gastrechtes garantierte, andererseits aber auch die Toleranz, mit der die Berichte der Gäste mit respektvollem Interesse entgegengenommen wurden. Es ging nicht um richtig oder unrichtig, es ging darum, ob die Anderen die Darlegungen des Gastes verstehen, denn dass diese authentisch waren wurde vorausgesetzt.

Eigentlich war es nicht die Ferne der Herkunftsorte, welche die Berichte interessant machte, sondern die virtuelle Ferne der Referenzbereiche, die das Hereinbringen in den Raum des Diskurses so bemerkenswert machte. Die Gäste haben nicht von fernen Ländern berichtet, sondern von fernen, meist noch unbekannten Themenbereichen der Rechtstheorie.

Die Schlüsselkompetenz von Ilmar Tammelo lag wahrscheinlich in seinem unmittelbaren Zugang zur Abstraktion, zu den logischen Strukturen vor und in den Sachen. Dies drückte sich auch im Spielerischen aus, in seinem Suchen nach neuen Notationen, nach neuen Benennungen und Bannformeln des Strukturellen.

Die Abstraktion war es auch, welche die verschiedenen Meinungen in der Diskussion unschwer kompatibel machte, da nicht mehr die inhaltliche oder personale Differenz der Meinungen wichtig wurde sondern vielmehr deren Bezug zum Abstrakten. Es war daher relativ leicht in der Diskussion die Meinungen nicht gegeneinander auszuspielen, da es nicht um die vermeintliche Rivalität der Meinungen ging sondern um deren abstrakten Gehalt. Und dieser war zumeist neu und überraschend.

Vielleicht war es auch dieser Bezug der verschiedenen Erscheinungsformen zum Abstrakten, welcher es Ilmar Tammelo ermöglichte, sich unabhängig vom jeweiligen Ort intensiv dem logischen Denken zu widmen.

Ich hatte den Eindruck, dass es Ilmar Tammelo in seinen Seminaren und Symposien gelungen war, diesen Anspruch der Zuwendung zum Abstrakten auch den Teilnehmern der Berichts- und Diskussionsrunden zu vermitteln, sie also auch unter dieselben Statuten zu stellen. Es gab zwar sehr wohl die Freiheiten des Inhalts und der Art und Weise der Meinungsäußerung, etwa auch in Form unkonventioneller visueller Notationen, doch was die Spielregeln betraf, so hatte der Diskurs ein rationaler zu sein, zumindest der Zielsetzung nach.

Ilmar Tammelo war ein Suchender. Er hatte zwar den Weg und die Richtung für sich schon gefunden, doch das Wie des Weiterkommens schien offen bzw. variabel zu sein. Ich interpretiere ihn heute so, dass ich ihn als einen durch die Landschaft Ziehenden sehe, als jemand, der bereit ist, sich auf die stets wechselnden Situationen spontan einzustellen.

Dies findet auch in seiner Philosophie des Überlebens seinen Ausdruck. Die einzelnen Kapitel sind zwar thematisch offen geschrieben, gleichsam als Berichte von einer inneren Reise diktiert. Dennoch scheint der Aufbau des Buches vorgegebenen Ordnungen zu entsprechen, zumindest der Form und der Gliederung nach.

Die Persönlichkeit Ilmar Tammelos scheint aber durch mehrere Amplituden bestimmt gewesen zu sein, etwa durch einen direkten Bezug zum Rationalen ebenso wie einen direkten Bezug zum Irrationalen, zum Unbewussten. Insofern ist er mit Pascal und Leibniz vergleichbar, welche neben dem Bemühen um das formale Wissen auch einen Zugang zum Mystischen hatten. Möglicherweise ist seine große persönliche Elastizität und Toleranz auch in seinem Wissen um das Nichtwissen begründet.

Es gibt Ansichten, dass das Spiel der Kinder in einem entspannten Raum stattfindet. Erst dort ist angstfreie Sinnkonstitution und Kreativität möglich. Insofern war Ilmar Tammelo ein Spielender, ein homo ludens, der sich und den Anderen stets neue Spielsachen entwarf, Spiele für die Wissenschaft, für die Gelehrten, wie er zu sagen pflegte. Er hätte der sein können, der das I Ging erfunden hatte, aber auch der, dem das Schachspiel gelang.

Neben dem Schachspiel, welches er trefflich zu spielen verstand und um das er sich stets neu methodisch auf den Metaebenen bemühte, waren es die damals aufkommenden Computer, die ihn interessierten, als Spielzeug ebenso wie auch als Instrument des angewandten Denkens.

Die von ihm entwickelte Gegenformelmethode wurde von IBM nachgebildet und es war auch dieses Unternehmen, welches damals Symposien über Rechtstheorie und Rechtsinformatik finanzierte.

Damit war damals am Beginn der Siebzigerjahre bereits jene Linie vorgezeichnet, welche zwanzig Jahre später in Salzburg zu den Internationalen Rechtsinformatik-Symposien – IRIS führte.

Wie bei einer römischen Steinbrücke mit mehreren Pfeilern gab es da mehrere Formen der Metamorphose von den Tammelo'schen Seminaren bis hin zu IRIS im modernen Gewand.

Eine Zwischenstation war das Seminar aus Rechts- und Verwaltungsinformatik, welches Ende der Achtzigerjahre von Roland Traunmüller und mir am Juridicum in Wien angekündigt wurde und an dem in der Folge auch Werner Robert Svoboda, Erich Schweighofer und Thomas Menzel als Veranstalter teilgenommen haben.

Irgendwann in den Neunzigerjahren entstand die Idee, in Salzburg ein Diskussionsforum im Themenbereich Rechtstheorie – Rechtsinformatik einzurichten und zwar als Fortsetzung der Tammelo'schen Diskurs-Tradition. Die Namen der heutigen IRIS waren verschiedene – Internationales Rechtsinformatik Kolloquium, Salzburger Rechtsinformatik Gespräche, Internationales Rechtsinformatik Symposion. Mit den Prinzipien der Interdisziplinarität, des freien Zugangs und des Setzens auf die thematische und methodische Avantgarde wurde ein Erfolgsrezept der Seminare und Symposien von Ilmar Tammelo wieder aufgenommen; ergänzt durch ein der Informatik entnommenes Konferenzkonzept – ohne Tagungsgebühren – und durch die Dezentralisierung in Schwerpunkte und Fokus-Sessionen. Es ist hier nicht der Platz, die Geschichte von IRIS nachzuzeichnen, doch seien insbesondere die Namen von Dietmar Jahnel, Erich Schweighofer, Günther Kreuzbauer und Peter Mader genannt.

Der Tagungsort Salzburg ist ein guter Platz, weil er an einer Schnittstelle von Wegen von Ost nach West und von Süd nach Nord liegt, wobei man die Richtungen auch umgekehrt sehen kann. Er ist auch ein Platz der Diskurstradition.

Die Eröffnungsveranstaltungen und die Schlussveranstaltungen von IRIS finden im Saal 206 des Toskanatraktes statt, einem Raum mit Gewölben und Säulen und mitten im Raumbereich des ehemaligen Instituts für Rechtsphilosophie gelegen. Es wurde mir dabei die Ehre zuteil, jeweils das Schlusswort von IRIS zu halten und ich habe dabei wiederholt auf die ungebrochene Sinnlinie hingewiesen, welche von den damaligen der Rechtstheorie gewidmeten Diskussionsrunden Ilmar Tammelos zu den heutigen Symposien über Rechtsinformatik führt, gleichsam Siedlungsplätze am selben Fluss eines die Jahrzehnte überschreitenden deliberativen Diskurses.

II. Zwischen Vernunft und Mystik

Memento mori im 21. Jahrhundert

Michael FISCHER

In der Gedächtnisschrift für Ilmar Tammelo (1984) habe ich mich mit der esoterischen Seite seines Denkens auseinandergesetzt, wie sie vor allem in seinem Buch „Zur Philosophie des Überlebens“ (1971; deutsche Neubearbeitung 1975) deutlich wurde. Aus heutiger Sicht ist für mich der Schreiber des Essays „Esoterikoi Logoi. Die stille Revolte des Ilmar Tammelo“ ein ästhetisierender neuplatonischer Rationalismuskritiker. Doch ich kann an diesen Beitrag anknüpfen mit der Einschränkung, dass sich nicht nur die Welt, sondern auch der Autor geändert haben. Viel zu stark ist der Grenzgang zwischen Leben und Tod in meine Biographie eingedrungen und ebenso der konvulsivische Triumph, überlebt zu haben. Dem Herz der Finsternis entkommen sieht man die Dinge in anderem Licht.

Der Tod spielt in Tammelos „Philosophie des Überlebens“ eine schillernde Rolle, als das Böse, als Trennung der Liebenden oder als die Liebe selbst, als große Umarmung von „La signora morte“. Drei Zitate aus Tammelos Arbeit mögen einen kurzen Einblick geben:

1. *Ich leide an einer Angst, die unbekannte Gründe hat und für die ich keinen Namen finde ... Alles, was ich von diesen Träumen behalten habe, ist, daß mir jemand zuflüstert: ‚Das Wesen alles Wirklichen ist das Böse.‘ Es ist kein neuer Gedanke, daß das Sein der uns umgebenden Welt und das Sein unserer inneren Welt negativ ist ... Die Idee, daß der Teufel die materielle Welt geschaffen habe, wurde von vielen für glaubwürdig und sogar für überzeugend befunden ... Was mir vorschwebt, mag ganz irrig sein, aber ich muß dem Gedanken, der mich verfolgt, daß das Wesen des Wirklichen das Böse ist, nachgehen. (25f.)*

2. *Ich fürchte den Tod und es schiene mir, wenn es im menschlichen Leben nur eine Tragödie gäbe, so bestünde sie in der des Todes und der Konfrontation mit seiner Unausweichlichkeit. Aber diese Furcht beruhte auf einer Fehleinstellung von mir. Wenn es ein Leben nach dem Tode gibt, dann kann dieses nicht schlimmer sein als das Leben in der uns bekannten Welt. Ich kann mir nicht vorstellen, daß es eine ewige Strafe geben kann. Denn wäre sie nicht von begrenzter Dauer, dann wäre es abwegig, sie als ‚Strafe' zu bezeichnen. Sollte der Tod aber das absolute definitive Ende unseres Lebens sein, dann kann er nicht ärger sein als ein tiefer traumloser Schlaf. Nun erscheint der Tod als gütige Mutter, die mich am Ende meiner Tage in ihre liebenden Arme nimmt und mich mit ewigem Frieden umfängt. (41)*
3. *Die zweifelnde Skepsis … veranlaßt mich nicht, anderen und mir selbst gegenüber hart zu sein, noch schließt sie ein Gefühl der Demut aus. Sie ermöglicht es mir, geistig frei zu sein: Nicht nur um zu bezweifeln, sondern auch um zu glauben – frei nicht nur zur Verzweiflung, sondern auch zur Hoffnung. Sie gestattet es mir auch …, teilzunehmen an dem immerwährenden Vorgang der Enthüllung des Seins. (89)*

Heute ersticken wir in einer Flut von Gedanken, die radikal klingen, empirisch jedoch falsch sind. Dazu gehört der inflationär geäußerte Topos, dass in unserer Gesellschaft der Tod verdrängt wird. Gewiss, der Mensch will nichts mit dem Sterben zu tun haben und verlagert diesen Prozess in Krankenhäuser, Alters- und Palliativstationen. Der Tod hingegen ist ein zentrales Diskursthema. Ja mehr noch, er überlagert die Erlebnisgesellschaft. Er ist der Brennpunkt der Fantasie, das zentrale Faszinosum und Tremendum unserer Herkunftskultur, unserer künstlerischen Bemühungen. Von der Antigone zu Don Giovanni, von Schuberts Quartett bis zu Picasso und Gregor Schneider bis hin zu den Internetdebatten steht der Tod im Mittelpunkt.

Die Psyche von Selbstmordattentätern wird analysiert, wöchentlich finden Fernsehdebatten über Sterbehilfe statt und absurdeste Massaker-Filme werden philosophisch kommentiert. Bei den Cineasten wird der Tod zur immer stärkeren Marke, die die Einschaltquote rasant in die Höhe treibt. Erstmals seit den hochmütig-stolzen Verbrecherhorden der SS ist der Totenkopf wieder salonfähig geworden auf Designershirts (ab 2007). Die Träger sind keine Hooligans oder Mitglieder von Motorcycle Gangs, sondern sie entstammen eher der Schickeria. Mittlerweile sind solche Shirts Massenartikel in den angesagten Kaufhäusern der großen Städte.

Dies ist befremdend. Sigmund Freud liefert uns aber eine Hilfestellung. In unserem Bewusstsein, sagt er, sei „jeder von uns von seiner Unsterblichkeit überzeugt" – und zugleich ein hemmungsloser Mörder. Wie beim Urmenschen, dem der Tod des anderen recht war, ist auch unser Seelenleben voll von heftigen Todeswünschen: „Wir beseitigen in unseren unbewussten Regungen täglich und stündlich alle, die uns im Wege stehen, die uns beleidigt und geschädigt haben. ... Ja, unser Unbewusstes mordet selbst für Kleinigkeiten."

Am Anfang der Menschheitsgeschichte war, so Freud, der eigene Tod unvorstellbar, hingegen der des Fremden erwünscht. Die gegensätzlichen Einstellungen zum Tod gerieten aber manchmal in Konflikt: „Er ereignete sich, wenn der Urmensch einen seiner Angehörigen sterben sah, sein Weib, sein Kind, seinen Freund. Da musste er in seinem Schmerz die Erfahrung machen, dass man auch selbst sterben könne." Er lernte mit dieser schrecklichen Erfahrung zugleich die Zweideutigkeit seiner Gefühlsregungen kennen. Diese Erbschaft ist uns geblieben: Wir alle hegen allen gegenüber ambivalente Gefühle. Es gibt immer eine Portion Fremdheit, selbst am geliebtesten Menschen. Genau dies macht den Tod zu einer desaströsen Angelegenheit.

Schon längst diagnostizieren wir einen radikalen Einstellungswandel, der lautet: Es gibt ein Leben vor dem Tod und dieses erleben wir. Die Beschreibung der Gesellschaft selbst fokussiert in den Begriffen der Erlebnisgesellschaft, in welcher alle durch und durch ökonomisiert sind: Alles ist berechnet, ausgerechnet, und so ist es nicht weiter verwunderlich, dass es eine gigantische Bewirtschaftung dessen gibt, was wir Ich nennen. Körper, Gefühle, Emotionen, Fitness, Krankheit, schließlich Alter und Tod.

Ein Spotlight aus der sommerlichen Festspielkultur der Stadt Salzburg mag dies illustrieren: Die schönen Gesichter, schönheitschirurgische Meisterwerke! Und dann der so verräterische, welke Rücken. Im großen Premierentumult ein Moment der Stille, zerrissen durch den Ruf: „Jedermann". Der Blick hat sich gewandelt: memento mori! Das operierte Elend der ewigen Jugend sticht ins Auge und markiert eine Todesangst mit bizarren Syndromen: Schön und jung sein zu müssen ist eine Qual, die sich in bulimischen und anorexen Formen äußert. Der Tod wird unfasslich, das Sterben wird zur allgegenwärtigen Bedrohung: ästhetisiert, bürokratisiert, erschreckend.

Die Verheißung der Auferstehung des Fleisches, die die europäische Kultur so lange prägte, ist fast gänzlich verschwunden. Wer an ein Weiterleben nach dem Tod glauben will, orientiert sich an esoterischen Bestsellern über die Erfahrungen der Todesnähe, an Spiritismus und Spuk. Nicht zufällig sind die Toten in diesen Religionsfakes flüchtiger als jede Reliquie, körperlos, stumm und geruchlos wie Gunther von Hagens Plastinate. Während die Totentänze des 15. und 16. Jahrhunderts die Erfahrungen der Pest verarbeiteten, sich nicht scheuten, die erschreckende Gestalt der Toten zu zeigen, mit Würmern und herabhängenden Fleischfetzen, bleiben die neuen Totentänze steril wie die Obduktionssäle, die Kühlfächer zur Totenaufbewahrung oder ausgeschaltete Bildschirmoberflächen.

So ungeheuerlich die Wucht des göttlichen Gerichts für die Menschen einst gewesen sein mag, sie waren in eine kulturelle und geschichtliche Erzählung eingebettet. Der moderne Mensch ist als durch und durch ökonomisierter in eine Dienstleistungsgesellschaft eingebunden. Dementsprechend kann er problemlos verschwinden, denn er ist mit dem nahenden Tod als Humanressource aufgebraucht. Doch der Schrecken bleibt.

Nicht nur in Hollywoodfilmen, sondern auch in Opern wirkt der Schrecken faszinierend. Die Grenzlinie, auf der er sich ereignet, ist der Tod als der letzte Prüfstein der menschlichen Freiheit. Denkt man etwa an die meistgespielte Mozartoper „Don Giovanni“: In ihr dreht sich alles um den Tod. Wie eine Spinne im Netz sitzt er im Zentrum des Geschehens. Es beginnt mit einem Mord und endet mit dem Tod des Mörders. Die ersten Takte der Ouvertüre sind vom Tod infiziert, sie finden sich im Finale wieder. Dort erst entfalten sie in vollem Maße die Bedeutung, die sie nie wieder verlieren werden. Da capo.

Don Giovanni weigert sich ja nicht zu sterben, er ist bis zuletzt ohne jede Angst. Was er verweigert, ist die Unterwerfung unter die Konvention des Tausches von Reue gegen Rettung. Er verweigert die Erlösung und hält damit den Skandal seines gelebten Lebens und des Todes offen. Wir schicken ihn in die Hölle und wollen ihn dennoch immer wieder sehen. Seine Virilität, seine Schönheit, seine Egomanie und seinen Reichtum. Don Giovanni, so ganz ein Mensch des 21. Jahrhunderts.

Die Lebenszeit wird mittlerweile künstlich gestaltet und optimiert, da die traditionellen Domänen der Natur wie Empfängnis, Geburt, Gesundheit und Tod von den Biowissenschaften erobert sind. Das Leben ist heute eine künstliche, politisierte, allokationsabhängige Zeit mit autopoietischer Dramaturgie.

Je mehr die Grammatik der Evolution erkannt wird, desto besser lässt sich der Text des Lebens neu schreiben. Sukzessive hat der Körper seinen Ort als Ort der Natur verlassen und in einen Ort der technischen Kultur verwandelt. Angst und Probleme sind damit verbunden. Denn wir glauben, diese Umwandlung des natürlichen Körpers bedeutet den Verlust des Humanen. Dies stimmt aber nur, wenn wir davon ausgehen, dass das Humane der natürliche Körper wäre. Aber das ist eine Illusion: Ist doch Kultur all das, was Menschenwerk ist, was nicht von Natur aus ist. Wird das Humane nicht erst in dem Augenblick wirklich erobert, wo der Körper beginnt, sein Programm umzuschreiben? Pico della Mirandola sprach in seinem Werk „De Hominis Dignitate“ (1486) von diesem Entwurfscharakter Mensch, der künftig ein Produkt der artes liberales, der vereinigten Kräfte der Wissenschaften und Künste wird.

Doch die Angst des Menschen vor den eigenen Techniken tritt die Erbschaft der archaischen Weltangst an bzw. der mittelalterlichen Angst vor Gottes Allmacht und dies erhöht die Marktchancen für gefährliche Propheten. Denn diese kalkulieren mit der Angst vor dem offenen Lebensgelände, vor dem Risiko der menschlichen Freiheit, die stets auch bedeutet: Ungeborgenheit, Alleinstehen, Ungewissheit. Sie wollen dem Menschen die Erfahrung ersparen, dass er mit einem Teil seines Wesens immer in der Fremde bleibt.

Der Barbarei der neuen Propheten fehlt es nicht an Glauben oder Überzeugungen, ganz im Gegenteil: Sie bersten geradezu vor Gewissheit, Enthusiasmus und Dogmatismus. Sie halten ihren Glauben für Wissen, töten und sterben für ihn. Zweifel kommen nicht auf, wenn man glaubt, im Besitz der Wahrheit und des Guten zu sein. Wozu Wissenschaft, wozu Demokratie, wenn doch alles längst festgeschrieben ist. Glauben und Gehorchen sind der Weg zu Glück und Seligkeit. Zwischen Darwin und kreationistischer Schöpfungsgeschichte, Menschenrechten und Scharia, Völkerrecht und Thora haben sie sich endgültig für ein Lager entschieden. Sie sind an der Seite Gottes. Wie könnten diese Menschen Unrecht haben? Das ist das Problem des Fundamentalismus, Obskurantismus und Terrorismus. Menschen, die Engel sein wollen, werden schnell zu Bestien und sadistischen Tyrannen.

Es kommen uralte, archaische Instinkte oder genetische Codes zum Vorschein. Dabei geht es nicht nur um die Bereitschaft, eine simplifizierte Welterklärung anzunehmen oder sich befehlen zu lassen. Sondern es wird eine Hörigkeit und Hysterie ausgelöst, die dazu führen, dass es als Erlösung empfunden wird, vom eigenen Gewissen, vom Denken und Zweifel befreit zu sein. Das Schema ist einfach. Ein absolutes Feindbild ist dazu nötig, um mit sich selbst im Reinen zu bleiben. Freud hat in diesem Zusammenhang von Unterwerfungstod gesprochen. Unterwerfung unter das Freund-Feind-Schema des Großen Bruders, wodurch man auch an seiner Heroik und Stärke Anteil hat.

Ilmar Tammelo hat gezeigt, dass die Frage nach Gott uns allen aufgegeben ist: Aufgrund unserer Endlichkeit, unserer Furcht, unserer Geschichte, unserer Kultur, unserem Wissen und noch mehr unserem Nichtwissen. Nicht der Glaube und die Glaubenssuche führen zu Massakern, sondern der Fanatismus, egal ob er religiös oder politisch motiviert ist. Die Instrumente des Fanatismus sind Intoleranz und Hass. Von da her können Religionen gefährlich werden, man denke nur an die Bartholomäusnacht, die Kreuzzüge, die Religionskriege, den Dschihad, die Anschläge vom 11. September 2001. Atheismus kann genauso gefährlich werden, z.B. in den Terrorpolitiken eines Stalin, Mao Zedong oder Pol Pot. Macht es einen Sinn, die Massaker und Massenmorde beider Lager aufzurechnen, und was würde diese Rechnung letztlich bedeuten? Nichts anderes, als dass der Schrecken unermesslich ist, ob mit oder ohne Gott. Das aber sagt dann nichts über den Glauben aus, aber umso mehr über den Menschen. Es ist Aufgabe der Kognitionsforschung und der Genetik, schärfere anthropologische Bilder von uns selbst zu verfassen, damit wir nicht die Partisanen des Nichts bleiben. Der Tod ist in unserer Gesellschaft zwar nicht mehr ein Tabu im klassischen Sinn, aber dennoch ein Tabu unserer letzten verletzbaren Form von Intimität.

Spätestens im letzten Drittel des 20. Jahrhunderts war es die Kunst, die den Tod neu zu zeigen und zu bedenken begann. Fotografen wie Jeffrey Silverthorne, Hans Danuser, Rudolf Schäfer oder Andres Serrano publizierten Porträts und Detailstudien aus dem Leichenschauhaus. Arnulf Rainer übermalte fotografische Totengesichter (1979/80). Kunst verschmilzt – wie in ihren Anfängen – mit dem Totenkult. Sie avanciert wieder zur magischen Praxis, wie in den Farbfotografien „On Giving Life" von Ana Mendieta (1975), auf denen die Künstlerin zu sehen ist, wie sie sich nackt auf ein Skelett mit rosigem Wachsschädel legt. Was bedeutet da Kunst? Ausdruck nekrophiler Wünsche? Sehnsucht nach archaischer Wiedergeburtsmagie? Oder einfach die konsequente Zitierung medialer Konservierungstechniken?

Symbolische Macht soll das Ende besetzen: Im Netzwerk blenden die „Körperwelten" Gunther von Hagens mit der Schönheit juveniler, sportlicher, „plastinierter" Leichen. Diese Entscheidung korrespondiert mit einem Trend, der vom Kino spätestens seit Jonathan Demmes „Das Schweigen der Lämmer" (1991) in die Fernsehanstalten vorgedrungen ist: der radikalen Enttabuisierung des Todes. Inzwischen sind es zahlreiche Serien, die etwa im Milieu der Kriminalistik („C.S.I."), der Forensik („Crossing Jordan", „Bones") oder der Medizin („Dr. House", „Grey's Anatomy") angesiedelt sind. Sie zeigen, was zuvor nur einem Spezialpublikum zugemutet werden durfte: Leichen, Obduktionen, Balsamierungen und Bestattungen. Sogar das Trauma des Scheintods, der Bestattung bei lebendigem Leibe, hat inzwischen – mit Quentin Tarantino (in „Kill Bill 2" und der „C.S.I."-Episode „Grave Danger") – seinen Meisterregisseur gefunden.

Von den Horrorfilmen, deren Steigerung an Folter, Massakrierung und Slowmotion-Tötungen ins Unermessliche geht, war kurz die Rede. Doch dies bedürfte einer eigenen Analyse. Aber Attacken auf den Geschmack der „Bourgeoisie" stärkten schon vor 150 Jahren das Künstlerego. Kaum anders ist das heute, will man die „Petits Bourgeois" hinter dem Sessel hervorlocken. Gregor Schneider schockt die zivilisierte Welt mit seinem Kunstwerk „Wunsch, einen Sterbenden auszustellen". „Was ist Kunst?", fragt sich Gregor Schneider in aller Ratlosigkeit. Er will es durch das Sterben im Museum herausfinden.

Zur Antwort auf Schneiders Frage gehört heute die Einsicht: Die ewig protestierende und den – kaum noch auffindbaren – Bürger schockierende Moderne hat sich längst zu Tode gesiegt. Das verrät nicht zuletzt die morbide Ankündigung eines anderen Aktionskünstlers, er wolle in einem Museum öffentlich „verwesen". Wir müssen nicht mehr „den Tod aus jeder Blume riechen", wie der Spätromantiker August von Platen dichtete. Wir dürfen getrost sogar Blumenstillleben aus dem 18. Jahrhundert bewundern und Bäume pflanzen wie Joseph Beuys bei der Documenta 1982.

Große Kunst handelt stets vom Tod, sofern sie das Leben vor dem Horizont seiner letztlichen Unbegreiflichkeit besingt, beweint oder beschreibt. Das gilt für Homers „Ilias" (lauter tote Kriegshelden) und Shakespeares „Romeo und Julia" (der Tod der wahren Liebe in engherziger Umgebung) wie für Kleist („Penthesilea"), Erich Maria Remarque („Im Westen nichts Neues") oder Eugène Ionesco („Der König stirbt"). Und das gilt für die Kreuzigungsbilder des Mittelalters wie für die graue RAF-Bildserie von Gerhard Richter, für die Schützengrabenbilder von Otto Dix wie für die einfühlsamen Vorher/Nachher-Fotosequenzen von Sterbenden, mit denen der Fotograf Walter Schels und Beate Lakotta zurzeit in London Furore machen.

Der entscheidende Unterschied zu Gregor Schneider ist bei all diesen Todesbeschwörungen, dass sie nicht auf die Schockwirkung der nackten Todesfaktizität setzen, sondern das Thema Tod mit Lebensgeschichte, mit Emotionen, Gedanken und allerlei Formen verbinden, dadurch aber erst individualisieren und humanisieren. Die „Schönheit des Todes", von der Schneider spricht, ist ein Tod der Schönheit. Das Ende der Kunst, das Hegel vor 200 Jahren kommen sah, rückt wieder einmal näher. Wann werden islamistische Selbstmordattentate zu Kunst-Happenings erklärt?

Die Absurdität und Fremde des Todes treibt gemeinsam mit der irritierenden Neugierde des Menschen in den Abgrund der Warner: Die Menschen sind schockiert von radikalisierten Drohungen der diesseitigen Jenseitsverwalter. Die Berserker religiös motivierter Gewalt haben im Internet die alte Tradition bewusst grausamer öffentlicher Hinrichtungen wiederbelebt, indem sie Videoclips furchtbarster und entwürdigendster *Massaker sowie barbarischer Morde als Kommunikationsverstärker* ins Netz stellen, um Aufmerksamkeit und symbolische Macht zu erringen. Das Internet: ubiquitär wie einst Gott.

Zur Paliativmedizin und zur Begleitung Sterbender finden sich hunderte Links wie zur „Death Education", den Aus- ,Fort- und Weiterbildungsprogrammen für eine zunehmend professionalisierte Sterbebegleitung durch Thanatopsychologen, Seelsorger und „personal healer", aber auch durch „Freitodbegleiter" von Interessensorganisationen wie „Dignitas“ oder der „Deutschen Gesellschaft für humanes Sterben“. Andererseits wird die heutige Situation gendermäßig debattiert: Weiblich getragene Hospiz- und männlich getragene Palliativmedizin stehen sich gegenüber. Palliativmedizin hat vor allem das Ziel, über Medikamente und hochprofessionelle Betreuung den Tod erträglicher zu machen. Gewiss war die Entstehung der Palliativmedizin eine Reaktion auf die Hospizbewegung. Aber was geschieht wirklich? Stimmen werden laut, die mehr Ausbildung und Kontrolle der ehrenamtlichen Hospizarbeiter einfordern (Professionalisierung). Auf der anderen Seite mutiert das Gesundheitswesen zum ökonomischen Haifischbecken. Und auch bei jeder gesetzlichen Maßnahme zählt nur, wer was lukriert.

Memento mori-Traditionen werden neu belebt. Man denke nur an Steven Spielbergs digitales Gedächtnis: der Versuch, den Millionen anonymen Opfern der „Shoah“ ihre Individualität durch eine je individuelle memoria zurückzugeben. Dies regte andere dazu an, das Netz als einen globalen, für unterschiedliche Erinnerungsformen offenen Gedenkort zu gestalten. Inzwischen finden sich hier „Halls of Memory“ und „Internet Cemeteries“, wo der Verstorbenen individuell gedacht werden kann: Durch Präsentationen eines curriculum vitae, von Bildern, autobiographischen Texten, Erinnerungszeugnissen von Verwandten und Freunden oder als letztes Signé des Lebenden: seine gespeicherte Homepage.

Das ewige Gedächtnis der Toten, bisher als Fähigkeit Gottes gedacht, wird gleichsam computeranimiert rekonstruiert. Die Entwicklung läuft auf einen Abschied vom konkreten Grabmal zu bei gleichzeitiger Verewigung der individuellen Biographie in medialer Form. Gerade in diesen Individualisierungschancen liegt die große Faszinationskraft digitalisierten Totengedenkens. Jeder bzw. jede Einzelne kann hier insoweit ein postmortales Leben gewinnen, als er bzw. sie in zentralen (auto-)biographischen Zeugnissen digital präsent bleibt. Wie unzählbare Moleküle schwimmen die Nekrologe durch die elektronischen Datenströme, um manchmal als Spuren zu imponieren – oder definierte Beziehungssysteme zu bezeugen. Manche Fragen bleiben dennoch offen. Wer will denn in einer bunten, einfallsreich gestalteten „Memory Hall“ überleben? Wer träumt vom ewigen Leben im Internet?

Aus der Perspektive eigen erlebter Todesnähe versteht man das dramaturgische Spiel mit den Extremen besser, das da abläuft: Zeit und Ewigkeit, Lebensgier und Todesangst, Zynismus und Sentimentalität, Weltgenuss und Besinnung auf Eigenverantwortung. Flure, Gänge, Tonfetzen aus Seufzern und allerlei Geräten, Stöhnen, Husten, Röcheln, Musik von irgendwoher: Intensivstation! Man befindet sich in einer Unterwelt, wo die Göttliche Komödie auf das menschliche

Maß gebracht ist. Das Drama wird zu einer Funktion der inneren Codierung reiner Zeit. Todkrank!

Aber in die Zwischenräume dringen manchmal stille Momente: Der Blick über das Meer, Sehnsucht und unendliches Begehren. Was wir Sinn nennen, fügt sich zur vollkommenen Entsprechung der Kontingenz, zum unergründlichen Gott, denn der Halt und Inhalt von all dem ist die Grundlosigkeit. Die letzten Dinge oder die banalen Oberflächen, sind sie etwa tautologisch? Angst wildert durch die Maschinen und Geräte der Intensivstationen. Ich glaube, die Humanisten behaupteten nicht zu Unrecht, dass Thanatos und der Eros (auch der Eros des Todes!) eins seien. Eros funebre, leidvoll und voll der „mirabilia e secreti misterii amorosi“ (Pico della Mirandola), Intimität also.

Es gibt eben nicht die endgültigen Triumphe des Bewusstseins über seine Abgründe: Rationalität, Aufklärung und Wissenschaft bedeuten weniger das, was einmal im Leben von Grund auf erarbeitet wurde und vermeintlich fixiert ist, als vielmehr die ständig neu zu instrumentierende Anstrengung zu depotenzieren, aufzudecken, aufzulösen. Auch der Intellektuelle muss einsehen, dass seine Inszenierung nicht die ganze Welt repräsentiert, sondern bloß die provinzielle Innenansicht seiner kleinen Welt, seines imaginären Museums. Keine unbekannte Macht, sondern die Gewalt der Liebe öffnet das Herz des Todes. „Denn stark wie die Liebe ist der Tod, unerbittlich wie das Totenreich das Begehren.“ (Das Hohelied Salomos 8,6)

Addendum

Nicht nur persönlich, sondern auch in meiner Funktion als Leiter des Fachbereichs Sozial- und Wirtschaftswissenschaften an der Universität Salzburg bedanke ich mich bei meinem Kollegen Raimund Jakob, dass er die Erinnerung an Ilmar Tammelo wach hält: Sei es an den Wissenschafter, sei es an die faszinierende und vielschichtige Persönlichkeit, mit der wir freundschaftlich verbunden waren.

Ausgangspunkt meiner Überlegungen war ein Referat im Rahmen der Eröffnung der Palliativstation der III. Medizinischen Universitätsklinik in Salzburg (Vorstand: Univ. Prof. Dr. Richard Greil) am 8. April 2008 mit dem Symposionstitel: „In the face of death. To believe or not to believe? Leiden und Tod im interkulturellen Verständnis – Herausforderung für Individuum oder Auftrag an eine solidarische Gemeinschaft?“

Literatur:

Tammelo, Ilmar: Survival und Surpassing. Melbourne 1971.
Tammelo, Ilmar: Zur Philosophie des Überlebens. Freiburg-München 1975.
Fischer, Michael: Esoterikoi Logoi. Die Stille Revolte des Ilmar Tammelo. In: Krawietz, Werner/Mayer-Maly, Theo/Weinberger, Ota (Hrsg.): Objektivierung des Rechtsdenkens. Gedächtnisschrift für Ilmar Tammelo. Berlin. 1984, 43-69.

Über das Fehlen des Pflichtbegriffs bei den Griechen [1]

Paulo de Sousa Mendes

Einleitung

Weder in der archaischen noch in der klassischen Zeit pflegten die Griechen den Gehorsam irgendeiner gesetzgeberischen (göttlichen oder menschlichen) Hoheit gegenüber. Mit anderen Worten: „*Duty in some abstract modern sense is largely unknown to the Greeks*". [2]

Nomos und *physis*

Man darf nun nicht meinen, dass der Pflichtbegriff in der Trennung der *Konventionen, Sitten* oder *Gesetze* (*nomos*) und der *Natur* (*physis*) zum Vorschein käme. Es sei lediglich daran erinnert, dass das Erscheinen des *nomos* in der Philosophie des 5. vorchristlichen Jh. den *Sophisten* zuzuschreiben ist, welche empfahlen, dass die natürliche Ordnung der Dinge über allen Konventionen stünde, und deswegen unterstützten sie das Gegenteil der Pflicht, d.h. den Ungehorsam gegenüber den Konventionen.

Antiphon der Sophist (ca. 480-411 v Chr.) hob in seiner Abhandlung *Über die Wahrheit* hervor, dass die Konventionen der *barbaroi* anders als die griechischen waren, obwohl alle von Geburt an gleich seien und daher eigentlich dieselben Bedürfnisse haben sollten. Er fragte sich, ob das allen gemeinsame Naturgesetz nicht den dem jeweiligen Volk eigenen Konventionen übergeordnet sei. Letztlich hatten die von Antiphon gebrauchten Argumente zugunsten der Vorherrschaft des besagten Naturgesetzes ebenso viel eines seichten Humanismus wie auch einer Anpreisung eines Opportunismus an sich, in solchem Ausmaß, dass sie wahren rhetorischen Kapriolen gleichkamen. Ein Beispiel:

„*Wer also beim Übertreten der Normen den Partnern der Übereinkunft unbemerkt bleibt, ist frei von Schande und Strafe, wer nicht unbemerkt bleibt, nicht; wer aber einem von den naturwüchsigen Geboten über das Mögliche hinaus Gewalt antut, für den ist der Schaden*

[1] Aus dem Portugiesischen übertragen von *André Hoelzer*.

[2] *Williams, B.*, Shame and Necessity (1993), University of California Press, Berkeley/Los Angeles/London, (41).

um nichts geringer, wenn kein Mensch es bemerkt, und um nichts größer, wenn alle es sehen; denn nicht nach der Meinung erleidet er Schaden, sondern nach der Wahrheit“. [3]

Die an Sokrates (ca. 470-399 v Chr.) gerichteten Worte des Kallikles in *Gorgias* sind ebenfalls Beispiel für die Geringschätzung der Konventionen, vermehrt um ein Lob auf das Vorrecht des Stärkeren:

„Allein ich denke, die die Gesetze geben, das sind die Schwachen und der große Haufen. In Beziehung auf sich selbst also und das, was ihnen nützt, bestimmen sie die Gesetze und das Löbliche, was gelobt, das Tadelhafte, was getadelt werden soll; und um kräftigere Menschen, welche mehr haben könnten, in Furcht zu halten, damit diese nicht mehr haben mögen als sie selbst, sagen sie, es sei häßlich und ungerecht, für sich immer auf mehr auszugehn, und das ist nun das Unrechttun, wenn man sucht, mehr zu haben als die andern. Denn sie selbst, meine ich, sind ganz zufrieden, wenn sie nur gleiches erhalten, da sie die Schlechteren sind“. [4]

Kritisch Stellung nehmend zu den Sophisten hatten Platon (427-347 v Chr) und *sein* Sokrates ganz und gar nicht im Sinne, dass die Konventionen einen absoluten Wert hätten, aber es war nicht aus diesem Grunde, dass sie ihnen die Nützlichkeit absprachen; sie konnten sogar mit dem Respekt des guten Bürgers aller Konventionen ihrem Stadtstaat gegenüber rechnen. Der Punkt ist, dass dieser Respekt nicht eine Pflicht war, sondern vielmehr eine reine Frage des *praktischen Interesses*. Dies bedeutet, dass der gute Bürger im Stande war einzusehen, dass alle gewinnen, wenn es Regeln gibt, auf denen jeder Einzelne seine Erwartungen an die Gegenseitigkeit seitens der Übrigen begründen kann. Alle ziehen Nutzen daraus, dass es Kooperationsregeln gibt und dass sie befolgt werden.

Hinzu kommt, dass die Opposition gegen einen angeblichen Anarchismus der Sophisten ihre Grundlage niemals in einem Ansporn des blinden Gehorsams den Konventionen gegenüber hat, sondern vielmehr im Lob einer *Lebensweise*, die im Rahmen des Möglichen die Bürger zu bessern befähigt sei – etwas, was im Gebrauch der *Klugheit* (*phronêsis*), der *Gerechtigkeit* (*dikaiosynê*), der *Tapferkeit* (*andreia*) und der *Besonnenheit* (*sôphrosynê*) zum Ausdruck käme, oder anders: der vier *Bürgertugenden.* [5] Letztlich war der gute Bürger dazu im Stande, selb-

---

[3] *Die Sophisten* (2003), hrsg/übersetzt von Schirren/Zinsmaier, Reclam, Stuttgart, (194-197: Fr B Sp II).

[4] *Platon*, Sämtliche Werke I[29] – Gorgias (2004) hrsg Wolf übersetzt von Schleiermacher, Rowohlt, Reinbek, (393: 483b-c).

[5] Siehe *Platon* FN 4 (425-426: 507a-c), der Systematisierung der Tugenden im Buch IV der *Politeia* vorausgehend. Letztlich sind sie identisch mit den später von Thomas von Aquin (ca. 1225-1273) als *Kardinaltugenden* bezeichneten (vom lat. *cardo*: Achse): vgl *Irwin, T. H.*, in Platon Politeia (1997), hrsg Höffe, Akademie-Verlag, Berlin, 119 (119, 124).

ständig zu denken, und daher auch, von den Konventionen abzuweichen, wann immer sich dies konkret rechtfertigen ließe, da die Notwendigkeit besteht, immer bestmöglich zu handeln.

Die Frage des Gehorsams

Eine Kultur der Folgeleistung gegenüber den Konventionen (d.h. der Pflicht) würde eine *mythische Verklärung* der *konkreten Institutionen* voraussetzen, so als ob diese ein *absolutes* Verdienst hätten, in dem Sinne, dass die Griechen dachten, dass ihre Institutionen im Vergleich zu allen anderen Institutionen die einzigen seien, die etwas taugten. Nun verherrlichten die Griechen aber keineswegs ihre eigenen Institutionen, denn sie waren alles andere als davon überzeugt, dass diese ihnen von irgendeinem allwissenden Gott übergeben worden wären. In der archaischen Epoche waren die Götter allzu menschlich, gerade so fehlbar wie die armen Sterblichen, denen von ihren Göttern gar nichts auferlegt wurde außer deren Kapriolen! Den Griechen blieb nun daher nichts anderes übrig, als schlecht und recht alleine zurechtzukommen, in Anbetracht der unverbesserlichen menschlichen Hilflosigkeit innerhalb der Homerischen Religion [6] (ungeachtet der Tatsache, dass viele Gelehrte darauf bestehen, dass die Homerische Religion ganz und gar keine Religion, sondern schlicht Poesie war). In der klassischen Zeit bringt das Auftreten der Philosophie einerseits die *göttliche Vorsehung* (*pronoia*) mit sich, und andererseits die Verbindung der menschlichen *Seele* (*psychê*) mit dem *Himmel* (*aithêr*). Doch auch so mussten die Menschen sich selbst darum bemühen, die richtigen Vorstellungen über die Götter zu gewinnen und dementsprechend die Regierungsform des Staates sowie die Prinzipien der Gerechtigkeit zwischen den Staatsbürgern auszugestalten. Der *ideale Staat* – insbesondere die *Politeia* Platons – war als eine Utopie oder als eine mythische Erinnerung an das Goldene Zeitalter angelegt, in der Kronos den Menschen den Frieden, die Gerechtigkeit und das Glück gab. Die Rationalisierung des Göttlichen und die Vergöttlichung des Rationalen gaben den Menschen die Möglichkeit, eben diese mythische Erinnerung wiederherzustellen, doch der *ideale Staat* musste über kurz oder lang in ein vages, evolutives Projekt übergehen, welches in hohem Maße ungeeignet war, die konkreten Institutionen zu erklären, und noch weniger, ihnen das nötige Gewicht zu verleihen, welches es rechtfertigte, dass die Staatsbürger ihnen Referenz zollten. Platons letztes Werk, *Nomoi*, war einer rationalen Legitimierung der konkreten Institutionen weit eher angemessen. Ganz offensichtlich waren die

---

[6] Vgl *Dodds, E. R.*, The Greeks and the Irrational[25] (1997), University of California Press, Berkeley, (2, 18, 26).

Nomoi ebenso sehr eine Utopie, jedoch waren sie dies auf der Basis einer reellen *Polis*: Athen. Die athenische Verfassung und Gesetze wurden zu einem Modell der Organisation des gesellschaftlichen Lebens erhoben, wurden aber mit den Verfassungen und Gesetzen anderer griechischer Stadtstaaten, oder sogar anderer Völker (die spartanischen Gesetze von Lykurg, die kretischen Gesetze von Minos, die ägyptischen Gesetze usw.) verglichen. Der Vergleich schuf Bewusstsein über relative Verdienste und Unverdienste (nebenbei, Platon hatte sogar die politische Organisation Spartas bevorzugt, wie seine späte Sympathiebekundung den oligarchischen Regierungsformen gegenüber belegt). Alles in allem rief eine solche vergleichende und kritische Sichtweise der konkreten Institutionen ebensowenig die Vorstellung von der Pflicht [7] hervor.

Sokrates und der Schierlingsbecher

Die Tatsache, dass Sokrates den Schierlingsbecher zu sich nahm, ist keineswegs Argument dafür, dass der Gehorsam den Gesetzen des Stadtstaats gegenüber um jeden Preis und unter allen Umständen gerechtfertigt sei. Schließlich hatte Sokrates nur deshalb sein Todesurteil und die folgerichtige Einnahme des Schierlingsbechers akzeptiert, weil er sich weigerte, sich vor Gericht von seiner Philosophie loszusagen, und er war davon überzeugt, dass er, falls er die von der Anklage beantragte Strafe gegen die Alternative eines lebenslangen Exils in einem anderen Stadtstaat eingetauscht hätte, sich letztlich auch dazu genötigt gesehen hätte, sich von seiner Liebe zum Wissen auch dort loszusagen, und sein Leben, in Aussicht auf ein endloses Exil, ihm nicht mehr den geringsten Sinn zu machen erschien. Es ist tatsächlich Sokrates selbst das beste Beispiel für jemanden, der unter Lebensgefahr den Ungehorsam jedweden *ungerechten* Gesetzes oder Anordnungen gegenüber lobte und praktizierte. [8]

Das *deon* bei Aristoteles

Ebensowenig kann gesagt sein, dass der Pflichtbegriff in dem griechischen Wort *deon* zum Vorschein käme, welches im Zusammenhang mit der *Notwendigkeit* (*anankê*) [9] steht und folglich nichts mit den dem Pflichtbegriff typischen Kennzeichen zu tun hatte. Doch gebrauchte man es auch, um etwas zum Ausdruck

[7] Vgl *Platon*, Sämtliche Werke 4 – Nomoi (1994), hrsg Wolf u übersetzt von Müller, Rowohlt, Reinbek, (155-218: B I-II).

[8] Vgl *Kraut, R.*, in The Trial and Execution of Socrates (2002), hrsg Brickhouse/Smith, Oxford University Press, Oxford/New York, 224 (224ff).

[9] Vgl *Conte, A.*, in Filosofia del linguaggio normativo II (1995), Giappichelli, Turin, 425 (428).

zu bringen, was getan werden muss, im Einklang mit einer gewissen Vorstellung vom Guten. In seinen *Sophistischen Widerlegungen* (*Peri tôn sophistikhôn elegkhon*) erläuterte Aristoteles (384-322 v Chr) eine Art von Trugschluss *in dictione*, die *Homonymie* (*homonymia*), unter Anführung eben diesen Beispiels des *deon*: „Auf Homonymie, d.h. Namensgleichheit (fallacia aequivocationis), beruhen Begründungen wie diese: [...] das Übel ist gut; denn was *sein muss* [*ta deonta*], ist gut; das Übel aber *muss sein* [*deonta*]. *Sein müssen* [*to deon*] bezeichnet nämlich zweierlei: es kann heißen: was notwendig ist, was oft auch beim Übel zutrifft – denn es gibt auch ein notwendiges Übel - dann aber sagen wir auch von dem Guten, daß es *sein muss* (in dem Sinne, daß es *sein soll*) [*deonta einai*]". [10] Und außerdem: „Man muss also gleich anfangs auf Zweideutiges in Wort und Satz erwidern, daß es in einem Sinne so ist, im anderen nicht so ist, wie, [...] daß man was *sein muss* [*ta deonta*], so verstehen kann, daß man es tun, aber auch so, daß man es nicht tun muss. Denn von dem, was *sein muss* [*ta deonta*], spricht man mehrdeutig". [11] Die Verwendung besagter etymologischer Wortgruppe im axiologischen Sinne brachte jedoch keinerlei *normativen* Sinn mit sich! Ganz im Gegenteil, sie setzte eine *rationale teleologische* Perspektive voraus: der *Mensch* (*anthrôpos*) soll das suchen, was gut für ihn ist; [12] oder besser, das, wonach er *strebt*. [13]

Das *deon* bei Platon

Platon hat, durch Sokrates' Worte im *Kratylos*, dem *deon* eine andere Bedeutung gegeben. Doch zog(en) Platon/Sokrates eine etymologische Wortgruppe mit einem anderen Verb *deo* in Betracht, dessen Bedeutung verbinden war, woraus sich *desmos* ableitete, dessen Bedeutung irgendwo zwischen *Band* und *Verbindung* [14]

---

[10] Vgl *Aristoteles*, Philosophische Schriften II – Sophistische Widerlegungen (1995), übersetzt von Wolfes, Felix Meiner, Hamburg, (4f: 165b; Kursivsetzung nicht im Original).

[11] Siehe FN 10 (44: 177a; Kursivsetzung nicht im Original). Was Aristoteles zum Ausdruck bringen wollte, war dass *das, was sein muss*, nicht immer auch getan werden müsse, weil es gelegentlich *unvermeidlich* (im Sinne von notwendig) sei, unabhängig davon, ob und was man tue. Und die Unvermeidlichkeiten können sogar Übel sein: die notwendigen Übel.

[12] Die rationale teleologische Perspektive ist die des *funktionell* Guten. Oder anders ausgedrückt, all das, was nicht an sich gut ist (z.B. die Menschen), kann nur gut sein, wenn es für etwas oder jemanden gut ist. D.h. es gibt Dinge, die gut sind, weil sie für andere Dinge *notwendig* sind: vgl *Philipps, L.*, Zur Ontologie der sozialen Rolle (1963), Klostermann, Frankfurt a. M., (23-25, 38-44).

[13] Vgl *Aristoteles*, Philosophische Schriften III – Nikomachische Ethik (1995), übersetzt von Wolfes bearb. Bien, Felix Meiner, Hamburg, (1: 1094a).

[14] Vgl *Platon*, Sämtliche Werke III[34] – Kratylos (2004), hrsg Wolf übersetzt von Schleiermacher, Rowohlt, Reinbek, (60: 418e).

zu suchen ist. Es darf hier zurecht angemerkt werden, dass die von Platon/Sokrates gegebenen Erklärungen ebenso bestätigen, dass die Weltanschauung der klassischen Griechen niemals einen prototypischen Pflichtbegriff hätte hervorbringen können, da die moderne Pflicht dem Guten gleichgestellt ist, und das platonische *deon* das *Gegenteil* (*tounantion*) aller für das Gute in Frage kommenden Ausdrücke war. Platon/Sokrates zufolge beinhalteten die Wörter, die das Gute zum Ausdruck brachten, immer die Idee einer *Bewegung* (*phora*), wohingegen alles, was die Bewegung einschränkte, dem Guten entgegengesetzt wäre. Nun bezeichnete das *deon* in groben Zügen die Einschränkung der Bewegung und war daher das Gegenteil des Guten. Letztlich war das *deon* mit dem *schädlichen* (*zemiodes*) verschwistert, oder genauer, mit dem, *was dem Gang der Dinge schädlich ist* (*blaberon*). Es war ebenso mit der *Feigheit* (*deilia*) verschwistert, einer Art von *starkem* (*lian*) *Band* (*desmos*), welches die Seele fesselte und die Person nicht vorankommen ließ: *desmos+lian = deilia*. Letzten Endes waren alle etymologischen Erklärungen, die Platon durch Sokrates Worte gab, extravagant und sogar humoristisch (neueren philologischen Forschungen nach leitet sich das Wort *deilia* aus dem Wortstamm *deos* ab, welches *Angst* bedeutet). Was die moralischen Worte anbelangt, so litten diese Erklärungen zudem an einer heraklitischen Verblendung der Bewegung, des Flusses und des Werdens, und verherrlichten konsequenterweise den Aufstand all dem gegenüber, was die Bewegungsfreiheit und den von einer guten Seele angestrebten freien Lauf der Dinge einschränken könnte. Jedoch kommt es nicht darauf an, ob Platon ein beachtenswerter Etymologe war oder nicht, denn die Frage ist hier eine andere, nämlich zu wissen, ob das platonische *deon* der Vorläufer der Pflicht war, und wir sahen schon, dass dies nicht der Fall ist.

Die *obligatio* im römischen Recht

Ist es nun wirklich so, dass rein gar nichts dazu führen könnte, dass ein Band oder Verbindung – im übertragenen Sinne – sich auf die Seite des Guten schlüge? Die Römer müssten doch eigentlich, ihrem Verständnis der Notwendigkeiten des gesellschaftlichen Lebens dank, im Stande sein zu argumentieren, dass jedes Subjekt sich einem anderen gegenüber zu einer Leistung verpflichten könne. Die Vertragsautonomie begründete vollkommen die von den Vertragspartnern wahrgenommenen Verpflichtungen. Jedoch ist die *Verpflichtung* nun nichts anderes als eine gewisse, von jemandem einem anderen gegenüber wahrgenommene *Verbindlichkeit:* das lateinische *obligatio*, welches sich seinerseits aus *ob* (die Idee eines von Angesicht zu Angesicht zum Ausdruck bringend) und *ligare* ergibt. Es ist offensichtlich, dass die Verpflichtung hier zum Guten gehört, wenn man die Bedeutsamkeit der Erfüllung der Verträge und die Strenge des römischen Rechtes den Nichterfüllern gegenüber in Rechnung stellt. Viel später erst sollte es die politische Philosophie eines Hobbes sein, welche, indem sie den Staat und seinen zugehörigen Souverän auf der Idee eines zwischen seinen Angehörigen abgeschlossenen Vertrages gründen lässt, die Ausweitung der Vorstellung einer Verpflichtung zu von bürgerlichen Gesetzen auferlegten Pflichten erlauben würde (folgerichtig „gesetzliche Verpflichtungen"), zumal die Pflichten – gleichsam Kronjuwele des Gesellschaftsvertrages – von den Individuen selbst dem Staat gegenüber wahrgenommen wurden. [15] Hierin liegt die Begründung für die moderne Tendenz, Verpflichtungen und Pflichten in den gleichen Topf zu werfen. Über diese Gleichstellung gäbe es etliches zu sagen, doch kann hier nur kritisch angeführt werden, dass diese sich über die moralische Abstammungslinie der Pflicht selbst hinwegsetzt. Wie dem auch sei, die Verpflichtung ist an sich schon *normativ*, insofern als jeder Vertragspartner unwiderruflich an sein im Vertragswerk gegebenes Wort „gebunden" bleibt, und somit – ob es ihm noch zusagt oder schon nicht mehr! – die Leistung, zu der er sich verpflichtet hat, erbringen *muss*.

Die *deontology* bei Bentham

Das griechische Wort *deon*, in seiner Bedeutung als *das Angemessene* angewandt, sollte schließlich in modernen Zeiten, von Jeremy Bentham (1748-1832) in der englischen sprachlichen Neubildung *deontology* zur Anwendung gelangen. Bentham gab im zweiten Teil seiner *Chrestomathia* folgende Definition: „*Deontology – an account or indication of that which, on the occasion in question, whatsoever it be, is* – (i.e. by him who speaks or writes is regarded as being) – *fit, fitting, becoming, proper*". [16] Aus welchem Grunde aber benötigte Bentham einen solchen Neologismus? In seiner *Deontology* begründete Bentham das Wort mit der Notwendigkeit, in ein und demselben Ausdruck Wissenschaft und Kunst (d.h. die angewandte Wissenschaft) des Regierens (d.h. *public deontology* oder *internal government & international law*) und der Sittlichkeit (d.h. *private deontology, private ethics* oder *morals*) zu vereinen. [17] Neben Somatologie und Psychologie – den Wissenschaften von den auf die Vorsätze des menschlichen Lebens bezoge-

[15] Diese Vorstellung zeigend und kritisierend: *Radbruch, G.*, Rechtsphilosophie – Studienausgabe^2 (2003), hrsg Dreier/Paulson, Müller, Stuttgart, (136ff).

[16] Vgl *Bentham, J.*, Deontology together with A table of the springs of action and the article on Utilitarianism (1983), hrsg Goldworth, Clarendon Press, Oxford, xi (xx, FN 1).

[17] Siehe FN 16, (119, 249, 331).

nen Phänomene – war die Deontologie Bestandteil einer breit angelegten *Eudämonie* (*eudaemonics*), die Kunst der Maximierung des *Glücks* (*happiness*) oder *Wohlergehens* (*well-being*). Ihr vorausgehend liefert die *theoretische* Deontologie die Kriterien einer Einschätzung dessen, was gut oder schlecht ist, und definierte streng die Schlüsselbegriffe *Freude* (*pleasure*), *Leid* (*pain*), *Beweggrund* (*motive*) und *Gemütsverfassung* (*disposition*), wobei sie die jeweiligen entsprechenden oder verwandten Begriffe aus dem Wortschatz der vorausgegangen Moralphilosophien anzeigt, deren Schlüsselbegriffe u.a. *Emotion* (*emotion*), *Leidenschaft* (*passion*), *Verlangen* (*appetite*), *Tugend* (*virtue*) und *Laster* (*vice*) sind. Der Deontologie nachgestellt gab die *praktische* Deontologie von der Art und Weise Auskunft, wie das Glück der Menschen gesteigert werden kann. Letztlich hatte die Deontologie *in toto* lediglich dem Vergleich des Utilitarismus Benthams mit anderen Moralphilosophien gedient, mit dem Ziel, die in einer von ihm selbst gegebenen eigenständigen Erläuterung unbemerkt gebliebenen Besonderheiten herauszustellen, ganz so wie Bentham sie in *An Introduction to the Principles of Morals and Legislation* vorgestellt hatte. Ihm zufolge ist die wahrhaftige Aufgabe des Moralisten nicht, die Menschen maßzuregeln, sondern – ohne freilich dabei außer Acht zu lassen, dass keiner besser als der Betreffende selbst weiß, was ihn glücklich macht – sie auf den rechten Weg zu rücken, so dass sie die *Besonnenheit in Bezug auf sich selbst* pflegen (*self-regarding prudence*), sondern auch *in Bezug auf Dritte* (*extra-regarding prudence*, *benevolence* und *beneficence*). Da die Deontologie motivierend und nicht maßregelnd oder autoritär war, musste sie der Vorstellung einer Pflicht entgegengesetzt sein: „*You ought to act this way – you ought not to act that other way. [...]. These words – if for this one purpose the use of them may be allowed – ought to be banished from the vocabulary of Ethics*". [18] Alles in allem war die Deontologie alles andere als normativ!

Andere Fachbegriffsbildungen

Die moderne Bedeutung der verschiedenen, aus dem griechischen Element *deonto* abgeleiteten Fachbegriffe in vielen modernen Sprachen ist sehr wandelbar. Sicher beziehen sich alle diese Bedeutungen auf die Moral, doch nehmen sie dann in den verschiedenen Moralsystemen unterschiedliche Bedeutungen an. Diesen Moralsystemen ist ihrerseits die Vorstellung einer Pflicht oftmals ziemlich abwegig oder gar gänzlich entgegengesetzt. Doch werden hin und wieder diese Fachbegriffe nur dazu angewandt, die jeweiligen Moralsysteme, die mit der Vorstellung einer Pflicht vorgehen, anzuzeigen. Die Autoren, die so verfahren, seien lediglich darum

[18] Siehe FN 16, (252f).

gebeten, ihren – im Grunde willkürlichen – Vorzug dieser doch eingeschränkten Begriffsklasse entsprechend auszuweisen, so sie denn sich und mit sich selbst alle anderen nicht einem Trugschluss ausliefern wollen.

III. Theorie der Gerechtigkeit

Ilmar Tammelo und die Psychologie der Gerechtigkeit

Raimund JAKOB

Vorbemerkung

Abstrakte Rechtstheorie und lebensbezogene Philosophie sind bei Tammelo keine unversöhnlichen Welten, sondern sind wechselseitig aufeinander bezogen. Tammelos Philosophie blickt in die Zukunft, etwas plakativ formuliert, bewegt ihn die Sorge um das Überleben des einzelnen Menschen und der Menschheit. In diesem Sinne ist „Survival and Surpassing" zum Motto für sein Denken und sein Leben geworden. [1] All seinen denkerischen Bemühungen ist letztlich aber eines gemeinsam, das Suchen der und das Streben nach der Idee der Gerechtigkeit, die er als das Vehikel ansieht, um seinen hochgesteckten Zielvorstellungen von realer Gerechtigkeit nahe zu kommen. Nicht umsonst wird im Rechtsleben „Gerechtigkeit" mit „Geraderichten" (Privatrecht) und mit „gerächt" (Strafrecht) in Zusammenhang gebracht.

Dieser Aufsatz (sein Autor war ein unmittelbarer Mitarbeiter von Tammelo während dessen gesamter Schaffenszeit in Salzburg) soll die Gelegenheit bieten, eine vielleicht weniger bekannte Facette von Tammelos Werk in das Zentrum der Überlegungen zu stellen, nämlich die Beschäftigung mit der psychologischen Dimension der Gerechtigkeit. In seiner 1977 erschienenen „Theorie der Gerechtigkeit" widmet er ihr ein eigenes Kapitel. [2] Er beginnt dieses Kapitel mit einer Captatio, nämlich, dass die psychologischen Probleme der Gerechtigkeit keine Probleme einer Theorie der Gerechtigkeit im eigentlichen Sinn sind, dass sie aber wichtige empirische Sachverhalte berühren, die schließlich die Kriterien der Gerechtigkeit vorprägen. Eine Aussage, die möglicherweise bei nicht wenigen der Fachkollegen auch heute noch immer einiges Unbehagen bewirkt, mit der sich Tammelo letztlich aber in Gesellschaft von Rechtsdenkern wie Gustav Radbruch oder Alfred Verdross, aber auch von Hans Kelsen befindet. [3] An die-

---

1 Survival and Surpassing, Melbourne 1971; sowie: Zur Philosophie des Überlebens. Gerechtigkeit, Kommunikation und Eunomik; Freiburg / Breisgau 1975.

2 Psychologie der Gerechtigkeit (SS 117 – 125), In: Theorie der Gerechtigkeit, Freiburg / Breisgau 1977.

3 Vgl. Radbruch, Gustav (1965): Vorschule der Rechtsphilosophie, 3. Aufl., Göttingen, S 14ff.; Verdross, Alfred (1971): Statisches und dynamisches Naturrecht, Freiburg / Breisgau, passim; sowie Kelsen, Hans (1975): Was ist Gerechtigkeit?, 2. Aufl. Wien, S 40ff.

ser Stelle sollte vielleicht auch festgehalten werden, dass Tammelo bereits aus seiner Studentenzeit in Tartu mit den soziologischen und rechtspsychologischen Schriften [4] des seinerzeit auch im Deutschen Reich hohes Ansehen genießenden, polnisch-russischen Rechtstheoretikers Leon v. Petrazycki (1867 – 1931) wohl vertraut war.

Die nun folgenden Überlegungen gliedern sich in drei Teile:

I Die Psychologie der Gerechtigkeit und die Gerechtigkeitspsychologie

II Tammelo und die Psychologie der Gerechtigkeit.

III Tammelo und die Bedeutung von Psychologie für sein Leben

I. Die Psychologie der Gerechtigkeit und die Gerechtigkeitspsychologie

Auch wenn die auf die Menschen Bezug habende Gerechtigkeit nicht oder nur in sehr beschränktem Umfang definiert bzw. in Kriterien gefasst werden kann, so kann sie doch sehr gut wahrgenommen werden: Die Anwesenheit von Gerechtigkeit oder ihr Fehlen kann eher gefühlt als abstrakt beschrieben werden, und dies besonders dann, wenn es um Ungerechtigkeiten geht, denen gegenüber der Mensch sehr sensibel ist. Das Ganze hat mit den Erfahrungen zu tun, die der Mensch im Verlauf seines Lebens sammelt.

Dass es keinen alles umfassenden Begriff von Gerechtigkeit gibt, hat unter anderem damit zu tun, dass es sich bei ihr nicht um einen Wert handelt, dem wir nur auf dem einen oder dem anderen Feld begegnen, etwa dem der Theorie oder der Praxis des Rechts und vielleicht noch der Politik allein, sondern dass es sich bei ihr um einen unverzichtbaren, beständigen und ziemlich universellen sozialen

[4] Heute noch bekannt davon ist: Petrazycki, Leon (1907): Über die Motive des Handelns und über das Wesen der Moral und des Rechts, Berlin; siehe in diesem Zusammenhang auch Järvelaid, Peeter, Das Frühwerk Ilmar Tammelos: Der Weg zum Wissenschaftler, in diesem Band. Weiters: Aus seiner Zeit in Australien existiert eine von Tammelo angelegte Sammlung, so etwas wie ein Zettelkatalog für Rechtstheorie in Form von Typoskripten, bestehend aus a) einem „Zitateschatz“ und b) von ihm angelegten Dossiers über Denker, insbesondere Rechtsdenker, die für ihn von Bedeutung waren. Das in deutscher Sprache abgefasste Typoskript zu „Pietrazycki“ das offenbar einmal Bestandteil eines anderen Manuskripts gewesen sein muss, besteht aus sechs einzeilig und doppelseitig beschriebenen Blättern, auf der ersten Seite schreibt er: „... In seinem Versuch die Grundphänomene des Rechts als psychologische Erscheinungen zu konzipieren, steht er an Folgerichtigkeit ohnegleichen in der Weltliteratur da: kein anderer Verfasser hat eine so weitgehend ausgearbeitete Rechtstheorie auf der psychologischen Basis entwickelt. ... “. Die gegenständliche Sammlung ist ein Vermächtnis von Tammelo an den Autor.

Wert handelt. Wegen der integrativen Funktion von Gerechtigkeit für die menschliche Persönlichkeit gibt es kaum einen anderen Wert, bei dem der Widerspruch von Konzeption und Praxis so stark stört wie im Fall der Gerechtigkeit. Die Suche nach ihr gehört zu den ältesten Problemen der Menschheit und ist zugleich eines der frühesten eines jeden einzelnen Menschen. [5]

Mit dem Anspruch auf angemessene Anerkennung seiner Existenz durch die von seinen Pflegern vermittelte Gesellschaft wird er in diese ohne seinen Willen hineingestellt. Dieser Anspruch ist empirisch erwiesen; im Rahmen und in der Form, „die Menschenwürde zu achten" hat er auch Eingang in Verfassungsurkunden gefunden. [6] Wird diesem subjektiven Recht auf Akzeptierung, auf affektive Zuwendung bzw. adäquate Bedürfnisbefriedigung insbesondere in der kritischen Zeit (3. – 12. Lebensmonat) nicht entsprechend Rechnung getragen, kann „Urvertrauen" nicht zustande kommen, [7] die spätere Eingliederung in die Gesellschaft bereitet Schwierigkeiten; wir finden hier nicht selten jene Menschen, die in ihrem späteren Leben psychopathologisch auffallen.

Wird hingegen diesem Anspruch auf Zuwendung und Geborgenheit Rechnung getragen, dann sind positive Voraussetzungen für die Bildung von Urvertrauen und die spätere Integration des Einzelnen in die Gesellschaft geschaffen. In dieser frühen Zeit wird mit Inhalten, mit Erfahrungen das erfüllt, was im menschlichen Gehirn als Struktur evolutiv bereits vorhanden ist. Den Nachweis, dass so etwas wie ein Ort der Wahrnehmung von Gerechtigkeit in unserem Gehirn existiert, haben Schweizer Hirnforscher erst in den letzten Jahren erbringen können. [8] Man könnte daher behaupten, dass das Gehirn der Ort ist, wo Gerechtigkeit wahrgenommen wird, wo sie für den Einzelnen Realität werden kann und wird und

---

5 Jakob, Raimund (1987), Rechtspsychologie. Einführende Gedanken, Instrumentarium und Problemstellungen, In: Jakob, R. & Rehbinder, M. (Hg.), Beiträge zur Rechtspsychologie, Berlin, S 9ff.

6 So in Art. 1 GG.

7 Dieser Begriff wird insbes. mit Erik H. Erikson (1984, 9. Aufl.) in Verbindung gebracht: Kindheit und Gesellschaft, Stuttgart, S 244ff.: „Hier formt sich die Grundlage des Identitätsgefühls, das später zu dem komplexen Gefühl wird, daß man ‚in Ordnung' ist, dass man ein Selbst besitzt und daß man das Vertrauen der Umwelt rechtfertigt, indem man so wird, wie sie es von einem erwartet."

8 Wer eine andere Person bestraft, weil sie gegen gesellschaftliche Normen verstoßen hat (Herstellung von Gerechtigkeit), empfindet dies oft als Genugtuung. Für das befriedigende Gefühl moralischer Überlegenheit nehmen manche Menschen sogar Verluste in Kauf. Andere bestrafen, aktiviere nämlich eine Hirnregion, die an der Empfindung von Freude und Befriedigung beteiligt ist. Verblüffend dabei ist, dass derselbe Hirnbereich, das so genannte dorsale Striatum, auch bei der Belohnung anderer aktiviert wird. Erstmals der Neuropsychiater de Quervain, Dominique & alii (2004) : The neural basis of altruistic punishment, In: Science, 305, SS 1254-1258.

wo mit der Gewinnung des Urvertrauens das individuell-konkrete, aber auch das abstrakte Gerechtigkeitsdenken einsetzt.

Aus dem bisher Gesagten geht hervor, dass es sich bei der Gerechtigkeit um ein Phänomen handelt, das nicht nur mit der Sozietät und mit der Natur des Menschen, sondern in besonderer Weise und vorerst und konkret mit dessen Seele zu tun hat. So verwundert es nicht, dass Gerechtigkeit auch ein Thema der Psychologie darstellt. Hier muss angemerkt werden, dass es für die Psychologie mindestens zwei Zugänge zum Thema Gerechtigkeit gibt: Einmal jenen über die der Philosophie näher stehende, verstehende oder qualifizierende Psychologie und dann den über die erklärende, experimentell-analytische Psychologie. Letztere Rechtspsychologie ist die, die bei den Naturwissenschaften ressortiert und sich mit dem Phänomen des Rechts quantitativ und formelhaft auseinandersetzt. Aus dieser herausentwickelt und etabliert hat sich die „Gerechtigkeitspsychologie". Ihre Anfänge gehen auf die sechziger Jahre des vorigen Jahrhunderts zurück; Leo Montada in Trier, einer der Erfinder dieses Wissenschaftszweiges und Gerold Mikula in Graz gehören hier zu den wichtigsten deutschsprachigen Fachvertretern. [9] Bedeutung erlangt hat sie im Zusammenhang mit den mittlerweile auch im kontinentalen Europa praktizierten Formen der Konfliktregelung (Mediation, Tatausgleich, Negotiating).

Nicht so recht etabliert hingegen erscheint die qualitativ arbeitende „Psychologie der Gerechtigkeit"; sie ist ein Teil jener Psychologie, die eigentlich dem Bereich einer praxisbezogenen Philosophie angehört, und die im Hinblick auf die moderne naturwissenschaftliche Psychologie weitgehend aus dem Blick geraten ist. Die Psychologie der Gerechtigkeit bedient sich der hermeneutischen Methode und der qualitativen Empirie und ist heute den Sozialwissenschaften zuzuordnen. Einen Anstoß zu einer Konsolidierung und Neuformulierung dieser Disziplin nach dem II. Weltkrieg hat 1973 Albert A. Ehrenzweig mit seiner „Psychoanalytischen Rechtswissenschaft" (Berlin) gegeben. Die Aussagen der Psychologie des Rechts und der Gerechtigkeit finden wir verstreut im gesamten Rechtsdenken, aber auch in der Sozialphilosophie; so etwas wie eine Systematik dieser Disziplin liegt gegenwärtig aber nicht vor. Das Feld, das von dieser und im besonderen jenes, das von der Gerechtigkeitspsychologie bearbeitet wird, betrifft die bereits genannten Bereiche. Ihr Verhältnis zur „Rechtspsychologie" besteht in einer Überschneidung, wobei die jeweilige Überschneidungsfläche nur ein Segment der jeweils in Frage kommenden Psychologie darstellt.

Wenn im Zusammenhang mit den Arbeiten von Tammelo von der psychologischen Dimension der Gerechtigkeit die Rede ist, dann geht es um die „verste-

[9] Mikula, Gerold (Hg. 1980): Gerechtigkeit und soziale Interaktion, Bern.

hende" und qualitativ arbeitende Psychologie der Gerechtigkeit. Und diese soll hier der Gegenstand unserer Betrachtungen sein. Diese Psychologie kennt zwei zentrale Aspekte: Einmal den der Bereitstellung der relevanten psychologischen Grundlagen zusammen mit der Erfassung und Beschreibung der einzelnen Phänomene der Gerechtigkeit – also eine Institutionenlehre – und ein anderes Mal einen, der sich mit den Akteuren der Gerechtigkeit und ihrem Umgang damit auseinandersetzt – also so etwas wie eine Prozesslehre. Und hier insbesondere finden sich die Überlegungen von Tammelo.

II. Tammelos Verständnis einer Psychologie der Gerechtigkeit.

A. Die Grundlagen

Ins Zentrum seiner Überlegungen zur Psychologie der Gerechtigkeit stellt Tammelo den Menschen, der mit Mitteln der Vernunft Gerechtigkeit erfassen und sich mit ihr auseinandersetzen kann. [10] Ein solcher Mensch benötigt vor allem eine genügende geistige Reife, um die verschiedenen positiven und negativen Werterlebnisse aus seinem gesellschaftlichen Umgang zu rational gestalteten Denkinhalten zu verarbeiten. Geistige Reife für die Probleme der Gerechtigkeit ist dadurch gekennzeichnet, dass der Mensch gewissenhaft zu begreifen versucht, wozu er seinen Mitmenschen gegenüber verpflichtet ist, dass er zu wissen trachtet, was er ihnen schuldet; dass er sich beständig danach fragt und zielbewusst um die einschlägige Aufklärung ringt, was immer auch seine persönliche Einstellung zur Lösung dieser Probleme sein mag. Mit diesen Anforderungen ist nichts anderes festgestellt, als dass der Mensch, der die Gerechtigkeit erfassen will und die gerechte Lösung von im Einzelfall damit verbundenen Problemen anstrebt, dies nur dann vermag, wenn er zuvor schon selbst so etwas wie ein besonders rechtschaffener Mensch ist. Daraus wird klar, dass es sich bei der „Gerechtigkeit" eigentlich um die Hinaus-Projektion von Werten in die Lebenswelt handelt, die in jedem Menschen bereits strukturell in etwa grundgelegt sind, um deren Realisierung sich der einzelne Mensch intensiv bemühen muss – was aber nicht jedem gelingt. In gewisser Weise erinnert die von Tammelo beschriebene Figur an die eines Zaddik, eines „Gerechten" im Alten Testament. [11]

Auf dieser Grundlage ergibt sich für Tammelo die besondere Bedeutung der Entwicklungspsychologie für die Herausbildung des Gerechtigkeitsdenkens, [12]

[10] Theorie der Gerechtigkeit, aaO, S 117f.

[11] Basiert auf Genesis 7,1 und ist von besonderer Bedeutung im chassidischen Judentum.

[12] Theorie der Gerechtigkeit, aaO, S 118ff.

welches in der frühesten Kindheit beginnt und in der Form eines psychodynamischen Prozesses abläuft. Wenn die Entwicklung des Kindes das Stadium der Ich-Bewusstheit erreicht hat, sieht sich das Kind als Mittelpunkt aller Dinge. Eigenliebe ist in den ersten Lebensjahren eine vorherrschende gefühlsmäßige Haltung des Kindes. In einem gewissen Stadium empfindet es Hass, der sich bis hin zu Todeswünschen steigern kann, sobald es bemerkt, dass die Liebe seiner Eltern auch seinen Brüdern und Schwestern (und ihnen selbst füreinander) gehört. Das Bild in diesem narzisstischen Alter – eine Zeit, die jedes sich normal entwickelnde Kind durchlebt – hat grundsätzlich nichts Alarmierendes an sich. Wird diese Phase im Kontext mit den Bezugspersonen nicht entsprechend abgearbeitet, etwa dort, wo es an der Setzung von Grenzen fehlt, kann dies zu Charakterstörungen führen, die im späteren Leben gesunde Objektbeziehungen weitgehend unmöglich machen. In der normalen kindlichen Entwicklung geht die narzisstische Phase früher oder später zu Ende. Vielleicht sollte an dieser Stelle angemerkt werden, dass hier auch der Punkt erreicht ist, wo erstmals das Gleichheitsprinzip zum Tragen kommt. Alles nach dem Motto: „Wenn schon ich nicht allein, dann auch die anderen nicht mehr als ich".

Für Tammelo scheint an dieser Stelle der Entwicklung besonders wichtig, dass das Kind nunmehr unter dem Eindruck des Realitätsprinzips und durch die Introjektion der durch die Eltern vermittelten gesellschaftlichen Werte und Normen beginnt, sein Gewissen zu bilden, und menschliche Reife gewinnt. [13] Auch hierbei sind Störfälle möglich, wenn die Autorität der Bezugspersonen unreflektiert zum Einsatz kommt. Es folgt dann die Zeit der Ablösung von den Eltern und deren Stellvertretern. Hand in Hand damit entwickelt das Kind ein starkes Gefühl für Gerechtigkeit, insbesondere aber für alle Erscheinungsformen von Ungerechtigkeit. Seine selbstsüchtige „individualistische" Haltung wandelt sich in Richtung auf eine Gruppengesinnung hin.

Der erwachsene Mensch anerkennt die Idee der Gerechtigkeit als einen wichtigen Ordnungsfaktor des sozialen Lebens. Aufgrund seiner sozialen Rolle und der gemachten Erfahrungen wird er sich bestimmte vorherrschende Ansichten zu eigen machen und sich vielleicht Gruppen anschließen, die die ihm zusagende Version der Gerechtigkeitsidee vertreten. In diesem Stadium der Entwicklung bleiben die meisten stehen. [14] Nur ganz wenige „denkende Geister" versuchen über dieses Stadium hinauszugelangen, ihre Vorstellungen von Gerechtigkeit zu hinterfragen, sie zum Gegenstand intellektueller Bearbeitung zu machen und ihnen einen angemessenen Platz unter anderen Wertvorstellungen zuzuweisen. Trotz aller Unter-

[13] Theorie der Gerechtigkeit, aaO, S 119f.

[14] Theorie der Gerechtigkeit, aaO, S 121.

schiedlichkeit der für die Gerechtigkeit maßgeblichen Erfahrungsgrundlage kann man in der Menschheit ein ziemlich gleichartiges Gerechtigkeitsgefühl und damit eng verbundenes Rechtsgefühl feststellen, [15] die beide auf gleichartige Lösungen der bezüglichen Probleme in mehreren grundsätzlichen Fragen weisen. Besonders deutlich tut sich dieses Gefühl kund im Fall grober Verletzungen gewisser grundsätzlicher Forderungen der Gerechtigkeit.

Eine nicht unwesentliche Rolle in der Psychologie der Gerechtigkeit spielt nach Tammelo das Phänomen „Angst". [16] Im Rahmen der Sozialisierung und der Ausbildung des Über-Ichs im Zusammenhang mit dem Schwinden des bewussten Elternbildes vereint sich dann ein ungerechtes Handeln mit der Angst vor Bestrafung, wobei die Angst unabhängig von einem konkreten Objekt in Erscheinung treten kann. Diese Angst errichtet sich selbst oft ein Objekt in Gestalt von Wesenheiten wie Gott oder Schicksal, welche das Leiden in dieser oder einer überirdischen Welt als gerechte Strafe für Vergehen zuteilen. Um der Angst, jemandem das ihm Zustehende vorenthalten zu haben, zu entkommen, wird Zuflucht genommen zu den aus der Psychoanalyse bekannten Mechanismen wie Verdrängung, Reaktionsbildung, Rationalisierung usf. Diese Flucht vor der Verantwortung in die Neurose ist eine wesentliche Form des Fernbleibens oder Sich-Entfernens vom eigenen Selbst, es ist eine Art der „Entfremdung". Die daraus resultierenden Probleme für das Gerechtigkeitsdenken liegen auf der Hand. Es existieren aber auch noch andere Fluchtmöglichkeiten aus der Verantwortung; eine davon besteht im Rückgriff auf die Autorität einer anonymen, nicht nachvollziehbaren Gesamtheit. Dieses „man"-Argument hat eine unheilvolle, unheimliche soziale und politische Wirkung auch in Bemühungen um die Gerechtigkeit, weil durch die Zuflucht zu ihm das Verantwortungsgefühl, das jeder Gerechtigkeitsstrebende haben soll, abstumpft oder verloren geht. [17]

Auch die Massenmedien sind nach Tammelo nicht ohne Einfluss auf die Formation und die Deformation der Vorstellungen von der Gerechtigkeit und dem entsprechenden Gefühl. So ist durch Zeitungen, Radio und Fernsehen unbestreitbar eine ziemliche Aufklärung und Sensibilisierung der gerechtigkeitserheblichen Haltungen der Menschen erzielt worden. Diese Medien haben aber auch Verwirrung in den Vorstellungen und eine Abstumpfung des Gefühls für Gerechtigkeit zustande gebracht, da sie nicht selten das Bild vermitteln, dass das Streben nach Gerechtigkeit für ein gutes Leben auf dieser Welt effektiv keinen Nutzen bringt. [18]

[15] Theorie der Gerechtigkeit, aaO, S 122.
[16] Theorie der Gerechtigkeit, aaO, S 123.
[17] Theorie der Gerechtigkeit, aaO, S 124.
[18] Theorie der Gerechtigkeit, aaO, S 125.

B. Die Konsequenzen

Für Tammelo war es ein wichtiges Anliegen, dass seine allgemeinen Überlegungen zu Fragen der Gerechtigkeit auch Eingang finden in das Rechtsleben und in das reale politische Leben. In besonderer Weise galt dies für jene seiner Meinung nach drängenden, die Zukunft betreffenden Fragen der Menschheit, die jetzt gelöst werden müssten. Subsumieren könnte man dies alles unter dem Begriff der Generationengerechtigkeit, wenn er postuliert: „Wenn wir die Probleme jetzt nicht entschlossen und vernünftig in Angriff nehmen, bleibt ihre Bewältigung dem freien Spiel der Naturkräfte überlassen, die gegenüber Leid und menschlichem Dasein indifferent sind. Ich fürchte, wir zwingen kommende Generationen zu unmenschlichen Verzweiflungsmaßnahmen, wenn wir jetzt versäumen, mit humanen Mitteln, das Notwendigste zu tun". [19] In den 1970er Jahren mit dem immer stärkeren Hervortreten der Bewegung der Grünen waren diese Gedanken nicht unbedingt neu; was aber bei Tammelo das Besondere ist, ist die Tatsache, dass er das Verhalten und damit die psychologische Dimension der Akteure in den Vordergrund der Überlegungen stellt und von dorther argumentiert.

Schlußendlich ging es ihm vor allem darum, dass die jeweils junge Generation sich von den Vorstellungen, vielleicht auch von den Fesseln der Altvorderen zu lösen hat, anstatt sie aus Pietät o.ä. beizubehalten und das zu tun, was die Alten von ihnen verlangen; die Alten hinwiederum müssen sich verständnisvoll zeigen und dieses Lösen zulassen (Stichwort „Zensur der Toten", eine Arbeit von 1978 [20]). Darüber hinaus hielt es Tammelo für unerträglich, dass eine alte Generation von Machtinhabern, die ja selbst aus physiologischen Gründen so wie aus der absehbaren Lebenserwartung und einer diesem Faktum korrespondierenden Gemütsverfassung heraus, keine wirkliche Zukunftsperspektive mehr hat, und sich daher allein mit dem Hier und Jetzt und vielleicht noch mit dem eigenen Abgang beschäftigt, kein echtes Interesse an den Bedürfnissen der Jüngeren haben kann und an ihnen vorbei regiert. In diesem Sinne hat es Tammelo auch besonders betroffen gemacht, als Ronald Reagan im Alter von 70 Jahren 1981 zum 40sten Präsidenten der U.S.A. gewählt und damit zum Herrn über das größte Atomwaffenarsenal der Welt wurde.

---

[19] Den futurologischen Aspekt des Naturrechts und der Gerechtigkeit arbeitet er insbes. heraus in: Zur Philosophie des Überlebens, S 243ff.; Weiters 1980: Über die Zeitdimension der Gerechtigkeit, In: Miehsler, H. & alii (Hg.), Ius Humanitatis (FS Alfred Verdross zum 90. Geb.), Berlin, S 263ff.

[20] Zensur durch Tote: Über Tabus auf dem Gebiet der Gerechtigkeit, In: Kaltenbrunner, G-K. (Hg.), Der innere Zensor, Freiburg / Breisgau, S 76ff.

III. Tammelo und die Bedeutung von Psychologie für sein Leben

Wenn Tammelo's „Philosophie des Überlebens" mit einer gewissen Sorge in die Zukunft blickt, dann hat das nichts zu tun mit der „Jahrtausendangst" so mancher Zeitgenossen und Gesellschaftskritiker; er weiß genau, wovon er spricht, seine Sorge um die Menschen ist eine begründete und hat ihre Wurzeln in der eigenen Vergangenheit. Er hat in diesem Zusammenhang für sich auch so etwas wie eine Psychologie des Überlebens entwickelt, und wie es scheint hat er beide, Philosophie und psychologische Inhalte in seine Persönlichkeit und damit auch in seine Arbeit integriert; und hier scheint auch der Grund dafür zu liegen, dass seine wissenschaftlichen Aussagen von so großer Konsistenz und inhaltlicher Überzeugungskraft sind. Berührungsängste mit der Welt der Fakten sind ihm – bei aller Liebe für Abstraktion und Formalisierung – fremd. Und er lässt es auch zu, dass Erkenntnisse aus der Lebenswelt in Korrespondenz zu seinen theoretischen Überlegungen treten; das trifft insbesondere auf seine argumentationstheoretischen Gedanken zu.

Als junger Mann erlebte Tammelo, der 1917 in Narva in Estland, an der Grenze zu Russland, als Kind in eine Lehrerfamilie geboren wurde, schlimme Zeiten. Sein Vater fiel 1919 im estnischen Freiheitskampf gegen Sowjetrussland, Ilmar wuchs vaterlos auf, jedoch übernahm ein Onkel, ein Apotheker der selbst „Halbjude" war, in gewisser Weise die Vaterrolle. Die junge Republik Estland konnte sich nicht lange ihrer Unabhängigkeit erfreuen und geriet beginnend Ende der 30er Jahre des vergangenen Jahrhunderts zwischen die Mühlsteine Russland und Deutschland. Ein Teil der Esten versteckte sich zu dieser Zeit in den Wäldern. So musste es gelegentlich auch Tammelo machen, da aus den zuvor genannten Gründen seine Familie ja von keiner der beiden Seiten wirklich Gutes zu erwarten hatte. Wenn es die Umstände zuließen, versuchte er sein Studium zu betreiben; so wurde er 1943 in Dorpat (dem heutigen Tartu) zum Magister der Rechte graduiert. Anschließend – scheinbar wider alle Vernunft – wagte er sich in die Höhle des einen Löwen und ging zum weiteren Studium ins Deutsche Reich, weil er sich gerade dort trotz allem am sichersten gefühlt hat. 1944 hat er dann in Marburg / Lahn den Doktor der Rechte erworben.

Mit diesem Studium in Deutschland nimmt Tammelo in etwa vorweg, was Jahrzehnte später Systemtheoretiker wie Niklas Luhmann und Kommunikationsforscher wie Paul Watzlawick [21] mit dem Begriff des Systemaussteigens zu umschreiben versucht haben. Es ging damals bei Tammelo um das Denkenkönnen und Handeln in Paradoxien, um ein Denksystem, zunächst und *in concreto* das ei-

[21] Die Möglichkeit des Andersseins – Zur Technik der therapeutischen Kommunikation, Neuauflage, Bern 2002.

gene, mit seinen Ängsten und Vorbehalten durch provokative und kompromisslose Konfrontation mit dem Problem, mit der Ursache der Vermeidung, zu verlassen und wieder frei handeln zu können. Der weitere Schritt, das Aussteigen aus kommunikativen, konfliktträchtigen Beziehungen vermittels Paradoxie kann deshalb funktionieren, weil offenbar das kommunikative Gegenüber in so fest gefahrenen Vorstellungen und Erwartungen fixiert ist, dass ein bisher für paradox gehaltenes, offenes und akzeptierendes Verhalten für dieses gar nicht vorstellbar ist; kommt es zu einer solchen „paradoxen Intervention", so ist das Gegenüber überrascht, wird hilflos und gibt bei. Darin liegen Macht und Stärke der Paradoxie und machen ganz plötzlich und scheinbar wider Erwarten den machtmäßig Schwachen zum Starken.

Tammelo beherrschte diesen Umgang mit Paradoxien in kommunikativen Situationen und konnte damit seine Sache gelegentlich zur stärkeren machen. Dazu ein vergleichsweise banales Beispiel: Als er einmal im Fakultätskollegium die Habilitierung eines Mitarbeiters ankündigte, haben sich einige der in Frage kommenden Fakultätsmächtigen in Pose geworfen, ihre Kalender gezückt, nachdenklich die Stirn gerunzelt und begonnen, Terminprobleme zu äußern. Üblicherweise wäre es an dieser Stelle zum Feilschen um Termine und Kommissionsteilnahmen gekommen, wobei es nicht ohne kräftige Zugeständnisse, etwa eine Venieneinschränkung, abgegangen wäre. Tammelo hat so darauf reagiert, dass er meinte, es sei wohl eindrucksvoll, wie viele Termine die einzelnen Herrn hätten, und das wären sicher sehr wichtige Termine, aber dann kämen diese Gelehrten eben nicht in Frage für eine Teilnahme an der Kommission. Und er fügte hinzu: „Meine Mitarbeiter sind gewohnt zu arbeiten und nicht auf Termine hin zu zittern". Die sonst so Mächtigen waren hilflos und haben aufgegeben. Die Kommission ist dann aus anderen Mitgliedern zusammengesetzt worden, Zugeständnisse hat es keine gegeben.

Auch hat er kommunikative Techniken praktiziert, die man in ihrer Theorie später bei Roger Fisher und William Ury nachlesen konnte unter dem Titel „Harvard Konzept" (amerikanische Erstausgabe 1981 [22]). Dieses Konzept geht davon aus, dass man Leute von ihren vorher eingenommenen Positionen mit Hilfe des „Verhandlungs-Jiujitsu" wegholt und sie dorthin bringt, wo eigentlich ihre Interessen liegen, man nennt dies heute „Negotiating" – erklärt an zwei jungen Frauen, die sich um eine Orange streiten. Würde man dieses Problem in klassisch juristischer Weise lösen, müsste man die Frucht teilen und jede hätte eine Hälfte. Nach dem Harvard Konzept wird das Problem so gelöst, dass man die eigentlichen Interessen der Frauen herausfindet, dabei stellt sich vielleicht heraus, dass die eine

[22] Deutschsprachige Jubiläumsausgabe, Frankfurt / Main 2000.

für einen Kuchen die Schale benötigt, die andere aber nur die Frucht essen will, man kann nun jeder zu 100 anstelle von 50 Prozent das geben, was sie braucht: Die eine bekommt die gesamte Schale, die andere die ganze Frucht. Auch diese Art zu denken – psychologisch kann man das Ganze auf den Punkt bringen mit „Wir-Gefühl anstelle von Narzissmus" – ist für Tammelo nicht uncharakteristisch und er hat sie bereits vor der genannten Publikation praktiziert. Auf eine ähnliche Weise, konkret durch die Abgabe von Kompetenzen (öffentlichrechtliche sowie jene für Politikwissenschaft) an Kollegen unter gleichzeitiger Beibehaltung der vorhandenen Ressourcen, ist es ihm seinerzeit geglückt, das Salzburger Institut, dem er damals vorgestanden ist, bezogen auf die personellen Ressourcen und den damit verbundenen, vergleichbaren Output (Zahl der Publikationen, internationale Konferenzteilnahmen) nach Turin zum zweitgrößten Institut für Rechtsphilosophie in Europa zu machen.

Dass der Rechtstheoretiker Tammelo – anders als viele seiner Juristenkollegen – keine Berührungsängste mit der Psychologie schlechthin hatte, soll schließlich noch an einem anderen Sachverhalt verdeutlicht werden. Nach den Wirren des Krieges und seiner Habilitation 1947 bei Radbruch in Heidelberg war es für Tammelo notwendig, eine dauerhafte Bleibe zu finden. Estland, das nunmehr der Hemisphäre des Ostblocks angehörte, kam für ihn nicht mehr in Frage. Über verschiedene Umwege gelangte er nach Australien, wo er als *displaced person* Aufnahme gefunden hat. Anfangs war nicht an eine Fortsetzung seiner akademischen Karriere zu denken; so musste sich Tammelo unter anderem als Holzfäller im australischen Busch durchschlagen, was für ihn zu nachhaltigen gesundheitlichen Beeinträchtigungen geführt hat. In der Zeit danach bis zum vollen Wiedereinstieg in das akademische Leben hat er dann seinen Lebensunterhalt nicht zuletzt mit Lebensberatung und Coaching finanziert. Der Bedarf nach Lebensberatung war zu dieser Zeit ausreichend gegeben und entsprechende Berufsorganisationen, die ihn daran gehindert hätten, waren nicht vorhanden. Um diese Tätigkeit einigermaßen seriös ausüben zu können, hat er sich die dafür nötige psychologische Fachliteratur angeschafft und sich im Selbststudium die notwendigen Grundkenntnisse angeeignet. [23]

[23] Eine Auswahl dieser Literatur: Overstreet, H. A. (1927) About Ourselves, New York; Klopfer, B. & Kelly, D. (1946 rev. ed.), The Rorschach Technique, New York; ein Satz der dazu gehörigen Tafeln; Wolberg, L. R. (1948) Medical Hypnosis, 2 vols., New York; Bett, W. R. (1952) The Infirmities of Genius, London; Mc Dougall, William (1948, 29th ed.) Social Psychology, London; Kraines, Samuel H. (1941) The Therapy of the Neuroses and Psychoses, Philadelphia; Stekel, Wilhelm (1950 rev. ed.) Technique of Analytical Psychotherapy, London; einzelne Schriften von Sigmund Freud sowie betreffend die Metaebene: Adams, John (1950, 8th ed.) Teach Yourself Books, London. Ein Großteil dieser Literatur existiert heute noch beim Autor

Schlussbemerkung

Nach all dem lässt sich vielleicht behaupten, dass Ilmar Tammelo, den ein bewegtes Leben von Estland über Deutschland und Australien nach Salzburg geführt hat, einen besonderen, einen eigenständigen Zugang zur Psychologie gefunden hat, einen Zugang der bei all seiner Vorliebe für das Kognitive, ihn auch für die Erkenntnisse der Tiefenpsychologie offen sein hat lassen. Soweit in seine wissenschaftlichen Arbeiten psychologische Überlegungen Eingang gefunden haben, waren diese von größerer Authentizität als die einer bloß heuristischen Juristenpsychologie es je hätten sein können [24] – und das mag auch der Grund dafür sein, dass seine diesbezüglichen Aussagen nicht zuletzt für das Gerechtigkeitsdenken heute noch eine taugliche Grundlage abgeben können.

dieses Beitrags.

[24] Vgl. Hommers, Wilfried (1995), Die Juristenpsychologie als Heuristik für die empirische Psychologie. Gesamtschau und Einzelabwägung, In: Jakob, R. & alii (Hg.), Psyche – Recht – Gesellschaft, Bern, S 187ff.

Gotthold Ephraim Lessings Vision der Gerechtigkeit

Ulrich KRONAUER

Das Thema dieses Beitrages weckt vielleicht bei Tammelo-Spezialisten falsche Erwartungen. Die „Gerechtigkeit", von der im Folgenden die Rede sein wird, hat nur sehr bedingt etwas mit der von Ilmar Tammelo entworfenen „Theorie der Gerechtigkeit" zu tun. Es handelt sich gewissermaßen um einen Spezialfall von Gerechtigkeit, den Tammelo wohl nicht behandelt hat. Es kommt noch schlimmer: der große deutsche Aufklärer Lessing verwendet in unserem Problemzusammenhang selbst den Begriff „Gerechtigkeit" überhaupt nicht. Der Begriff wird also hier gewissermaßen an Lessing herangetragen in der Hoffnung, etwas für sein Denken Entscheidendes damit zu treffen.

Die Art und Weise allerdings, in der Lessing in der Schrift „Die Erziehung des Menschengeschlechts" von 1780 Gerechtigkeit heraufbeschwört, könnte durchaus etwas mit Ilmar Tammelo zu tun haben. Der Eindruck einer Verwandtschaft zwischen dem deutschen Aufklärer und dem aus Estland stammenden Rechtsphilosophen aus dem 20. Jahrhundert kann sich bei der Lektüre von Tammelos Buch „Zur Philosophie des Überlebens" von 1975 einstellen. Verstärkt wird der Eindruck dann durch den Essay „Esoterikoi Logoi. Die stille Revolte des Ilmar Tammelo" von Michael W. Fischer.

Vor allem folgender Passus lässt sich unmittelbar auf Lessing beziehen. Fischer will den Esoteriker Tammelo vorstellen und eröffnet seinen Essay mit einem Zitat aus Tammelos Buch „Zur Philosophie des Überlebens": „Doch ich bin nicht bereit darüber zu schweigen, worüber man nicht sprechen kann". In dieser Abwandlung oder auch Ablehnung einer berühmten These Ludwig Wittgensteins klingt etwas von der Paradoxie der Esoterik an: es geht darum, Dinge zur Sprache zu bringen, über die man nicht reden kann. Fischer führt aus:

„Wer die Wirklichkeit des Esoterischen zur Sprache bringen will, läßt sich auf schwieriges, weil eben paradoxes Unterfangen ein. Die Paradoxie liegt darin, daß etwas zur Aussage kommen soll, das sich nicht bloß aus Zufall, sondern vom Wesen seiner ‚spezifischen Logik' her sowohl der alltäglichen als auch der wissenschaftlichen Rede entzieht. Es geht in der Tat – wie Tammelo bemerkt – um das ‚Zur-Sprache-Bringen' des Unsagbaren und ein Teil eben ist das Schweigen." [1]

1 Michael W. Fischer, Esoterikoi Logoi, in: Objektivierung des Rechtsdenkens. Gedächtnisschrift für Ilmar Tammelo, hg. v. W. Krawietz, T. Mayer-Maly, O. Weinberger, Berlin 1984, S. 43f.

Lessing war ein Meister in der Kunst, das Unsagbare zur Sprache zu bringen. Eine seiner Schriften handelt nachgerade von diesem Thema: „Ernst und Falk. Gespräche für Freymäurer". Diese Schrift ist ebenso wie die „Erziehung des Menschengeschlechts" 1780 vollständig erschienen. Die beiden Dialogpartner Ernst und Falk unterhalten sich in mehreren Gesprächen über die Freimaurerei, deren Geheimnis der eingeweihte Falk kennt und das Ernst, der dann auch in eine Loge eintritt, kennen lernen will. Falk betont immer wieder, dass die Freimaurer nicht über ihr Geheimnis sprechen könnten, selbst wenn sie es wollten. Er geht dabei allerdings nicht von den wirklichen Freimaurern seiner Zeit aus, sondern von einem Typus des wahren, überzeitlichen Freimaurers, gewissermaßen von einem idealen Freimaurer. Und es geht deshalb auch nicht um die üblichen Logengeheimnisse, sondern um ein die wahre Freimaurerei bestimmendes Prinzip der Kommunikation. Die wahren Freimaurer können schon deshalb nicht über ihr Geheimnis sprechen, weil sie, wenn sie es versuchten, keine wahren Freimaurer wären. Und sie können auch deshalb nicht darüber sprechen, weil sich das Geheimnis im Akt des Aussprechens in Nichts auflösen würde.

Das Geheimnis der Freimaurerei liegt für Lessing in einer Kunst der Kommunikation, bei der die ursprüngliche Gleichheit der Menschen und die ursprüngliche Anziehungskraft von Mensch zu Mensch erfahrbar und wieder lebbar wird. Diese Gleichheit ging im Verlauf der Menschheitsgeschichte notwendigerweise fast ganz verloren. In unterschiedliche Nationen, unterschiedliche Religionen und unterschiedliche gesellschaftliche Stände aufgeteilt, sind die Menschen durch fast unüberwindbare Klüfte getrennt. Die Angehörigen einer Gemeinschaft oder Gruppe verhalten sich reserviert, kalt und mißtrauisch gegenüber den Angehörigen der anderen Gemeinschaft. In den freimaurerischen Begegnungen werden diese Klüfte überwunden, die Menschen kommunizieren in einer Atmosphäre der Gleichheit und Sympathie. Über dieses Ereignis dürfen die Freimaurer nicht sprechen, weil sie es nicht können. Sobald sie ihr Tun in Worte fassen, zerstören sie es. Wenn beispielsweise ein christlicher Freimauer zu einem Juden sagt, er wolle ihn als ihm Gleichen behandeln, macht er aus dem Selbstverständlichen etwas Besonderes und zerstört das heikle Gleichgewicht, das die freimaurerische Begegnung schaffen soll. Man kann das intendierte Ereignis der Gleichheit nicht in Worten ‚ausstellen', sondern man muß die Gleichheit ohne große oder kleine Worte *leben*. Ähnlich geht es mit der Liebe, die man nicht verhandeln darf, sondern die man leben muß. Dies hat Lessing in der berühmten Ringparabel seines dramatischen Gedichts „Nathan der Weise" auf einzigartige Weise deutlich gemacht. [2]

[2] Vgl. Ulrich Kronauer, Naturmensch und Kosmopolit. Lessings wahrer Freimauer, in: U. Zeuch (Hrsg.), Lessings Grenzen, Wiesbaden 2005, S. 143 – 160. Ders., Artikel ‚Lessing' in: Religion

Es gibt noch einen weiteren, starken Verbindungsstrang zwischen Tammelo und Lessing: die gemeinsame Nähe zu visionären, mystischen Denkern. Ilmar Tammelo hat sich mit Meister Eckhart beschäftigt und mit der Bewegung der Rosenkreuzer aus dem Anfang des 17. Jahrhunderts. Er war, wie Fischer schreibt, „zutiefst von dem rosenkreuzerischen Denken geprägt, es war sein bevorzugtes Ventil gegen die Versuchungen der Melancholie und des Pessimismus. Auch die Verheißungen einer möglichen, manchmal greifbar nahen Zukunft rissen ihn mit“. [3] In seiner Schrift „Die Erziehung des Menschengeschlechts“, [4] die einhundert Paragraphen umfasst, bezieht sich Lessing auf „gewisse Schwärmer des dreizehnten und vierzehnten Jahrhunderts“ und deren Vision „eines neuen ewigen Evangeliums“ (§ 87), und er spielt auf die Lehre von den drei Weltaltern des kalabrischen Abtes Joachim von Fiore aus dem 12. Jahrhundert an.

Die Begeisterung durch und für visionäres Denken und der Versuch, Unsagbares zur Sprache zu bringen, sind Gotthold Ephraim Lessing und Ilmar Tammelo gemeinsam. Der Esoteriker Tammelo hätte sich mit dem Esoteriker Lessing durchaus anfreunden können.

Auch der folgende Gedankengang hätte den Esoteriker und Rechtsphilosophen Tammelo interessieren können, weil es um einen Gerechtigkeitsanspruch geht, der in den Fundamenten der menschlichen Existenz verankert ist und dessen Verwirklichung man nur in einer Vision, die weit über die wahrnehmbare Wirklichkeit hinausgeht, erahnen kann. Es geht um ein Problem, das im Rahmen der Geschichtsphilosophie auftauchen kann, dann nämlich, wenn die Menschheitsgeschichte als unaufhaltsamer Entwicklungs- und Fortschrittsprozeß beschrieben wird. Im 18. Jahrhundert finden sich solche Fortschrittstheorien in Frankreich und Schottland, und auch Lessing hat mit seiner Abhandlung „Die Erziehung des Menschengeschlechts“ ein Fortschrittsmodell vorgelegt. Generell stellt sich bei diesen Theorien, in denen es um den Fortschritt der menschlichen Gattung geht, die Frage, wie man die Situation derjenigen Menschen einschätzen soll, die nicht in den Genuss hoher oder höchster Entwicklung gekommen sind, weil sie das Pech hatten, in einer frühen oder früheren Phase der Menschheitsgeschichte gelebt zu haben. Immanuel Kant hat das Problem 1784 in der Schrift „Idee zu einer allgemeinen Geschichte in weltbürgerlicher Absicht“ auf den Punkt gebracht. Er geht auf die Mühseligkeiten des Fortschritts ein und schreibt:

„ ... *in diesem Gange der menschlichen Angelegenheit ist ein ganzes Heer von Mühseligkeiten, die den Menschen erwarten. Es scheint aber der Natur darum gar nicht zu tun*

in Geschichte und Gegenwart. 4. Aufl. Bd. 5, Tübingen 2002, Sp. 286.

[3] Fischer (wie Anm. 1) S. 53.

[4] Gotthold Ephraim Lessing, Werke, hg. v. H. G. Göpfert, Bd. 8, München 1979, S. 489 – 510.

gewesen zu sein, daß er wohl lebe; sondern, daß er sich so weit hervorarbeite, um sich, durch sein Verhalten, des Lebens und des Wohlbefindens würdig zu machen. Befremdend bleibt es immer hiebei: daß die älteren Generationen nur scheinen um der späteren willen ihr mühseliges Geschäft zu treiben, um nämlich diesen eine Stufe zu bereiten, von der diese das Bauwerk, welches die Natur zur Absicht hat, höher bringen könnten; und daß doch nur die spätesten das Glück haben sollen, in dem Gebäude zu wohnen, woran eine lange Reihe ihrer Vorfahren ... gearbeitet hatten, ohne doch selbst an dem Glück, das sie vorbereiteten, Anteil nehmen zu können.“ [5]

Wenn man einen ständigen Fortschritt der Menschheit in gesellschaftlicher und moralischer Hinsicht annimmt und wenn man dabei den Plan eines Schöpfergottes – Kant spricht von der Absicht der Natur – zugrunde legt, ist es in der Tat befremdend oder, wie Kant auch sagt, rätselhaft, dass das irgendwann zu erwartende Glück der Erdenbewohner mit einem Verzicht der vorhergehenden Generationen erkauft ist. Ja man kann hierbei auch von Ungerechtigkeit sprechen; waren denn die Menschen, die „um der späteren willen“ ihre mühselige Lebensarbeit verrichten mußten, weniger wert als die, die dann die Früchte dieser Arbeit ernten konnten? Zeitgenossen Lessings verwiesen auf ein besseres Jenseits, in dem die Entbehrungen des irdischen Lebens vergolten werden. Dort, könnte man vermuten, werden auch die durch den Geschichtsverlauf Benachteiligten zu ihrem Recht kommen. Auch bei Kant finden sich dann 1787 in der „Kritik der praktischen Vernunft“ Überlegungen zu einer „ins Unendliche fortdauernden Existenz“ des vernünftigen Wesens Mensch. Kants Gedanken zur Unsterblichkeit der Seele stehen im Zusammenhang mit der Vorstellung eines unendlichen Progresses der moralischen Vollkommenheit, die kein Mensch in seinem Erdenleben erreichen kann, oder, wie Kant sagt, „deren kein vernünftiges Wesen der Sinnenwelt in keinem Zeitpunkte seines Daseins fähig ist.“ [6] Auch Gotthold Ephraim Lessing hofft auf eine moralische Vervollkommnung des Menschen, die irgendwann zu ihrem Ziel gelangen wird. Aber er verlegt dieses Ziel nicht ins Jenseits, und er will gleichwohl nicht, dass Generationen auf die Vollkommenheit verzichten müssen, weil sie zu früh geboren sind.

Lessings Schrift „Die Erziehung des Menschengeschlechts“ reagiert auf einen äußerst heftig geführten Streit über die Autorität und den Wahrheitsgehalt der Bibel. Lessing hatte diesen Streit selbst entfacht, indem er die sogenannten „Fragmente eines Ungenannten“ herausgab. Sie stammten von dem damals bereits verstorbenen Orientalisten und Bibelkenner Hermann Samuel Reimarus. Dieser hatte

5 Immanuel Kant, Politische Schriften, hg. v. O. H. v. der Gablentz, Köln u. Opladen 1965, S. 12f.

6 Immanuel Kant, Kritik der praktischen Vernunft, hg. v. K. Vorländer, Hamburg 1929, Erster Teil, II. Buch, 2. Hauptstück. IV.

von einem deistischen Standpunkt aus eine radikale Bibel- und Dogmenkritik geübt und massive Zweifel an der Wahrheit der Offenbarungslehren geäußert. Die Fragmente lösten auf der orthodoxen Seite Empörung aus; vor allem der Hamburger Hauptpastor Goeze glaubte Angriffe sowohl auf die göttliche wie die weltliche Autorität zu erkennen.

Lessing versucht in seiner Schrift den positiven Religionen ihren Sinn und ihre Bedeutung zurückzugeben, auf eine Weise allerdings, die dem orthodoxen Hauptpastor durchaus nicht gefallen hat. Er verfolgt den Gedanken der Erziehung des Menschengeschlechts: Gott greift durch die Offenbarung qua Erziehung in die Geschichte ein und paßt sich dabei dem jeweiligen Verstehenshorizont der Menschen an. Er wählt das israelitische Volk aus, mit dem er, wie Lessing sagt, ganz von vorne anfängt und das er nach und nach zum Monotheismus hinführt, mit dem Begriff des „einigen" Gottes vertraut macht. Die Mittel, die bei dieser Erziehung angewandt werden, entsprechen der Entwicklungsphase der Kindheit. Es handelt sich um eine Erziehung „durch unmittelbare sinnliche Strafen und Belohnungen" (§ 16).

Mit Christus tritt dann ein besserer Pädagoge auf, „der erste zuverlässige, praktische Lehrer der Unsterblichkeit der Seele" (§ 58), und so wird das Neue Testament „das zweite beßre Elementarbuch für das Menschengeschlecht" (§ 64). Auf die Kindheit folgt das Knabenalter der Menschheit, und die Moralität erreicht eine neue Stufe. Erziehungsmittel sind nun nicht mehr auf die irdische Existenz gerichtete Belohnungen und Strafen, sondern Christus wirkt hin auf „eine innere Reinigkeit des Herzens in Hinsicht auf ein andres Leben" (§ 61). Die Menschen begreifen nun, dass sie ihr Handeln in einem Jenseits verantworten müssen.

Lessing erhofft aber auch eine dritte Phase der Menschheitsgeschichte, gewissermaßen das Zeitalter des Erwachsenseins, in der die Menschen keines Erziehers mehr bedürfen und das Gute aus eigener Einsicht und eigener Souveränität heraus tun. Emphatisch ruft er aus: „ ... sie wird kommen, sie wird gewiß kommen, die Zeit der Vollendung, da der Mensch, je überzeugter sein Verstand einer immer bessern Zukunft sich fühlt, von dieser Zukunft gleichwohl Bewegungsgründe zu seinen Handlungen zu erborgen nicht nötig haben wird; da er das Gute tun wird, weil es das Gute ist, nicht weil willkürliche Belohnungen darauf gesetzt sind, die seinen flatterhaften Blick ehedem bloß heften und stärken sollten, die innern bessern Belohnungen desselben zu erkennen." Es ist „die Zeit eines neuen ewigen Evangeliums", die Lessing heraufbeschwört, eine Zeit, die schon „gewisse Schwärmer des dreizehnten und viertzehnten Jahrhunderts" vorhergesagt hatten (§§ 85 – 87). Nun sind die Menschen moralisch autonom, bedürfen keiner Erziehung oder Gängelung mehr, aber auch, in letzter Konsequenz, keiner Offenbarungsreligion.

In den letzten Paragraphen der „Erziehung des Menschengeschlechts" übertrifft sich Lessing in seinen Spekulationen noch einmal und entwickelt den Gedanken einer Wiederkehr jedes einzelnen Menschen so lange, bis er die Vollkommenheit erlangt hat. Im Paragraphen 93 schreibt Lessing, die Bahn, auf der das menschliche Geschlecht zu seiner Vollkommenheit gelange, müsse auch jeder einzelne Mensch durchlaufen. Und er fragt:

> *„In einem und ebendemselben Leben durchlaufen haben? Kann er in ebendemselben Leben ein sinnlicher Jude und ein geistiger Christ gewesen sein? Kann er in ebendemselben Leben beide überholt haben?" Die Frage muß negativ beantwortet werden, bereitet aber den kühnen Gedankensprung vor: „Aber warum könnte jeder einzelne Mensch auch nicht mehr als einmal auf dieser Welt vorhanden gewesen sein? ... Warum sollte ich nicht so oft wiederkommen, als ich neue Kenntnisse, neue Fertigkeiten zu erlangen geschickt bin? Bringe ich auf einmal so viel weg, daß es der Mühe wiederzukommen etwa nicht lohnt?"* (§§ 93 – 98).

Überlegungen, die eine Wiederverkörperung von Seele oder Geist eines Menschen in einem oder mehreren weiteren Erdenleben ernstlich ins Auge fassen, erwartet man nicht unbedingt bei einem Autor, der als bedeutender Vertreter der Aufklärung gilt. Offensichtlich schließt die Bemühung um eine an der Vernunft orientierte und vorurteilslose Weltsicht zumindest in der späten Phase der Aufklärung aber kühne Spekulationen über eine mögliche Wiederkehr der Seele auf die Erde oder sogar über eine Wanderung dieser Seele auf fernen Planeten nicht aus.

Wie ernst mag es Lessing mit diesen Spekulationen gewesen sein; welchen Stellenwert nehmen sie im Gesamtwerk ein? Es gibt nur einen zu Lessings Lebzeiten veröffentlichten Text, in dem die Seelenwanderung thematisiert wird: „Die Erziehung des Menschengeschlechts". Lessings Bruder Karl hat dann noch zwei Texte aus dem Nachlaß veröffentlicht, in denen sich Lessing zu diesem Thema geäußert hat: die Anmerkungen zu Campes „Philosophischen Gesprächen" und das Fragment „Daß mehr als fünf Sinne für den Menschen sein können". Vom Gesamtwerk aus gesehen, kommt dem Thema der Seelenwanderung bei Lessing also keineswegs eine zentrale Bedeutung zu. Allerdings hat es ihn besonders in seinen letzten Jahren fasziniert, ja die Seelenwanderung gehörte, wie sein Bruder Karl berichtet, damals zu seinen Lieblingsideen. Auf welch enorme Resonanz diese Lieblingsidee Lessings gerade in der alternativen Religion und der Esoterik gestoßen ist, wurde unlängst in einer umfangreichen theologischen Dissertation ausgeführt. [7]

---

[7] Daniel Cyranka, Lessing im Reinkarnationsdiskurs. Eine Untersuchung zu Kontext und Wir-

Hat Lessing seine Hypothese zur Seelenwanderung so ernst gemeint, wie es seine theosophischen Anhänger geglaubt haben, oder handelt es sich doch eher um ein Gedankenexperiment, um das souveräne Durchspielen einer kühnen These letztlich ohne Wahrheitsanspruch, entsprechend dem der Erziehungsschrift vorangestellten Augustin-Zitat: „Haec omnia inde esse in quibusdam vera, unde in quibusdam falsa sunt“?

Bei der Frage nach dem Impuls, der Lessing zu seiner ‚Lieblingsidee‘ der Seelenwanderung geführt haben mag, geben die zwei Texte, die bereits erwähnt wurden, „Fingerzeige“ im Lessingschen Sinne, Fingerzeige, die allerdings in verschiedene Richtungen weisen. In dem „Fragment über die Sinne“ denkt Lessing, angeregt durch den Naturforscher und Philosophen Charles Bonnet, über den Seelenbegriff nach und faßt eine Vervollkommnung der Seele durch den Zuwachs an weiteren Sinnen, und dies in einem die Erde übersteigenden, kosmischen Rahmen, ins Auge. Diese Überlegungen unterstreichen den experimentellen oder spielerischen Charakter von Lessings Umgang mit der Thematik der Seelenwanderung. [8]

In den Anmerkungen zu Campes „Philosophischen Gesprächen“ andererseits deutet sich ein Motiv für Lessings Argumentieren an, das seinem elementaren Bedürfnis nach Gerechtigkeit entsprungen zu sein scheint. Der Pädagoge und Aufklärungsschriftsteller Joachim Heinrich Campe hatte im Kontext der Überlegung, welche Möglichkeiten dem Menschen zum Erwerb notwendiger Religionserkenntnisse gegeben sind, die Frage, „warum Gott die Fähigkeiten des einen Menschen in einem höhern Grade sich entwickeln lasse, als die Fähigkeit eines andern“, als unvernünftig und vermessen bezeichnet. [9] Dem gegenüber bringt Lessing seine Vorstellung der Seelenwanderung ins Spiel. „Wie, wenn ich sagte, daß der Mensch oder jede Seele, solange sie als Mensch erscheint, vollkommen zu der nämlichen Ausbildung seiner Fähigkeiten gelange? Ist es denn schon ausgemacht, daß meine Seele nur einmal Mensch ist?“ [10]

Offensichtlich ist die Hypothese der Seelenwanderung nicht zuletzt darin begründet, dass nur so eine fundamentale Benachteiligung der Menschen vermieden werden kann, die in einem Zeitalter leben oder gelebt haben, das noch nicht das Zeitalter der Vollendung ist. Dabei will sich Lessing auch nicht mit dem Hinweis auf einen Ausgleich im Jenseits vertrösten lassen. Weder der Einzelne noch eine ganze Generation soll ‚in dieser Welt‘ für das ‚große Ganze‘ geopfert werden. Es gehört zu dem Recht und der Würde des Menschen an sich, dass jedes Individuum

---

kung von G. E. Lessings Texten zur Seelenwanderung. Göttingen 2005. (Zum Bericht des Bruders: S. 150).

[8] Lessing (wie Anm. 4) S. 557 – 560.

[9] Cyranka (wie Anm. 7) S. 417.

[10] Lessing (wie Anm. 8) S. 557.

die Möglichkeit erhalten muß, ‚auf dieser Welt' zur Vollkommenheit zu gelangen, auch wenn es dazu mehrerer Leben bedarf.

Fortschrittstheorien haben die Tendenz, eine göttliche Instanz, einen immanenten Plan der Natur oder ähnliches zu unterstellen, wodurch die menschliche Gattung fortentwickelt, oder sogar vollendet wird. Immanuel Kant hat in seiner Schrift „Idee zu einer allgemeinen Geschichte" sein Befremden darüber geäußert, dass die älteren Generationen sich für das Glück der späteren haben plagen müssen. Er fährt fort:

„Allein so rätselhaft dieses auch ist, so notwendig ist es doch zugleich, wenn man einmal annimmt: eine Tiergattung soll Vernunft haben, und als Klasse vernünftiger Wesen, die insgesamt sterben, deren Gattung aber unsterblich ist, dennoch zu einer Vollständigkeit der Entwicklung ihrer Anlagen gelangen." [11]

Das Individuum kann bei einer solchen Fortschrittskonzeption nur eine untergeordnete Rolle spielen. Lessing aber rettet das Individuum, das im Sog der Zeit zu verschwinden droht, indem er ihm die Vervollkommnung in dieser Welt durch Reinkarnation in Aussicht stellt und ihm zugleich die Ewigkeit verspricht. ‚Versprechen' ist allerdings zuviel gesagt: Die „Erziehung des Menschengeschlechts" endet, typisch für Lessing, mit einer Reihe von Fragen, die sich an die grundlegende Frage „Warum sollte ich nicht so oft wiederkommen, als ich neue Kenntnisse ... zu erlangen geschickt bin?" anschließen. Die letzten dieser Fragen lauten: „Oder, weil so zuviel Zeit für mich verloren gehen würde? – Verloren? – Und was habe ich denn zu versäumen? Ist nicht die ganze Ewigkeit mein?" (§§ 98 – 100).

[11] Kant (wie Anm. 5), S. 13.

Die Vereinigung konkurrierender Prinzipien der Gerechtigkeit – Zu einem Text von Erich Fechner

Lothar PHILIPPS

1.

Vor über einem halben Jahrhundert, „in aufgewühlten Zeiten“, erschien Erich Fechners „Rechtsphilosophie“, die heute so lesenswert ist wie damals. [1] Fechner war vor allem von der „Fragwürdigkeit des Rechts“ beunruhigt, der „quälenden Ungewissheit der Problemlösungen bei vielen unausweichlichen Entscheidungen“. Bei dem Versuch, die Fragwürdigkeit des Rechts zu veranschaulichen, habe ihm folgende Legende stets „willkommene Dienste“ geleistet: [2]

Der älteste von drei Brüdern, ein Schmied, hat dreißig, der zweitälteste, ein Lastträger, drei Ziegen. Der jüngste besitzt nichts. Er soll Hirte werden. Dazu geben ihm der Schmied fünf, der Lastträger eine Ziege aus ihren Ställen. Der Schmied besitzt nun 25, der Lastträger 2, der Hirte 6 Ziegen. Nach einigen Jahren hat sich der Bestand beim ältesten auf 50, beim mittleren auf 10 und beim jüngsten, der sich dem Geschäft von Berufs wegen widmet, auf 132 vermehrt. Da stirbt der Jüngste und die beiden älteren geraten in Streit über die Erbteilung, die in jenem Lande, so will es die Legende, gesetzlich nicht geregelt war.

Die beiden Streitenden erklären übereinstimmend die Teilung je zur Hälfte für ungerecht. Der Schmied beansprucht 110 Ziegen und will dem Lastträger 22 überlassen, das entspräche dem Verhältnis dessen, was sie dem jüngeren Bruder gegeben hatten (5 zu 1 = 110 zu 22).

Der Lastträger verlangt demgegenüber Berücksichtigung des Opfers bei der Hingabe. Der Ältere habe nur ein Sechstel seines Vermögens (5 von 30), er aber ein Drittel (1 von 3) hingegeben, also habe er doppelt soviel geopfert und deshalb Anspruch auf zwei Drittel der Erbschaft. Er verlangt 88 Ziegen und will dem Bruder 44 überlassen.

---

1 Rechtsphilosophie. Soziologie und Metaphysik des Rechts, J.C.B.Mohr, Tübingen 1956. Das Buch ist heute, via Google, auch übers Internet zugänglich.

2 A.a.O. S. 11 f. Fechner bezieht sich auf Emil Rüster, „Gerechtigkeit: eine Legende“, in „Atlantis“, 1944, S. 87 f., einer Zeitschrift, die gleichzeitig in Zürich und in Berlin erschien. Später hat Gunther Arzt Fechners Version wieder aufgegriffen: Einführung in die Rechtswissenschaft, Helbing und Lichtenhahn, Basel 1987; 2. Aufl. Luchterhand Verlag, Neuwied u. Berlin 1996, S. 22 f.

Fechner bemerkt dazu: „Der kleine Fall ist nicht so konstruiert, wie es den Anschein hat. Die Vieldeutigkeit der meisten Rechtsfragen spiegelt sich in zahllosen Kontroversen, in denen zu jedem Streitfall mindestens zwei einander widersprechende Lösungen angeboten werden.“

2.

Juristische Kontroversen lassen sich häufig auf die Gesichtspunkte konkurrierender Prinzipien bringen; so auch hier. Im Spiel ist einmal das „kapitalistische“ Prinzip, das Fechner so formuliert: „Geld heckt Geld und Ziegen hecken Ziegen; sie gebühren dem, der das Kapital gab.“ Dem steht entgegen, was als das Prinzip des „Opfers“ angedeutet ist: Wer das größere Opfer gebracht hat, dem gebührt der größere Anteil.

Juristen neigen dazu, die Anwendung konkurrierender Rechtsprinzipien in ein Verhältnis des Entweder-Oder zu bringen: sie glauben, sich für das eine und gegen das andere entscheiden zu müssen. Der Richter in der Legende sowie später Erich Fechner und Gunther Arzt, sie alle gehen stillschweigend davon aus, dass man nur eines der Prinzipien anwenden könne. Dass sie dann keinen Grund finden, sich zwischen den Prinzipien zu entscheiden, darauf beruht ihre Ratlosigkeit.

3.

Immerhin gibt es in der Rechtswissenschaft auch Versuche, antagonistische Prinzipien zu vereinigen („Vereinigungstheorien“). Gerade in dem von Fechner und anderen als unlösbar empfundenen Fall bietet sich eine solche Vereinigung an. Die wohl einfachste Methode der Vereinigung ist diese: Man zerlegt die zur Verteilung stehende Menge in so viele Teile, wie Prinzipien im Spiel sind, wendet auf jeden der Teile eines der Prinzipien an und fügt die Ergebnisse wieder zusammen. In unserem Falle geht es um 132 Ziegen und um zwei Prinzipien. Also denke man sich die Menge der 132 Ziegen halbiert. 66 Tiere im Verhältnis 5 zu 1 aufgeteilt (nach dem Kapitalprinzip), ergibt ein Verhältnis von 55 zu 11. Die zweite Teilmenge von 66 Ziegen ist (nach dem Opferprinzip) im Verhältnis 2 zu 1 zu teilen, das ergibt 44 zu 22.

Beides zusammengefügt ergibt:

	Schmied		Lastträger
Kapitalprinzip	55	zu	11
Opferprinzip	22	zu	44
Vereinigung	77	zu	55

Das scheint eine vernünftige Aufteilung zu sein; damit sollten sich die streitenden Brüder abfinden. Werden sie es aber tun? Jedenfalls eher als vordem. Erbittert streitenden Parteien geht es häufig „ums Prinzip", um die eigene Vorstellung von Gerechtigkeit. Hier kann jeder sein Prinzip anerkannt sehen, wenn auch nur auf einem begrenzten Areal und vorausgesetzt, er erkennt auch das Prinzip des anderen an. [3]

4.

Allerdings kann man nicht erwarten, dass die Rechnung stets so glatt aufgeht wie diesmal. Selbst bei dem einfachen Prinzip der Gleichverteilung unter zwei Parteien bleibt, wenn die Zahl der zu verteilenden Objekte ungrade ist, ein Objekt übrig. Was macht man mit ihm? Schon in biblischen Zeiten ließ man in vergleichbaren Fällen das Los entscheiden; so auch noch heute nach dem deutschen Bürgerlichen Gesetzbuchs (§§ 659, 752 BGB, analog im Erbrecht: §§ 2065, 2151).

5.

Übrigens hatte jener Richter noch eine andere Lösungsidee erwogen, die aber unplausibel ist und hier nur nachgetragen sei:

Der Richter versucht es mit der Wiederherstellung des status quo und will die beiden Streitenden zunächst so stellen, wie sie stehen würden, wenn sie damals nichts hergegeben hätten. Der Bestand des älteren habe sich verdoppelt (von 25 auf 50), er soll also für die hingegebenen 5 vorab 10 erhalten. Der Bestand des mittleren habe sich verfünffacht (von 2 auf 10), demgemäß soll er vorab für die eine hingegebene 5 bekommen.

[3] Man kann die Prinzipien unterschiedlich gewichten. Die Gewichte müssen dabei so bestimmt werden, dass sie sich zu 1 ergänzen. Hält man ein Prinzip für doppelt so gewichtig wie das andere, so multipliziere man sein Ergebnis mit 2/3 und das Ergebnis des anderen mit 1/3. Auf Grund langjähriger Erfahrung mit der Bewertung juristischer Examensarbeiten rate ich hier aber zu äußerster Vorsicht. Es mag so einleuchtend scheinen, dass ein Prinzip doppelt so gewichtig sei wie das andere. Doch mit Prämissen ist es wie mit Eiern: Man kann ihnen nur begrenzt ansehen, was herausschlüpfen wird

Dann aber weiß er nicht, was er mit den restlichen 117 Ziegen machen soll ... Im übrigen tauchen jetzt alle Streitfragen von neuem auf.

Die Zahlen, die dem Richter vorliegen, hätten ihn jedoch stutzig machen sollen. Tiere, die ihrem natürlichen Drang folgen können, vermehren sich in zunehmend steiler werdender Kurve. [4] Wenn bei einem „Anfangskapital" von 2 Ziegen 10 Ziegen herausgekommen sind, hätte man bei einem Kapital von 25 Ziegen einen sehr viel stärkeren Zuwachs zu erwarten gehabt als eine bloße Verdopplung. Warum in den Ställen des älteren Bruder nur 50 Ziegen stehen, wissen wir nicht, und auch der Richter wird es nicht genau herausfinden können. Es ist jedenfalls kein Maßstab für gutes oder schlechtes Wirtschaften. Der Schmied kann Tiere verkauft und für den Erlös Arbeitsgeräte angeschafft oder Gesellen angeheuert haben. Vielleicht hat er auch manches Zicklein geschlachtet, um bei einem prächtigen Abendessen um Kunden zu werben. „Geld heckt Geld und Ziegen hecken Ziegen", das ist zwar richtig, aber Geld pflanzt sich nicht so gradlinig fort wie Ziegen.

6.

Zu der Legende passt ein pessimistischer Schluss:

Nicht ungewöhnlich ist auch die Entscheidung des Falles in der Legende. Der Schmied hat gute Beziehungen zum König und aus Kriegslieferungen schon mehrfach gestundete Forderungen gegen die königliche Schatzkammer. Er wendet sich an den König, der den Fall an sich zieht und die gesamte Herde dem Schmied zuspricht, mit der Begründung, der Schmied habe bessere Stallungen als der Lastträger und biete so die Gewähr für bessere Milch und besseres Fleisch; allein daran sei die Allgemeinheit interessiert. Er sei auch der bessere Steuerzahler und also sei aus dem Gesichtspunkt des Gemeinwohls wie geschehen zu erkennen.

Wäre die Geschichte anders ausgegangen, wenn der Richter die Methode der Prinzipienvereinigung gekannt hätte? Vielleicht nicht, vielleicht aber doch. Einem ratlosen Richter, der sich in einer tragischen Verstrickung gefangen glaubt, lässt sich ein Rechtsfall leichter entziehen als einem Richter, der weiß, wie das Netz der möglichen Entscheidungen geknüpft wird, und der es überschaut.

---

[4] Deren Verlauf schon im Mittelalter der Mathematiker Fibonacci bestimmt hat.

IV. Allgemeine Rechtstheorie

Francisco Suárez zur Frage der Promulgation von Gesetzen

Norbert BRIESKORN

Einleitung

Lassen Sie mich einige Worte zu Ilmar Tammelo (1917 – 1982) [1] sagen und nach der Nähe seines Ansatzes zum Denken des Suárez fragen. Ich finde drei Gemeinsamkeiten, allerdings bei einem hohen Abstraktionsgrad.

Zum *ersten* gehen beide Denker von Vorgegebenheiten menschlichen Lebens und damit auch der Möglichkeit aus, sich sprachlich der Wirklichkeit anzunähern. Diese Vorgegebenheit zeigt sich zum einen in der Nichtbeliebigkeit von Leben [2] und Sprechen: im Falle Tammelos handelt es sich um Strukturen, welche die Logik darstellt, im Falle des Suárez werden Seinsstrukturen in seinen „Disputationes metaphysicae" sprachlich erfasst. Beide wissen sich dabei auch in der Fortsetzung einer unverfügbaren Geschichte, welche die Menschen immer schöpferisch fortsetzen, ohne sie sklavisch einfach hin verlängern zu müssen. Wie Friedrich Lachmayer es in seiner Präsentation von Tammelos Denken tat und es auch für Suárez gilt, so können wir sehen, dass beide Denker „Kontinuität" bejahen, die ebenso Grenzen setzt wie sie zu einem selbständigen Umgang mit ererbten Wissensinhalten und Verhaltensformen anreizt.

Eine *zweite* Nähe lässt sich als Sorge um den Menschen bezeichnen. Sie tritt bei Tammelo als sein Bekenntnis zum „Negativen Utilitarismus" auf, bei Suárez im Versuch, das Naturrecht zur maßgeblichen Rechtsquelle zu erklären, welches das einem jeden Menschen ein-, mit- sowie aufgegebene Recht ist, so dass beide das Opfern einer Minderheit nicht zulassen, um das Glück einer Mehrheit zu erreichen (Positiver oder Klassischer Utilitarismus) noch für eine starke materiale Zielsetzung eintreten. Suárez' Theorie sieht – so selbstverständlich, dass es kaum thematisiert wird – in jedem, der ein Menschenantlitz trägt, einen Rechtsträger, auch hebt Suárez die Notwendigkeit und Selbständigkeit der Ausformulierung

---

[1] Ich beziehe mich auf die Werke „Rechtslogik und materiale Gerechtigkeit. Frankfurt am Main 1971", „Theorie der Gerechtigkeit". München 1977 und „Zur Philosophie der Gerechtigkeit". 1982.

[2] Eine solche Vorgegebenheit ist für Tammelo die menschliche Psyche, deren Entwicklungsstufen Tammelo nachskizziert hat; mit dem Ziel, den „gerechten Menschen" zu bilden (siehe den Beitrag von Raimund Jakob zur Psychologie der Gerechtigkeit in diesem Band).

naturrechtlicher Inhalte durch das menschliche Gesetz um des Menschen willen hervor. Sicherlich setzen die Prinzipien des Naturrechts Grenzen und fordern dreierlei, 1) sich selbst und 2) die Gattung zu erhalten, 3) in Gemeinschaft zu handeln und sein Leben in schöpferischer Konkretisierung bereit zu machen für ein letztes Ziel.

Drittens bemüht sich Tammelo, neben dem „Raum“ des Verbotenen und Gebotenen, auch jenen des Unverboten-Unerlaubten zu erfassen, den Arthur Kaufmann den „rechtsfreien Raum“ nannte, also mit einer Bezeichnung versah, welche er selbst als missverständlich bezeichnete. [3] Suárez wird auch einen solchen Raum „entdecken“ (s. 3.).

Die Unterschiede zwischen beiden sind jene, wie sie zwischen einem an der klassischen Scholastik eines Thomas von Aquin ausgerichteten, wenn diese auch weiterentwickelnden Denkens liegen und einem, welches mit der kritischen Philosophie Kants einsetzt.

1. De legibus III. Buch, 17. und 18. Kapitel

Nun zu Francisco Suárez (1548 – 1617) selbst! Er geht in seinem 1612 veröffentlichten Traktat „De legibus ac Deo legislatore“, im ersten Buch dem Gesetzesbegriff im allgemeinen nach und arbeitet im zweiten Buch die Begriffe von „lex aeterna“, „lex naturalis“, „lex humana“ und „ius gentium“ heraus. Im dritten Buch, aus dem unsere zwei Kapitel stammen, befragt er das Gesetz auf seine Rolle im Staat, bei der Staatsgründung und beim Funktionieren des Staates hin. Dem Gesetz kommt dabei eine unersetzbare Aufgabe zu.

Damit es aber seine Ordnungs- und Steuerungsfunktion zu erfüllen vermag, muss es wirken können, es ist also zu erlassen, auszufertigen, bekannt zu geben und zu kennen.

1.1. Die Wirksamkeit des Gesetzes

In den zwei Kapiteln, Kapitel 17 und Kapitel 18, erörtert Suárez die Frage der Wirksamkeit des promulgierten Gesetzes. Die Adressaten, man kann sie „künftige Adressaten“ nennen, müssen Kenntnis vom Gesetz erlangt haben. Weshalb? Das Gesetz zielt auf ein bestimmtes Handeln der Adressaten. Wer aber handeln soll, muss wissen und wollen, was er zu tun oder zu unterlassen hat. Um wiederum zu wissen, hat sich das Gesetz bekannt zu machen. Es selbst muss zuvor die

[3] Siehe dazu A. Kaufmann ^{2}1997, 232 und 252.

Adressaten ansprechen. Wenn das Gesetz den Adressaten verpflichtet, muss ihm das Gesetz also vorher sagen, ab wann und wozu es den Adressaten verpflichtet. Kein Gesetzesgehorsam ohne vorhergehende Kommunikation, die in der Pflicht des Gesetzes, bzw. personalisierter gesagt, des Gesetzgebers liegt!

Die beiden einseitigen Beziehungen gehören also unabtrennbar zusammen: die Bekanntgabe des Gesetzes an die Adresse der Betroffenen und der Gesetzesgehorsam vom Adressaten gegenüber dem Gesetz. Da das Naturgesetz dem Gewissen schon immer bekannt ist, so Suárez, treffen wir beide Beziehungen bei der lex humana an.

1.2. Das Verhältnis von Form und ihrer Wirksamkeit

Wie ist es nun aber zu verstehen, dass einerseits eine „Einheit", wie das Gesetz, aus der Sicht des menschlichen Gesetzgebers mit der Promulgation doch fertig gestellt zu sein scheint, wir jedoch trotzdem Bedenken haben, überall und unmittelbar im Rechtsgebiet Gehorsam gegenüber dem Gesetz zu verlangen, und vielmehr darauf schauen, ob es im ganzen Territorium gekannt wird? Ist dieses Auseinandertreten der beiden Zeitpunkte nicht durch menschliche Kraft zu einem Moment zu vereinen? Und ist nicht dort, wo das Gesetz noch nicht wirkt, ein Versagen menschlicher Kraft festzustellen, das es zu überwinden gilt?

Eine erste Antwort gibt Nr. 1 des 17. Kapitels: Es ist von der These auszugehen, dass etwas, hier das Gesetz, vollkommen hergestellt und ausgefertigt sein kann, und es dennoch noch nicht in allen „Winkeln" der Raum-Zeit-Dimension seine Wirkung entfaltet. So wie ein Mensch, obwohl vollkommen ausgestaltet, dennoch nicht von all seiner Welt den ihm zustehenden Besitz ergriffen haben muss und wohl auch kaum je hat. So schreibt Suárez in eben dieser Nr. 1: „Denn mag ja auch eine Handlungseinheit in sich vollkommen ausgefertigt und mit der vollen Kraft zu handeln ausgestattet sein, so vermag sie dennoch nicht immer unmittelbar und unverzüglich in allen Winkeln ihres Wirkungsgebietes Wirkung zu entfalten." – In Nr. 7 desselben Kapitels wird Suárez diese These noch einmal aufgreifen. Wie das Lebendige überhaupt, so muss auch das Gesetz zu seiner Form auswachsen und dieser Wirksamkeit geben. Mit der Form ist die Potenz gegeben, von sich gleichsam Besitz zu ergreifen und nach außen in dem Maße, welche der Form entspricht, wirksam zu werden.

1.3. Wirkkraft, Wirksamkeit und eine Kritik am Absolutismus

Falls dieses „Gewusst- und Gekannt-Werden" aber zum Faktum werden muss, welches keine Norm verhindern darf und Willkür nicht einfachhin verordnen kann, so hat sich jeder Gesetzgeber diesem Prozess des Bekanntwerdens zu unterwerfen. – Die Pflicht, eine solche Zeit zu eröffnen, zu geben und zu beachten, liegt für Suárez in der „Natur der Sache" und dem „Naturrecht": beide gestatten dem Gesetz nur die uneingeschränkte räumliche Wirkung, wenn es gewusst wird.[4] Der Mensch, also in unserem Fall der Gesetzgeber, tritt diesem Streben des vollendeten Wesens nach Wirksamkeit lediglich unterstützend zur Seite, indem er eine Frist zum Kennenlernen setzt; das Wissen der Adressaten ist eine Bedingung für das umfassendste Wirksamwerden.

Suárez bezieht damit einen naturrechtlichen Standpunkt: Es gibt einen Begriff des Gesetzes, einen analytisch gewonnenen Begriff des Gesetzes, dem zufolge zum Gesetz Elemente wie Erlass durch eine kompetente Stelle, Anordnung, Verpflichtung und als Mittel der wirkkräftigen Verpflichtung das Gewusstwerden gehören. Ich will von einem teleologischen Element des Rechtes sprechen: Es sucht seine Bekanntheit. Damit entlarvt das naturrechtliche Vorgehen des Suárez den Anspruch eines Absolutismus – „der Wille des Gesetzgebers ist entscheidend" – oder eines Positivismus der damaligen Zeit – „die menschliche Regelung ist entscheidend und keine andere Regelung" – als Anmaßung, selbst dem Gesetz Wirksamkeit verschaffen zu können (so in Nr. 2 kritisiert). Nicht der Wille des Gesetzgebers macht das Gesetz zum geltenden Recht, so wenig wie das Zeugen eines Menschen diesen zum Menschen macht.

Suárez zeigt somit naturrechtliche Grenzen für den Gesetzgeber auf. Der vermag zwar über Existenz und Nichtexistenz eines Gesetzes zu entscheiden, sobald er aber ein Gesetz promulgiert hat, ist er nicht befugt, souverän darüber zu befinden, ob er dem wirkkräftigen Gesetz zur vollen raum-zeitlichen Wirksamkeit verhilft oder nicht. So zeigt Suárez einem sich langsam abzeichnenden Absolutismus Grenzen auf. Im 17. Kapitel Nr. 3 heißt es: Das Gesetz selbst verfügt mit und ab der Promulgation über die Wirkkraft. Es fordere aber eine bestimmte Zeit nach der Promulgation, damit sich die Kenntnis von ihm sich durchzusetzen vermöge; habe sie sich durchgesetzt, trete die bereits vorhandene Rechtswirkung bei den Adressaten ein.

Wem keine Macht über das Ziel („Wirksamkeit des Gesetzes") gegeben ist, dem steht auch keine Macht über die Mittel („den Prozess des Gewusstwerdens") zu. Im Syllogismus formuliert: Das promulgierte Gesetz will von seinem Wesen her seine vorhandene Verpflichtungskraft in den Adressaten ausüben; dies kann das Gesetz nur, wenn es gekannt wird; also bedarf es einer Zeitspanne, in wel-

[4] Man kann in einer völlig anderen Philosophie wie der von Tammelo Vergleichspunkte insofern finden, als auch diese auf Abhängigkeiten hinweist, welchen das Anfertigen von verfassten Texten ganz allgemein und von Gesetzestexten im besondern unterworfen ist.

cher der Adressatenkreis Kenntnis erlangt haben kann; deren Dauer ist von kontingenten Umständen (Vorhandensein von Kommunikationssträngen ...) her zu bestimmen.

2. Die Unterscheidung zwischen den zwei aufeinander aufbauenden Verpflichtungen

Unzutreffend ist es damit zu behaupten, dass das fertige, promulgierte Gesetz unmittelbar und überall *sofort* seine Wirkung entfalte, in dem Sinne, dass es alle verpflichte. Diese Wirkung hängt vielmehr davon ab, dass alle möglichen Adressaten es kennen. Ist es nun aber die zwingende Folge, dass die normative Wirkung von dem faktischen Wissen eines letzten Bewohners abhängt? [5] Und wie will man dieses feststellen und dann zurückmelden? Wäre damit nicht eine erhebliche Unsicherheit über die Wirkung des Gesetzes möglich, ja wahrscheinlich? Die Antwort ist zwischen zwei abzulehnenden Extremen zu suchen: 1) Die Unwissenheit eines einzelnen ist nicht zu beachten und wird autoritativ und rücksichtslos zum Wissen umerklärt. [6] 2) Man nimmt eine beständige Unsicherheit über die Geltung des Gesetzes in Kauf. Dazu: 1) verbietet sich, aus Respekt vor dem Menschen; 2) ist aus dem Grund der Rechtssicherheit nicht zu wählen. So bleibt es, die Frist so zu wählen, dass die Kenntnis des Gesetzes bis in die entlegensten Winkel des Rechtsgebietes vorzudringen vermag. Eine Klarstellung liefert Suárez mit der Formel von den zwei Verpflichtungen. In der Nr. 11 sagt Suárez:

Das Gesetz, „soweit es aus sich heraus wirkt, (vermag) auch die Unwissenden zu verpflichten ... , wenn es ansonsten über sämtliche Elemente eines Gesetzes verfügt. Man kann hier von einer Verpflichtung ersten Grades sprechen. Sie ist ausreichend stark, um

5 Man kann einen Vergleich mit Hans Kelsens Formel anstellen, dass die normative Geltung ein Minimum an sozialer Wirksamkeit verlange (Die Reine Rechtslehre ^{2}1960, 48). Umgekehrt lautet der Satz, welchen Suárez allerdings ablehnt: Dass die Unkenntnis des Gesetzes durch einen einzelnen die Verpflichtungskraft des Gesetzes im gesamten Territorium hemmt.

6 Hier könnte man eine weitere Brücke zum Denken Ilmar Tammelos schlagen, nämlich zu seinem Respekt vor dem einzelnen. Diese Position führte Tammelo ja dazu, keinen „positiven" Utilitarismus zu vertreten, sondern den sogenannten „negativen" Utilitarismus. Der positive Utilitarismus vertritt – in seiner sicherlich klassischen Form – die deontologisch gesetzte Formel „Alles Handeln ist dann als gut zu bewerten, wenn es das größte Glück der größten Zahl herbeiführt". In dieser Form lässt sich der Utilitarismus als Opfertheorie bezeichnen, da er das Glück und die Rechte einer Minderheit um des größten Glücks der größten Zahl missachtet. Der negative Utilitarismus tritt mit der Formel auf, „Alles Handeln ist als umso besser zu bewerten, je mehr es Schädigungen von einer je größeren Zahl an Menschen fernhält" (siehe dazu A. Kaufmann ^{2}1997, 150 und 176 ff.)

dann auch von einer Entschuldigung zu sprechen ... Mit der darauf aufbauenden Verpflichtung zweiten Grades verpflichtet das Gesetz nun aber nicht die Unwissenden, da es keine Anwendung auf Unwissende kennt. ... Zu Recht lässt sich also sagen, das Gesetz verpflichte auch die Unwissenden aus seiner vollen Form heraus, jedoch nicht, was seine Wirksamkeit betrifft."

Von zweierlei Verpflichtung ist also die Rede: Von der allgemeinen Verpflichtung, welche sich nach Fristablauf auf sämtliche Adressaten erstreckt. Auf ihr baut die zweite Verpflichtung auf, welche nur die Wissenden betrifft. Unwissende sind durch die erste Verpflichtung betroffen, auf Grund ihrer Unwissenheit nicht aber durch die zweite Verpflichtung (18. Kapitel. Nr. 11, gegen Ende). Die erste Verpflichtung stammt aus dem Wesen des Gesetzes und erstreckt sich ausnahmslos auf alle Adressaten. Die zweite Verpflichtung rührt aus der Wirksamkeit her, welche nur auf Wissende wirkt. Allgemein gesagt: Menschen stehen in einer Wirklichkeit, die auf sie wirkt und Sinn für sie hat, welche jedoch mangels ihres Wissens nicht zur Wirksamkeit für sie gelangt. [7] Die Unwissenden stehen zwar unter dem Gesetz und doch nicht unter seiner Wirksamkeit.

Für sie, die zweite Adressatengruppe, tritt die Verpflichtung zum Gesetzesgehorsam aber ohne weitere Promulgation, allein mit dem Bekanntwerden ein. Der Gesetzgeber hat dafür zu sorgen, dass es möglichst keine Unwissenden nach Ablauf der Frist gebe oder dass doch ihre Zahl klein bleibe. Suárez weist nicht auf eine allgemeine Pflicht der künftigen oder möglichen Adressaten hin, sich über die Gesetzespolitik kundig zu machen und sich selbst über ihre möglichen Pflichten zu informieren. Es kann somit zwar gegen die Unwissenden kein allgemeiner Schuldvorwurf erhoben werden; wohl aber sind Fälle, siehe 18. Kapitel, Nr. 10, schuldhafter Unkenntnis nicht ausgeschlossen. [8]

---

[7] Für letzteres besteht also ein subkonträrer Zusammenhang. Einen Ausflug ins Theologische versage ich mir. – Zur Unwissenheit: „Es bleibt uns nun aber noch ein Zweifelsfall übrig, der sämtliche Gesetze betrifft, ob nämlich und wie die Gesetze Unwissende verpflichten, nachdem jene vorschriftsmäßig promulgiert und auch das Wissen über sie genügend verbreitet wurden. Zu unterstellen ist hier aber, dass die Rede nur von dem unüberwindbaren Nichtwissen ist, denn falls die Unwissenheit zu verantworten wäre, läge ein klarer Fall eindeutiger Verpflichtung vor ... Unterstellt man nun diese Unwissenheit, so sind alle der Ansicht, dass der Unwissende nicht gegen das Gesetz handele, auch wenn er jenes in einer Weise verletzte, die ihm ansonsten die Bezeichnung als Gesetzesbrecher und die entsprechende Strafe einbrächte" (18. Kap. Nr. 10).

[8] Suárez trennt noch stark in die herrscherliche Gesetzgebungsarbeit einerseits, für deren Durchsetzung der Herrscher – im Dienst des Strebens des Gesetzes stehend – selbst aufzukommen hat und andererseits in die „Welt der Adressaten", welche zu gehorchen haben werden. Fern ist sein Denken von dem Prinzip der Aufklärung, dass die Adressaten (Bürger) nur denjenigen Gesetzen zu gehorchen haben, welchen sie selbst zugestimmt hatten (I. Kant. Metaphysik der Sitten. Öffentliches Recht), § 46 (Akad. Ausgabe VI, 313f.).

Abgelehnt wird überhaupt der Weg, möglichst viele Promulgationen in einem Rechtsgebiet stattfinden zu lassen (ein Weg, der sich übrigens rein theoretischer Überlegung verdankt, den kein Rechtsgelehrter vertritt) (17. Kapitel. Nr. 7 und 18. Kapitel. Nr. 4); dies würde ebenfalls das Rechtsgebiet aufsplittern lassen, oder es wäre nicht leicht zu erkennen, ob eine und welche Promulgation für einen verbindlich ist.

3. Die Unterscheidung in sittliche und rechtlich-sanktionierte Verpflichtung

Wir sahen also, dass der Weg der Willkür und des positiven Rechts ausscheidet, auch der einer unmittelbaren Wirkung und der Weg des Abwartens bis zur vollständigen Kenntnisnahme Misslichkeiten birgt.[9] Eröffnet aber nicht gerade die Fristsetzung weitere Schwierigkeiten? Zu denken wäre ja an folgende Möglichkeit: Das Gesetz würde demnach immer (schon) dort gelten, wo es bekanntgemacht worden ist. Würde es beispielsweise in Madrid am Hofe bekanntgegeben, so würde es unverzüglich am Hofe und dann in seiner Umgebung Geltung erlangen, jedenfalls soweit, wie es feste zuverlässige Kommunikationkanäle gäbe. Es würde also in einem Teil des Königreiches schon gelten, in einem andern Teil noch lange nicht! Jedes Gesetz brächte eine Rechtsungleichheit mit sich. Das Gesetz als Ordnungsinstrument würde die Gesellschaft in ihrer Einheit empfindlich stören. Kann das die „Natur“ mit ihrem Trieb gewollt haben, der auch auf Stabilität geht? – Auch hier die knappe Antwort: Suárez wird mit einer Unterscheidung arbeiten: mit der sittlichen, jedoch nicht sanktionierten Verpflichtung, welche den Wissenden auferlegt sei, und der rechtlichen, sanktionierten Verpflichtung, welche erst nach Ablauf der Frist geltend gemacht werden kann, dann aber auch soll. Jene, welche der Promulgation in Madrid beiwohnten, sind sittlich verpflichtet, dem Gesetz zu gehorchen, nicht jedoch rechtlich. Das sind auch sie erst nach Ablauf der Frist![10] Über den möglichen missbräuchlichen Umgang mit dem „Vor“-Wissen – etwa zur Bereicherung – lässt sich Suárez nicht aus.

---

[9] So wie menschlicher Wille nichts, jedenfalls nicht Vernünftiges den Gesetzen der Logik entgegenzusetzen hat und sich ihnen gleichsam unterwerfen muss, so muss offensichtlich auch in diesem Fall der Gesetzgeber warten, bis dieser Kommunikationsprozess abgelaufen ist. – Nur – bis wie lange? Bis hin zum letzten möglichen Adressaten des Gesetzes?

[10] Siehe auch 18. Kapitel. Nr. 5.

4. Schluss: Die Zwei-Monate-Frist

Die Lösung, welche sich anbietet, enthält ein Kaisergesetz [11], welches eine Zwei-Monate-Frist festsetzt. Sie bespricht Suárez eingehend im 18. Kapitel. Diese Frist ist nur deshalb wahr und gut, weil sie durch die Erfahrung gerechtfertigt ist, auch galt das römische Recht als inkarnierte ratio, als recht-gewordene Vernunft: Politische Territorien seien in aller Regel von der Größe, dass zwei Monate ausreichend sind, um jedem Kenntnis von Existenz und Inhalt des Gesetzes nahe gebracht zu haben. Mit einer solchen Annahme darf diese Gemeinschaft arbeiten. Diese Annahme darf aber nicht die faktische Unkenntnis zu einer Kenntnis machen. Die Unkenntnis eines einzigen oder der Wenigen, die noch feststellbar sind, beseitigen nicht die normative Geltung des Gesetzes; es handelt sich nicht um eine Art „Falsifikation des Ganzen", sondern ihnen gegenüber darf das Gesetz eben nicht als Gehorsam fordernd auftreten (s. 2). Erst wenn es bekannt gemacht ist, ist für die Zukunft Gehorsam einzufordern.

Es handelt sich somit um eine „klassische" determinatio einer naturrechtlichen Forderung. Diese lautet, dass dem Gesetz zu gehorchen sei, wenn es rechtmäßig, kompetent erlassen, promulgiert sei und gewusst werde.

Quellen:

Corpus Iuris Civilis. Bd. 3, Novellae (Ausgabe: Schöll, R., Knoll, W. ^{10} 1972), Berlin.

Suárez, Francisco, De legibus ac Deo legislatore. III, 17-35. Kritische, zweisprachige (lat.- span.) Edition. Hg. Von Luis Pereña, V. Abril und C. Baciero (1977), Madrid.

Kant, Immanuel, Metaphysik der Sitten. Akademie-Ausgabe VI (1907), Berlin und Leipzig, 203 – 493.

Literatur:

Kaufmann, Arthur, Rechtsphilosophie (^{2}1997), München.

Kelsen, Hans, Reine Rechtslehre (^{2}1960), Wien.

Tammelo, Ilmar, Rechtslogik und materiale Gerechtigkeit (1971), Frankfurt am Main.

Tammelo, Ilmar, Theorie der Gerechtigkeit (1977), München.

Tammelo, Ilmar, Zur Philosophie der Gerechtigkeit (1982), München.

[11] Authentica „Ut novae constitutiones ... " (Auth. Coll. V. 16 [Nov. 66, 1]).

Über die Natur der Rechtslücken

Marijan PAVČNIK

1. (Nicht)bestehen von Rechtslücken

Die Frage der Rechtslücken [1] kann man schnell lösen, wenn man Kelsens These annimmt, dass *die Rechtsordnung* (in der Bedeutung des objektiven Rechts – Anm. M.P.) *keine Rechtslücken aufweist* und dass es in dem Augenblick, wenn man rechtliche Entscheidungen in konkreten Fällen trifft, immer möglich ist, diese Rechtsordnung auch anzuwenden. Es ist logisch unannehmbar, wenn man sagt, dass die Rechtsordnung keine geeignete Lösung enthält. Durch das objektive Recht wird immer wenigstens das bestimmt, dass etwa der Beklagte kein Träger einer entsprechenden Verpflichtung ist und somit der entscheidende Richter die negative Norm anwenden und dadurch feststellen muss, dass die Klage nicht begründet ist. Wenn man es recht überlegt, handelt es sich nicht darum, dass bei sogenannten Rechtslücken die Anwendung des geltenden Rechts logisch unmöglich wäre, sondern einfach darum, dass für den Befürworter der Rechtslücken die Anwendung des geltenden Rechts „rechtspolitisch unerwünscht" ist. [2]

Wenn rechtliches Entscheiden nur vom richtigen formallogischen Schlussfolgern abhinge, würde ich Kelsen mit Freude Recht geben und schnell feststellen, dass der rechtlich freie Raum dort beginnt, wo die geltenden formellen Rechtsquellen keine geeigneten Rechtsnormen enthalten, wie man sich in konkreten Fällen verhalten sollte. Ich werde nicht sagen, dass dieser Schluss nicht einigermaßen wahrheitsgetreu ist, doch erst dann und von dann an, wenn man den rechtlich relevanten Raum inhaltlich begrenzt und ihn überall dort inhaltlich aufgefüllt hat, wo er keine Rechtsnormen enthält und inhaltlich lückenhaft, porös, mehrdeutig, unbestimmt, zweifelhaft, unklar usw. ist. Wesentlich realistischer und produktiver ist es, dass man die These über das Bestehen von Rechtslücken annimmt [3] und wertmäßig eine klare Position dazu bezieht, auch im positiven Sinne des Wortes. Erst wenn man sich so verhält und das ausführt, gelangt man zu Prämissen, die es einem ermöglichen, zwischen rechtlich erlaubtem, gebotenem und verbotenem

---

[1] Dieser Beitrag basiert teilweise auf dem wesentlich längeren Aufsatz „(Organische) Rechtslücken", der im Archiv für Rechts- und Sozialphilosophie erscheinen wird.

[2] *Kelsen* 1945, S. 146-149 und *Kelsen* 1960, S. 251-255.

[3] Vgl. *Foriers* 1967, S. 77.

Verhalten einerseits und rechtlich leerem, d.h. rechtlich irrelevantem (und in diesem Sinne freiem) Verhalten andererseits zu unterscheiden; dabei kann man das letztere auch durch eine Rechtslücke nicht umfassen, wodurch ermöglicht wäre, dass es vom zuständigen Staatsorgan (z.B. dem Richter) rechtlich geregelt würde.

Um eine Rechtslücke wird es sich erst dann handeln, wenn der rechtlich ungeregelte Fall *rechtlich relevante Merkmale* aufweist, die bereits durch ein Gesetz (im Weiteren als Prototyp für formelle Rechtsquellen angeführt) hätten geregelt sein müssen. Diese Feststellung ist umso überzeugender, wenn man drei Sachen begründen kann: *(1) dass es sich um eine Unvollständigkeit des Gesetzes handelt, die nicht geplant ungeregelt geblieben ist, weil es sich um einen Gegenstand des freien menschlichen Verhaltens handelte; (2) dass es sich um eine Unvollständigkeit handelt, die mit den Grundsätzen in einer bestimmten rechtlich geregelten Gemeinschaft in Einklang steht, und (3) dass es sich um eine Unvollständigkeit handelt, die zugleich auch eine Unvollständigkeit auf einem bestimmten engeren Rechtsgebiet* (auf dem Gebiet eines Rechtzweigs und noch besonders auf dem Gebiet seiner Bestandteile, z.B. auf dem Gebiet der einzelnen Institute)*ist.*

Von den Antworten auf diese drei Fragen hängt es ab, ob man es im konkreten Fall mit einer Rechtslücke zu tun hat. Es genügt nicht, wenn nur ein oder zwei Elemente der Unvollständigkeit angegeben sind, um eine Rechtslücke (im rechtlichen Sinne des Wortes) wird es sich nur dann handeln, wenn alle drei Elemente gegeben sind. Sonst würde sich die Grenze zwischen dem, was rechtlich relevant, und dem, was rechtlich irrelevant (frei) ist, verwischen und – ob man es wollte oder nicht – ein Zustand entstehen, in dem sich nur das in der Domäne des menschlichen freien Handelns befinden würde, was ausdrücklich als solches bestimmt wäre. Diese Thesen akzeptieren eine der besten Definitionen der Lücken im Gesetz, dies ist die These von Professor Canaris. [4]

2. Arten von Rechtslücken

Lücken in den Gesetzen sind *Rechtslücken im engeren (richtigen) Sinne des Wortes.* Gerade die Tatsache, dass man es nur mit einer Unvollständigkeit in einer Struktur, die als Ganzes entworfen und verwirklicht ist, zu tun hat, macht es möglich, dass man durchgehend richtig handelt. Die Aufgabe des zuständigen Staatsorgans (z.B. des Richters) ist es, (1) dass es vom Konzept des Gesetzgebers ausgeht, (2) dass es gemäß der Maßstäbe dieses Konzepts feststellt, wo und

[4] *Canaris* 1983, S. 198: *„Eine Lücke ist eine planwidrige Unvollständigkeit innerhalb des positiven Rechts (d.h. des Gesetzes im Rahmen seines möglichen Wortsinnes und des Gewohnheitsrechts) gemessen am Maßstab der gesamten geltenden Rechtsordnung."*

in welchem Umfang es unvollständig ist, und (3) dass es die Unvollständigkeit selbst aufgrund der vom Gesetzgeber ausgearbeiteten Rechtsnormen und Prinzipien inhaltlich ausfüllt. Wenn das zuständige Staatsorgan tatsächlich so handelt, bedeutet das, dass es nur genauer ausführt, was bereits vom Gesetzgeber entworfen wurde, und dass es der inhaltlichen Logik des Rechts und deren Ableitungen treu bleibt. Der Jurist, der in Einklang mit den Ausgangspunkten des Gesetzes, mit der üblichen Gerichtspraxis, mit der ausgearbeiteten Rechtsdogmatik, mit den Grundsätzen der Rechtszivilisation ... entscheidet, handelt wesentlich rechtlicher als derjenige, der sich auf unbestimmte Rechtsbegriffe und verschiedene Reserveklauseln stützt und sie politisch und gemäß der täglichen pragmatischen Interessen auslegt.

Eng verbunden mit den Lücken in den Gesetzen sind auch die Lücken, deren sich der Gesetzgeber vollkommen bewusst ist und deshalb schon im Voraus bestimmt, wie sie ausgefüllt werden sollen. Es handelt sich um die sog. *geplanten (inneren) Lücken in den Gesetzen.*

Neben diesen Lücken gibt es im Recht noch zwei Arten von Lücken. Einerseits sind das Lücken, die das Gesetz selbst übersteigen, weil es sich um Nichtbestehen einer rechtlichen Regelung auf bestimmten Rechtsgebieten handelt. Diese Lücken könnte man *Rechtslücken im* weiteren *Sinne des Wortes* nennen. Mit solchen Lücken haben Staaten zu tun, die neu entstehen oder in denen sich der Typ der Staatsordnung qualitativ vollständig verändert. [5]

Von keiner geringeren Bedeutung sind die Lücken auf der gegenüberliegenden Seite des Bedeutungsspektrums, die man als *Rechtslücken im* übertragenen *Sinne des Wortes* bezeichnen könnte. Diese Lücken sind zwangsläufige Folgen der Tatsache, dass das Gesetz nur das voraussehen kann, was in einer Gesellschaft typisch, durchschnittlich, normal ist, während es nicht ganz bestimmt voraussehen kann, wie die Rechtsentscheidung in einem immer einmaligen und geschichtlich unwiederholbaren Lebensfall sein sollte. Die Lücken zwischen diesen zwei Ebenen werden durch die Auslegung des Gesetzes aufgefüllt, wobei man auf Probleme trifft, die in mancher Hinsicht den klassischen Lücken in den Gesetzen ähnlich sind.

3. Rechtslücken im übertragenen Sinne des Wortes

Die Rechtslücken im *übertragenen* Sinne des Wortes kann man nur symbolisch als Lücken bezeichnen, weil es sich um Lücken handelt, denen man auch in einem noch so vollendeten Gesetz nicht ausweichen kann. Derartige Lücken sind

[5] Vgl. *Pavčnik* 2005, S. 20-21 und 26-27.

unvermeidliche Begleiter der Rechtsentscheidung und in die Natur selbst des modernen Rechts gelegt. Sie entstanden, entstehen und werden entstehen – einfach deshalb, weil allgemeine und abstrakte Rechtsnormen nur das *Typische* voraussehen können, während sie auf Lebensfälle angewandt werden, die immer *einmalig, individuell und geschichtlich unwiederholbar* sind.

Der normative Ausgangspunkt ist auch ein offener Bedeutungsraum (*Hart* spricht über „open texture“)[6]. In diesem Kontext ist das Gesetz nicht gleichbedeutend mit Recht, das man nur in Hinsicht auf den konkreten Fall wiederholen kann. Man hat es mit rechtlicher Wertung zu tun – mit einem Verhältnis, in dem sich der normative und der faktische (auch gedachte) Ausgangspunkt gegenüberstehen. Die gegenüberstehenden Pole erfordern eine Synthese (Rechtsentscheidung); dabei können sie weder aus sich selbst definiert werden noch sich vollständig aufeinander stützen, da beide wenigstens in einem bestimmten Umfang bedeutungsoffen sind.

Hart sagt sehr schön, dass Rechtsnormen „a fringe of vagueness“ haben, das „a core of certainty“ umgibt. Man hat immer „clear central cases „, auf die sich die Rechtsnorm mit Sicherheit bezieht, und Fälle mit „a penumbra of doubt“, bei denen es auch Gründe für eine entgegengesetzte Behauptung gibt.[7] Es gibt vorwiegend zwei Ursachen für diese Bedeutungsoffenheit. Das erste Hindernis ist „our relative ignorance of fact: the second is our relative indeterminancy of aim. If the world in which we live were characterised only by a finite number of features, and these together with all the modes in which they could combine were known to us, then provision could be made in advance for every possibility.“ Wenn es so wäre, könnte man „make rules, the application of which to particular cases never called for a futher choice.“ Das wäre eine Welt für „‚mechanical‘ jurisprudence.“[8]

In den Raum der Bedeutungsoffenheit des Gesetzes und der Lebensfälle, die der Gegenstand des Entscheidens sind, tritt die Theorie der Auslegung und der Argumentation im Recht.[9] Für die Diskussion der Rechtslücken sind diese Ausführungen deshalb von Bedeutung, weil Rechtslücken im übertragenen Sinne des Wortes fachlich wesentlich anspruchsvoller als das Entdecken und Ausfüllen von klassischen Rechtslücken sein können. Sehr heikel sind insbesondere *unbestimmte und bedeutungsmäßig ausgesprochen poröse Begriffe*. Die Schwierigkeit ist noch größer, wenn es sich um Rechtsinstitute oder sogar um Rechtsgebiete handelt,

---

6 *Hart* 1994, S. 128 ff.

7 *Ibidem*, S. 123.

8 *Ibidem*, S. 128.

9 Der Autor dieser Abhandlung befasst sich mit dieser Problematik im Werk „Juristisches Verstehen und Entscheiden“ (1993) und im slowenisch geschriebenen Werk „Argumentacija v pravu“ („Argumentation im Recht“, 2004).

die sonst relativ bestimmt geregelt sein müssten. Unbestimmte und bedeutungsmäßig poröse Begriffe können sogar scheinbar *das Verbot umgehen*, dass es auf bestimmten Rechtsgebieten (insbesondere auf dem Gebiet des Strafrechts) *keine klassischen Rechtslücken geben darf*. Wenn es sich um derartige Fälle handelt, ist man schon jenseits einer noch erlaubten lockeren oder etwas lockereren rechtlichen Regelung. Das bekannteste Schulbeispiel ist die Verletzung des Grundsatzes *Nullum crimen nulla poena sine lege certa.* [10]

Rechtslücken im übertragenen Sinne des Wortes sind nur unter der Voraussetzung erlaubt, dass sie nicht den Grad der für einzelne Rechtgebiete obligatorischen Bestimmtheit durchbrechen. Wenn man über klassische Rechtslücken sagt, dass sie Unvollständigkeiten in der Ausführung des gesetzlichen Konzepts sind, sind Rechtslücken im übertragenen Sinn „gewollte Unvollkommenheiten". Es handelt sich um gewollte Unbestimmtheiten, die nur bis zur vom Verfassungs- und gesetzlichen Konzept zugelassenen Grenze erlaubt sind. [11] Von wesentlicher Bedeutung ist es, ob man die gewollte Unbestimmtheit durch andere vorsehbare Maßstäbe, auf die sich das Gesetz beruft (z.B. unter Berufung auf Treu und Glauben im Zivilrecht), überbrücken kann. Wenn auch das nicht vorgesehen ist, *handelt es sich nicht mehr um eine vorsehbare rechtliche Regelung*, die *ein wesentliches Element des Rechtsstaates* ist.

4. Anstatt eines Schlusswortes

Kelsens Anmerkung, dass Rechtslücken eine ideologische Erfindung sind, steht im Gegensatz zur Rechtswirklichkeit, die Unvollständigkeiten in der Ausführung des gesetzlichen Konzepts nicht ausweichen kann. Kelsen tritt auf seine eigene Weise in Gegensatz zu sich selbst. Die Theorie des Stufenbaus der Rechtsordnung [12] erkennt, dass sich der Schöpfer eines Rechtsaktes (z.B. eines Urteils) immer innerhalb eines bestimmten normativen Rahmens bewegt, der weder völlig

---

[10] Auf dieses Problem macht auch eine neuere Entscheidung des deutschen Bundesverfassungsgerichts aufmerksam: „Das Gebot der Gesetzesbestimmtheit (Art. 103 Abs. 2 GG) gilt auch für die Strafandrohung. Strafe als missbilligende hoheitliche Reaktion auf schuldhaftes kriminelles Unrecht muss in Art und Maß durch den parlamentarischen Gesetzgeber normativ bestimmt werden, die für eine Zuwiderhandlung gegen eine Strafnorm drohende Sanktion muss für den Normadressaten vorhersehbar sein" (BVerfGE 105, 135).

[11] Die bekannteste Abweichung von diesem Konzept ist die Verletzung des bereits erwähnten strafrechtlichen Grundsatzes. Über die dabei entstehenden subtilen Fragen siehe *Kaufmann* (1982) und *Schünemann* (1978). Vom Standpunkt der Missbräuche im ehemaligen jugoslawischen Strafrecht siehe *Pavčnik* (1987). Siehe auch *Rüthers* 1997.

[12] *Kelsen* 1934, S. 74 ff. und 1960, S. 228 ff.

bestimmt noch völlig unbestimmt sein kann. Die relative Bestimmtheit oder Unbestimmtheit dieses Rahmens macht es möglich, dass die Erzeugung einer niederen Rechtsnorm schöpferisch oder wenigstens mitschöpferisch wirkt. Dieser Rahmen kann geplant oder ungeplant unbestimmt sein, z. B. wegen der Mehrdeutigkeit von Wörtern, wegen der Diskrepanz zwischen dem Willen und dem Ausdruck oder schließlich wegen eines Konfliktes zwischen zwei oder mehr Rechtsnormen. Entscheidend ist, dass der sprachliche Sinn der Rechtsnorm nicht eindeutig ist. Der Rechtsanwender bewegt sich daher zwangsläufig innerhalb eines sprachlichen Rahmens, der mehrere Möglichkeiten der Normanwendung zulässt. [13]

Die Theorie des Stufenbaus der Rechtsordnung bestätigt deutlich, dass im Recht bedeutungsleere Stellen vorhanden sind. Kelsen wäre konsequenter, wenn er das Bestehen von Rechtslücken theoretisch bestätigte und sie entsprechend in das System der *Reinen* Rechtslehre einordnete. Die Reinheit gebietet, dass man Rechtslücken deskriptiv erkennt und analysiert, ohne zu erklären, wie man sie inhaltlich (präskriptiv) ausfüllen kann. Reine Rechtslehre ist nicht dafür zuständig, Aussagen über den rechtspolitischen Inhalt des Rechts zu machen; es liegt in ihrer Natur, an Recht als einem Bedeutungsschema einschließlich der Lücken in diesem Bedeutungsschema festzuhalten.

Trotzdem muss man Kelsen aufmerksam zuhören. Rechtslücken – möchte man sie ablehnen oder annehmen – sind immer eng mit der menschlichen Freiheit verbunden. Die Erkenntnis, dass Rechtslücken ein organischer (natürlicher, unvermeidlicher) Teil des Rechts sind, erfordert, dass man sie auf eine solche Weise feststellen oder ausfüllen muss, wir es am besten dem Rechtskonzept in einer bestimmten Staatsgemeinschaft entspricht. Man muss Maßstäbe, auf die sich das Recht stützt, entdecken und dann gemäß dieser Maßstäbe diese Lücken auch ausfüllen. Wenn in den Rechtsmaßstäben keine zuverlässige Stütze vorhanden ist, geht es nicht mehr um Unvollständigkeiten im Rechtskonzept, sondern bereits um Neuerungen, die das Rechtskonzept verändern. Jede Abweichung vom Konzept ist jedoch die Zuständigkeit des Gesetzgebers und nicht der Justiz und der Verwaltung, die dem Gesetz untergeordnet sind.

Diese Logik, also die Logik, dass man dem Rechtskonzept folgen muss, wird auch von modernen Zivilgesetzbüchern angenommen, die bestimmen, wie man auf Rechtslücken reagieren soll. [14] Es liegt in der Natur der Sache, dass auch diese

---

[13] *Kelsen* 1960: „Der sprachliche Sinn der Norm ist nicht eindeutig; das Organ, das die Norm anzuwenden hat, steht vor mehreren möglichen Bedeutungen" (S. 348).

[14] Siehe (vgl.) § 6 ABGB („Einem Gesetze darf in der Anwendung kein anderer Verstand beigelegt werden, als welcher aus der eigentümlichen Bedeutung der Worte in ihrem Zusammenhange und aus der klaren Absicht des Gesetzgebers hervorleuchtet.") und § 7 ABGB („Läßt sich ein Rechtsfall weder aus den Worten, noch aus dem natürlichen Sinne eines Gesetzes entscheiden,

Anweisungen Gegenstand der Auslegung und in einem bestimmten Sinn auch Gegenstand der Rechtsfortbildung sind. Wenn es die Aufgabe des Gesetzes ist, typische Verhaltensweisen vorauszusehen [15], ist es auch eine der Aufgaben des Auslegers (z.B. des Richters), konkrete Fälle zu typisieren.

Wenn es keine Typisierung gäbe, wäre das Entscheiden in konkreten Fällen arbiträr. Das slowenische Gerichtsgesetz bestimmt ausdrücklich, dass der Richter „immer so handelt, als ob er eine unbestimmte Anzahl von gleichartigen Fällen vor sich hätte“ (Art. 3/3). Es ist eine Frage für sich, ob man das wirklich besonders und ausdrücklich niederschreiben muss, weil man durch den Grundsatz der Verallgemeinerung, der in den Grundsatz der Gleichheit vor dem Gesetz eingebaut ist, zum gleichen Ergebnis kommt. Jedenfalls ist es von wesentlicher Bedeutung, dass eine Abweichung vom Grundsatz der Verallgemeinerung arbiträr wirkt und im Gegensatz zum Grundsatz der Gleichheit bzw. Verschiedenheit, die nur die Kehrseite derselben Medaille ist, steht.

Hier beginnt eine neue Geschichte, die auch eine neue Diskussion erfordert. Wenn man sie schreiben wird, wird sie darauf aufbauen, dass formelle Gerechtigkeit immer auch *inhaltlich* aufgeladen ist [16] und dass anerkannte Rechtsprechung

---

so muß auf ähnliche, in den Gesetzen bestimmt entschiedene Fälle und auf die Gründe anderer damit verwandten Gesetze Rücksicht genommen werden. Bleibt der Rechtsfall noch zweifelhaft, so muß solcher mit Hinsicht auf die sorgfältig gesammelten und reiflich erwogenen Umstände nach den natürlichen Rechtsgrundsätzen entschieden werden.“); Art. 1 ZGB [„(1) Das Gesetz findet auf alle Rechtsfragen Anwendung, für die es nach Wortlaut oder Auslegung eine Bestimmung enthält./ (2) Kann dem Gesetze keine Vorschrift entnommen werden, so soll der Richter nach Gewohnheitsrecht und, wo auch ein solches fehlt, nach der Regel entscheiden, die er als Gesetzgeber aufstellen würde./ (3) Er folgt dabei bewährter Lehre und Überlieferung.“]; Art. 12 Codice civile („Nell'applicare la legge non si può ad essa attribuire altro senso che quello fatto palese dal significato proprio delle parole secondo la connessione di esse, e dalla intenzione del legislatore (1362, 1363 c. c.)./ Se una controversia non può essere decisa con una precisa disposizione, si ha riguardo alle disposizioni che regolano casi simili o materie analoghe; se il caso rimane ancora dubbio, si decide secondo i principi generali dell'ordinamento giuridico dello Stato.“) Siehe auch Art. 3/2 des slowenischen Gerichtsgesetzes („Wenn eine Zivilrechtsangelegenheit nicht aufgrund geltender Vorschriften gelöst werden kann, berücksichtigt der Richter Vorschriften, die ähnliche Fälle regeln. Wenn die Lösung der Angelegenheit trotzdem rechtlich problematisch ist, entscheidet er in Einklang mit den allgemeinen Prinzipien der Rechtsordnung im Staat. Dabei handelt er gemäß der Rechtstradition und den festen Erkenntnissen der Rechtswissenschaft.“) – Ein aufmerksamer Leser wird sicher bemerken, dass sich das Schweizer Zivilgesetzbuch nicht auf die Gesetzesanalogie beruft. Das geschieht jedoch nicht deswegen, weil es sie ausschließen würde, sondern weil für Huber (der Redaktor des Zivilgesetzbuches war) die Gesetzesanalogie bereits in den Begriff der Auslegung eingeschlossen war. Siehe *Huber* 1925, S. 354. Siehe auch *Kramer* 2005, S. 173 ff.

[15] Siehe z. B. *Kaufmann* 1982, S. 44 ff. und die dort angeführte Literatur. Siehe auch *Philipps* 2004, S. 596 ff. und 2004-I, S. 109 ff.

[16] Siehe *Pavčnik* 2002, S. 101 ff.

auch im europäischen Kontinentalrecht eine Bedingung seiner Rechtlichkeit ist.[17] Es liegt in der Natur des Rechts, dass formelle Gerechtigkeit die Begleiterin aller Arten von Gerechtigkeit ist. Bei allen Arten der materiellen Gerechtigkeit geht es darum, dass man einen entsprechenden materialrechtlichen Maßstab nur für jene anwendet, die in dieselbe Gruppe der Rechtsadressaten gehören. Die Grundsätze der Gleichheit und der gleichen Unterscheidung sind in den Kern des Rechts eingewebt. Ein Richter, wenn man nur ihn als Beispiel nimmt, der sich nicht über den konkreten Fall erheben und ihn auf eine unbestimmte Zahl von gleichartigen Fällen verallgemeinern würde, würde im Gegensatz zum Gerechtigkeitskonzept des Rechts handeln.

5. Literatur

Bydlinski, Franz (1991): Juristische Methodenlehre und Rechtsbegriff. 2. Aufl. Wien, New York 1991.

Canaris, Claus-Wilhelm (1983): Die Feststellung von Lücken im Gesetz. 2. Aufl. Berlin 1983.

Engisch, Karl (1949): Der Begriff der Rechtslücke, in: Festschrift für Wilhelm Sauer zu seinem 70. Geburtstag, Berlin 1949. S. 85–102.

Foriers, Paul (1967): Les lacunes du droit, in: Perelman (Hrsg.) 1967, S. 57–77.

Gény,François (1932): Méthode d'interprétation et sources en droit privé positif. I–II. Paris 1932.

Hart, H. L. A. (1994): The Concept of Law. 2. Aufl. With a Postscript edited by *Penelope A. Bulloch* and *Joseph Raz*. Oxford 1994.

Huber, Eugen (1925): Recht und Rechtsverwirklichung. Probleme der Gesetzgebung und der Rechtsphilosophie. Basel 1925.

Kaufmann, Arthur (1982): Analogie und „Natur der Sache". Zugleich ein Beitrag zur Lehre von Typus. 2. Aufl. Heidelberg 1982.

Ders. (1999): Das Verfahren der Rechtsgewinnung. München 1999.

Kelsen, Hans (1934): Reine Rechtslehre. Leipzig, Wien 1934.

Ders. (1945): General Theory of Law and State. Cambridge–Massachusetts 1945.

Ders. (1960): Reine Rechtslehre. 2. Aufl. Wien 1960. Nachdruck: 1983.

Kramer, Ernst A. (2005): Juristische Methodenlehre. 2. Aufl. Bern (etc.) 2005.

Larenz, Karl (1983): Methodenlehre der Rechtswissenschaft. 5. Aufl. Berlin (etc.) 1983. 6. Aufl.: 1991.

Larenz, Karl; Canaris, Claus-Wilhelm (1995): Methodenlehre der Rechtswissenschaft. 3. Aufl. Berlin (etc.) 1995.

[17] Siehe *MacCormick, Summers* (Hrsg.) 1997.

MacCormick, D. Neil; Summers, S. Robert (Hrsg., 1991): Interpreting Statutes. Aldershot (etc.) 1991.

Ders. (Hrsg., 1997): Interpreting Precedents. Aldershot (etc.) 1997.

Müller, Friedrich; Christensen, Ralph (2004): Juristische Methodik. 9. Aufl. Berlin 2004.

Pavčnik, Marijan (1987): Natur und Grenzen der Analogie im jugoslawischen Strafrecht, in: WGO Monatshefte für Osteuropäisches Recht, 29 (1987) 5, S. 257-276.

Ders. (1993): Juristisches Verstehen und Entscheiden. Wien, New York 1993.

Ders. (2002): Brüchigkeit der Gerechtigkeit. Gerechtigkeitsmaßstäbe und Recht, in: Zeitschrift für öffentliches Recht, 57 (2002), S. 89-115.

Ders. (2005): The Transition from Socialist Law and Resurgence of Traditional Law, in: Acta Juridica Hungarica, 46 (2005) 1-2, S. 13-31.

Perelman, Chaïm (Hrsg.): Études de logique juridique. II. Bruxelles 1967.

Ders. (Hrsg.): Le problème des lacunes en droit. Bruxelles 1968.

Ders.: Logique juridique. Nouvelle rhétorique. Paris 1979.

Philipps, Lothar (2004): Das Netz des Gesetzgebers, in: Value Pluralism, Tolerance and Law. Gedächtnisschrift für Arthur Kaufmann. Hrsg. *Liu, Shing-I.* Taipei 2004, S. 596-619.

Ders. (2004-I): „Wenn m von n Merkmalen erfüllt sind …". Eine typologische Verknüpfungsform im Gestetzestatbestand, in: Slovenian Law Review, 1 (2004), S. 109-120.

Rüthers, Bernd (1997): Die unbegrenzte Auslegung. Zum Wandel der Privatrechtsordnung im Nationalsozialismus. 5. Aufl. Heidelberg 1997.

Schünemann, Bernd (1978): Nulla poena sine lege? Berlin, New York 1978.

Zitelmann, Ernst: Lücken im Recht. Leipzig 1903.

V. Rechtslogik

Die Konstitution des Rechtsraums

José de Sousa e Brito

1. Recht und Moral als Argumentationsräume

Recht, Tatsache, Moral: Handelt es sich um getrennte Räume? Wenn nicht, wie beziehen sie sich untereinander?

Lasst uns Recht und Moral als Argumentationsräume denken. Das Recht wird verwendet, um Akte und Urteile zu rechtfertigen. Ein Rechtsgeschäft, ein Parlamentsbeschluss oder ein Gerichtsurteil sind rechtlich insoweit es Argumente gibt deswegen sie rechtlich sind. Wenn wir wissen, wie diese Argumente zu charakterisieren sind, sind wir auch imstande ein Argumentationsraum abzugrenzen, der mit dem des Rechts identisch ist. Moralische Handlungen und moralische Urteile können ebenso mit Argumenten begründet werden, sonst kann man sie gar nicht als moralisch betrachten. So konstituieren auch die Moralargumente einen Moralraum. Ich setze moralisch und ethisch gleich. Es geht mir um philosophische Ethik und nicht um soziale Moral.

Wenn wir die Argumente, die allgemein als korrekt in der rechtlichen Praxis betrachtet werden, mit denjenigen, die allgemein in der ethischen Diskussion als korrekt gelten, vergleichen, merken wir, dass die ersteren Grenzen aufweisen, die in der Ethik nicht vorkommen. Das bedeutet, dass es ethische Argumente gibt, die in der Ethik tadellos sind, die aber im Recht nicht erlaubt werden. Wenn ich hier von der Ethik und von ethischen Argumenten rede, gebrauche ich die Wörter im weitesten Sinne, indem ich das ethische Feld mit dem des praktischen Schlusses, d. h., mit dem Feld der Praxis in Aristoteles gleichsetze, welches die Begründung der Handlungen in Hinblick auf alle möglichen Zwecken umfasst. Das Feld der Ethik fällt dann mit dem Feld von allen möglichen Handlungsgründen zusammen, was natürlich nicht impliziert, dass alle Handlungsgründe ethisch sind, sondern nur dass alle für die Ethik in Betracht kommen können. Es wird ebenso nicht impliziert, dass die Aufgabe der Handlungsbegründung in Hinblick auf alle möglichen Zwecke entscheidbar ist, oder dass es ethisch begründet ist, von einer solchen Entscheidung das Handeln abhängig zu machen. Jede andere Abgrenzung des ethischen Feldes könnte am Ende das Ziel der gegenseitigen Grenzziehung von ethischer, rechtlicher und demokratischer Vernunft nicht erreichen.

Die rechtlichen Argumente sind vor allem dadurch begrenzt, dass sie sich auf die Rechtsquellen, auf Gesetz, Gewohnheit und Rechtssprechung, stützen sollen.

Um rechtlich einwandfrei zu sein, muss ein Argument vor der Gesamtheit der Rechtsquellen standhalten. Jeder Satz der Sprache der Rechtsquellen, der in einer logischen positiven Beziehung mit der zu entscheidenden Sache steht, muss in dem ganzen Argument integriert werden, das die Rechtsentscheidung der Sache begründet. Eine solche Integration muss aber die Autorität und Hierarchie der Quellen respektieren. Die Sätze der Rechtsquellen haben in den Rechtsargumenten nicht nur die logische Priorität, die die Prämissen gegenüber dem Schlusssatz haben. Die Rechtsquellen sind untereinander hierarchisch bezogen, sodass die höheren Vorrang bei Widerspruch haben: Die Verfassung hat Vorrang vor den Gesetzen und diese haben Vorrang vor den Verordnungen, usw. Alle Sätze, die in den Rechtsquellen enthalten sind, haben wiederum eine Autorität oder rechtliche Kraft, die die anderen Sätze, die im gleichen Argument vorkommen, entbehren. Die Autorität gibt den Sätzen der Rechtsquellen eine hermeneutische Priorität: Man muss davon ausgehen und bei jedem Schritt zeigen, dass sie mit dem davon ausgehenden System kompatibel sind. Die hermeneutische Priorität ist keine logische Priorität: Die Sätze der Rechtsquellen sind eventuell keine Grundsätze bzw. Axiomen des logischen Systems das erlaubt die Entscheidung zu begründen, sie dürfen nur Ausgangspunkte in der Entdeckung eines logischen Systems der Entscheidungsbegründung gewesen sein. Die hermeneutische Priorität ist ein Fall von Rawls Unterstützungsreihenfolge („order of support"), die er einer Deduktionsreihenfolge („order of deduction") [1] gegenüberstellt. Die Gründe, die eine Lösung normativ unterstützen, ordnen sich nach ihrer Überzeugungskraft bzw. nach ihrer Wertfestigkeit und nicht nach ihrem Platz in einer Deduktion.

Andere Grenzen der Rechtsargumente, dabei denke ich an der korrekten Praxis des rechtlichen Argumentierens, wie sie sein sollte, hängen ab von den prozeduralen Regeln der Entscheidung im Recht. So z.B. in der Prozedur der gesetzgebenden Versammlungen – und andere Prozeduren gelten für die Normerzeugung durch die Regierung, z.B. – der Gesetzvorschlag darf nur von den Abgeordneten ausgehen – in Portugal kann er auch von den im Parlament vertretenen Parteien oder von der Regierung ausgehen – und die Abgeordneten dürfen nur Argumente vorbringen, solange die deren Parteien zugewiesene Zeit es erlaubt. In Gerichtsverfahren gilt eine Verfahrensordnung, die die Personen, die an der Diskussion teilnehmen dürfen, auf die Parteien, ihre Vertreter und der Richter begrenzt, und die Parteien dürfen oft nur durch ihre Vertreter aussagen. Im Gerichtsverfahren dürfen auch andere Personen, wie Zeugen und Gutachter, aussagen, aber nur in Bezug auf bestimmte Fragen. Eine feste Reihenfolge von Vorlagen wird vorgesehen, die nicht nur zeitbegrenzt sind, wenn sie mündlich vorgetragen werden,

[1] Vgl. *John Rawls*, Political Liberalism (1993), Columbia Unversity Press, New York, 242.

sondern in der Zeit durch Fristen begrenzt werden. In bestimmten Fällen stehen Rechtsmittel zur Verfügung, die es erlauben, dass andere Personen – auch andere Richter – sowohl an die Vorbereitung der Entscheidung wie an die Entscheidung selbst teilnehmen. Es gibt auch Regeln über den Pflichtinhalt von Aussagen und Inhaltverbote, wie wenn nur die Rechtsfrage zur Debatte steht oder wenn die Annahme von Rechtsmitteln auf bestimmte Gründe beschränkt wird. Andere Regeln verfügen über Beweismitteln, sowohl in Hinblick auf ihrer Ermittlung – nur in öffentlicher Audienz, z.B. –, wie in Hinblick auf ihrer Art – die Beweisverbote –, usw.

So wie Divergenzen zwischen Rechtsargumenten und ethischen Argumenten, gibt es auch Übereinstimmungen. Und zwar nicht nur Inhaltsübereinstimmungen zwischen Rechtsnormen oder Rechtsgrundsätzen einerseits und ethischen Normen oder ethischen Grundsätzen andererseits. Solche Übereinstimmungen sind oft dadurch zustande gekommen, dass das Recht ein ganzes *Corpus* von ethischen Lehren eingeführt hat, wie die Erklärung der Menschenrechte oder auch die allgemeinen Lehren von Rechtfertigung und Schuld im Strafrecht es sind. Diese Integration der Ethik im Recht erfolgt durch explizite oder implizite Verweisungen. Einerseits kann eine Rechtsnorm bestimmen, dass ein Sachverhalt gemäß der Ethik – „nach Treu und Glauben“, „soll das Gericht nach der Regel entscheiden, die es als Gesetzgeber aufstellen würde“ – zu regeln ist. Es kommt aber auf dasselbe Ergebnis von solchen expliziten Verweisungen hinaus, wenn eine Rechtsnorm Rechtsbegriffe – wie „menschliche Würde“, „Schuld“ – als verbindlich erklärt, die nur durch ethische Regel zu erklären sind.

2. Konstitutive Rechtsnormen

Wir übergehen jetzt von der Art und Weise, wie Recht und Ethik sich im rechtlichen Räsonieren verknüpfen um den Rechtsraum zu konstituieren – oder, mit einfacheren Worten, wenn es darum geht, was Recht ist –, auf die Art und Weise, wie für die gleiche Aufgabe Sätze über Tatsachen (Tatsachenfeststellungen, assertorische oder deskriptive Sätze) sich in rechtlichen Argumenten eingliedern. Der Rechtspositivismus hat uns bis jetzt gesagt, dass das positive Recht existiert, dass Rechtssätze wahr oder falsch sind, je nachdem wie die Fakten sind, dass die wahren Rechtssätze die Grundlage einer deskriptive Rechtswissenschaft ausmachen. Es ist eine Hauptthese des Rechtspositivismus, dass das Recht soziale Quellen hat,[2] deswegen, um sagen zu dürfen, dass eine bestimmte Norm existiert, d. h.,

[2] So H. L. Hart, Art. Legal Positivismus in: *P. Edwards* (Hrsg), Encyclopaedia of Philosophy, Bd. 6 (1967), 418 ff.

gültig ist, braucht man nur bestimmte soziale Tatsachen festzustellen. Müssen wir dann sagen, dass der Positivismus dabei Sollen aus Sein deduziert und ihnen somit, vom Humes Gesetz her, zu widersprechen ist?

Kelsen ist der erste Positivist gewesen, der alle Konsequenzen aus Humes Gesetz zog. Deswegen benutzt er nicht den Unterschied zwischen Sein und Sollen um das Recht von der Ethik – im Sinne von Kelsen's „absoluter Moral" – oder von der sozialen Moral zu trennen. Die Drei sind normative Systeme, die dadurch zu unterscheiden sind, dass sie jeweils einen anderen Geltungsgrund, eine andere Grundnorm haben. Der Unterschied zwischen Sein und Sollen reflektiert sich in dem Unterschied zwischen solchen normativen Systemen und kausalen Gesetzen und wirkt sich in dem Unterschied zwischen Rechtslehre und Rechtssoziologie aus. In seinem posthum erschienen Werk Allgemeine Theorie der Normen erfreut sich Kelsen eines neuen philosophischen Meisters: nicht mehr Kant, sondern Hume: „In Bezug auf das Verhältnis von Sein und Sollen – schreibt er – ist Hume konsequenter als Kant. Für ihn gibt es keine praktische Vernunft." [3]

Kelsen wäre kein Rechtspositivist, wenn er den Inhalt des Rechts nicht von Tatsachen abhängen lassen würde. Er tut es aber: „In diesem – durch menschliche Akte – Gesetz-Sein und in der im Vorhergehenden gekennzeichnete Wirksamkeit als der Bedingung der Geltung liegt die Positivität der Moral und des Rechtes". [4] Diese sind die zwei „Seinstatsachen", die Bedingungen der Geltung jeder einzelnen Norm des Rechts sind. Die Wirksamkeit einer Rechtsnorm besteht darin, dass sie im großen und ganzen tatsächlich befolgt und wenn nicht befolgt, im großen und ganzen angewendet wird, das heißt, in den meisten Fällen wird sie befolgt oder es wird die Sanktion der Nichtbefolgung angewendet. Kelsen sagt aber auch, dass die Wirksamkeit aller Normen der Rechtsordnung Bedingung der Geltung der Rechtsordnung als Ganzes und jeder einzelnen Norm ist, Bedingung in dem Sinne, dass sie nicht mehr als gültig angesehen werden, wenn sie aufhören, wirksam zu sein. [5] Daraus folgt einer mögliche Formulierung von Kelsens Grundnorm: Wenn die einzelnen Rechtsnormen einer Rechtsordnung wirksam sind, sind sie auch gültig. Wenn die Normen einer positiven Rechtsordnung gemäß der historischen ersten Verfassung erzeugt wurden, und damit diese Verfassung der Grund ihrer Geltung ist, könnte man die Grundnorm auch so formulieren: Wenn die Normen, die gemäß der historisch ersten Verfassung erzeugt wurden, wirksam sind, ist die erste historische Verfassung gültig. Man könnte fortsetzen: ... und deswe-

---

[3] *Hans Kelsen*, Allgemeine Theorie der Normen (1979), hrsg. von. *K. Ringhofer, R.Walter*, 68.

[4] A. A. O., S. 114.

[5] Hans Kelsen, Reine Rechtslehre, 2. Auf., 1960, S. 218; Professor Stone and the Pure Theory of Law, Stanford Law Review (1965), 17, 1139.

gen sind sie auch gültig. Die Grundnorm hat in beiden Formulierungen die Form einer konstitutiven Norm, die die Geltung einer oder mehreren Normen statuiert, unter der Bedingung dass bestimmte Tatsachen stattfinden.

Es fehlt Kelsen eine adäquate Sprachphilosophie. Deswegen konnte er die Grundnorm nicht richtig begreifen. Er hat zwar eingesehen dass, um die Geltung des Rechts zu begründen, man so etwas wie die Grundnorm braucht, vermochte aber nicht deren Wesen vollständig zu bestimmen. Die Grundnorm ist eine konstitutive Norm der Rechtsordnung. Konstitutive Normen lenken das Verhalten so, dass dieses die Bedingungen dessen setzen kann, was sie zustande bringen wollen, während regulative Normen das Verhalten so lenken das dieses das zustande bringt, was sie wollen. Ich lasse mich hier von einem Denkansatz inspirieren, der von Wittgenstein initiiert wurde, der gezeigt hat, dass die Regeln des Spieles das Spiel definieren bzw. konstituieren. Als spätere Höhepunkte desselben Ansatzes betrachte ich John L. Austin und Paul Grice in deren William James Lectures in Harvard.[6] Konstitutive Normen ermöglichen kein Schritt von Sein zum Sollen gegen Humes Gesetz, weil sie keine logische Deduktion von Sollen aus Sein ausdrücken. Tatsachen implizieren keine Rechtsnorm, sie sind nur die Bedingung für die Gültigkeit von Rechtsnormen: Wenn die Tatsachen stattfinden, sind die Normen gültig, sollen die Normen befolgt bzw. angewandt werden.

Kelsen sieht nicht ein, dass die Grundnorm seine eigene Definition des Rechts ist. Als Positivist muss er aber an sie festhalten. So sagt er in seinen letzten Schriften, dass die Grundnorm eine fingierte Norm ist, die Norm einer Autorität die es gar nicht gibt, ein Selbstwiderspruch: „die Annahme einer Grundnorm – wie ... die Grundnorm einer Rechtsordnung: „Man soll sich so verhalten, wie die historische erste Verfassung bestimmt“ – widerspricht nicht nur der Wirklichkeit, da keine solche Norm als Sinn eines wirklichen Willensaktes vorhanden ist, sie ist auch in sich selbst widerspruchsvoll, da sie die Ermächtigung einer höchsten ... Rechtsautorität darstellt, und damit von einer noch über dieser Autorität stehenden – allerdings nur fingierten – Autorität ausgeht.“ Die Grundnorm, sagt anschließend Kelsen, ist eine Fiktion im Sinne der Vaihingerschen Philosophie des Als-Ob, das ist, „ein Denkbehelf, dessen man sich bedient, wenn man den Denkzweck mit dem gegebenen Material nicht erreichen kann. Der Denkzweck der Grundnorm ist: die Begründung der Geltung der eine positive ... Rechtsordnung bildenden Normen“. Ein Selbstwiderspruch kann aber überhaupt nichts begründen, auch nicht die Geltung.

---

[6] *John L. Austin*, How To Do Things with Words (1962), Clarendon Press, Oxford; *Paul Grice*, Studies in the Way of Words (1989), Harvard University Press, Cambridge, Massachussets.

Eine sprachphilosophische Korrektur der Lehre Kelsens, nämlich durch die Auffasung der Grundnorm als einer konstitutive Norm des Rechts, würde die reine Rechtslehre als einen konsequenten Rechtspositivismus erscheinen lassen und jedoch nicht retten. Gegen Kelsen hat Hart vor der positivistischen Seite treffend bemerkt, dass die Tatsachen die Geltung gemäß der Anerkennung der konstitutiven Rechtsnormen durch die Richter und anderer Organe der Rechtsanwendung bedingen und nicht gemäß der äußeren Wirksamkeit der Normen, oder nur zum Teil gemäß der Wirksamkeit – wie Kelsen selbst zugibt – wegen des entsprechenden Inhaltes der Anerkennung.

Gegen die reine Rechtslehre wiegt ein anderes Argument noch schwerer., weil die Geltung einer Norm in einem Rechtstaat nicht nur von Tatsachen wie Wirksamkeit bedingt wird, sondern auch von der Richtigkeit oder der Rationalität des Rechts, mit anderer Worten, von der Entsprechung der Norm zu der Ethik oder wenigstens zu einem Minimum an ethische Rechtfertigungsfähigkeit. Es ist so wegen des Inhaltes der konstitutiven Normen, die in einer Rechtsordnung anerkannt werden. In bestimmten Grenzen ist es aber so ohne Anerkennung und gegen die Anerkennung. In dem ersten Teil dieses Aufsatzes haben wir gesehen, dass es im Recht Verweisungen auf die Normen der Ethik gibt, die einen Rechtstaat charakterisieren. Wenn die menschliche Würde oder die Schuld als normative Kriterien in der Verfassung angeführt wird, werden dadurch ethische Grundsätze eingeführt, die enorme Konsequenzen haben. Solche implizite Verweisungen integrieren sich in großen dogmatischen Systemen, wie dem System der Menschenrechten oder dem allgemeinen Teil des Verbrechens. Solche Systeme beanspruchen ethische Richtigkeit und seine Entwicklung in der Rechtsanwendung wird mit ethischen oder rationalen Kriterien durchgeführt und beurteilt, die vorher anerkannte Urteile revidieren können. Wenn aber konstitutive Regeln des Rechts anerkannt werden, die auf Rationalität verweisen, wird damit die Anerkennung aufgehoben. Die rationale Entscheidung kann gegen die Anerkennung fallen. Der Rechtspositivismus, der auf die Anerkennung aufbaut, muss deswegen sich selbst im Rechtstaat aufheben. Er wird dadurch nicht widerlegt, sondern aus eigener Kohärenz, partiell aufgehoben. Ob er den Namen Rechtspositivismus noch verdient, ist eine wissenschaftlich uninteressante Frage!

Heuristic Value of the Axiomatic Model in Law

Csaba VARGA

When reflecting the basic characteristics of axiomatic systems onto law, we are to realise that on most decisive points they are not applicable to law, therefore we have to regard legal systems as both non-axiomatic and not axiomatisable ones. Of course, this recognition may also involve that a number of accessory properties of axiomatic systems is not applicable either to law, especially those ensuing from their strictly formal, deductive character.

Accordingly, neither the principle of the *independence* of axioms (in terms of which none of the axioms can be deduced from the other) nor the one of *irreducibility* (fulfilled "if both this very axiom and its logical negation are logically compatible with the conjunctions of the others" [1]) can be applied in law. For providing that we accept all the normatively posited norms of the system of law as axioms, we exclude the above principles from the outset; while providing that we accept exclusively the system's elaborated basic principles as axioms, we do presume those principles actually fulfilled from the very beginning.

One of the advantages of any axiomatic system construction is that by revealing the identical structure of seemingly differing theoretical and practical systems, it allows them to be analysed collectively and synthesisingly. [2] The idea of collectivity is introduced by *isomorphy* in logic. Notably, "[if] the models differ only in the different character of the specific interpretations regarding their components, and if they coincide totally when we disregard this for the sake of their treatment on a formal axiomatic plane, we say that the models in question are of an isomorphous character as they have quite identical a logical structure". [3]

Well, on the domain of law, we cannot speak of isomorphy among systems; therefore the issue itself becomes pointless. Although a number of isomorphous structures can certainly be encountered among various institutions within given legal (codal) systems, their examination points beyond axiomatics. Consequently, also *dependence* – namely, "if the system itself or its logical negation can be in-

---

1 *Klaus, Georg*, Einführung in die formale Logik (1959), VEB Deutscher Verlag der Wissenschaften, Berlin, 321

2 Cf., e.g., *Blanché, Robert*, L'Axiomatique (1970), Presses Universitaires de France, Paris, ch. IV, § 23

3 *Blanché*, 1970, 46

ferred from the other" – is quite alien to legal systems, thus we may conclude that any legal system is "logically incidental" compared to other systems. [4]

However, it does not result from the law's inherently non-axiomatic composition that legal systems could not carry features interpretable within an axiomatic perspective. Even the geometric idea with the law's axiomatic vision can only gain a meaning in history if there is a genuine face of law suitable to be brought into connection with the characteristics of axiomatism in some way. Or, the other way round, doing away with the illusion of axiomatism can turn to be theoretically fruitful only provided that we do not cut the ties of similarities carrying some methodological or heuristic value from the beginning, that is, if our basic rejection will reckon with moments suggesting a certain connection notwithstanding.

Although, according to the general theory of science, "[t]here is something asserting itself as a rule in the development of sciences, driving them in an irreversible sequence in function of their place in the hierarchy along four subsequent phases, that is, the descriptive, the inductive, the deductive, and finally, the axiomatic ones" [5] yet, we may agree in that "there is no science which could exclusively be axiomatic-deductive". [6] For not even the focus of axiomatisation on formal definition can exclude that, methodologically speaking, axiomatics will be acknowledged as the endpoint of the processes of cognition of some contents, arising from the analysis of some concrete totality of material phenomena. "It may occur only in books that axiomatics begins with axioms, for with the axiomatician it is just the axioms where it ends. Namely, axiomatics presupposes substantive deduction to which it gives a shape, which requires lengthy inductive preliminary work in collecting the materials to be organised this way. On such a basis, the axiomatician's genuine job will be to identify axioms, that is, instead of drawing mere consequences from given principles, he will have, once a set of propositions is given, to find the minimum system of those principles from which the propositions in question can be deduced." [7]

Or, axiomatic system building is not simply a game with signs for themselves, a futile exercise in some vacuum, but an instrument of the systematisation of knowledge, suitable to play a definite role in the cognition process. Accordingly, axiomatism may become a rather important instrument of the theoretical appropriation of the world; albeit its instrumental suitability is by far not unlimited, being clearly delimited by its object. And if we stated beforehand that there is

[4] The quotes are from *Klaus*, 1959, 321
[5] *Blanché*, 1970, 84
[6] *Klaus*, 1959, 325
[7] *Blanché*, 1970, 87

no system exclusively axiomatic, now we may risk another statement from the opposite direction, namely, that there is no system with absolutely no features of axiomatism. This is but an abstraction, telling rather little in itself. For absolute axiomatism is an empty category so much as absolutely no axiomatism is. For in fact, all we can state is that a significantly wide circle of objects and their sets can be related to axiomatic systems in one way or another and from one aspect or another. Thus, especially when such relation also involves that one or another feature of axiomatism can be presented as the measure of the self-development of the set in question into a genuine system and as its visible (albeit not directly graspable) ideal, then we may have reason to examine the utilisability of the logic of axiomatics, for instance, on the field of law and of the law's system building as well. [8]

Among other properties relevant here, an axiomatic system in logic can be stated not to be "empty", that is, as having a "*model*" that can be "fulfilled", if there is a system of objects that fulfils the requirements of the axiomatic system in question. [9] Well, in theoretical legal thought it is known as an old dilemma: under what conditions can the law be claimed to have been fulfilled? The first answer will probably hold that: when its provisions are followed generally. Even by presuming that this answer will have addressed the underlying issue rightly, the question remains: what does the observance of provisions mean for the prohibiting and sanctioning norms of, say, criminal law? whether or not criminal law has a "model" if its provisions are observed by the non-violation of its norms? whether or not criminal law has a "model" if the behaviour to be sanctioned is actually sanctioned? Or, further on: is a system "fulfilled" if there is no discrepancy between the sanctioning norm and the sanctioned behaviour, but there is no probability of the behaviour to be sanctioned to occur in social practice either? The bare fact of the non-violation of prohibitions – as "their fulfilment is bodiless and invisible" [10] – tells only of some negativity; yet, it does not inform us whether or not the normative expectation, expressed by the prohibition, has been socially founded, that is, whether or not the prohibited behaviour would at all have appeared in society in case it would have not been reacted to by the said prohibition. Even the construction of modern norm-logic with the notion of a "deontically perfect world" – in terms of which, according to Jaakko Hintikka, a norm-system

8 See, e.g., *Opałek, Kazimierz & Wolenski, Jan*, Das Problem der Axiomatisierung des Rechts (1975), in Winkler, Günther (ed.), Rechtstheorie und Rechtsinformatik, Forschungen aus Staat und Recht 32, Springer, Wien & New York, 51 ff

9 *Klaus*, 1959, 320f

10 *Carbonnier, Jean*, 'Effectivité et ineffectivité de la règle de droit' (1969), in his Flexible droit, Librairie Générale de Droit et de Jurisprudence, Paris, 91 ff, the quote is on 95

has a "model" if all its requirements are simultaneously fulfilled – can provide a merely verbal answer. Indeed, with the normative reflection of a segment of the prevailing social reality, the question is no longer only whether or not the system of norms in question disposes of a "model" and whether or not it becomes "fulfilled". For this question is part of a more general issue, grasping the specificity of normative "reflection" more directly. And this is the issue whether or not the system of norms translates the widely sensed requirements of social reality in the given phase of its development.

The feasibility of formal operations and developments within an axiomatic system may also indicate some commonness in methodology to a certain degree. Logic explains this by the concept of "*codification*" ["*Kodifikation*"], implying that once we specify the "codificate" ["*Kodifikat*"] (i.e., what has been "codified") – to denote the network of concepts constituting the system with the structural framework of it –, then, within this theory, "any further activity will be the job of formal logic", [11] including the critical control of the system with the disclosure of the quest for both simplification and the resolution of its latent contradictions, if any. Although any search for direct axiomatism in law would probably be excluded, nevertheless there is a heuristic significance of axiomatism in law. Regarding especially the law-codes, the systemic elaboration of their regulatory staff may substantiate the formal analysis of the logical connections among the system's components, abstracted from actual contents. By identifying repetitions, tautology or antinomies (etc.) in regulation, all this may be of an utmost practical significance without, however, leading to new knowledge. Or, it may only be of a limited importance, wholly subordinated to the analysis of concrete contents.

The two pillars of axiomatic system building are: *formal construction* and its *deductive definition*. These are basically not proper to law, yet they may have some aspects within the perspective of which they may become methodologically significant for it. For instance, the very fact that "in the axioms of the Euclidean geometry, all propositions of this geometry are in principle involved" [12] is characteristic of all axiomatic systems. Among norm systems, as theoretical models, there are in principle so called static systems, in which the basic norm of their validity elevates (by delineating the system's contentual boundaries as a general condition of validity, and with the rules of inference given) the whole system to be a logical consequence of the basic norm. [13] No need to say that such systems

[11] *Klaus*, 1959, 322 & 323

[12] *Klaus*, 1959, 319

[13] According to, e.g., *Wróblewski, Jerzy*, 'System of Norms and Legal System' (1972), Rivista Internazionale di Filosofia del Diritto XLIX, 224 ff, especially on 226f

are hardly imaginable in practice. Yet in law, norms authorising the issuance of or extending validity to certain subordinate norms may be defined in a way that the conformity (e.g., constitutionality) of the latter to this hierarchically higher level can be assessed, for instance, on the basis of, let's say, some particular as deducible from the general, or of their lack of contradictions, or of the former's recognition as embodying an instrumental value. On the other hand, there are general principles in law-codes that may matter especially when treated quasi axiomatically in the delimitation of the generalisable features of the details of some regulatory arrangement, as well as when decision is to be made in atypical or borderline cases, or when just filling gaps in the law is at stake. Or, the contentual superiority of general principles in so called codal systems [14] does by far not amount to their suitability to be taken as axioms in the sense of entailing all the code's propositions on principle. For general principles as the system's basic propositions may, by formulating the objectives and the overall ethos of the entire regulation, greatly delimit the circle of instrumental behaviours to be specified and legally qualified by the said regulation, without, however, defining them; as there is no exclusive or categorial equivalence between the objective set and the way the law may intend to reach it. [15]

What is therefore proper to legal systems – instead of formal derivation and consequence – is but a mutual contentual relationship within which eventual contradictions or disconformities between principles and actual realisations can quite well be detected, but not in a way substitutable by relations of mutual definition and inferability. [16]

Finally, two further basic characteristics should as well be mentioned, ones that are requirements formulated in axiomatic systems as attached directly to their systemic character (rather than to their deductivity) and thus are asserted in law far more directly. The "requirements of deductive systems have different theoretical-cognitive «force»" – according to science theory. "The most important of them

---

[14] Cf., in particular, *Wróblewski, Jerzy*, 'The General Principles of Law' (1962), in Rapports polonais présentés au sixième Congrès international de Droit comparé, Comité des Sciences juridiques de l'Académie polonaise des Sciences, Varsovie, 218 ff, especially on 220 ff

[15] Cf. *Varga, Csaba*, 'The Preamble' (1971), Acta Juridica Academiae Scientiarum Hungaricae XII, 101 ff

[16] Cf., especially, by *Varga, Csaba*, 'No Logical Consequence in the Normative Sphere?' (1995), in Law, Justice and the State [Proceedings of the 16th World Congress of the International Association for Philosophy of Law and Social Philosophy (IVR), Reykjavík, 26 May – 2 June, 1993], III: Arend Soeteman & Mikael M. Karlsson (eds.), Problems in Law, Archiv für Rechts- und Sozialphilosophie Beiheft 60, Steiner, Stuttgart, 31 ff and 'Law, Language and Logic' (1995), in Ciampi, C. & Natali, F. S. & Elmi, G. T. (eds.), Verso un sistema esperto giuridico integrale, I, Cedam, Padova, 665 ff

is the requirement of consistency since otherwise the system is ruined. The other requirements have less importance." [17]

Well, this requirement can be formulated easily. An axiomatic system is *consistent* if it "does not contain two statements, one of which is the negation of the other", [18] or if "of any two contradictory sentences at least one cannot be proved." [19] If, therefore, consistency means that "it is not possible to prove from the given axioms both a certain formula *X* and the logical contradiction to *X*", [20] then, in the domain of law, this will correspond to the requirement that, within the system, any behaviour can be qualified either as *X* or as *non-X*. That is, the same behaviour cannot be regarded as lawful and unlawful by the same system at the same time. Or, the freedom from contradictions is of an extraordinary significance in and for law. In the technological elaboration of its store of instruments, this is one of the primary conditions for the law to have internal "morality", that is, for its ability to have an efficient socio-political functioning. [21] Simultaneously, this is also a presumed sine qua non element of the legislator's so called rationality that allows only kinds of interpretation which can prevent any contradiction that there may still be. [22]

In connection with consistency, the feature of *categoricity* as a specifically formulated prerequisite for freedom from contradictions is also to be mentioned. As known, in the mid-19th century, János Bolyai and N. I. Lobachevski proved on Euclidean geometry that all its abstract perfection notwithstanding, this is not the exclusively feasible system of geometry, for if the system happens to get re-organised by changing its axiom(s) of, say, parallelism, the result can again be a system free from contradictions which, within its boundaries, provides a complete answer to all questions that can at all be raised within the said system of geometry. Accordingly, we can state that a system "is not categorical, if a thesis *p* and also its logical negation can be proposed in an axiomatic system". [23] Well, while in axiomatics it might have been conspicuous that Euclid's geometry proved not

---

17 *Sadovskij, V. N.*, 'The Deductive Method as a Problem of the Logic of Science' (1970), in Tavanec, P. V. (ed.), Problems of the Logic of Scientific Knowledge, Reidel, Dordrecht, 160 ff, especially on 202

18 *Sadovskij*, 1970, 200

19 *Tarski, Alfred*, Introduction to Logic and to the Methodology of Deductive Sciences (1994), Oxford University Press, New York, 125

20 *Klaus*, 1959, 300

21 Cf., especially, *Fuller, Lon L.*, The Morality of Law (1965), Yale University Press, New Haven, 65 ff

22 Cf. *Nowak, Leszek*, Próba metodologicznej charakterystyki prawoznawstwa [Essay on the methodological characters of legal knowledge] (1968), Poznan, 199f

23 *Klaus*, 1959, 322

to be categorical for, in our case, parallelism, categoricity in and for law may turn out to be of interest first of all in a positive sense. Notably, in law there are so called basic principles, mostly particular to given types of legal systems. And this may lead us to the tentative conclusion that, in the last analysis, the legal system is a function of various "basic principles" taken as general theses, characterised by categoricity. However, legal systems are neither static, nor rigidified, and we know from legal sociology how contradictory tendencies law may incorporate and what tensions it may endure until a new start (e.g., by a revolution) brings a break into the system's development. [24] Or, the flexibility of legal systems is also a function of their categoricity to a considerable extent.

Along with consistency, another basic feature of axiomatic systems is the requirement of *completeness*. "A formal system is semantically complete in the absolute sense if every sentence, having value in reference to any model of this system, is inferable in it." [25] That is, if "every sentence which is formulated by employing the terms of this theory can be proved or disproved within it." [26] Searching for the equivalent of axiomatic completeness in law, we can formulate that a legal system is complete if the qualification of any behaviour covered by the regulation can be deductively inferred from its propositions. Obviously, the opposite of completeness is incompleteness, the case of which can be established depending on how we define the system's boundaries to which it is related. Usual definitions relate it to theses drawn "from the system's area", [27] "correctly formulated in terms of the system". [28] This way we are to see that such a logical approach corresponds to the positivistic understanding of gaps in law: both define the system's boundaries from inside, by the system's own terms, while a sociological approach may result in a "more complete" concept of completeness, as the latter draws the law's boundaries from outside, by assessing the widely felt demands of social reality. [29]

A recently developed approach attributes a novel meaning to completeness, according to which "any behaviour is normatively qualified by the norms belonging to that system." [30] This definition, knowing no limits regarding the system's boundaries, counterbalances boundlessness with an artificial construction postu-

24 E.g. *Lévy-Bruhl, Henri*, 'Tensions et conflits au sein d'un même système juridique' (1961), Cahiers internationaux de Sociologie XXX, 35 ff

25 *Sadovskij*, 1970, 202

26 *Tarski*, 1994, 135

27 *Klaus*, 1959, 321f

28 *Blanché*, 1970, 50

29 See, e.g., *Varga, Csaba*, 'Quelques questions méthodologiques de la formation des concepts en sciences juridiques' (1973), Archives de Philosophie du Droit XVIII, 215 ff, in particular on 232 ff

30 *Wróblewski*, 1972, 230

lating a "general norm of exclusion" as allegedly presumed by the law itself, a norm that labels behaviours neither prescribed nor permitted by positive norms as "normatively neutral". [31] In fact, however, the completeness of normative qualifications does not require such an artificial construction to be postulated. For the requirement of completeness relates exclusively to behaviours within the system. What is outside is in no way qualified by the system: it is simply out of the circle to which the system responds. That is, the boundary of the system also delineates the limits within which it provides qualification at all; and beyond those limits only other systems (if at all) can be regarded as competent to respond. Or, the stand suggested by axiomatic approach may contribute to the clarification of which systems are to be categorised as either "closed" or "open" ones. A system is open if it may qualify beyond its positivistically drawn boundaries as well. And for this very reason, codes of criminal law are *per definitionem* regarded as closed ones, as the principle of *nullum crimen sine lege* will definitely demarcate the boundaries of the given system.

[31] *Conte, Amadeo G.*, Saggio sulla completezza degli ordinamenti giuridici (1962), Giappichelli, Torino

Tractatus Logico-Juridicus – Its Basis

Hajime YOSHINO

Preface

This paper presents the system of my legal theory in the form of a list of theses. It includes what has already been explicated and proven in my legal research, what is expected to be explicated and proven in my ongoing research in the near future, and what is left as further research tasks for making a detailed foundation. I hope that this paper will enable the readers to understand the outline of my theory on the philosophy of law.

It is needless to say that this paper depends on the achievements of the predecessors efforts as its basis. Most of these achievements have already been recognized as common knowledge in study fields and I have omitted citations in such cases. However I would like to make special mentions of the following three titles with respect to their authors, as they gave me greatest impact upon constructing the theory for this paper. They are Hans Kelsen's "Reine Rechtslehre (the Pure Theory of Law" (1st ed.), Ludwig Wittgenstein's "Tractatus Logico-Philosophicus" and Imar Tammelo's "Principles and Methods of Legal Logic" (Japanese; through the translation of the original manuscript into Japanese, I could come to a sound, logical approach to law.)

I came up with the basic conception of the theory presented in this paper while preparing for a lecture I was invited to give at a symposium (held in Vienna in September 1981) to commemorate the centenary of Hans Kelsen's 100th Birth [1]. By around 1985, I had already written the main part of this thought in the form of a thesis. However I got swallowed up by my research on artificial intelligence in law and I had to suspend writing the paper. Another reason I suspended writing the paper was because I thought I would be able to demonstrate that my theory was correct and effective through research on artificial intelligence in law. However once I solved a problem more complicated problems to be solved emerged. There are far too many problems to be solved before I can verify all of my theory using the system of reasoning on computer. Before time leaves the development of my research behind, I must put down the outline of my theory and publish it for the world to see.

1. Concept of Logical Jurisprudence

1.1. What is Logical Jurisprudence?

1.2. Logical Jurisprudence is a theory of law.

1.3. Logical Jurisprudence aims at explicating structure of the legal thought.

1.4. Logical Jurisprudence starts from a sentence in the field of law.

1.4.1. Thoughts are represented in sentences.
1.4.2. Logical Jurisprudence distinguishes legal sentences from law.
1.4.2.1. Legal sentences are supposed to represent the law.
1.4.2.2. Legal sentences exist as objects.
1.4.2.3. However, the law itself that legal sentences represent, or the "legal norm as a meaning" that Jurisprudence has traditionally been considering, does not exist.
1.4.3. Therefore, Logical Jurisprudence holds legal sentences as their direct objects.
1.4.4. Logical Jurisprudence explicates the structure of the legal thought thorough the analysis of legal sentences.

1.5. Logical Jurisprudence applies a logical point of view and its method to law.

1.5.1. Logical Jurisprudence is an applied logic to law.
1.5.2. Logical Jurisprudence is mainly concerned with the syntactic aspect of signs.
1.5.3. However, Logical Jurisprudence always keeps an insight to the semantic and pragmatic aspects.

1.6. What is the relationship of Logical Jurisprudence with legal science and legal philosophy?

1.6.1. Logical Jurisprudence aims at the establishment of science of law.
1.6.1.1. There have been many movements aiming at the establishment of science in the field of law. However, in terms of the legal thought these quests have not been successful.

1.6.1.2. The so-called "empirical Jurisprudence" does not deal with "law" itself. "Law" itself is in the theory a black box.
1.6.1.3. The sociology of law is a science in the field of law. It is the sociology about law. It pursues law as a sociological phenomenon. The sociology of law does not go into the inner structure of the legal thought. It has been incompetent in solving the problem of the legal thought.
1.6.1.4. Psychology in the field of law can be realized. However, psychology deals with law as a psychological phenomenon. The content of the legal thought itself is not the object of psychology.
1.6.1.5. Legal philosophy has been dealing with the legal thought hitherto.
1.6.2. Logical Jurisprudence is legal philosophy.
1.6.2.0. On what basis can it be stated that Logical Jurisprudence is legal philosophy?
1.6.2.1. Legal philosophy is the philosophy of law.
1.6.2.2. Philosophy is the avant-courier of science. (Philosophy has always been the avant-courier of science since the Greek philosophy. The Greek philosophy argued where all things came from. For example, Thales argued that water was the very source of all things, Anaximenes placed air as the center of all things, and Democritus put forward an atomic theory. The Greek philosophy that searched for the root of all things was the avant-courier of the subsequent development of natural science.)
1.6.2.3. Logical Jurisprudence is the philosophy of law in the sense that it is the avant-courier of the science of law.
1.6.2.4. Since philosophy is the avant-courier of science, the object of philosophy is the leaving of science. The field of human thought has been left as such an unknown field. Legal philosophy can deal with the thought in the field of law as its object. Logical Jurisprudence holds the legal thought as its object. Since the legal thought is the leaving of science, Logical Jurisprudence can be legal philosophy in terms of its object. (Law itself is the leaving of science.)
1.6.2.5. Since philosophy is the avant-Courier of science, it doesn't contradict or transcend science. Philosophy isn't science either. Therefore, there exists no scientific method specifically for philosophy. Philosophy must use a common-sense method or an intuitive method, or attempt to apply related scientific methods, with the hope that science will verify and solve things before long. The most closely related scientific method to Logical Jurisprudence is logic. Logical Jurisprudence is supported by common-sense and/or intuition and applies the viewpoint and method of logic. In this sense, logical Jurisprudence is philosophy in terms of its methodology as well.

1.6.2.6. Since philosophy is the avant-courier of science, it aims at the establishment of science from itself in the future. Logical Jurisprudence aims to contribute to the establishment of the science of law.
1.6.3. Logical Jurisprudence as legal philosophy aims at the death of itself.
1.6.3.1. When science is establishes of an object, the philosophy of that object is no longer needed. In other words, the philosophy becomes extinct at that point. In this sense, Logical Jurisprudence as legal philosophy aims at the death of itself. The aim of Logical Jurisprudence is the death of Logical Jurisprudence as the philosophy of law and the rebirth of Logical Jurisprudence as the science of law.
1.6.4. The thought can be explicated through the analysis of language.
1.6.4.1. It is difficult to directly access human thoughts scientifically. When you look at brain waves, the person's thoughts and reasoning can't be identified just by tracing the electronic or electromagnetic changes in the brain cells.
1.6.4.2. However, the products of human thoughts are represented by language.
1.6.4.3. Philosophy that aims at the explication of human thoughts deals with language as its direct object.
1.6.4.4. The main task of philosophy is the analysis of language to clarify the logical structure of thoughts.
1.6.5. Logical Jurisprudence as legal philosophy deals with the language in the domain of law as its direct object.
1.6.6. Logical Jurisprudence as legal philosophy clarifies the structure of the legal thought through the analysis of legal language.
1.6.6.1. The relationship of Logical Jurisprudence, as legal philosophy, with the language in the domain of law, as the material, and with the legal thought, as the object, is shown in Diagram 1 below.
1.6.6.2. The meaning of this diagram is as follows. Law itself is composed of thoughts (legal thoughts). The legal thoughts are represented by language (legal language). Jurisprudence and application of law think about law itself (thoughts about law). Thoughts about law are represented by language (language about law). Here, thinking is to be done to explicate the structure of the legal thoughts (A) or thoughts about law (B) as the object by dealing with legal language or language about law as the material. These are thoughts of legal philosophy. The thoughts of legal philosophy are also represented by language (language of legal philosophy). Legal philosophy tries to explicate the structure of the thoughts of legal philosophy as the object by dealing with language of legal philosophy as material (C).

Diagram1

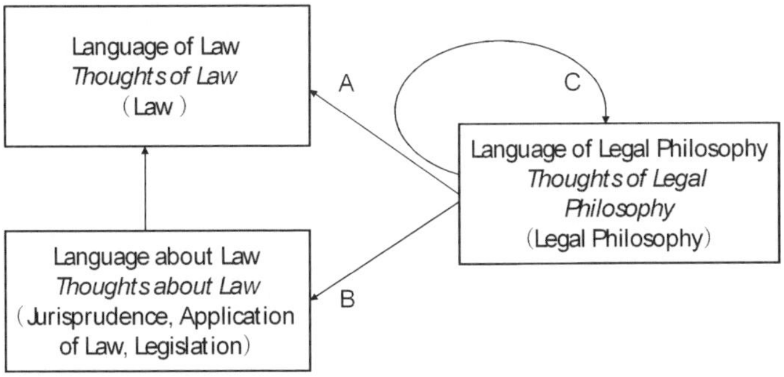

1.6.7. In this way, logical Jurisprudence is a meta theory.

1.7. The structure of Logical Jurisprudence

1.7.0. Logical Jurisprudence has its own logical structure.
1.7.0.1. There is a need for Logical Jurisprudence to set forth its own framework and structure.
1.7.1. In order to construct Logical Jurisprudence, it is necessary to explicate the concept of Logical Jurisprudence, i.e., to explicate what Logical Jurisprudence is. This has been the theme of this chapter.
1.7.2. Logical Jurisprudence puts forth its own methodological premise and viewpoint.
1.7.3. Based on these, Logical Jurisprudence explains the concept of legal sentences and what legal sentences are.
1.7.4. After that, Logical Jurisprudence explains the structure of the legal system.
1.7.5. Moreover, Logical Jurisprudence explains the structure of legal reasoning.
1.7.6. Logical Jurisprudence also analyze the nature and function of the general concepts that compose legal sentences.
1.7.7. Logical Jurisprudence concluded with the self-evaluation of its significance in Jurisprudence and the ripple effect it creates.

2. The Methodological Basis

2.1. Starting point: sentences

2.1.0. Logical Jurisprudence starts from sentences.
2.1.1. Logical Jurisprudence starts from sentences because sentences are reliable clues for scientific cognition in law.
2.1.2. Sentences are arrangements of signs, such as written signs in letters or signs in sounds.
2.1.3. Arrangements of signs are inter-subjective objects.
2.1.4. However, arrangements of signs alone do not have the assurance as facts. Where would they gain the assurance as empirical facts?
2.1.5. Sentences, which are arrangements of signs, can be the starting point as empirical facts because they are set through a real event.
2.1.6. This event can be confirmed as a fact. By examining the event, whether a sentence as an arrangement of signs was actually set can be verified.

2.2. Semiotic premise: person, sentence and designation

2.2.0. Logical Jurisprudence explains the relationships between sentences and the outside world, that they stand for, from the viewpoints of signs used, persons who use the signs and what the signs designate.
2.2.1. Signs are used by a person.
2.2.2. Signs combine with each other to form a sentence.
2.2.3. Signs designate objects.
2.2.4. A sentence (proposition) designates a state of affairs.
2.2.5. These relationships, with the addition of the relationship between the maker and the receiver of a sentence that is described later, are shown in Diagram 2 below.
2.2.6. The objects that the signs designate is the meaning of the signs.
2.2.7. The state of affairs designated by a sentence is the meaning of the sentence.
2.2.7.1. Sentences that are combinations of signs exist.
2.2.7.2. The state of affairs as the meaning of a sentence exists only as an image held in the mind of the person who uses the sentence.
2.2.7.3. The state of affairs designated by a sentence can have its correspondence in the real world. However, it is not always so.

Diagram 2

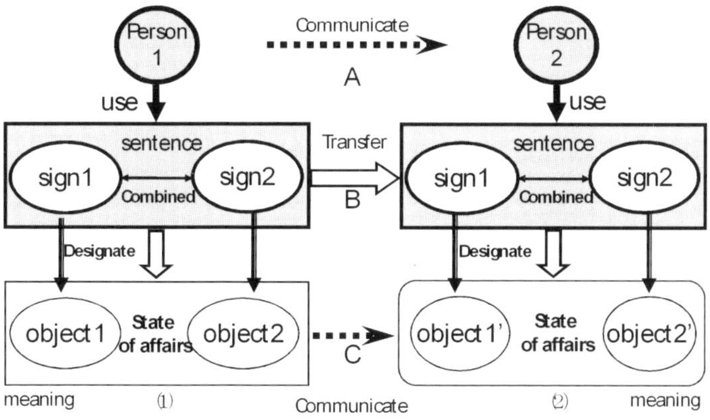

2.3. The primitives of Logical Jurisprudence

2.3.0. The primitives of Logical Jurisprudence are (1) the sentence, (2) its truth-value and (3) the inference rule. With these three primitive, Logical Jurisprudence analyses and constructs the legal world.

2.3.1. Sentences

2.3.1.1. Sentences that describe states of affairs are called propositions.

2.3.1.2. A proposition of the smallest unit is called an elementary proposition.

2.3.1.3. Elementary propositions are composed of terms and predicated.

2.3.1.4. Terms represent objects.

2.3.1.5. Predicates represent the natures or relationship of objects.

2.3.1.5.1. When a predicate forms a proposition with one term, the predicate designate the nature of the object.

2.3.1.5.2. When a predicate forms a proposition with more than two terms, the predicate designates the relationship of the objects.

2.3.1.5.3. It is relative whether something is to be regarded as an object or as a relationship. For example, a human being is regarded as an object (substance). However, when the internal structure is concerned, the human being can be regarded as consisting of the head, hands, feet and other parts. The human head consists of a skull, a cerebrum, a cerebellum and so on. The cerebrum consists of 14 billion nerve cells. The cell consists of cytoplasm and a nucleus. The nucleus includes a chromosome, which holds nucleoli and genes. The gene is composed of molecules. The molecule is composed of atoms. The atom is composed of protons, electrons and neutrons. On this way, something that is regarded as an object (substance) can also be regarded as a relationship of elementary object when viewed from another angle, especially from the internal aspect.

2.3.1.5.4. Whether something is to be regarded as an object (substance) or as a relationship depends on the purpose of description.

2.3.1.6. Elementary proposition are combined with logical particles to form a complex proposition.

2.3.1.7. Sentences can have their unique name.

2.3.2. Truth of sentence

2.3.2.0. The proposition can be said to be true or false. That is, its truth-value, "true" or "false," can be distributed to the proposition.

2.3.2.1. To understand a proposition is to figure what state of affairs exists if it is true.

2.3.2.2. To set a proposition is to make a judgment or assertion by means of the proposition.

2.3.2.3. When a proposition is set, it is asserted that the proposition is true, and when a proposition is asserted negatively, it is asserted that the proposition is false.

2.3.2.4. When a proposition is asserted to be true, it is asserted that the state of affairs that the proposition designates exists. When a proposition is asserted to be false, it is asserted that the state of affairs that the proposition designates does not exist.

2.3.2.5. That a proposition can have the logical value of being true doesn't necessarily mean that the state of affairs designated by the proposition exists in the real world. In other words, it is not necessary for the state of affairs represented by a proposition to exist in the real world in order that the proposition is to be true. Propositions can represent the state of affairs that exists not in the real world, but in a hypothetical or possible world.

2.3.2.6. A "norm" sentence can also be regarded as a proposition. It represents a certain assertion or judgment. When a norm sentence is true, there is an assertion or judgment that the normative state of affairs it designates exists [2].

2.3.2.7. When a norm sentence is "true," it means that it is normatively "valid,"

2.3.2.8. In the legal world, that a legal norm sentence is "true" is that it is legally "valid" (or it is legally "just"). That a legal norm sentence is "false" is that it is legally "invalid" (or it is legally "unjust"). The principle of dual value applies here. A legal norm sentence is to be either "valid" or "invalid". The value of legal

"validity" (or "justness") can be treated in the same way as the idea of "truth" in logic.
2.3.2.9. The truth of sentences or the validity of legal sentences can be represented by a predicate like "true" or "valid"
2.3.3. Inference rule
2.3.3.0. The third basic concept in Logical Jurisprudence is the "inference rule". The logical, correct reasoning is based on inference rules.
2.3.3.1. The main inference rule is Modus Ponens which is represented in the following schema where A and B express propositions:
$(A \Rightarrow B) \,\&\, A \Rightarrow B$
This formula is to be read: "If 'if A then B' is true and A is true, then follows: B is true". Modus Ponens is the basic reasoning schema of legal justification as discussed later.
2.3.3.2. Based on the inferences rule, another proposition can be drawn out from propositions.
2.3.3.3. When the original proposition is true, the proposition reasoned out according to the inference rule is true as well.
2.3.3.4. When the proposition reasoned out according to the rule of inference is false, it is to be concluded that the original proposition is false. The inference schema is called Modus Tollens. It is to be formulated:
$(A \Rightarrow B) \,\&\, \neg B \Rightarrow \neg A$
This formula is to be read: "If from A follows B and B is not true, then follows A is not true."

2.4. Meaning of a sentence

2.4.0. A sentence (proposition) contains a meaning.
2.4.1. A sentence and its meaning should be distinguished from each other.
2.4.2. There are two meanings to words, namely the intension and the extension. The intention of a word in the viewpoint of Logical Jurisprudence is the nature of the object or the relationship. The extension of a word is a set of objects with such a nature or set of objects in such a relationship.
2.4.3. Likewise, there are two meanings to sentences, namely the intension and the extension. The intension of the meaning to a sentence is the state of affairs that it represents, and the extension of the meaning to a sentence is its truth-value.
2.4.4. A proposition can describe the nature of another proposition or the relationship of other propositions.

2.4.5. Just as words about words are called meta words, sentences about sentences are called meta sentences, and proposition about propositions are called meta propositions.
2.4.6. The meaning of complex propositions and the meaning of their elementary propositions are interrelated.
2.4.6.1. If the meaning of all the elementary propositions are decided, the meaning of the complex proposition is determined automatically by their logical combination.
2.4.6.2. However, the meanings of the elementary propositions are not always decided in advance. The meanings of the elementary propositions also depend on the meaning of the whole proposition. The truth of elementary propositions can be determined after the truth of complex propositions is determined.

2.5. Meaning of a sentence and its use.

2.5.0. The meaning of a word is determined by how it is used by a person.
2.5.1. The meaning of a sentence does not appear without the person who uses the sentence. The meaning does not exist as an independent entity.
2.5.2. The meaning of a sentence is produced when it is related to the subject that makes the sentence or receives it. The meaning of a sentence is figured by the person who uses the sentence, in a sense, in his mind. (Refer to the above Diagram 2.)
2.5.3. The meaning of a word can differ according to the context in which it is used. In other words, it differs according to the person who uses the word, and the time, place and context that it is used in.
2.5.4. The meaning of the same sentence may not be perceived exactly the same way by its creator and its receiver.
2.5.5. However, there are commonalities between the two parties to some extent. Communication is established here. The reason the commonalities exist is because there are rules about the usage of words, which the creator and the receiver share.
2.5.6. A word is used with the assumption that it has a certain meaning when used by a certain person and used in a certain time, place and context. To that extent, the relationship between a sentence or a sign and its designated object is fixed. That is, the meaning is fixed. To that extent, the corresponding relationship between the sentence and the world the sentence represents is conceivable.
2.5.7. In the legal world – both the legal practice and legal science – legal reasoning is done with the assumption that the relationship between the legal sentence and its meaning, or the legal state of affairs that it designates, is fixed.

2.6. Legal knowledge and legal sentences

2.6.0. Legal knowledge is created in the form of sentences, and is stored in the form of sentences.
2.6.1. The knowledge of law itself is stored in the form of sentences in documents such as compendiums of statues, case book and commentaries.
2.6.2. Legal knowledge that is not stored in documents is thought to be stored in people's minds in the form of sentences as well. A person's knowledge of law may exist directly in the brain cells, in the way the brain cells are combined, in the neurotic circuits or in the chemical changes. Whatever the content is, it is thought to be recallable in the form of sentences in the consciousness.

2.7. Legal reasoning

2.7.0. Legal reasoning is the development process of legal sentences. This is explained below with Diagram 3.
2.7.1. When legal judgment is being made on a given case by applying the law, the state of affairs in the case is firstly describes in the form of sentences. This is the creation of legal fact sentences. (Cf. 1 in Diagram 3).
2.7.2. The goal (framework) of legal judgment for the case is established (It is determined what is to be judged.) The possible legal sentences as the legal conclusion for the case are created in the mind of the person who carries out legal reasoning. (Cf. 2).
2.7.3. After that, the statute provisions that can be applied to justify the conclusion are searched and extracted from the code of laws. (Cf. 3).
2.7.4. In order that the created legal judgment is proved logically as a result of the application of several relevant statute provisions, these must be connected and systematized so as to enable such a logical deduction. For this, a legal principle sentence that combines the statutes provisions is needed to be applied which is also created in legal reasoning. (Cf. 4). This process is called systematizing.
2.7.5. The interpretive propositions of the statute provision, which are needed to apply the statute to the case so as to intermediate between the abstract provision of the statute and the concrete description of the case, are searched and extracted from collections of precedents and commentaries. (Cf. 5).
2.7.6. More concrete interpretation of the law (supplementary interpretation) for the present case, that is needed to apply the interpretive proposition of the statute found from collections of precedents or commentaries to the case so as to intermediate between the former and the latter, is created. (Cf. 6). The last two processes are called concretizing.

2.7.7. By examining, evaluating and correcting the legal sentences that are extracted or created through these processes, the legal sentences – the case descriptions, statue provisions, legal principles, interpretation in precedents, supplementary interpretations and legal decisions – are determined through "go and back of sight" between law and facts, considering the purpose of law and concrete appropriateness of the decision.

Diagram 3

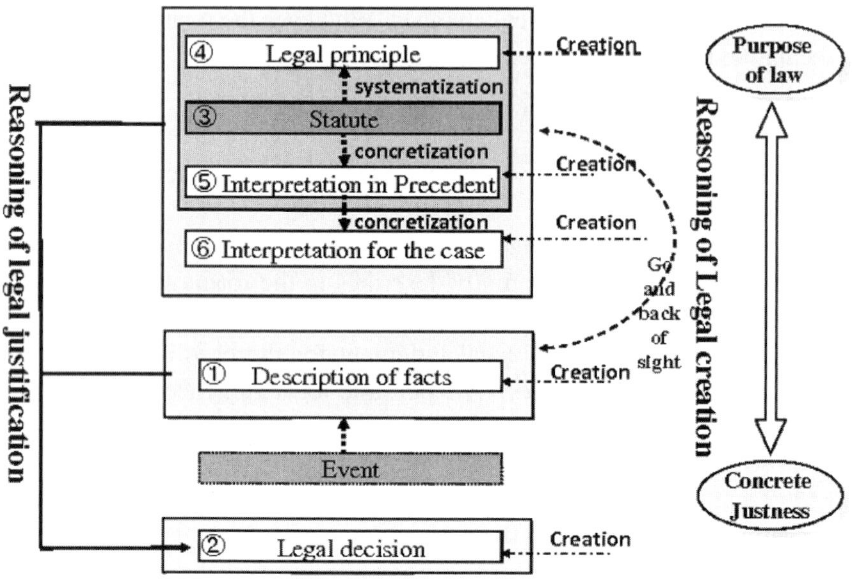

2.7.8. These legal sentences developed through legal reasoning are extracted or created so that the legal decision is the logical conclusion from another legal sentences.

3. The Concept of Legal Sentences

3.1. Starting point

3.1.1. We start from legal sentences.
3.1.2. Legal sentences are signs. They are formed as arrangements of written signs or spoken signs with certain order.
3.1.3. Legal sentences are linguistic representations of law. Law is conceived as the meaning of legal sentences [3].

3.2. Nature of legal sentences

3.2.1. Legal sentences as arrangements of signs are reliable starting points of the science of law.
3.2.2. Legal sentences as arrangements of signs are inter-subjective and positive. Why can they be positive?
3.2.3. Legal sentences are positive because they are actually set through an event like an action of a parliament or an act to conclude a contract by parties. This event can be confirmed as a fact. That a legal sentence, as a certain arrangement of words, is actually set can be confirmed through examining this event. On this basis, the same arrangement of words as that actually set can be represented again in a book. The signs of legal sentences are perceivable. To that extent, a legal sentence is a fact.
3.2.4. A legal sentence is a proportion.
3.2.4.1. Not all sentences are proportions. Precisely, sentences and proportions are to be distinguished from each other. Sentences that can have truth-value are called proportions. In the legal domain there are some sentences that are not proportions. Legal rule sentences can have truth-value [4]. Therefore, they can be treated as proportions [5]. However, in this paper they will not be referred to as "legal proportions" but the term "legal sentences" will be used in principle.
3.2.5. Legal sentences as an arrangement of signs are perceivable and therefore can be shared by people.

3.3. Legal sentences and people

3.3.1. Starting point
3.3.1.1. Legal sentences are created by people. Legal sentences are communicated to other people.
3.3.1.2. People who create legal sentences will be called the creators of legal sentences. Those that interpret legal sentences are called the interpreters of legal sentences.
3.3.1.3. The relationship between the creators and the interpreters of legal sentences is one where the creators are the senders and the interpreters are the receivers of legal sentences.
3.3.1.4. A legal sentence has a meaning only when it is in relation to people. The meaning of legal sentence is not realized when separated from its sender (the creator) and its interpreter.

3.3.2. Legal sentences and their creators
3.3.2.1. The basis of the creators of legal sentences are the individual persons. Even when organizations create legal sentences, the direct creators are the individual persons. The individual persons must be set as the starting points.
3.3.2.2. The creator of a legal sentence desires the state of affair that should be realized, and symbolizes the normative state of affairs to realize it. The creator then fixes it in the form of sentences, and these are legal sentences.
3.3.3. Legal sentences and their interpreters
3.3.3.1. Once a legal sentence is created, its meaning is not dependent on the creator. (The intention of the creator of a sentence does not restrict the receiver of the sentence casually or logically.) Rather, the meaning depends on the interpreter.
3.3.3.2. Once a legal sentence is created, the law as a meaning does not appear without the interpreter (the receiver).
3.3.3.3. Law as a meaning appears in the consciousness of the interpreter of the legal sentence as an image.
3.3.3.4. This doesn't restrict the answer to the question of whether the intention of the legislator should be considered or not when interpreting legal sentences. Neither "the theory of the legislator's intention", which says that the intention of the legislator should be received faithfully, nor "the theory of the legislator's rational intention", which says that the normative meaning which any proper legislator would have thought of should be decided, contradicts with the statement above.

3.4. Legal sentences and law

3.4.1. Legal sentences represent law. Law is the meaning of legal sentences.
3.4.2. A legal sentence as a meaning is the normative state of affairs desired firstly by the creator of the legal sentence.
3.4.3. As soon as law as a meaning is fixed as a sign-sentence, it appears in the mind of the creator of the legal sentence as an image. (Law as a meaning already exist in the consciousness before it is fixed as a sentence, but it appears as something solid when it is fixed as a sentence.)
3.4.4. With this limited existence, law as a meaning is not an object that exists continuously in time and space. In other words, it is not "substance."
3.4.5. However, a legal rule as a meaning appears in the consciousness of the creator and can be seen as a single-time phenomenon. It is a fact only to that extent. This phenomenon, however, does not have permanence.

3.4.6. The creator of legal sentence would express the legal rule image in his thought (consciousness) using language in order to determine it before it is represented as a sign-sentence. Then the legal sentence appears in the consciousness of the creator.
3.4.6.1. This can also be seen as a phenomenon [6].
3.4.6.2. Sentences exist in thoughts due to some physiological state of neuroal circuits in the cerebrum, and this is the same as how sentences exist as certain combinations of on and off's of electronic currents in the electronic memory circuits in the computer.
3.4.7. As the creator of legal sentence fixes the legal sentence that appears in the world by means of signs such as words and sounds, the legal sentence becomes a perceivable object and a linguistic expression.
3.4.7.1. When a legal sentences is symbolized, it becomes perceivable and therefore it can be shared by different people. It also becomes communicable.
3.4.7.2. A sentence that is formed in the consciousness will not be an object of direct recognition until it is symbolized.
3.4.8. Law as a meaning does not exist as independent and objective subject, or as an entity.
3.4.8.1. The entity of law itself as a meaning is the biggest fiction (legal fiction) created by jurists.

3.5. Fundamental concepts of legal sentences

3.5.0. There are three types of alternative fundamental concepts of legal sentences:
legal rule sentences and fact sentences [7] [8], legal elementary sentences and complex sentences and legal object sentences and meta sentences.
3.5.1. Firstly, it is important to distinguish between legal rule sentence and fact sentences.
3.5.1.1. Legal rule sentences have the following syntactic form:
"$\forall X\{a(X) \leftarrow b(X)\}$".
This formula is read: "For all X: X is a, if X is b. " In legal rule sentences, the consequence of the rule sentence, which is the formula on the left in the implication, is called a "legal consequence" and the antecedent, which is the formula on the right, is called a "legal requirement."
3.5.1.2. Legal fact sentences have the following syntactic form:
"b(x1)".
It is to be read: "x1 is b". Note that the difference between legal rule and fact sentences is, in Logical Jurisprudence, purely syntactic as mentioned above.

3.5.2. Secondly, legal sentences are to be further classified in terms of elementary sentence and complex sentences.
3.5.2.1. An elementary sentence is the smallest unit of legal sentences. Statutes or contracts are composed of elementary legal sentences, e.g., "One must drive a car under 100 km/hour on a highway" or "A may require B to pay the price of $10000."
3.5.2.2. A complex legal sentence is a group of legal sentences, which has a unique name, e.g., "the United Nations Convention on Contracts for the International Sale of Goods" (short: CISG), or "a contract for sale of a farming machine between A and B on October 8. 2007." A code, a part, a chapter or an article of a statute which has sections, is a complex legal sentence. In most cases, the fact that a certain legal sentence belongs to a complex legal sentence enables us to treat the validity of legal sentences at once. Namely, if one has prescribed the validity of a complex legal sentence then all legal sentences that belong to it have been regulated. The advantage of the complex legal sentence is that it contributes to producing economical description.
3.5.3. Thirdly, It is also important to distinguish between legal object sentences and legal meta sentences.
3.5.3.1. A legal object sentence describes the object itself. In the legal domain, the object is an "obligation." Legal object sentences prescribe the obligations of a person. The sentence "one must drive a car under 100km/hour on a highway" or "B must pay A the price of $10000" is a legal object sentence.
3.5.3.2. A legal meta sentence prescribes legal sentences. More precisely, it prescribes the validity of a legal sentence. Some legal meta sentences prescribe the validity of other legal meta sentences. An example of a legal meta sentence is: "A statute shall come into force from the twentieth day after its promulgation." (Article 2 of "Act on the General Rules of Application of Laws" in Japan)) or "(1) This Convention applies to contracts of the sale of goods between parties whose places of business are in different states: (a) when states are contracting states; or" (Article 1 (1) (a) CISG).
3.5.4. A legal system is to be analyzed and constructed with the above fundamental concepts of legal sentences
3.5.4.1. Law is to be expressed by combination of the above arts of legal sentences. The combination is represented by connecting legal sentences by means of the logical word "conjunction", i.e., "and."

3.6. The formation of legal sentences

3.6.1. Not all sentences are legal sentences. In order for a sentence to be a legal sentence, it has to fulfill the conditions required for the formation of a legal sentence.

3.6.2. When a sentence is created fulfilling the conditions required for the formation of a legal sentence, it is qualified as a legal sentence.

3.6.3. That a legal sentence is formed fulfilling the conditions for the formation of a legal sentence means that the sentence is evaluated as a legal sentence.

3.6.4. A legal sentence is distinguished from a normal sentence because its being set fulfilling the conditions required for the formation of a legal sentence.

3.6.5. When two sentences of exactly the same content are created, a sentence that is set fulfilling the conditions required for the formation at legal sentences is a legal sentence, but one that is set not fulfilling them isn't a legal sentence. Whether sentences are legal sentences or not can't be distinguished by their external forms of expression.

3.6.6. The conditions required for the formation of a legal sentence are defined by another legal sentence. A legal sentence is formed when it is created by fulfilling the conditions determined by another legal sentences [9].

3.6.7. Between these two legal sentences, the latter can be called the legal meta sentence of the former.

3.6.8. Only legal sentences can be the object of evaluation on whether they are valid or invalid. (Normal sentences need not be evaluated on whether they are valid or invalid – they are neutral.)

3.7. The validity of legal sentences

3.7.1. Legal sentences are either valid or invalid.

3.7.2. When a legal sentence is valid, it means that the legal sentence is true in the legal world.

3.7.3. From the logical point of view, the validity of a legal sentence can be seen as truth-value of the legal sentence [10].

3.7.4. Just as only true propositions are to be applied as premises of reasoning, only valid legal sentences are to be applied as premises of legal reasoning.

3.7.4.1. When legal sentences are valid, people feel that they should be followed. Legal sentences seem to have the value power to obligate people [11]. However, such an effect does not come directly out of the legal sentences themselves. The effect is created as a result when people adopt the legal sentences as premises of legal reasoning. People who perform legal reasoning adopt, or apply, valid legal sentences as premises of reasoning. A person adopts a legal sentence as a premise of reasoning because the person considers the sentence to be valid. In other words, by applying legal sentence, the person has legally evaluated the legal rule sentence affirmatively. This evaluation by the person is reflected in the legal sentence and gives the person the impression that the legal sentence has a value effect. The person who reasons adopts the special and concrete legal sentence, which is drawn out as a result of reasoning with the legal premise applied, to be legally true and gives it serious consideration. (The person who adopts a premise of reasoning also adopts the conclusion that comes out of it.) The special and concrete sentence describes the obligation of a person's special and concrete action. This sentence is confronted by the person's action. When a person gives the sentence serious consideration as a true sentence, the person tries to take actions that agree with the state of affairs expressed by the sentence. That is to say that the person follows the legal sentence. This is the very substance of what is known as the binding force of law.

3.7.4.2. The concepts of "appropriateness" ("Gueltigkeit" in German) and "efficacy" ("Wirksamkeit") as the validity of law can be understood from this viewpoint. Only legal sentences with legal validity are used as premises of legal reasoning. When law in appropriate, it means that the law is evaluated to be valid. When law is effective, the legal sentence is adopted by people as the premise of legal reasoning. The greater the number of people that adopt it as the premise of reasoning (just as far as the reasoning determines their actions) the more effective it is.

3.7.4.3. The interrelationship between appropriateness and efficacy can be understood from this viewpoint as well. The efficacy of law is said to be dependent on the appropriateness of law as well. In other word, when law isn't appropriate, it can't be expected to be effective either. This means precisely that legal sentences that are not appropriate would not be adopted, that is they couldn't be expected to be adopted, as premises of legal reasoning [12].

3.7.4.4. The reason why the argument about legal validity has gotten complicated is because on the one hand, there have been differences in what is thought to be legal validity or the concept of legal validity, and on the other hand, there have been differences in the evaluation standard for legal validity, and these differences haven't been dealt with enough strict attention [13].

3.7.5. The criterion for judging legal validity is described by legal rule sentences.

3.7.5.1. The validity of a legal sentence is determined by another legal rule sentence. A legal sentence is determined to be valid when it fulfills the conditions for validity set by the other legal rule sentence.

3.7.5.2. The other legal rule sentence must be valid as well. There is yet another legal rule sentence that determines the validity of the other legal rule sentence, and the other legal rule sentence is determined to be valid when the conditions for validity set by the another legal rule sentence are fulfilled for a fact and when the validity of the other legal sentence can be deduced logically as a result of the application of the another legal sentence to the fact. Furthermore, the validity of the latter is determined by yet another legal rule sentence in the same way.
3.7.5.3. There are final legal rule sentences of which the validity can't be determined by another legal rule sentence. Such legal rule sentences are assumed to be valid. In this case, a sentence that describes the validity of the legal sentence is set as a fact sentence.
3.7.6. A legal sentence that prescribes the validity of the other legal sentence is a legal meta sentence to the other legal sentence.
3.7.6.1. Such way of thinking as above could be "legally positivistic." However, it is not that the placing of the foundation of legal validity in the meta rule sentence is legally positivistic. Not only the legal positivistic theory of validity but also the other theories such as "the theory of recognition" can also be compatible with the founding of validity with the meta rule sentence. This is because it can be understood that the theory of recognition is a theory that puts an emphasis on the meta rule sentence, which sets people's approval as the condition for validity. The legal positivism lies in the point that a meta sentence which prescribes the validity of a legal sentence must be a "legal" meta sentence [14].
3.7.6.2. The validity of legal sentence N is described as "Legal sentence N is valid" in a legal meta fact sentence
3.7.6.3. There must be a legal rule sentence that prescribes that a legal sentence "is valid". This meta rule sentence is to be called the "fundamental" meta rule sentence differing from Hans Kelsen's "Basic Norm" (Grundnorm). This meta rule sentence is fundamental because it is applied always when it is determined whether a legal sentence is valid. This meta rule sentence is the top meta rule sentence [15].
3.7.6.4. Below this top rule sentence, there should be legal meta rule sentences that regulate that a legal sentence 'becomes valid' and legal meta rule sentences that rules that a legal sentence 'becomes null' [16].
3.7.6.5. Validity can be written in a negative form, namely in ways such as the legal sentence is invalid when it fulfills certain conditions (the validity is denied) [17].

3.7.7. The validity of legal sentence requires the formation of the legal sentence as a premise. Therefore, the formation of the legal sentence is one of the important conditions for the validity of the legal sentence.
3.7.7.1. A legal sentence may be assumed to be valid once it is formed [18].
3.7.7.2. However, as a principle, more conditions for validation of legal sentences, such as the conditions for start and end of validity, are required.
3.7.7.3. The legal sentence that rules the formation of a legal sentence rules who can form a legal sentence and what procedures they must follow in creating the sentence for the formation of a legal sentence.
3.7.8. There is a scope to the validity of legal sentences.
3.7.8.1. Unlike mathematical or logical propositions, legal sentences are not valid universally at all time and places, but there is a limited scope to their validity.
3.7.8.2. The validity scope of a legal sentence is prescribed by legal meta sentences according to the time, place, the person, facts and (other) legal sentence.
3.7.8.3. The validity scope of a legal sentence changes as time progresses. The meta legal rule sentence that rules the validity of a legal sentence needs to be described in detail in order that it is able to express the changes of the validity scope with time.
3.7.8.4. The relationship of validity between legal sentence is adjusted by the validity of one legal sentence defeating the validity of the other, so that the external conflict between legal rule sentences is not seen as a contradiction of logic in practical legal reasoning. It is meta legal rule sentences that adjust the validity between legal sentences as well.
3.7.8.5. Examples of such meta legal rule sentences are "the higher-ranking law defeats the lower-ranking law," "the special law defeats the general law," and "the new law defeats the old law."
3.7.8.6. In order to solve the contradiction between legal sentences in conflict, the validity of one of the legal sentences is completely denied (defeated) in some cases, and in other cases the validity is denied (defeated) only in the part that is in conflict.

Notes

[1]The basic idea back then is stated in my paper listed below which was printed in the collection of speech papers of the symposium as "12 Theses about the Legal Norm and the Application of law". See: Yoshino, H., "Zur Anwendbarkeit der Regeln der Logik auf Rechtnormen" (short: "Zur Anwendbarkeit), in*: Die Reine Rechtlehre in wissenschaftlicher Diskssion (Schriftenreihe des Hans Kelsen Institute Band 7),* Wien (Manz Verlag), 1982, S. 142-164., S. 163; Yoshino, H. "About the

Applicability of the Principles of Logic to Legal Norm". in: Keio Law Journal, 1992, vol.65, No.12, 1992, pp. 512-472. At that time I called this theory "The Theory of Legal Norm Sentences". See: Yoshino H., "Idea of the Theory of Legal Norm Sentences" (in Japanese), in: Hanrei Times, 1985, Vol. 557, pp.6ff.

[2]At former stage, the term "norm" or "legal norm" was used by me, following the traditional usage of terms in legal philosophy. In this paper, as I will explain later, the term "rule" will be used in stead of "norm."

[3]What is the standard for distinguishing legal norm sentences from other sentences? This question is also a question of the concept of law, and I would like to state this later in the paper. Here, I will make just one point. A sentence becomes a legal sentence when it fulfills the requirements for the formation of legal sentences.

[4]Please see the following papers of mine regarding this statement: Yoshino, H., "Über die Notwendigkeit einer besonderen Normenlogik als Methode der juristischen Logik", in: juristishe Logik, Zivil und Prozessrecht, Berlin-Heidelberg-New York (Springer Verlag), 1978, S. 140ff., "Zur Anwendbarkeit" S. 142ff; Yoshino H., "Legal Logic – the Direct Application of Mathematical Logic to legal Norm" (in Japanese), in: Modern Legal Philosophy Vol. 1 – Legal Theory. University of Tokyo Press, 1983, pp.197 ff.

[5]Hans Kelsen says that the legal norm doesn't have truth-value but legal proposition that describe the legal norm has truth-value. My "Legal proposition" differs completely from Kelsen's. Kelsen's opinion is based on the idea that the legal norm exists as an object, which is an opinion shared by many people back then and today, but, as stated in this paper, the legal norm as a meaning does not exist. Therefore, the reason that legal propositions have truth-value is not because they describe the legal norm as an existing object.

[6]Is it right to say that the image itself as a meaning is true?

[7]This paper uses the term "rule" instead of the term "norm." Readers who are used to the expressions in the legal theory of the continental law may read this paper by replacing roughly "legal rule sentence" with "legal norm sentence" and "legal rule" with "legal norm" in order to understand the intention the writer had when writing this paper.

[8]I have used the term "legal norm sentence" for a long time. The establishment of Logical Jurisprudence also started with the idea of "legal norm sentence." Back then, there was a distinction between "legal norm" and "legal norm sentence." I tried to wipe out metaphysical tone of by starting with legal norm sentences instead of the legal norm. It was a new position to take to that extent. However, although it is common for the legal theory of the European continent like Germany to see "law" as the "norm," it is common in the writings of American law to explain law as the "rule" and the word "norm" is rarely used. It was difficult to choose between "legal norm sentence" and "legal rule sentence" as the starting point. I gradually started to think that it is better to use the term "rule" rather than the term "norm," and likewise, "legal rule sentence" rather than "legal norm sentence." This was because I came to realize that the term "legal norm sentence" has the tone of special philosophy, or the tone of metaphysic that the term "norm" has. Therefore, in order to completely wipe out the metaphysical tone from my theory, I decided to use the term "legal sentence. Finally, I started only from the syntactical structure of rule sentences.

[9]One may see this definition is similar to the definition of the law by legal positivism.

[10]I have already laid out the foundation of formal semantics for this thought. See the papers listed in endnote [4] above.

[11]The problem of "validity of law" was so difficult that it was called the Cape Horn.

[12]It is also argued that "law that is not effective is not appropriate either." This is talking about a situation a little different from the argument above. This is an argument that the possibility of real-

izing the law should be included as one of the conditions needed to evaluate the validity (conditions for validity.) In other words, as the negative condition of the validity of legal rule sentence, there is a criterion where it is unlikely that people will follow the legal rule sentence.

[13]This can also be said about various situations, from legal positivism to the natural law theory.

[14]In the reasoning to induce the validity of a legal sentence, it is not necessary for all the premises to be "legal" meta rule sentences. There needs to be at least one meta rule sentence that has a sentence with the same predicate in its consequence part as the predicate that shows "legal validity" of the legal sentence.

[15]There must be meta rule sentences which prescribe the validity of a constitution. These rule sentences can be called "basic" meta rule sentences corresponding to Hans Kelsen's Basic Norm. This will be discussed in the theme of the structure of law in near future.

[16]For example, Clause1, Article127 of civil Code of Japan provides the cause for a legal act as a legal sentence to become valid. (A legal act subject to a condition precedent becomes valid upon the fulfillment of the condition.) Moreover, Clause 2, Article135 of Civil Code of Japan provides the cause for the termination of validity of legal act. (If a legal act is subject to a time of termination, the validity of the legal act is terminated when such time arrives.)

[17]For example, Article 90 of Civil Code of Japan states that a legal act which has for its object such matters as contrary to public order or good morals is invalid.

[18]This assumption is likely to be realized in contract. However this assumption does not go with all legal sentences. The law, especially, strictly distinguishes between its formation and its enforcement (It is not valid until it comes into enforcement.) See: Clause 1, Article 59 of Constitution of Japan and Article 2 of t Act on the General Rules of Application of Laws.

Postscript

This paper is not yet completed as Tractatus Logico-Juridicus. This includes up to Chapter 3 of "The Concept of Law." I plan to publish the rest in the near future.

VI. Topik und Verfahren

Zur Anreicherung von Rechtsakten durch Kontextinformation am Beispiel gerichtlicher Entscheidungen *

Meinrad HANDSTANGER

Kontextdimensionen

Gerichtliche Rechtsakte repräsentieren den Prototyp behördlicher Entscheidungen. Da sich Rechtsdatenbanken – umfassen sie Einzelfallentscheidungen – in erster Linie mit gerichtlichen Entscheidungen beschäftigen, ist in der Folge nur von dicsen die Rede. Die angestellten Überlegungen sind allerdings grundsätzlich für alle behördlichen Entscheidungen von Relevanz. Gerichtliche Rechtsakte beinhalten Falllösungen. Falllösungen bestehen in der rechtsverbindlichen Beurteilung von einem jeweils singulären tatsächlichen Geschehen dem Sachverhalt [1] an Hand von (einschlägigen) Rechtsnormen.

Für den gerichtlichen Rechtsakt eröffnen sich Kontexte in vier Richtungen: a) Die Dimension der „Sollens-Kontexte" erfasst die einschlägigen generellen Rechtsvorschriften (Verfassung, Gesetze, Verordnungen ...), die bei der Rechtsanwendung für maßgeblich erachtet werden; b) die „Seins-Kontexte" betreffen den Sachverhalt, der rechtlich beurteilt werden soll; c) die „Judikatur-Kontexte" bezeichnen die einschlägigen früheren Fallentscheidungen, die Präjudizien. d) Dazu treten als vierte Dimension „Entwicklungs-Kontexte", die den jeweiligen sachverhalts- und normrelativen Entscheidungsspielraum und damit die (relative) Offenheit der Einzelfallentscheidung betreffen; diese vierte Dimension beinhaltet im Zusammenspiel mit den „Judikatur-Kontexten" auch die Perspektive, die anstehende Falllösung (bzw mögliche Lösungsvarianten) in ihrer Rolle als Präjudiz für zukünftige Fälle in den Blick zu nehmen und zu bewerten.

Gerichtliche Rechtsakte treten uns als Volltexte gegenüber. Textpassagen stellen Anknüpfungspunkte in alle vier Richtungen dar: Etwa die Zitierung und Paraphrasierung von generellen Rechtsvorschriften in Richtung der „Sollens-Kontexte", die Feststellung des maßgeblichen Sachverhalts bezüglich der „Seins-

---

* Die Vortragsform wurde im Wesentlichen beibehalten, der Text stellenweise überarbeitet und um einige Fußnoten ergänzt. Er gibt ausschließlich die Meinung des Verfassers wieder.

1 Werden generelle Rechtsakte gerichtlich auf ihre Übereinstimmung mit höherrangigem Recht geprüft, treten diese an die Stelle des Sachverhalts.

Kontexte", Judikaturzitate betreffend die „Judikatur-Kontexte", sowie im Bereich der „Entwicklungs-Kontexte" die Formulierung der maßgeblichen Begründungselemente als die Entscheidung tragendes *ratio decidendi* bzw der Ausführung von *obiter dicta*, wobei gerade letztere fallbezogen nicht entscheidungsmaßgebliche, aber für die mögliche Weiterentwicklung der Judikatur bedeutsame Aufschlüsse geben können. [2]

Die Datenmenge einer gerichtlichen Entscheidung beinhaltet in aller Regel insbesondere Daten über das entscheidende Gericht und seine Zusammensetzung, Ort und Datum der Entscheidung, ferner die maßgeblichen Rechtsquellen, die für deren Anwendung bedeutsame Vorjudikatur und Literatur sowie die Feststellung des maßgeblichen Sachverhalts. Diese Daten finden sich regelmäßig in den beiden Teilen, in die gerichtliche Entscheidungen zerfallen: Im „Spruch", in dem sich die behördliche Entscheidung findet, und in der „Begründung", wo die Fallentscheidung aus der Rechtsordnung hergeleitet und legitimiert wird.

Metadaten

Mit Hilfe von Metadaten – Daten über den Entscheidungstext – lassen sich Judikaturtexte in einer Datei bearbeiten, um Dateibenutzern das Auffinden der Entscheidung zu erleichtern. Metadaten fungieren so gesehen als Werkzeug zum Auffinden von Fallentscheidungen. Dabei erfordert sowohl die Definition von Metadaten als auch das Auffinden von Entscheidungen mit ihrer Hilfe juristische Kompetenz. Juristisches Interpretieren und Argumentieren setzt voraus, dass die einschlägigen Texte bereits gefunden wurden. [3] Die Definition von Metadaten verlangt juristisches Können insofern, als sich diese zweckmäßigerweise an den falllösungsrelevanten juristischen Denkmustern orientiert.

Die Funktionalität eines Metadaten-Konzepts bestimmt sich maßgeblich nach dem Verwendungskontext. Der Aktenumschlag eines Gerichtsakts als Beispiel traditioneller Metadaten soll vor allem einen raschen Überblick über den Verfahrensverlauf bei Gericht bieten: Jede Zeile beinhaltet einen Aktenvorgang vom Verfahrensbeginn (etwa der Einbringung einer Klage oder Beschwerde) bis zur gerichtlichen Entscheidung. Jeder Vorgang wird dabei fortlaufend gezählt ("mit einer Ordnungszahl" versehen) und datiert. Normalerweise erlaubt der Aktenumschlag die Orientierung mit einem Blick. [4] Deutlich vielfältiger erscheinen die in

---

[2] Zu diesen Elementen vgl etwa Bydlinski, F, Grundzüge der juristischen Methodenlehre, 2005, 117 ff.

[3] Vgl Luhmann, Das Recht der Gesellschaft, 1993, 339.

[4] Werden die Farben der Umschläge jährlich gewechselt, ist der Umschlag auch Indikator für die Verfahrensdauer.

der Maske für die Rechtssätze [5] aus der Judikatur des Verwaltungsgerichtshofes im Rechtsinformationssystem des Bundes (RIS) [6] enthaltenen Metadaten, die zudem unterschiedlichen Ordnungsgesichtspunkten folgen. Neben der Wiedergabe des Inhalts des „Rechtssatzes" wird die Entscheidung mit Hilfe der Angaben zu „Gerichtstyp", „Entscheidungsdatum" und „Geschäftszahl" individualisiert. Die Dokumentation im RIS wird mit den Angaben zu „Veröffentlichungsdatum" und „Rechtssatznummer" erfasst. [7]

Diese Metadaten dienen zweifellos dazu, das Auffinden der Rechtssätze zu erleichtern. Mit Hilfe dieser Metadaten wird aber auch der juristische Kontext, in dem der „Rechtssatz" steht, näher angegeben. [8] Die Beachtung der Metadaten trägt in der Regel dazu bei, eine kontextverzerrte Übertragung des Rechtssatzes auf neue Fälle zu vermeiden. Insoweit dienen die Metadaten der Kontextstabilisierung des Rechtssatzes. Ihnen kommt vor allem für die Verwendung des Rechtssatzes beim Fallvergleich, [9] in dessen Rahmen der anstehende Fall mit früheren Fällen in Zusammenhang gebracht und dort eingeordnet wird, Bedeutung zu. Das Herausarbeiten von Ähnlichkeiten und Unterschieden zwischen Fällen lässt sich auch als Vergleich der jeweiligen Fallkontexte verstehen. Wird ein Rechtssatz unter Außerachtlassung des Kontextes verwertet, erleichtert dies eine vergleichsmethodisch problematische „Verselbständigung" des Rechtssatzes in kontextfremden Zusammenhängen.

Pluralität der Kontexte

Regelmäßig bestehen in jeder der vier angeführten Kontextdimensionen mehrere relevante Kontexte. Für die Dimension der „Sollens-Kontexte" sind etwa

---

[5] Rechtssätze geben den juristischen Kern der Entscheidung wieder. Sie stellen eine Zwischenstufe zwischen dem generellen Recht und den konkreten Fällen dar; korrespondiert ein neuer Fall mit einem schon entschiedenen Fall, orientiert sich die Rechtsprechung im Interesse der gleichmäßigen Rechtsanwendung am schon gefundenen Rechtssatz.

[6] Vgl dazu etwa Stöger/Weichsel, Entwicklungstrends bei RIS und E-Recht, in: Klagenfurter Legistische Gespräche 2005, Band 12 der von der Kärntner Verwaltungsakademie herausgegebenen Bildungsprotokolle, 2006, 181.

[7] Angeführt sind ferner unter „Norm" die maßgeblichen Rechtsquellen, mit denen der Rechtssatz in Beziehung steht, mit „Index" die Einordnung des Rechtssatzes in die für die Judikaturdokumentation geschaffene Gliederung der Rechtsbereiche, unter „Schlagworte" die für den Rechtssatz (assoziativ)einschlägigen Rechtsbegriffe aus einem Begriffsystem, und – für das RIS als System bedeutsam – die „Dokumentennummer".

[8] Außerdem erlauben eine Reihe von Angaben nicht nur das Veröffentlichungsdatum, sondern etwa auch die Schlagworte und die Angaben unter „Index" und „Norm" die Beurteilung, wann und in welchem rechtlichen Kontext das Rechtssatzdokument erstellt wurde.

[9] Zum Fallvergleich vgl etwa Kaufmann, A, Rechtsphilosophie, 1997^2, 75 ff, 86 ff.

verschiedene Rechtsordnungen, das Gemeinschaftsrecht, das nationale (Verfassungs)Recht, das Völkerrecht, für die „Judikatur-Kontexte" die Rechtsprechung des entscheidenden Gerichts, aber auch die von anderen Gerichten (etwa zu vorrangigem oder höherrangigem Recht) zu nennen. Für die Dimension der „Seins-Kontexte" ergibt sich neben dem von der Behörde als maßgebend identifizierten Sachverhalt möglicherweise auch verdeckte Kontexte, die erst im weiteren Verlauf des Verfahrens auftauchen und zu einer Revidierung des ursprünglichen Sachverhaltsbildes führen können. Auch „Entwicklungs-Kontexte" entfalten sich in unterschiedliche Richtungen.

In jeder Dimension können die unterschiedlichen Kontexte zueinander in Beziehung stehen, so etwa im Bereich der „Sollens-Kontexte" im Sinn der Umsetzung von Gemeinschaftsrecht durch nationales Recht oder des verfassungskonformen Verständnisses nationaler Gesetze. „Judikatur-Kontexte" können zum Abgehen von bestehender Judikatur führen, etwa weil supranationales Recht durch das zuständige supranationale Gericht eine spezifische Auslegung erfuhr. Auf der Ebene der „Seins-Kontexte" kann die Zusammenschau verschiedener Kontexte zu spezifischen Annahmen über Kausalzusammenhänge führen, bezüglich der „Entwicklungs-Kontexte" vermag der Zusammenhang zwischen nationaler, inter-nationaler und supranationaler Judikatur ein Gericht dazu veranlassen, Anhaltspunkte für künftige diese Kontexte zusammenschauende Judikatur zu geben.

Ein Rechtsakt repräsentiert eine gewisse Balance aller relevanten Kontextrelationen, indem er eine plausible Entscheidung präsentiert: als rechtlich vertretbar und sachverhaltsmäßig schlüssig. Die Plausibilität betrifft dabei die auf die Überzeugungskraft der Argumentation beruhende Wirkmacht einer Begründung. [10] Sie fungiert als „Klammer" für das Ineinandergreifen der unterschiedlichen Kontexte.

Kontextwechsel

Sprachliche Texte und deren Deutung sind kontextrelational: Je nach Kontext kann Sinn und Bedeutung des Textes unterschiedlich erfasst werden. So hängt etwa das konkrete Verständnis von im Wesentlichen gleichlautenden Verfassungstextpassagen wesentlich von der verfassungsrechtlichen Grundordnung ab: Demokratie wird im demokratischen Verfassungsstaat westlicher Prägung anders verstanden als nach dem Verfassungstext der ehemaligen Sowjetunion. [11] Die aus-

[10] Vgl dazu Neumann, Theorie der juristischen Argumentation, in: Kaufmann/Hassemer/Neumann (Hrsg), Einführung in Rechtsphilosophie und Rechtstheorie der Gegenwart, 2004^{7}, 341 f.

[11] Zum Funktionswandel von Normen anhand geänderter Umstände vgl etwa Neumann, Die Herrschaft des Gesetzes, 1980, 35.

reichende Repräsentation von Rechtsakten durch Metadaten in einer Datei hilft (wie erwähnt), einer verzerrten Verwendung von Rechtssätzen vorzubeugen. Der Ansatzpunkt für eine solche Verfremdung liegt nicht im Text des Rechtssatzes, sondern in seiner Heranziehung für neu anstehende Fälle. Freilich verlangt die abschließende Beurteilung, ob ein schon existierender Rechtssatz als Orientierung für die Entscheidung eines neuen Falles dienen kann, eine genaue Analyse des Sachverhalts, in dessen Kontext der Rechtssatz geschöpft wurde. Die in einer gerichtlichen Entscheidung enthaltenen rechtlichen Ausführungen erfolgen nämlich grundsätzlich mit Blick auf das tatsächliche Geschehen bzw das Objekt, das rechtlich beurteilt werden soll. Ihre rechtliche Tragweite wird in aller Regel durch diesen Objekt-Kontext limitiert. Das führt dazu, dass sich eine sorgfältige Untersuchung nicht mit dem bloßen Text eines Rechtssatzes einschließlich der schon erwähnten Metadaten im RIS begnügen darf, sondern den gesamten Entscheidungstext heranziehen muß. Dies beugt der „Verselbständigung" von Rechtssätzen vor, bei der Rechtssätze vom Fallkontext (insbesondere den maßgeblichen Sachverhaltselementen) losgelöst auf andere Konstellationen übertragen wird, ohne dass wegen ihrer Ähnlichkeit in ihren maßgeblichen Elementen die Konstellationen analog gesehen werden können.

Grenzen der Präsentation des Verfahrens im Rechtsakt-Text

Alles, was sich nicht deutlich im Text niederschlägt und damit aus dem Text herausgelesen werden kann, wird dort nicht (hinreichend) abgebildet. Insofern stellt der Text des Rechtsaktes einen „Medienbruch" in Bezug auf den Inhalt der Entscheidung vorangehenden Verfahrens dar, wobei dieses nur selektiven Niederschlag findet. Neben den Umständen, die vom Gericht für die Falllösung als unwesentlich eingestuft und deshalb nicht erwähnt werden, existieren Verfahrenselemente, die sich nicht oder nur relativ unscharf abbilden lassen: Zu nennen ist hier zunächst die strategisch-rhetorische Dimension einer kontradiktorischen Auseinandersetzung zwischen den Verfahrensbeteiligten, deren jeweilige Bewertung in erster Linie auf der subjektiven Einschätzung der Beteiligten gründen wird. Ferner lässt sich der Rest aleatorischer Offenheit, die auch bei gerichtlichen Verhandlungen (etwa infolge des zufälligen Ineinandergreifens von Verfahrenshandlungen) besteht, oft nicht näher bewerten und fassen.

Textrelationen

Die verschiedenen Metadaten – die Textfelder der Metaebene – knüpfen an bestimmte Textfelder im Volltext der gerichtlichen Entscheidung an. Die Metadaten „Norm" etwa orientieren sich an den im Spruch und in der Begründung der Entscheidung genannten Rechtsquellen, auf die sich die Entscheidung gründet. Die Andockstellen der Metaebene weisen dabei in die verschiedenen Kontextdimensionen, in denen ein Rechtsakt steht.

Die traditionelle Textstruktur des Rechtsaktes und die neue Form des Computerdokuments (XML), [12] das den Rechtsakt bzw seinen Kern, den Rechtssatz, abbildet, können dabei im Wege eines aneinander orientierten Lernvorgangs in ein Verhältnis gegenseitiger Anpassung geraten. Eine Grundlage für die Analyse traditioneller Rechtstexte in diesem Zusammenhang ist die Strategie der Textpräsentation juristischer Entscheidungen. Die Begründung von Rechtsakten sind (wie erwähnt) plausibilitätsorientiert: Es geht darum, die Überzeugungskraft der Argumente bestmöglich zu entfalten und der Entscheidungsbegründung Wirkmacht zu verleihen. Für diese strategische Dimension lassen sich aus der Entscheidungspraxis einige Maximen [13] rekonstruieren. Aus diesen Maximen ergibt sich insbesondere, wie der Fall üblicherweise für die Entscheidung „in die Hand genommen" wird. [14] Dieser falllösungstechnische Aspekt lässt sich meist nicht einfach aus dem Rechtsakttext ablesen, er verlangt vielmehr die Kenntnis der Judikatur und ihrer Argumentationsstandards. [15]

Die „Distanzmaxime" zielt auf einen unparteilichen, von persönlichen Interessen an einer Alternative distanzierten behördlichen Umgang mit Alternativen. [16] Die „Generalisierungsmaxime" betrifft die Rückkoppelung des zu entscheidenden Falles an Hand von Vorjudikatur und präsumtiver Nachjudikatur. [17] Die „Ma-

---

[12] Vgl etwa Schefbeck, Legislative XML – ein Überblick, in: Klagenfurter Legistische Gespräche 2004, Band 10 der von der Kärntner Verwaltungsakademie herausgegebenen Bildungsprotokolle, 2005, 17.

[13] Diese Maximen haben nicht die Interpretation von Rechtsnormen zum Gegenstand und liegen daher in methodologischer Hinsicht außerhalb der Rechtsdogmatik, sie beziehen sich aber auf für die Normdeutung maßgebliche Rahmenbedingungen und sind insofern für das Rechtsleben (vgl dazu Radbruch, Rechtsphilosophie, 1999, 106 f) bedeutsam.

[14] Sowohl der Zugang zum tatsächlichen Geschehen als auch die Abfolge der Argumentation korrespondiert dem Plausibilitätserfordernis.

[15] Dies schließt auch die genauere Analyse typischer „Argumentationsketten" mit ein.

[16] Diese Distanz zum Fall auf Seiten der Entscheidenden ist grundlegend für die weiteren Maximen.

[17] Dabei geht es um die gleichmäßige, Willkür hintanhaltende Rechtsanwendung zur Konsistenz des Fallrechts, was dadurch erreicht werden soll, dass im Wesentlichen gleichgelagerte Fälle in der gleichen Weise entschieden werden.

xime des Dialogs“ stellt das Eingehen auf die von den am Verfahren Beteiligten auf den Tisch gelegten Argumente und Gesichtspunkte in den Mittelpunkt, wobei auch Lehre und Rechtsprechung ihren Niederschlag finden. Die „Maxime der Offenheit“ gegenüber Alternativen verlangt das Durchspielen des anstehenden Falles an Hand verschiedener Perspektiven, um Alternativen aufzuspüren und konturiert heraustreten zu lassen. Die „Maxime der kleinen Schritte“ wird in der Falllösungspraxis häufig zur Richtschnur dahingehend genommen, dass sich die Falllösung auf die Beantwortung der Fragen beschränkt, die zur Entscheidung des Falles erforderlich erscheinen. [18] Für die Gestaltung des Begründungstextes der Entscheidung sind vor allem drei Maximen einschlägig: Die „Maxime der Plausibilität“, die „Maxime der Utilität“ und die „Maxime der Brevität“. Die Plausibilitätsmaxime betrifft die Überzeugungskraft der Argumentation. Dabei kommt es insbesondere auf den strategischen Nutzen einzelner Argumente bzw Argumentationsfolgen an, wobei auch die Verwertbarkeit von Argumenten auf dem Boden der Vorjudikatur für die Entscheidung zukünftiger Fälle in den Blick genommen wird. Die Maxime der Brevität korrespondiert mit der schon angesprochenen Maxime der kleinen Schritte. [19] Schließlich soll die hier sogenannte „Maxime der Vorsicht“ angesprochen werden: Damit ist gemeint, dass die Auswahl zwischen Alternativen bzw alternativen Lösungswegen daran orientiert ist, keine Vorgaben zu entwickeln, die zukünftige Falllösungen (evidentermaßen) wesentlich erschweren könnten. [20]

Strukturierungsleistung der Rechtswissenschaft

An Hand der Deutung der Rechtsnormen – der Konkretisierung ihres Sinns – entwickelt die Rechtsdogmatik Erklärungsmuster zur Systematisierung des Rechtsstoffes und (lehrsatzartige) Grundregeln und Prinzipien für das Verständnis der Rechtsordnung. [21] Die so gebildeten Sinn-Kontexte der Rechtswissenschaft strukturieren damit die „Sollens-Kontexte“ (nicht selten im Wege der Judikaturkritik). Diese wissenschaftliche Auseinandersetzung mit der Rechtsordnung führt zu einem vertieften Wissen um normative Zusammenhänge, sie erleichtert die Identi-

[18] Dieser „step by step approach“ führt nach und nach zum Aufbau eines Judikaturfeldes, das sich einerseits weitestmöglich am tatsächlichen Geschehen in den einzelnen Fällen orientiert, ohne diesen durch hypothetische Überlegungen vorzugreifen, und andererseits genügend Orientierung für die Lösung neuer Fälle bietet.

[19] Sie ist im Zusammenhalt mit der „Dialogmaxime“ zu sehen, die auf eine erschöpfende Behandlung des Vorbringens der Parteien gerichtet ist.

[20] Vorsicht gilt als Gebot der Klugheit, letztere steckt als „prudentia“ im Begriff „Jurisprudenz“.

[21] Vgl Rüthers, Rechtstheorie, 1999, Rz 309 ff.

fikation unplausibler Argumentationen und die Anwendung des Rechts auf neue Fallkonstellationen. Gerade eine von kritischem Impetus gegenüber der Normsetzung geleitete Rechtswissenschaft kann zu einer Stabilisierung der Sollens-Kontexte sowie der Judikatur-Kontexte beitragen. [22] Zudem ist die rechtswissenschaftliche Auseinandersetzung insbesondere für die Ausbalancierung verschiedener Sollens-Kontexte bedeutsam, indem sie die Beziehungen zwischen diesen Sollens-Kontexten erhellt.

Zum Benutzer-Kontext

In aller Regel werden Rechtsakte und Rechtssätze standpunktbezogen in den Blick genommen. Der subjektive Kontext der Benutzer einer Datei ist meist der Hintergrund für die Suche nach diesen Texten über Metadaten. Der Umgang mit Rechtsinformationssystemen ist damit nicht nur Sache des „Rechtsstabes", [23] der professionellerweise mit dem Recht Befassten, sondern auch der von ihren individuellen Rechtsproblemen Berührten. Zweckmäßigerweise sollten daher Abfragemöglichkeiten in Rechtsdateien so konfiguriert und Rechtssatz-Dokumente so gestaltet werden, dass sie typischen Konstellationen individueller Betroffenheit Rechnung tragen.

[22] Kritik wirkt so gesehen nicht (bloß) „zersetzend" oder „verhängnisvoll".

[23] Vgl dazu Weber, Wirtschaft und Gesellschaft, 1980^5, 561 ff.

Gesellschaftliche Bezüge psychotherapeutischer Kommunikation. Semantische Annäherungen an gerichtliche Verfahren?

Frank ROTTER

1. Zur Themenstellung

Es geht um die Frage, ob und welche Gesellschaftsbilder oder gesellschaftlich gesehene Probleme in Psychotherapien von bzw. zwischen Klient und Psychotherapeut kommuniziert und gegebenenfalls in die Kommunikation therapeutisch einbezogen werden oder – als Empfehlung – probeweise einbezogen werden sollten. Der Blick auf gerichtliche Verfahren macht Sinn, weil im Zuge der gesellschaftlichen Entwicklung gerichtliche Kommunikation nicht mehr durch die Aufgabe der Angstregulierung belastet blieb.[1] Diese Aufgabe nahmen nicht zuletzt die psychotherapeutischen Verfahren auf, die eine eigene sich von Gerichtsverfahren stark unterscheidende Kommunikationskultur ausbilden konnten – man denke etwa an den psychische Regression fördernden Kommunikationsstil der Psychoanalyse. Angesichts der großen Kluft zwischen der Welt der Justiz und der Welt der Psychotherapie, in denen ja auch unterschiedliche Arten von Wissen vorherrschen, bleibt die Spannweite interdisziplinärer Orientiertheit Ilmar Tammelos nachhaltig bemerkenswert. Sie reichte von der Rechtslogik bis zur Einbeziehung von Psychoanalyse, Sozialisationstheorie und psychiatrischem Wissen[2] – disziplinäre Perspektiven, die auch in diesem Text wiederkehren. Hier steht aber nicht im Vordergrund, wie sich die Welten Justiz und Psychotherapie unterscheiden oder von ihrer Unterschiedlichkeit aus kooperieren, wie das etwa im Strafprozess geschieht. Auch ist nicht eine Annäherungsform wie die Mediation gemeint. Gefragt ist vielmehr, ob und inwieweit durch Entwicklungen im Bereich Psychotherapie die Thematisierungslücke zwischen diesem Bereich und dem Bereich der Justiz kleiner geworden ist und prospektiv noch kleiner werden könnte.

Um die gesellschaftliche Qualität der Inhalte kommunikativer Beiträge festzustellen, werden im Ausgang vier Ebenen entwickelter Gesellschaften unterschieden: Interaktions-Systeme, Gruppen, Organisationen und die Gesellschaft mit ih-

---

1 Luhmann, N. (1987): Rechtssoziologie. 3. Aufl., Opladen: Westdeutscher Verlag, S. 37 f.

2 Tammelo, I. (1977): Theorie der Gerechtigkeit, Freiburg/München: Alber, S. 117-125; ders. (1975): Zur Philosophie des Überlebens, Freiburg/München: Alber, S. 115 ff.

ren funktionalen Teilsystemen wie Wirtschaft und Politik. [3] Die Gesellschaftlichkeit der Beiträge wird an der letztgenannten Ebene – Gesellschaft und funktionale Teilsysteme – festgemacht, was funktionsspezifische Organisationen, zum Beispiel Arbeitsorganisationen einschließt. Manche kommunikativen Konstellationen wirken dem Aufkommen solcher gesellschaftsbezüglicher Inhalte entgegen. Soweit etwa Psychoanalysen frühkindliche Regressionen bewirken, schließen sie die Kommunikation über gesellschaftliche Themen von vornherein aus. Wenn sich die Regression in den Dienst des Ich (erfolgreich) stellt, bleibt offen, was daraus für die Inhalte der therapeutischen Kommunikation resultiert. [4] Auch bei Erreichen der obersten Wahrnehmungsebene ist freilich eine Be- bzw. Verhinderung gesellschaftlicher Inhalte möglich, wenn der Therapeut etwa vom Patienten aufgebrachte berufliche Probleme als Rationalisierung entwertet. Immerhin findet man die Thematisierungslücke typischer Weise mit dem Blick auf die Arbeitswelt als Entfremdungsphänomen reklamiert. Diese Kritik gilt nicht nur der Psychoanalyse, sondern auch allen anderen Psychotherapie-Schulen. [5]

Lohnendere Anschlussmöglichkeiten verspricht die empirische Psychotherapieforschung. Hier konnte Klaus Grawe schulenübergreifend vier Wirkfaktoren abheben, die bis auf den Faktor aktiver Hilfe inhaltlich interessant sind: Ressourcenaktivierung, Problemaktualisierung, aktive Hilfe zur Problembewältigung und Klärungsperspektive. [6]

Bei dem Wirkfaktor Ressourcenaktivierung steht obenan, dass der Therapeut den Klienten in seinem Selbstwert positiv bestätigt. Beispielsweise geschieht dies, wenn der Therapeut es positiv, bestärkend aufnimmt, dass ein Klient eigene be-

---

[3] Luhmann, N. (1975): Interaktion, Organisation, Gesellschaft, in: ders.: Soziologische Aufklärung 2, Opladen: Westdeutscher Verlag, S. 9 ff.; Neidhardt, F. (1979): Das innere System sozialer Gruppen, in: Kölner Zeitschrift für Soziologie und Sozialpsychologie 31, S. 639 ff.; Hornberger, S. (2006): Individualisierung in der Arbeitswelt aus arbeitswissenschaftlicher Sicht, Frankfurt/Main: Lang, S. 26-29

[4] Thomä, H./Kächele, H. (1989): Lehrbuch der psychoanalytischen Therapie. Bd. 1, Berlin u.a.: Springer, S. 80 ff., 284 ff.; Danzinger, R. (1998): Wahnsinn Psychiatrie – Psychiatrische Institutionen als Symptombildung. Eine psychoanalytische Betrachtung der Psychiatrie, in: Meißel, Th./Eichberger, G. (Hrsg): Sozialpsychiatrie und Psychotherapie, Linz: edition promente, S. 18 ff.

[5] Mies, Th. (1992): Familie – Arbeit – Psychotherapie. Grenzen der Individualisierung, in: Förderverein Gruppentherapie, Münster: Votum, S. 41 f.; Willems, H. (1994): Psychotherapie und Gesellschaft. Voraussetzungen, Strukturen und Funktionen von Individual- und Gruppentherapie, Opladen: Westdeutscher Verlag, S. 183 ff.

[6] Grawe, K. (1995): Grundriss einer Allgemeinen Psychotherapie, in: Psychotherapeut 40, S. 135-140; ders. u.a. (1994): Psychotherapie im Wandel. Von der Konfession zur Profession. 3. Aufl., Göttingen: Hogrefe/Verlag für Psychologie, S. 750 ff., 772 ff., 784. Weiterführend ders. (1998): Psychologische Therapie, Göttingen: Hogrefe/Verlag für Psychologie, S. 529 ff., 586 ff.

rufliche Probleme im Kontext seiner professionellen Kompetenzen aufwirft.[7] In der Klärungsperspektive zielt die psychotherapeutische Kommunikation auf neue Bewusstseinsinhalte. Das kann in psychoanalytischen Verfahren durch Deutungen gefördert werden. Bei dem hier in den Blick genommenen Merkmal der Gesellschaftlichkeit sei als Punkt die Frage nach soziologischer Aufklärung festgehalten, die sich dann stellt, wenn das Problem eines Klienten etwa darin besteht, dass es Überschneidungen mit nicht bewussten latenten sozialen Strukturen gibt. Disziplinär wäre dies ein Fall der Psychologie der Soziologie solcher Strukturen.[8]

Der Wirkfaktor Problemaktualisierung hindert die Aufnahme gesellschaftlicher Inhalte in die psychotherapeutische Kommunikation nicht. Dieser Wirkfaktor besagt, dass in der Therapie unmittelbar persönlich engagierend erlebt werden muss, was verändert werden soll. Was in der Psychoanalyse Übertragung heißt, erscheint in der Formulierung Grawes noch mehr inhaltsoffen: „ Die problematischen Bedeutungen, die das Leiden des Patienten ausmachen, können dann am wirksamsten verändert werden, wenn diese Bedeutungen in der Therapie real zum Erleben gebracht werden“ (1995, S. 136). Die hervorgehobene affektive Seite dieses Wirkfaktors ist mit gesellschaftsbezogenen Kommunikationsinhalten durchaus verträglich. Zunächst gilt: „Wir kommunizieren immer affektiv“.[9] Hinzu kommt eine große Affektualität aller Problemwahrnehmungen.[10]

Hildenbrands Rede vom „Charisma Professioneller“[11] bringt noch einen anderen Aspekt auf, der geradewegs auf gesellschaftsbezogene Äußerungen zielt. Es ist der Glamour professionellen therapeutischen Wissens in seiner kompetenten außeralltäglichen Anwendung im Hier und Jetzt des je laufenden psychotherapeutischen Termins. Die Gesellschaftlichkeit (u.a. Wissenschaftssystem) des vom Therapeuten verkörperten/kommunizierten Wissens begegnet seitens des Klienten zusätzlich dem Bedürfnis nach Anerkennung, das (in westlichen Gesellschaften) über ein (eventuell gestörtes) Selbstwertgefühl läuft, das sich erlebter oder er-

---

7 Zu einem Beispiel eines Therapieverlauf bei einer Klientin aus dem Bereich sozialer Arbeit s. Rotter, F./Mayerle-Eise, R. (1996): Therapeutischer Diskurs und musikalische Improvisation. Kompetenztheoretische Diagnosen für die Musiktherapie, Stuttgart u.a.: G. Fischer, S. 150

8 Grawe (1998): Psychologische Therapie (wie Fn. 6), S. 562; Wulff, E. (1997): Vergesellschaftlichung als Bewusstseinsakt, in: Forum Kritische Psychologie 38, S. 157 ff.

9 Levold, T. (1998): Affektive Kommunikation und systemische Therapie, in: Welter-Enderlin, R./Hildenbrand, B. (Hrsg.): Gefühle und Systeme. Die emotionale Rahmung beraterischer und therapeutischer Prozesse, Heidelberg: Auer, S. 18

10 Schetsche, M. (2000): Wissenssoziologie sozialer Probleme. Grundlegung einer relativistischen Problemtheorie, Wiesbaden: Westdeutscher Verlag, S. 146

11 Hildenbrand, B. (1998): Die Therapeut-Klient-Beziehung aus der Sicht der soziologischen Professionalisierungstheorie, in: Gaebel, W./Falkai, P. (Hrsg.): Zwischen Spezialisierung und Integration – Perspektiven der Psychiatrie und Psychotherapie, Wien: Springer, S. 81 ff.

strebter Kompetenz verdankt. [12] Die affektive Attraktion des Wissens und seiner Verkörperung kann natürlich unterschiedlich stark ausgeprägt sein.

2. Kompetenztheoretische Begrifflichkeit für die Identifikation gesellschaftlicher Bezüge

Wenn in einem kommunikativen Beitrag des Klienten eine gesellschaftsbezügliche Vokabel auftaucht, muss dies nicht heißen, dass deren gesellschaftliche Bedeutung mit gedacht oder mit empfunden wird. Das Wort Staat muss nicht eine Vorstellung von dem politischen Teilsystem der Gesellschaft zum Ausdruck bringen, sondern kann personalisiert familiär im Sinne von „Vater Staat" gemeint sein, dessen Fürsorglichkeit beispielsweise reklamiert wird. Zur Minderung des Risikos einer solchen Fehleinschätzung wird ein kompetenztheoretischer Ansatz herangezogen, der neben der gesellschaftsbezogenen Vokabel auf die kognitive Kompetenz schaut, die dabei kommunikativ zum Ausdruck kommt. Dies geschieht mit Hilfe der Begrifflicheit des Stufenkonzepts der Moralentwicklung von Lawrence Kohlberg, das entwicklungspsychologisch ausgelegt ist und qua Moralforschung bis zu der hier anvisierten gesellschaftlichen Ebene reicht. Die Stufen benennen einen aufsteigenden Kompetenzzugewinn, der in einem Zuwachs sozialer Kompetenz, der Einbeziehung zunehmend weiterer, „entfernterer" sozialer/gesellschaftlicher Bereiche besteht – ein Maßstab, mit dem man auch ohne entwicklungspsychologische Absicht arbeiten kann. [13]

Kohlberg unterscheidet 6 Stufen der Moralentwicklung, von denen er jeweils 2 Stufen 3 Ebenen zuordnet. Erst mit Stufe 4 – Stufe 3 verbleibt noch im Bannkreis der Gleichaltrigengruppe – ist der Kontext moralischer Argumentation ein gesellschaftlicher. Genannt werden hier folgende (Themen-)Bereiche:

---

12 Grawe (1998): Psychologische Therapie (wie Fn. 6), S. 412; Vester, H.-G. (1991): Emotion, Gesellschaft und Kultur. Grundzüge einer Soziologie der Emotionen, Opladen: Westdeutscher Verlag, S. 88 f.; Halcour, D. (2002): Wie wirkt Kunst? Zur Psychologie ästhetischen Erlebens, Frankfurt/Main: Lang, S. 270

13 Kohlberg, L. (1974): Zur kognitiven Entwicklung des Kindes. Drei Aufsätze, Frankfurt/Main: Suhrkamp; ders. u.a. (1980): Eine Neuinterpretation der Zusammenhänge zwischen der Moralentwicklung in der Kindheit und im Erwachsenenalter, in: Döbert, R. u.a. (Hrsg.): Entwicklung des Ichs. 2. Aufl., Meisenheim: Hain; ders. (1986): Die Wiederkehr der sechsten Stufe: Gerechtigkeit, Wohlwollen und der Standpunkt der Moral, in: Edelstein, W./Nunner-Winkler, G. (Hrsg.): Zur Bestimmung der Moral. Philosophische und sozialwissenschaftliche Beiträge zur Moralforschung, Frankfurt/Main: Suhrkamp. Zur Begründung solchen Vorgehens s. Rotter/Mayerle-Eise (1996): Therapeutischer Diskurs (wie Fn. 7), S. 16 ff., 23-31. Zur andauernden Aktualität Kohlbergs s. jüngst Gonon, Ph. u.a. (Hrsg.) (2006): Bedingungen beruflicher Moralentwicklung und beruflichen Lernens, Wiesbaden: VS Verlag für Sozialwissenschaften, Vorwort

Berufs-/Berufsvorbereitungsrolle, die abstrakte Staatsbürgerrolle, die hoch individualisierte Rolle eines sexuellen Partners, die Elternrolle, auch die Einnahme einer weltanschaulichen/religiösen Position. Oberstes Gebot ist die Aufrechterhaltung der vorfindlichen Sozial- und Rechtsordnung. Mit den Stufen 5 und 6 (postkonventionelle Ebene) ist ein weiter gehender argumentativer Zugriff auf den gesellschaftlichen Kontext verbunden. Die Position von der Unveräußerlichkeit der Menschenrechte ist mit Vorstellungen von Gesellschaftsvertrag und demokratischen Verfahren verbunden, kann also die Veränderung von Normen z.B. unter utilitaristischem Vorzeichen zulassen. Diskursive Offenheit bei der Orientierung an universellen ethischen Prinzipien ist das leitende Merkmal der Stufe 6, die freilich bei selbstbezüglichen moralischen Argumentationen keine Rolle spielt. Ihr empirischer Platz ist der philosophische Diskurs. [14]

Zwei Beispiele aus zwei verschiedenen Therapien:

Das erste Beispiel stammt aus einer Psychotherapie, die im Rahmen einer stationären psychiatrischen Einrichtung stattfand. Bei der Patientin handelt es sich um eine jüngere Frau nach einer schizophren-psychotischen Krise. Folgende Gesprächssequenz aus der 19. Sitzung [15] soll als Beispiel für die Stufe 4 dienen (P: Patientin; A: Therapeut):

A: das anpassen, was meinen Sie mit anpassen?
P: nein, ich pass mich da herinnen sowieso so an, wissen Sie, das regt mich auf
A: hm
P: und mach alles und tu alles
A: weil es sein muss klar, was zählt da alles dazu?
P: hm, da draußen da wäre ich halt in der Arbeit, und dann hätt ich auch etwas zu sagen, weil ich hab' Verkäuferin gelernt und so und kann ein bisserl mitspielen und mich durchsetzen und mal da reden und da herinnen, da hab ich keine Ansprache und keine Arbeit, wissen Sie was ich mein?

Neben dem gesamtgesellschaftlichen Kontext von beruflicher Rolle und beruflichem Wissen (gelernte Verkäuferin) und ihrer Identifikation mit dieser Tätigkeit nennt und schätzt sie nahezu definitorisch den Effekt, hier der persönlichen Abhängigkeit von Primärgruppen enthoben zu sein.

Das zweite Beispiel betrifft eine Musikpsychotherapie, die im Rahmen der Ambulanz des Fachbereichs Musiktherapie der Fachhochschule Heidelberg stattfand. Die depressiv erkrankte Patientin (Mitte 50) brachte gegen Ende der Therapie auf Stufe 5 ihre engagierte Arbeit im Ältestenrat der Kirchengemeinde zur

[14] Kohlberg (1974): Zur kognitiven Entwicklung (wie Fn. 13), S. 60 ff.; ders. (1980): Eine Neuinterpretation (wie Fn. 13), S. 233

[15] Ulmer Textbank, WH 19, S. 10

Sprache (aus dem Protokoll des Therapeuten): Hier beschäftige sie sich mit feministischer Theologie. Sie sauge diese Gedankengänge direkt auf und sehe kirchliche Zusammenhänge aus der Perspektive der Gleichberechtigung von Frauen. Es erschlössen sich ihr auch noch Parallelen zur Beziehung mit ihrem (verstorbenen) Mann. Ihr Mann habe ihr versagt bzw. nicht ermöglicht zu leben, und umgekehrt ... [16] Ihre Arbeit in der Kirche ist also gesellschaftlicher Art und nimmt gegenüber Kirche und Ehemann das Menschenrecht in Anspruch, als Frau gleichberechtigt zu sein (S. 128).

3. Funktionale Differenzierung, Interdisziplinarität und psychotherapeutische Kommunikation

Ohne die Effektivität einzelner psychotherapeutischer Schulen zu bewerten, halte ich es für sinnvoll, danach zu fragen, ob und wie eine thematische Ausweitung psychotherapeutischer Kommunikation möglich wäre – eine Ausweitung, die therapeutisch eingesetzt werden könnte. Für eine Antwort ist in Rechnung zu stellen, dass psychotherapeutische Kommunikation im Rahmen einer funktional differenzierten Gesellschaft stattfindet und (unmittelbar) der Bearbeitung psychischer Konflikte, nicht aber sozialer Konflikte dient, deren Bearbeitung vor allem gerichtlichen, überhaupt rechtlichen Verfahren obliegt. [17] Es liegt zwar nahe, dass Psychotherapie durch psychologisches Wissen fundiert ist, aber das muss nicht exklusiv so sein. Schon die Transformation solchen Wissens in therapeutische Techniken fügt anderes Wissen, andere Wissensformen bei. Psychotherapeutische Kommunikation ist nicht nur (auch) ein soziales Ereignis, sondern wird zudem durch die Soziologie therapeutischer Verfahren [18] repräsentiert. Zur Thematisierung von Familie gehört auch die Perspektive der Familiensoziologie, und zwar nicht nur, was die Binnenstruktur anlangt.

Solche Perspektivenvielfalt verweist auf eine Vielfalt von möglichen Kontexten, nach denen sich die Bedeutung kommunikativer Beiträge richtet. Es ist die Frage, welches qualitative oder auch quantitative Ausmaß an Kontexten eine psychotherapeutische Kommunikation in einem bestimmten Zeitraum verkraftet. Bei

[16] Rotter/Mayerle-Eise (1996): Therapeutischer Diskurs (wie Fn. 7), S. 127 f., 128

[17] Flader, D. (1994): Zur Transformation eines Zeugenberichts im Prozess einer Zeugenvernehmung vor Gericht, in: Rotter, F. (Hrsg.): Psychiatrie, Psychotherapie und Recht. Diskurse und vergleichende Perspektiven, Frankfurt/Main: Lang, S. 144-148; Rotter: Gerichtliche und therapeutische Diskurse. Vergleichende Perspektiven zwischen Diskursanalyse, Semiotik und Soziologie, in: ebd., S. 250-254

[18] Siehe oben Rotter (1994): Gerichtliche und therapeutische Diskurse (wie Fn. 17)

der kompensatorischen Bedeutung, die viele ihrem privaten Lebensbereich gegenüber den Einschränkungen des Arbeitsbereichs zusprechen, scheint eine zumindest reflektorische Aufwertung des Arbeitsbereichs in psychotherapeutischen Kommunikationen angezeigt. [19]

Das nun aufzugreifende empirische Forschungsprojekt ist interdisziplinär soziologisch-psychologisch angelegt und im (Frankfurter) psychoanalytischen Bannkreis durchgeführt worden. Dass abermals die Psychoanalyse als eine von mehreren therapeutischen Schulen herangezogen wird, ist insofern überzufällig, als hier die verfahrensmäßige Kommunikation offen und dazu fähig ist, Themen und Fragen zu generieren. Gegenstück wären die vertragsförmigen Vorausfestlegungen der klassischen Verhaltenstherapie. Das Untersuchungsmaterial der Fallstudien ist vierteilig organisiert. Im 1. Teil finden sich ein psychoanalytisches Interviewprotokoll sowie ein soziologisches Interviewtranskript. Der 2. Teil bietet einen zusammenfassenden Text über die verbalen Aussagen im soziologischen Interview. Ein psychoanalytischer Interpretationstext zum soziologischen Interview ist Teil 3. Teil 4 schließlich wartet mit einem soziologisch-psychoanalytisch integrierten Interpretationstext über Handeln und Erleben am Arbeitsplatz auf, womit zugleich das grundlegende Untersuchungsziel genannt ist. [20]

Hier ist nicht der Ort, den empirischen Teil der diesen Punkten folgenden Fallstudien auszubreiten. Doch um einen kleinsten Eindruck zu vermitteln, sei zu

---

[19] Sutter, T. (2003): Sozialisationstheorie und Gesellschaftsanalyse, in: Wenzel, U. u.a. (Hrsg.): Subjekt und Gesellschaft. Zur Konstitution von Sozialität. Für Günter Dux, Weilerswist: Velbrück, S. 61; Schaeffer, D. (1990): Psychotherapie zwischen Mythologisierung und Entzauberung. Therapeutisches Handeln in der Anfangsphase der Professionalisierung, Opladen: Westdeutscher Verlag, S. 61 ff., 67; Rotter (1994): Gerichtliche und therapeutische Diskurse (wie Fn. 17), S. 250-254; Fürstenau, P. (1994): Neue Lebensformen erfordern neue psychotherapeutische Orientierungen, in: Buchheim, P. u.a. (Hrsg.): Neue Lebensformen und Psychotherapie, Zeitkrankheiten und Psychotherapie, Leiborientiertes Arbeiten, Berlin u.a.: Springer, S. 4; Rost-Roth, M. (1998): Kommunikative Störungen in Beratungsgesprächen. Problempotenziale in inter- und intrakulturellen Gesprächskontexten, in: Fiehler, R. (Hrsg.): Verständigungsprobleme und gestörte Kommuni-kation, Opladen/Wiesbaden: Westdeutscher Verlag, S. 222 f.; Yamauchi, L.A. (2005): Culture Matters: Research and Development of Culturally Relevant Instruction, in: Devel, C.R.O. & Yamauchi, L.A. (Hrsg.): Culture and Context in Human Behavior Change. Theory, Research and Applications, New York: Lang, S. 103; Heinrichs, K. (2005): Urteilen und Handeln. Ein Prozessmodell und seine psychologische Spezifizierung, Frankfurt/Main: Lang, S. 235; Gairing, F. (2002): Organisationsentwicklung als Lernprozess von Menschen und Systemen. 3. Aufl., Weinheim und Basel: Beltz, S. 127; Kühnlein, I./Mutz, G. (1996): Psychotherapie als Transformationsprozess. Expertenwissen im Alltagshandeln ehemaliger Klienten, Opladen: Westdeutscher Verlag, S. 87 f.

[20] Brede, K. (1995): Wagnisse der Anpassung im Arbeitsalltag. Ich, Selbst und soziale Handlung in Fallstudien. Mit Beiträgen von Schweikart, R. und Zeul, M., Opladen: Westdeutscher Verlag, S. 11, 13, 21, 41, 93 f., 103

dem Projektteilnehmer A. B. angerissen: Betriebselektriker, 28 Jahre alt, verheiratet, beschäftigt in dem industriellen Unternehmen A; vier jüngere Brüder und eine jüngere Schwester [21]. Das soziologische Interview thematisiert die Beziehung B.s zu seinen Kollegen und Vorgesetzten im Betrieb. Ein Auszug aus diesem Interview beginnt mit den Sätzen: Also ein bisschen hochtrabend heißt's halt „Solidarisch Sein“, das ist mir halt ... ein bisschen, das ist ein Ziel von mir. So wie's aussieht, wird das nie gehen, leider, wird das nie klappen, nie (S. 132).

Aus dem vollständigen Interview und den weiteren Informations- und Interpretationsquellen schließt das Forscherinnen-Team zum einen auf ein Selbstverständnis B.s als lagebewusster und politisch handelnder Arbeiter, der einem Verhaltensmuster folgt, das historisch – Geschichte der Arbeiterbewegung – entstanden ist: Solidarisierungsfähigkeit und Kampfbereitschaft. [22] Zum anderen sieht das Team psychisch unbewusste Motive und Vorgänge, denen es eine grundlegende Bedeutung für dieses Verhaltensmuster zuschreibt. Die Genese dieser Motive und Vorgänge gingen auf Szenen zurück, die A.B. aus seiner Kindheit berichtet habe (S. 132 f., 136), was konkret vorgeführt wird (S. 132-146, 207-210). Dabei integriert der das Psycho-Soziale übergreifende Blick das disziplinär Differente und leitet systematisch die Aufmerksamkeit auf Probleme hin, die mit einer interdisziplinären Gesamtrechnung aufbereitet werden können und therapeutisch hoch bedeutsame Entscheidungen erlauben und anregen (S. 145 f.). So will Brede nicht ausschließen, dass B.s Lebensentwurf die Kraft der Motivierung zu politischem Handeln verlieren könnte, wenn Herr B. entdeckte, welche frühkindlichen Erfahrungen (Familienkonstellationen) dem zugrunde lägen (S. 145 f.).

4. Resümee

Es gibt in Psychotherapien Patienten/Klienten, deren kommunikative Beiträge bisweilen gesellschaftliche Bezüge aufweisen, die von dem Therapeuten aufgegriffen oder kommunikativ beiseite gestellt werden können. Hier wird gezeigt, in welcher Weise solche Themen einbezogen sind oder werden könnten. Diese Erweiterung der Möglichkeiten wird durch die emotionale Wertigkeit der gesellschaftlichen Objekte gefördert, wenn und wie sie in dessen Vorstellung auf den Patienten/Klienten zuläuft. Das von Brede präsentierte interdisziplinäre Projekt muss natürlich nicht mit seiner forschungstechnisch bedingten Komplexität in psychotherapeutische Techniken eingehen. Die Frage nach semantischen Annäherungen an gerichtliche Verfahren lässt sich stellen, aber noch nicht beantwor-

[21] Brede, K. (1995): Wagnisse der Anpassung (wie Fn. 20), S. 132, 139 Fn. 75

[22] Brede, K. (1995): Wagnisse der Anpassung (wie Fn. 20), S. 143 f.

ten. Doch es lässt sich konkret feststellen, dass es für den Bereich der Arbeit nicht nur eine Zuständigkeit des Rechts (speziell des Arbeitsrechts), sondern auch der Psychotherapie gibt. Diese beidseitige Zuständigkeit ist nicht konkurrierend. Als Gegenbeispiel sei an die Geschichte von Recht und Psychiatrie gedacht. Umso größer bleibt die Offenheit zur Differenz, in der sich beide Bereiche semantisch (weiter) entwickeln können.

Anmerkungen zur Zetetik in der Jurisprudenz

Lorenz SCHULZ

I.

Das Paradigma juristischer Argumentation ist auch in Rechtssystemen mit dem Vorrang des Gesetzes nicht die Setzung einer Norm oder Regel, sondern die Subsumtion des Falles unter die Norm, die Vermittlung von Regel und Fall. Um diese Vermittlung geht es der Topik. Sie wendet sich ausdrücklich der empirischen Seite des Entdeckungsprozesses zu. Im Problemhorizont lassen sich Topoi als Vermittlung zwischen Problem und Lösung definieren. [1] Für sie steht in der deutschsprachigen Tradition in erster Linie die von Viehweg ausgehende „Mainzer Schule". Indem sie der „Darstellung der Herstellung" den Vorzug gibt, [2] wendet sie sich zugleich gegen eine normativ gehaltvolle Rationalisierung der Herstellung. Dies gilt selbst dann, wenn man die Topik nicht auf Techniken der Bereitstellung von Topoi reduziert, [3] sondern die Techniken als Regeln der Entdeckung qualifiziert, weil dann ein mittels einer Topik nicht einlösbarer Begründungsanspruch verbleibt. [4]

Eine normativ gehaltvolle Konzeption der Rechtsgewinnung ist jedoch einer Rechtshermeneutik versagt, die in der Tradition Gadamers stehend Hermeneutik nicht als Methode, sondern als Theorie der Möglichkeit von Verstehen begreift. Zwar wird bei ihren Vertretern darauf verwiesen, dass für die Auslegung mit Hypothesen gearbeitet werden muss, die der Überprüfung bedürfen. Diese werden jedoch nicht in einem regelgeleiteten Verfahren entdeckt, sondern entstammen der Lebenswelt. Logisch entspricht dem am ehesten die Analogie, die deshalb bei dem prominentesten Vertreter der Rechtshermeneutik, Arthur Kaufmann, auch im Mittelpunkt stand. Dabei gemahnt die Hermeneutik vor allem die von Winfried Hassemer verwendete Rede der hermeneutischen Spirale an das Potential der Rationalisierbarkeit. Das demonstriert die jüngst geführte Kontroverse darum, ob

1 Auf die Topik griff in späteren Jahren selbst Toulmin zurück; vgl. Toulmin, Stephen, Die Verleumdung der Rhetorik, Neue Hefte für Philosophie 26 (1986) 55-68.

2 Sobota, Katharina, Sachlichkeit, Rhetorische Kunst der Juristen, Frankfurt/Main 1990, 13 ff.

3 Dafür sind Arbeiten zu nennen, denen augenscheinlich daran liegt, eindrucksvolle Kataloge von Topoi vorzustellen; s. nur Gast, Wolfgang, Juristische Rhetorik. Auslegung, Begriff, Subsumtion, Heidelberg 1988.

4 Lüderssen, Klaus, Genesis und Geltung in der Jurisprudenz, Frankfurt/Main 1996, 307 ff.

der Richter in der Wahl der Methode frei ist. Wenngleich Hassemer in der rechtshermeneutischen Tradition Kaufmanns stehend für diese Freiheit votiert, insistiert er auf der Möglichkeit der Kontrolle. Für die Bindung des Entscheiders an das gesetzliche Programm, die in erster Linie Gleichmäßigkeit einer Judikatur meint, verweist er auf ein Zusammenspiel von formellen und informellen Elementen.[5] Letztere beginnen pragmatisch beim Habitus als Inbegriff von Entscheidungsroutinen und enden bei informellen Programmen, die beispielsweise bei der strafrechtlichen Beweiswürdigung und Strafzumessung eine Gleichmäßigkeit der Entscheidung gewährleisten.[6] Zu den formellen Elementen gehören die Bindung an Dogmatik und Rechtsprechung generell sowie an die canones der Auslegung. Dem hat vor einigen Jahren in der letzten Entscheidung zum Nötigungstatbestand (§ 240 StGB) das deutsche Verfassungsgericht für das Bestimmtheitsgebot Rechnung getragen, indem es zum bindenden Normtext auch die mit Bindungskraft ausgestattete Auslegung durch die Rechtsprechung zählte. Die Schwierigkeit der rechtshermeneutischen Tradition, die angestrebte Kontrolle rechtstheoretisch auszubuchstabieren, findet exemplarischen Ausdruck in der Entscheidung zur Überprüfbarkeit des strafverfahrensrechtlichen Merkmals „Gefahr im Verzug“, bei der Hassemer Berichterstatter war. Während das Gericht jeden Beurteilungsspielraum eliminiert, d.h. das Merkmal in der Sache dem Anspruch der einzig richtigen Entscheidung unterwirft, wird dies nicht rechtstheoretisch, sondern verfassungsrechtlich mit dem Argument der Gewaltenteilung begründet.[7]

Im Folgenden soll es um zwei methodologische Auffassungen gehen, die sich durch den Rückgriff auf den Begriff der Abduktion berühren.

II.

Ilmar Tammelo, dessen Werk im vorliegenden Band gedacht wird, hatte sich unter dem Stichwort Zetetik um die Rationalisierung des Herstellungshorizontes bemüht. Die der Dogmatik entgegengesetzte Zetetik ist ein von Viehweg pro-

---

[5] Ders., Rechtssystem und Kodifikation: Die Bindung des Richters an das Gesetz, in: Arthur Kaufmann / ders. / Neumann (Hg.), Einführung in die Rechtsphilosophie und Rechtstheorie der Gegenwart, 7. Aufl., Heidelberg 2004, S. 262-268.

[6] S.a. Martin Morlok/Ralf Kölbel, Rechtspraxis und Habitus, in: Werner Krawietz/Morlok (Hg.), Vom Scheitern und der Wiederbelebung juristischer Methodik im Rechtsalltag – ein Bruch zwischen Theorie und Praxis? Zeitschrift für Rechtstheorie (Sonderheft), S. 304. Die Pragmatik der juristischen Entscheidung lässt sich an einer literarischen Gattung verfolgen, der zuallererst an ihrer professionellen Handhabung und nicht an theoretischer Reflexion liegt: die Handbuch- und Formularbuchliteratur, die seit einigen Jahren gerade im Strafrecht aufblüht.

[7] BVerfG, NJW 2001, 1121.

pagiertes „topisches" Verfahren.[8] Demnach gestattet die aufweisende Sachrichtigkeit im Gegensatz zur beweisenden deduktiven Folgerichtigkeit nur Ergebnisse, die außerhalb eines „vernünftigen" Zweifels stehen. Tammelo systematisierte die um Sachrichtigkeit bemühten zetetischen Verfahren des Suchens und Forschens.[9] Er unterschied sie in endoduktive und exoduktive Verfahren. Für erstere, die auf Plausibilität ("Glaubwürdigkeit") abzielende, sich auf innere Haltungen beziehende Verfahren nannte er die Argumentationstheorie. Die auf äußere Vorfindlichkeiten abstellenden exoduktiven Verfahren zielten demgegenüber auf Probabilität ("Glaubhaftigkeit"). Sie werden in (a) verallgemeinernde, reduktive und in (b) analog verfahrende, interduktive eingeteilt. Reduktiv nennt er die Induktion, bei der ausgehend von Tatsachenbeobachtungen Naturgesetzlichkeiten erschlossen werden, ebenso die ihrer Natur nach hermeneutische Abduktion. Abduktiv sei der hermeneutische Schluss auf normative Gesetzlichkeiten. Damit gebrauchte Tammelo den Begriff der Abduktion ein Jahrzehnt früher als Kaufmann, der den Begriff im Rückgriff auch Peirce erst um die Mitte der achtziger Jahre des vergangenen Jahrhunderts rezipieren sollte. Peirce hatte die „dritte" Form des Schließens im syllogistischen Rahmen eingeführt, indem er Obersatz, Untersatz und Konklusion des klassischen Syllogismus als Regel, Fall und Ergebnis reformulierte. Der Schluss auf das Ergebnis sei deduktiv, der auf die Regel induktiv. Die dritte, zunächst Hypothese genannte Form des Schließens wird in diesem Schema der Schluss auf den Fall.

III.

Es ist auch für das Verständnis der Auffassung Tammelos hilfreich, die Entwicklung zu verfolgen, die Kaufmanns Auffassung der Rechtsgewinnung nimmt. Die Rezeption der Abduktion in der deutschen Rechtstheorie folgt der Entwicklung bei Peirce. Klaus Lüderssen, der als erster auf die Abduktion als Schluss aus der Erfahrung aufmerksam machte, folgte noch ausschließlich dem syllogistischen Schema.[10] Dies änderte sich mit Arthur Kaufmann, der zunehmend die Abduktion als dritte Form des Schließens in Erwägung zieht. Seine Stellungnahme gipfelte

---

[8] In der Strafrechtswissenschaft wurde dies von Detlef Krauß (Die strafrechtliche Problematik kriminologischer Ziele und Methoden, 1971, 24 ff) aufgegriffen, um die zetetische Kriminologie vom dogmatischen Strafrecht zu unterscheiden. Der Zetetiker gehe problembezogen vor und gebe Entscheidungshilfen.

[9] Tammelo, Ilmar: Zetetische Verfahren für juristisches Aufweisen, RTh 9 (1978) 421-428; s.a. ders., Theorie der Gerechtigkeit, 1977, 103 ff.

[10] Lüderssen, Erfahrung als Rechtsquelle, Frankfurt a.M. 1972.

in dem Vorwurf an die Rechtslogik, ohne Befassung mit der Abduktion nicht „auf der Höhe der Zeit“ zu sein. [11]

Auch Kaufmann hatte die Abduktion mit dem Peirceschen Bohnenbeispiel eingeführt: [12]

E: Diese Bohnen sind weiß.
R: Alle Bohnen aus diesem Sack sind weiß.
F: Diese Bohnen sind aus diesem Sack (könnten aus diesem Sack sein).

Augenfällig ist, dass Kaufmann mit der Anschreibung der Folge zwischen einer assertorischen und einer in Klammern gefasst problematischen Folge schwankt [13] – und in der Folge an die problematische Fassung anknüpft. Sie hält auch logischen Einwänden stand, sofern es sich um den Schluss auf eine Möglichkeit handelt, der modallogisch dargestellt werden kann. „Es ist möglich, dass“ lässt sich durch den Modaloperator $\Diamond$ ausdrücken, so dass, wenn man der Einfachheit halber von einer einzelnen Bohne (a) ausgeht, folgende Anschreibung möglich ist. Damit liegt ein gültiger Schluss vor – anders als in der assertorischen Anschreibung. [14] Der Umstand, dass alle Bohnen aus diesem Sack weiß sind, besagt nicht, dass alle weißen Bohnen aus diesem Sack kommen müssen. Dies findet sich bereits bei Peirce fundiert in der forschungslogischen Fassung der Abduktion als treibende Kraft einer „working logic“, [15] die aus dem iterativem Dreischritt von Abduktion (Aufstellen/Auswahl einer Hypothese), Deduktion (Voraussagen der Konsequenzen dieser Hypothese) und Induktion (experimentelle, praktische Überprüfung) besteht. Auf dem Feld juristischen Entscheidens übernimmt beispielsweise die Dogmatik die Aufgabe der Deduktion, die Folgen einer Hypothese darzulegen und damit den Fallbezug zu ermöglichen.

---

[11] Kaufmann, Das Verfahren der Rechtsgewinnung, München 1999, S. VI und 7. Dem Desiderat half Alexy in einem Beitrag zum Gedächtnis von Kaufmann ein Stück ab, s. Alexy, Arthur Kaufmanns Theorie der Rechtsgewinnung, in: Ulfrid Neumann / Winfrid Hassemer / Ulrich Schroth (Hg.), Verantwortetes Recht. Die Rechtsphilosophie Arthur Kaufmanns, ARSP-Beiheft Nr. 100, Stuttgart 2005, S. 47-66.

[12] Kaufmann, a.a.O., 42.

[13] In der Originalversion bei Peirce gibt es nur die assertorische Variante; Charles Sanders Peirce, Collected Papers, vol. 1-6, ed. by Charles Hartshorne/Paul Weiss, Cambridge, Mass. 1931-35, vol. 7-8, ed. By Arthur Burks, Cambridge, Mass. 1958 (im Folgenden zitiert mit CP, Ziffer für Band/Abschnitt), hier: CP 2.623.

[14] Vgl. Alexy, aaO. (Fn. 11).

[15] Wenn „working logic“ bei Joachim Lege, Pragmatismus und Jurisprudenz. Über die Philosophie des Charles Sanders Peirce und über das Logische und Schöpferische im Recht, Tübingen 1999, passim, von Forschungslogik unterschieden wird, dann beruht dies auf der Verengung des Begriffs der Forschungslogik auf den Falsikationismus von Popper, der sein Hauptwerk missverständlich „Logik der Forschung“ nannte.

Im forschungslogischen Kontext lässt sich das Bohnenbeispiel so reformulieren:

1. Wir beobachten einen Sachverhalt: Diese Bohnen (in meiner Hand) sind weiß.
2. Wir suchen nach einer Theorie, einer Regel: Alle Bohnen in diesem Sack sind weiß.
3. Wir stellen eine Hypothese auf: Diese Bohnen hier sind aus diesem Sack.

Diese neue Hypothese bedarf der Überprüfung. Verallgemeinert, lautet die klassische Formalisierung in den „Pragmatismus-Vorlesungen“ von 1903: [16]

1. A surprising fact [sc. C] is observed.
2. But if A were true, C would be a matter of course.
3. Thus, there is reason to suspect that A is true (and to adopt A as the basis of future inquiry and action).

Die Konklusion führt zu einem Satz über eine bereits in der konditionalen Prämisse auftretende Hypothese (A), nicht zu einer in den Prämissen nicht bereits vorkommenden. Sie besteht in der begründeten Annahme, dass die Hypothese A wahr ist, eingerahmt von einem Forschungsprozess, der eine Hypothese im Zusammenspiel von Ab-, De- und Induktion fundiert. In diesem Sinn ist die Abduktion, um ein Bild von Alexy aufzugreifen, in der Tat „der fahrende Ritter, dessen Lebendigkeit und Wagemut verhindern, dass die Mannschaft [der Schlussformen; L.S.] einschläft“. [17]

Modaltheoretisch erschöpft deshalb eine Anschreibung die Abduktion in ihrem Gehalt nicht, wenn die Abduktion nur als Schluss auf eine einfache Möglichkeit vorgestellt wird und nicht zugleich auf eine durch Plausibilität ausgezeichnete Möglichkeit. Peirce hatte in späteren Jahren die Hypothesenbildung unter das Stichwort Plausibilität gestellt [18] und sie so verstanden, dass damit eine Hypothese für wert erachtet wird, in den Forschungsprozess Eingang zu finden. [19] Diese Einschränkung von Möglichem auf Plausibles bedeutet eine Evaluierung einer Hypothese.

Bei mehreren zur Verfügung stehenden Hypothesen ist der Prozess der Auswahl für die Evaluierung verantwortlich. In dieser Konstellation kann die Plau-

---

16 Peirce, CP 5.189.

17 Alexy, Arthur Kaufmanns Theorie der Rechtsgewinnung, in: Ulfrid Neumann / Winfrid Hassemer / Ulrich Schroth (Hg.), Verantwortetes Recht. Die Rechtsphilosophie Arthur Kaufmanns, ARSP-Beiheft Nr. 100, Stuttgart 2005, S. 47-66, 47. Die Mannschaft besteht, um im Bild Alexys zu bleiben, aus der Deduktion als der „Magd“, der Analogie als dem „König“ und der Induktion als „fleißiger Ministerin“.

18 Vgl. z.B. den Brief an Carus von 1910, CP 8.214-238.

19 „Possibly A“ und „reasonably A“, Möglichkeit und Plausibilität fallen eben nicht zusammen, wie Anderson suggeriert (1986 passim).

sibilität von Hypothesen abgestuft, gradualisiert werden, was auch im Schluss auf die *beste Erklärung* vorausgesetzt wird. Allgemein sprach Peirce, um den Übergang von der möglichen zur plausiblen Hypothese auszuweisen, von kontrollierbarem Denken. Zu den angebbaren Bedingungen einer Abduktion gehört die Wahrnehmung einer Relation zwischen dem Wahrnehmungsdatum „C" als dem Ergebnis, von dem auszugehen ist, und zwischen einer Regel „A". Das für eine Schlussfolgerung notwendige Moment der Kontrolle ergibt sich im spezifischen Akt der Konjektur, in der des öfteren von ihm mit einer juristischen Metapher bezeichneten „reasoned *adoption on probation*" [20], mit der die Prämisse in den Forschungsprozess eingebracht wird. Dieser spezifische Modus von Annahme lässt sich zumindest dann formalisieren, wenn er das Ergebnis einer Auswahl unter konkurrierenden Hypothesen ist.

Dafür entwickelte Peirce auch in dieser Hinsicht als Pionier eine „Ökonomie der Forschung", die von manchen aus dem abduktiven Schritt des Forschungsprozesses aus- und in die von Peirce so genannte qualitative Induktion eingegliedert wird. [21] Auch bei der qualitativen Induktion geht es nicht um messbare Quantitäten, sondern um die Angemessenheit eines Mehr oder Weniger. Die gleichwohl im Grundsatz klare Differenzierung von Peirce, in der Abduktion wird vermutet, in der Induktion die Vermutung überprüft, veranschaulicht der erwähnte Umstand, dass er diese Induktion auch Adduktion nennt und damit das Beibringen von Beweisen oder Zeugen im Prozess im Sinn hat. Die Abstufungen der Plausibilität, welche die Ökonomie der Forschung im Grundsatz zulässt, lassen sich auch als Stützungsgrade bezeichnen, soweit damit nicht nur der Horizont der Rechtfertigung konnotiert wird. [22] Das genannte Schema lässt sich, um den Stand der Überlegung zu formalisieren, in folgender Form erweitern: [23]

1. A surprising fact [sc. C] is observed.
2. But if A were true, C would be a matter of course.
3. A is more economical than its envisioned competitors.
4. A is more plausible than its envisioned competitors.

---

20 Vgl. nur CP 2.777.

21 Ein Beispiel dafür liefert Jo Reichertz, Aufklärungsarbeit. Kriminalpolizisten und Feldforscher bei der Arbeit, Stuttgart 1991; zust. Lege, a.a.O., 447 Fn. 38, der folgenden „Versuch" der Abgrenzung unternimmt: „Die Induktion geht immer bereits von einem Ensemble dreier Prämissen aus, hinter dem freilich so wenig Information steckt, dass es insgesamt nur zu einer Vermutung reicht. Die Abduktion hingegen stellt ein solches Ensemble erstmals her."

22 Im Vergleich zu anderen Modellen, in denen Stützungsgrade nicht formalisiert werden, ist das ein Vorteil.

23 Vgl. Tomis Kapitan, In What Way is Abductive Inference Creative? In: Transactions of the Charles Sanders Peirce Society 26 (1990), 501.

Das Ergebnis folgt nun als fünfter Schritt:

5. Hence, probationally, A.

Die Hypothese wird soweit akzeptiert, dass man sie weiterer Forschung unterwirft. So verstanden dient (5) nur der Klarstellung von (4), da sich die Plausibilität dort bereits definieren lässt. (5) gibt indes dem *normativen* Gehalt der Plausibilität – als Ort der einzig richtigen Entscheidung – besten Ausdruck.

Mit der abduktiven Konzeption der Hypothesenselektion wird im Ergebnis das Potential der Rationalisierung der Rechtsgewinnung weitestgehend ausgeschöpft. Das steht nicht nur im Hintergrund der Entwicklung in der Rechtstheorie von Kaufmann, es erweist sich auch im wachsenden Interesse an der Abduktion im Bereich der so genannten nicht-monotonen Logik. [24] Nicht nur hätte der allzu früh verstorbene Tammelo, dessen Andenken der vorliegende Sammelband gilt, diesen Umstand mit großem Interesse verfolgt. Auch bei den nicht zuletzt auch von Tammelo inspirierten Salzburger IRIS-Tagungen gehört die hier als abduktiv vorgestellte Rechtsgewinnung zum Kernbestand der alljährlich aufgegriffenen Problemkreise.

[24] Ausf. Schulz, Normiertes Misstrauen. Der Verdacht im Strafverfahren, Frankfurt a.M. 2001, 352-366.

An Investigation into the Nature of the Judicial Process

Csaba VARGA

1. Human Practice in the Background

An analysis of the judicial process can only be conceived today as part of a comprehensive scholarly enterprise that attempts at investigating the fundamental questions of law in the mirror of the recognitions of science philosophy in the 20th century. Only such an approach also aided by realisations in language philosophy may lay our legal thought on renewed foundations, in conformity with the philosophical assumptions and methodological perceptions of natural sciences today.

Philosophical reconstruction may have an ontological result showing that *social practice* is continuous and its reliability manifests itself in experience *continuously being fed back* to its own continuity. Accordingly, we have nothing to trust but human practice itself. Neither cognition, nor human search for ideals is conceivable separately from it. By virtue of its permanence and being never-endingly re-tested, we may even raise the issue whether or not practice can even serve as a criterion. [1]

And yet, no matter how conclusive all this appears, an answer based on such assumptions cannot be regarded as self-sufficient. In addition, this is not specific, either. Because all the diverse explanations in social theory message to us as some ultimate wisdom that when we agree with each other on this or that matter, the community [2] in the background of our social practice will emerge as the very source of our understanding. Nonetheless, this answer marks a decisive shift in our efforts so far.

2. Professional Deontology Ontologised

Nearly three and a half decades ago when I started to explore problems related to the law's conceptual definition, [3] I set myself the methodological task of attempt-

[1] *Lukács, György*, A társadalmi lét ontológiájáról [Zur Ontologie des gesellschaftlichen Seins], I–III (1976), Magvető, Budapest

[2] Or *auditoire*, in the specific methodological sense given to it by *Perelman, Chaïm*, Logique juridique (1976), Dalloz, Paris, 52 & 60

[3] Cf. *Varga, Csaba*, 'Quelques questions méthodologiques de la formation des concepts en sciences juridiques' (1973), in Archives de Philosophie du Droit XVIII, Sirey, Paris, 205 ff

ing to detach the scholarly approach from the image formed by the subject about itself (that is, in our case, the law from its ideological and normative definitions). In doing so, by eliminating the various cultural, ideological and political dependencies and connotations, I tried to ensure that the answer to be gained will be a general one indeed, also theoretically verifiable and commensurable with other results.

A legal-philosophical outlook in re-consideration of the methodological perspective offered by Lukács' late social ontology [4] could already set as an explicit objective that the various legal ideologies be explained as components of an *ontological* significance of given legal sets-up, even if not posited. So the aim could by then be to integrate the theoretical explanation of the law's construction and operation with those *ideologies*, *ethoses* and *professional expectations* which characterise various cultures not merely as sheer contingencies or mere externalities but as specific features and parts of those cultures.

3. Normative Framework Actualised

The linguistico-philosophical approach to *facts* [5] allows them to be construed in context of human practice. Being relational concepts, not only the mark of reality is asserted in and through them but also the actuality of interrelations of our relationship to such reality. In addition, both cognition and conceptual expression turn out to be *conventional*, involving that human processes are from the beginning – in a weak sense – *normative*. Thereby concepts are either institutional themselves or depend on some institutional definition at least. The features of reality referred to in law mostly prevail only in and through their *being communicated*. Therefore, regarding their actuality, the language by help of which we analyse is the same as the language we may analyse.

When thinking, we can fall into a trap as the subject and the means of cognition (its medium, the prejudices surrounding it, etc.) are mostly distinguished in and through analysis. So, for instance, in law, ideological presuppositions of a merely instrumental role may come to the fore to the extent that they can eventually obscure the difference between the subject and the preliminary judgement related to it. Such is, for instance, the separation of the "question of fact" and the "question of law" or, in case of the judicial interpretation of normative texts, the

---

4 *Varga, Csaba*, The Place of Law in Lukács' World Concept (^{2}1998), Akadémiai Kiadó, Budapest

5 Cf. *Varga, Csaba*, Theory of the Judicial Process: The Establishment of Facts (1995), Akadémiai Kiadó, Budapest

distinction of so called common words (in no need to be defined legally) from the professional terms (requiring legal definition). Or, a mode of formulation depending solely on preassumptions may take the form of a theoretical distinction, in which the essential identity of the possible answers, arranged into separate groups along the said theoretical assumptions, is going to fade. And such is also the dilemma whether law application has to be characterised as logical conclusion (subsumption) or, just to the contrary, as a logically somewhat arbitrary subordination. [6]

A similar type of problem emerges when, by investigating normative interrelations in the application of norms, we realise that the normative framework as set by the relevant norms has (and can only have) a message in some actualised particular context at the most; that the language of norms is also vague and indefinite; that there is no genuine logical inference within the normative sphere [7] and, at the same time, the application of norms itself (irrespective of the need for normative frameworks to be set to channel it) also depends on basically practical interests. For according to its official ideology, the application of norms is aimed at rational persuasion. However, its results are determined to a great extent by circumstances arising from the mostly artificial and by-chance conditions of the concrete situation in and to which the norms get applied. Consequently, breaking down a normative system is always double-faced, because it is multi- or two-directional on principle at least, in function of the selected means of legal technique; the moment of deductivity is at the most only symbolically present in it; the propositions providing the official foundation of the decision (with pieces of factual and norm-information formally disclosed by the judge) are in fact insufficient to provide genuine logical conclusion for such a decision; the dilemma of whether the regulation is exhaustively complete or perhaps insufficient, emerges on principle in every case (remaining logically unanswerable); the arguments that may be brought forward are rather preselected and defined by tacit conventions shared in the community, and depend more on the sociological situation of the law application than on the so called logic of the underlying system of norms; the logic of how one arrives at a decision differs from the logic of how one subsequently justifies the same decision; when the decision is recognised as valid within (as concluding from) the law, actually one relies – in addition to logically diffuse references – primordially on the reciprocity of the mutually recognitive effect of similar decisions

6 Cf., mainly, *Kaufmann, Arthur*, Analogie und "Natur der Sache" (1982), 2. Aufl., Heidelberger Forum 12, Decker & Müller, Heidelberg

7 For the issue, see especially *Varga, Csaba*, 'Law, Language and Logic' (1995), in Ciampi, C. & Natali, F. S. & Elmi, G. T. (eds.), Verso un sistema esperto giuridico integrale, I, Cedam, Padova, 665 ff

taken by the judicial fora at similar or even lower levels. In result, the nature of the judicial process is eventually determined by circumstances originally treated as auxiliary. Among others, these circumstances include the ontological role filled by lawyerly formalism, the law's discretely homogenised medium as well as the autotelism of the law's systemic operation.

Investigation into fact-finding through procedural definition in a legal context may cast light on what sort of an inner logic is at work in the construction and operation of modern formal law. The critical transcendence [8] of Kelsen's *Pure Theory of Law* [9] identifies each act taken within the legal process as having a *constitutive* force itself. Moreover, also the Kelsenian outcome [10] that the judicial procedure ends with *legal force* (declared for the case and thereby getting officially and irrevocably integrated into the legal order as allegedly concluding therefrom) becomes criterion-like, determining the entire process. The proof (with the so-called judicial "certainty" expressing its result) is also to be conceived of in a similar procedural context, with features characteristic of the internal logic at work in modern formal law. Accordingly and in sum, the judicial procedure is distinct from any other act (in everyday life and theoretical cognition alike), even if differences recognisable from the outside are not indicated.

4. Facts in a Practical Human Context

Both in case of German and Hungarian languages, their backgrounding philosophical culture accept that the ascertainment of a *Tatsache* is alleged by the use of a substantive verb. That is, the fact is "something" that "there is", or "subsists" or "prevails". It is so much considered to represent some materiality or reified event that our question could rather be: what does actually distinguish it from other pieces of reality. In contrast, in neither Latin nor English can one encounter approaches resorting to such a distinction. Namely, as suggested by both the notion of *factum* used only as a participle (e.g., "*res factum est*") and the permitted use of 'fact' in English (e.g., "it is established as a fact that [. . .]"), the fact is not what we allege or posit to be but that what we allege or posit is what we do as a fact. Or, "from statements like "it has been established as a fact that [. . .]" we can definitely learn that (1) there is something with which we have entered a

---

8 By, e.g., *Varga, Csaba*, 'Hans Kelsens Rechtsanwendungslehre' (1990), Archiv für Rechts- und Sozialphilosophie LXXVI, 348 ff

9 *Kelsen, Hans*, Reine Rechtslehre (1934), Deuticke, Wien

10 *Kelsen, Hans*, General Theory of Law and State (1946), 20th Century Legal Philosophy Series I, Harvard University Press, Cambridge (Mass.)

cognitive relationship, and (2) we have posited it as an element of cognition." [11] So what there may remain as an open issue is how we can select from the ontologically undivided totality those relatable aspects that we shall then accept and also express conceptually as facts.

We have two alternatives for a possible answer. One is the path covered by Leibniz. He attempted to represent the complexity of the world in a conceptual-logical way in simple forms, and, enchanted by the Latin linguistic correctness, he posited everything supposed to be thinkable at all as element(s) of axiomatised sets and sequences. Yet, his experiment did not result in any directly utilisable outcome. [12] However, his idea had remained methodologically attractive so much that even Wittgenstein re-considered the same tradition of positivistic presuppositions in his early great work on *Tractatus logico-philosophicus*. [13] His aim was to provide for the conditions of formal logico-mathematical modellability. Therefore, he first posited the world as a set of elementary components, then reconstructed it as the whole of molecular organisations, out of atomic units. Contrary to all eventual ontological allegations, actually he did not perform an ontological experiment: he only made a proposal for the resolution of the paradox of cognition. This is the reason why he posited the world as a fact. And this is how the world became utterly value-free in his approach. At the same time, it is clear also from the context of his expositions that it is a complex conceptual net of *Sachverhalt* [atomic fact], *Tatsache* [fact] and *Sachlage* [situation] what is at stake here (although in a contradictory and unresolved way), in which through the posited facts, the situation itself can render a statement true.

It is an *elementary contextualisation* taking place incessantly in intellectual manifestations that is usually referred to as "situation" or "evaluation" in psychology and cognitive sciences. Even if we say: "it is raining", there is contextualisation taking place. Out of some elementary and unrelated acts of perception, such contextualisation forms a basic unit of information which is already formed from now on, having a structure and being related to preliminaries and background knowledge. This basic unit of information is already selected and moulded. It is no longer a simple imprint of the subject in the senses but also the product of some creative human contribution.

---

11 *Varga, Csaba*, Lectures on the Paradigms of Legal Thinking (1999), Philosophiae Iuris, Akadémiai Kiadó, Budapest, 125

12 Cf., e.g., *Varga, Csaba*, 'Leibniz und die Frage der rechtlichen Systembildung' (1987), in Mollnau, Karl A. (ed.), Materialismus und Idealismus im Rechtsdenken, Archiv für Rechts- und Sozialphilosophie Beiheft 31, Steiner, Stuttgart, 114 ff

13 *Wittgenstein, Ludwig*, 'Logisch-philosophische Abhandlung' (1921), in Annalen der Naturphilosophie, 14, Leipzig

The framework within which facts are conceivable at all is defined by our point of view and the relevance to be reached within our tacit cultural conventionalisation. Unless we start out from Wittgenstein's standpoint – according to which there exist elementary facts, on the one hand, and the world is composed of the totality of these, on the other –, we have rather to say that although the set of facts and the availability of their ascertainment are limited, neither the diversity of factual aspects and configurations nor the variety of approaches can be defined and catalogued previously.

Social roles, including the judicial position, are always filled by individual human beings, to be conceived entirely in their fullness both psychically and sociologically. Even their positional actions are preconditioned by the totality of concrete and actual *determinations*. Every role-playing is conditioned by our simultaneous balancing amongst interests and values (independently of whether or not there is an institutional environment in prevalence to provide a formal filter), and the socially diverse expectations can only be mediated by the ethical ego at any time. [14] Although various legal cultures offer varying standards for an *own logic of justification*, the formalised procedure of decision making will after all be a mere replica of the terms that can be used for formal justification – as compared to the infinity of the paths available in the logic of problem solving.

5. Law as a Process Reconventionalised

As stated above, facts are only an expression of the human act of having in our practice become attached to some aspect of reality, thought to be existing. Its expression in such a dysanthropomorphised masque disguises the very human relation of having come in an anthropomorphic touch with it. But as also *Gestalt* psychology claims, human manifestations testify to *human entirety* in the fullness of being – in the same way as human action, too, can exclusively be homogenised on the ground of the heterogeneity of everyday human existence exclusively. Or, judicial decision making as a practical process attempts at asserting requirements formulated by everyday life in a homogenised medium, while complying with a homogenised network of justification. Consequently, judicial decision making appears always in *unity* of diverse sides, aspects and relations intertwining. Or, the judicial establishment of facts differs from theoretical cognition. For both judicial establishment and theoretical cognition are differently homogenised fields

---

[14] For an early development on it, cf. *Varga, Csaba*, 'On the Socially Determined Nature of Legal Reasoning' (1973), in Perelman, Chaïm (publ.), Études de logique juridique, V, Travaux de Centre National de Recherches de Logique, Bruylant, Bruxelles, 21 ff

of human action, built up in a criterion-like way in accordance with conditions exclusively characteristic of them in respectively differing manners.

Ontological reconstruction presents the legal phenomenon as a process constantly being formed from a sequence of intellectual operations, built and also superimposed upon each other, conceived of as a series of events. And exactly because the law's existence is *process-like*, such a reconstruction does by far not reduce law to mere forms of objectivation or to artificially developed system(s) of formal(ised) requirements. Moreover, from the recognition of the law's processuality it becomes obvious that, as against the traditional world view of legal positivism, law does not control us primarily by means of physical force or coercion but does condition us by *getting embedded in our tacit social agreements*, having built into our social interactions through its conventionality.

6. Theoretical Perspectives

As time goes by, several problems emerge which all need to be faced. Yet all our responses to various dilemmas – including the issue of how to implement the ideal of any rule by law, what way to develop conceptual-procedural discipline within the law, that is, how to effectively strengthen the lawyers' professional ethos and commitment – are on final account predisposed by the dilemma whether or not we base our legal world view unchangedly on the conceptual framework provided by legal positivism or perhaps on some more suited scheme, which is to transcend the former to some extent at least. After all, tragic experiences from Hitlerism to Stalinism have taught generations of Central and Eastern European lawyers that although a simplifying world view (offering easy explanation to everything with the warmth of familiarity to and protection by the mighty mainstream) can be very attractive indeed, nevertheless, it may expose us as defenceless when, due to the irony of fate or the forced path of history, one is left alone by getting out of everyday routine. For at such times one is ruthlessly compelled to make a personal choice, by taking a responsible moral decision.

The safety offered by the world view based on such an ontological explanation is surely neither uni-factoral nor one-dimensioned. But just because only social practice with re-tested feedback can promise any kind of safety at all – as its consciousness is getting formed by the practical experience of society throughout ages and civilisations as being based on an endless sequence of tacit social conventions and their (re)conventionalisation, continually re-adjusted in practice –, it is not so easily shakeable either, when things are not going well. For both social understandings and the various institutional conventionalisations are always carried by exactly as many players as many do take part in the total social game that regenerates those understandings and conventionalisations, the total sum of which is society itself. And from this, it clearly follows that the final essence of experiencing social existence with the prevailing law and order is eventually nothing else than playing this very game itself.

VII. Grundlagen der Rechtsinformatik

The Concept of "Goals" in Legal Informatics

Vytautas ČYRAS

1. Introduction

In the paper I express a viewpoint to formalisation of teleological structures in law. I view the representation of the related categories – "goal", "objective", "purpose", "aim", "result", "value", etc. – as a challenging problem for research in artificial intelligence (AI) and law.

The concept of "goal" deserves to be placed in a top legal ontology. I think that the formalisation on a large scale is required. Automatic indexing of purposes which appears in the text of a statute, e.g. EC Treaty, can hardly be expected as a breakthrough approach, cf. [Oskamp, Lauritsen 2002].

When speaking informally about what law is, one speaks, first, about *norms*, then about *rights* and *duties* (or permissions and obligations). Though two Hohfeldian squares do not contain the "goal", one understands that it is among the fundamental legal concepts. See, e.g. Dworkin's *Law's Empire* [Dworkin 1986], Hage's formalisation of comparing alternatives [Hage 2004], Sartor's formalisation of fundamental legal concepts [Sartor 2006]. In the latter paper, the concept of purposes is referred to von Jhering (1924), who distinguished the purpose of a duty as the interest it is intended to serve. The function of an artifact is considered as a teleological concept in philosophy [Dennett 1989]. When speaking about *intentionality*, Dennett refers to scholastics in the middle ages. The intentional nature of law is considered seriously in AI, see, e.g. [Sartor 2003]. Thus one can see that teleology should be represented in a legal ontology.

I also aim at formalising the teleological method of interpretation of law. Text retrieval systems and experts in domains outside law rely primarily on the grammatical method of interpretation. However, "the historical and teleological dimensions of the law entail that the liberty of interpretation enjoyed by the reader of a statute from a linguistic point of view becomes even wider within a legal context"' [Van Hoecke 2002, p. 150].

The research also aims to contribute to legal drafting. A statement of the purposes of a legal act is required in a legislative procedure. This is usually presented in the preamble of the act, where social relations to be regulated are treated as an element of the purpose.

The research can result in three products. First, a 'theory of goals'. Second, formalised conceptualization, which is identified as an *ontology*. Thus legal theory contributes to computing. Third, a semantic network of goals, which are inherent in European Union law: EC Treaty, EU Treaty and the European Constitution.

This paper is written from the perspective of informatics in law.

2. Motivation

This research is motivated to gain from explicit representation of teleological structures in law. This motivation is viewed from the following perspectives:

- *Using the teleological method* in law, namely, in legal reasoning. This is a *legal perspective*. It is reasonable to make purposes explicit, because purposive interpretation of law is broadly used by courts.
- *Tracing of purposes*, a *computing perspective*. Purposes in the law should be validated and verified, in particular, while creating law. Thus *ex ante*, *ex post* analysis and XML-based tools are in the focus. I expect similarity to goal tracing in information systems (IS) development.
- *Visualisation of goals*. This is actual for jurists and non-jurists.

2.1. Teleology in legal argument

Modelling teleology in legal argument is elaborated, in particular, in a special issue of AI and Law journal in 2002. A series of papers [Bench-Capon, 2002], [Hafner, Berman 2002], etc. recapitulate the ideas of [Berman, Hafner 1993] regarding the role of teleology in legal argument. The authors elaborate theories based on (teleological) *values*. A distinction between *factors* and values is made. An exercise of three cases results with a list of values *legal certainty*, *social utility* and *sanctity of property*. A list of elicited factors includes 'the plaintiff/defendant was pursuing his livelihood', 'the plaintiff was on his own land', 'the plaintiff was not in possession of the animal', etc.

I think that modelling teleology in legal argument is important, but one of several levels of teleological structures. I also think that teleological structures should rest, primarily, on *legal theory*, then on observations. Thus a 'theory of goals' has to be developed. Techniques of implicit knowledge elicitation suit better to an analysis stage of IS development than to analysis of a legal domain.

Historically, much attention was given to a *norm*, a central concept in law. The norm concept is examined in legal philosophy ([Kelsen, 2001], [Hart 1994]), legal theory (e.g. [Van Hoecke 2002]), and also AI & law (e.g. [Boella et al. 2004]).

Legal theory agrees on the structure of a norm consisting of three elements: hypothesis, disposition (i.e. action), and sanction. The four legal relations *duty*, *right*, *no-right* and *privilege* are attributed to the norm. Placing fundamental legal concepts in a legal ontology is recently presented in [Rubino et al. 2006]. Ontological structures should also be represented in such a kind of ontology.

2.2. Legal engineering and systems engineering

This research is motivated by the following intent regarding legal drafting. From *systems engineering* (SE) standpoint, the law can be viewed as a *formal system*. This can be even backed by the view of legal theory that the law is a system of norms. Such a system can be compared to a production system in AI. But it should be noted that the problem is the complexity of the system.

Considering the view above, a *legal engineering* task should include the following stages (similarly to analysis-design-implementation stages in a software life-cycle – as requirements engineering methods recommend):

- First, formulate the goals of a system under consideration.
- Second, from the goals derive requirements.
- Third, from the requirements design the system.

Here I rest on the idea to treat a statute as a system [Čaplinskas, Mockevičius 2002]. The following example was given by Čaplinskas in personal communication while discussing the powers of a judge to determine the limits of custodial sentence duration. Two distinct principles are inherent in criminal law: (a) to punish a *person*, or (b) to punish for a *crime*. These principles can be treated as distinct goals. They can differentiate two distinct legal systems, e.g. continental law and common law. Top-down development and goal tracing techniques, which are known in systems engineering, might result with two distinct criminal codes. Luckily, the world is not that black and white. In each country the two principles are intertwined distinctively and result with different criminal codes. However, a 'theory of goals' could make this intertwinement more explicit.

2.3. What law is and what goal is

I try to discover the essence of law through the category of goal. Can the related categories in legal theory be built on the basis of it? In other words, can the category of goal be placed in an ontology of law?

A key question in legal philosophy 'what law is' can be supplemented with 'why one obeys the law'. Answers are explored in jurisprudence. Lawyers note that the problem in not in the law, but in the *use of legislation*. The Aristotelian concepts of *finis* and *telos* have to be distinguished. *Finis* is treated as a state (*status*) of the world, the final end; *telos* – a way, a direction or a process.

Dworkin shows in [Dworkin 1986] what problems are faced while answering 'what law is'. In his analysis of Elmer's case, I find that the teleological concept of "intentions" is formalised as *coherence with legal principles*. In the endangered specie's case, I find the formalisation as a classical *comparison of alternatives*: one value (endangered specie) vs. another value (a hydro station).

2.4. Teleological structure depends on a legal task

I share the view of [Valente 1995, p. viii] that "another path to develop models of problem solving, complementary to the one based on the ontology, is the development of *models of typical legal tasks*". He proposes *typology of legal problems* comprising some main views on the use and design of legislation (emphasis added): "the perspective of *elaborating legislation*, the perspective of an agent *using the legislation*, and the perspective of elementary *internal problems* implied or indicated by the ontology". Thus, legal knowledge engineering should rest on legal theory. A feedback loop would contribute in the opposite direction – to jurisprudence.

3. Functions of law as top level teleological structure

The functions of law can be treated as a high level teleological structure. The context is of the nature and the role of law. The question 'what the aims of law are' can be supplemented with 'what the functions of law are'. The functions of law are in the focus of legal theorists, cf. Hart, Krawietz, Raz. I discover in [Van Hoecke 2002, p. 61] that "the (main) aim of the law" is reduced to values, more precisely, to "realise values such as "justice", "equality", "individual freedom" and the like". The values as teleological concepts are also mentioned by other authors.

Legal theory classifies the functions of law to three categories: the *judicial* function, the *legislative* function, and the *executive* function.

From a societal perspective [Van Hoecke 2002, p. 62] distinguishes two main functions: (a) structuring political power, (b) creating and keeping social cohesion. Achieving social cohesion implies the function of *consolidation* of the social system and of the legal system. The latter statement can be represented as state transition. I mark the final state with a teleological attribute 'social cohesion'. This transition is achieved by the function 'consolidation', which is represented as an edge in a kind of a semantic network.

However, the notes on overestimating the aims of law can also be found, see e.g. of [Van Hoecke 2002, p. 61]: "in traditional jurisprudence attention often has been paid too exclusively to the aims of law. This is narrowing the analysis to deliberate lawmaking ...". Continuing this quotation, I again discover the dimension, which has been already identified earlier – aims are formalised as values (emphasis added):

> When taking such a position, moreover, jurists tend to mingle a descriptive analysis with normative points of view. This is especially the case when it is posited that the (main) *aim* of the law is to realise *values* such as "justice", "equality", "individual freedom" and the like, thus offering an idealistic picture of law.

A teleological notion of "function" is considered by Dennett: "what makes something a spark plug is that it can be plugged into a particular situation and *deliver a spark when called upon*". Here I find a challenge to apply the functionalism and intentionality to law. The phenomenon of law is qualitatively on a higher level of complexity than such artifacts as mechanical machines.

3.1. Different meanings of the term law

One can find the following different meanings of the term "law":
- A social phenomenon.
- A legal or judicial system; structure and contents, e.g. continental law and common law.
- A (logical) system of rules. A statute is treated as a (logical) system of norms.
- A body of rules made by legislature; statute law.
- Science or knowledge of law; jurisprudence.
- The principles originating and formerly applied only in courts of common law; equity.

Goals may be assigned to a structural part of the law, too. One may speak about goals of a norm, goals of a contract, aims of the norm-sender – the will of the legislator, etc. [Van Hoecke 2002]. Therefore ontological structures are subject to different formalisations depending on a level above.

4. The teleological method in law

The teleological method is next in our focus. The reason is that "the teleological or purposive method takes the *objective of the statute* as interpretation context. In certain cases the interpretation of a statute in the light of the purpose of the statute, or that of the entire legal system, is necessity" [Van Hoecke 2002, p. 140].

The statement "purposive interpretation is by far the most used method by the European Court of Justice" [Van Hoecke 2002, p. 140] is also backed by other authors. One of the most striking characteristics of the legal order established by the Treaty is the competence vested in the Community institutions to enact legislation for the purpose of carrying out the objectives of the Treaty [Arnull et al. 2000, p. 83). A ground for looking at the aim of the statute is the clearly absurd or unjust result of applying the statute in its plain *prima facie* meaning. Another ground concerns historical developments which have arisen since the enactment of the statute. Sometimes also here the immediate cause for a teleological construction is the absurd result of a literal interpretation [Van Hoecke 2002, p. 147].

4.1. Motivation to formalise purposes of an EU directive

A challenging example for goals elicitation is in European Union law, namely, interpreting the supremacy of Community law and direct applicability of EC Treaty provisions.

Purposes of an EU directive have to be transposed into the national legal systems. Article 249 (ex 189) EC Treaty sets that "a directive shall be binding, as to the result to be achieved, ... but shall leave to the national authorities the choice of form and methods". Thus, the legislation adopted to implement a directive need not use the same words as the directive itself. Here a natural question is raised: are the purposes explicit enough in the text of the directive? How one can verify that the purposes are implemented correctly in the national legislation?

4.2. Aim $\neq$ obligation!?

In [Barnard 2004] one can find analyses and examples of ECJ decisions which are based on teleological interpretation. For example, the list of benefits of free trade on p. 2 of Barnard's book can be represented as a causal sequence of goals: 'free trade' $\rightarrow$ 'specialisation' $\rightarrow$ 'comparative advantage' $\rightarrow$ 'economics of scale' $\rightarrow$ 'consumer welfare' & 'efficient use of world-wide resources'.

After analysis of numerous Court's decisions and quotations, which include the terms 'purpose', 'function', etc., I find the following conclusion important. After examining external economic relations of the EU, [Barnard 2004, p. 227] concludes that "trade liberalization has always been an *aim* rather than an obligation".

The above quotation illustrates a conceptual difference between the notions of "aim" and "obligation". I also find that this statement draws a border between AI and law. AI task is to model aims; a legal task focuses on the content of obligations.

5. Possible approaches to solutions

In this section a sketch of some approaches to solutions is given. In order to propose a formalisation, I expect AI and requirements engineering (RE) to contribute to the insight and propose instruments.

5.1. Teleological relation: legal act$^{TE}\rightarrow$ goal

In personal communication F. Lachmayer proposed to introduce a concept of teleological relation$^{TE}\rightarrow$ between a legal act *a* and a goal *g*. An infix notation is $a\ ^{TE}\rightarrow g$; consequently a prefix notation: $^{TE}\rightarrow(a,g)$. To illustrate the notation, consider the three statements:

- "A goal *g* is achieved by a legal act a_1"
- "A goal *g* is achieved by a legal act a_2"
- "A legal act a_1 implies less quantitative restrictions (QR) than a_2"

A very simplified meaning of these statements can be represented:

$a_1\ ^{TE}\rightarrow g,\ a_2\ ^{TE}\rightarrow g,\ a_1\ ^{QR} < a_2$

Thus the formalisation leads to a "theory of relations" in law. Here it should be noted that, for instance, in discrete mathematics a *relation* is the set of ordered pairs and represented as a table.

5.2. Goals in artificial intelligence and requirements engineering

Why RE? It provides us with goal-oriented RE methodologies. A guided tour is presented in [van Lamsweerde 2001]. He lists the reasons why goals are so important in RE process and formulates the problem of verification/validation. Goal driven approaches are examined by other authors, see, e.g. [Rolland, Prakash 2000] where conceptual modelling (CM) is treated as the first phase of the two-phase organisation of the information system (IS) life cycle. I treat CM to be in the intersection of RE and AI. CM glues RE and KR. However I find that the universe of discourse in law – the whole society – is more complicated than that in IS design.

Why AI? The term "goal-oriented revolution" is used in [Bolchini, Mylopoulos 2003]. They note that a goal-directed philosophy to systems design was borrowed from AI where goals have been studied since '50s. I expect that nowadays research in AI-like ontologies [Lehmann, Breuker, Brouwer 2003], [Rubino, Rotolo, Sartor 2006], etc. glues AI and IS better; in legal IS development, too.

5.3. Goal set as a vector of values

A concept of goals plays a central role in Hage's research on qualitative comparative reasoning [Hage 2004]. He considers an example of choosing between a Mercedes, a Volvo and a Porche. This example is also analysed by other authors.

A natural way to formalise goals is to represent them as coordinates of n-dimensional space. Here two preferences are compared as two vectors. A bad news is that there is no total ordering relation $\leq$ in n-dimensional space. In case the weights are assigned to goals, then a natural ordering on real numbers is obtained (by summing up the weighted goals). However the concept of legal goals is not so simple, cf. Dworkin's analysis of hard cases [Dworkin 1986].

6. Acknowledgements

I benefit greatly from collaboration with Friedrich Lachmayer. He positioned the research, advised to use the term teleological structures, shifted from informatics to law, and identified a direction to formalise as a "theory of relations". Thus this paper resulted.

7. Conclusions

Different nature of goals is inherent to human agents and artificial agents. This differentiates between human intelligence and artificial intelligence. However formalising teleological structures in law makes sense and constitutes a real challenge in the legal domain.

I agree with [Van Hoecke 2002, p. 119] that "when analysing the structure of legal systems we have to take into account this intertwinement of form and substance". I back his conclusion that "the structure of legal systems cannot be studied in isolation from its content". In order to discover ontological structures, studies of the structure of law are not enough; studies of the content are required.

8. References

A. Arnull, A. Dashwood, M. Ross, D. Wyatt. *European Union Law*. Fourth ed., Sweet & Maxwell, London, 2000.

C. Barnard. *The Substantive Law of the EU. The Four Freedoms*. Oxford University Press, Oxford, UK, 2004.

T. Bench-Capon. The missing link revisited: the role of teleology in representing legal argument. *Artificial Intelligence and Law*, 10(1-3):79-94, September 2002.

D. Berman, C. Hafner. Representing teleological structure in case-based legal reasoning: the missing link. In *ICAIL '93: Proceedings of the 4th international conference on Artificial intelligence and law*, p. 50-59, New York, NY, USA, 1993. ACM Press.

G. Boella, L. Lesmo, R. Damiano. On the ontological status of plans and norms. *Artificial Intelligence and Law*, 12(4):317-357, December 2004.

D. Bolchini, J. Mylopoulos. From task-oriented to goal-oriented web requirements analysis. In *WISE '03: Proceedings of the Fourth International Conference on Web Information Systems Engineering*, p. 166-175, Washington, DC, USA, 2003. IEEE Computer Society.

A. Čaplinskas, R. Mockevičius. The role of system engineering and information technologies in legal drafting in Lithuania. In *IT'2002: Proceedings of the Conference*, p. 367-376, Kaunas, 2002 (in Lithuanian).

D. Dennett. *The Intentional Stance*. MIT, Cambridge, Mass., 1989

R. Dworkin. *Law's Empire*. Harward University Press, 1986.

C. Hafner, D. Berman. The role of context in case-based legal reasoning: teleological, temporal, and procedural. *Artificial Intelligence and Law*, 10(1-3):19-64, September 2002.

J. Hage. Comparing alternatives in the law. *Artificial Intelligence and Law*, 12(3):181-225, September 2004.

H. L. A. Hart. *The Concept of Law*. 2nd ed, Clarendon Press, Oxford, 1994.

H. Kelsen. *General Theory of Norms*. Clarendon Press, Oxford, 2001.

J. Lehmann, J. Breuker, B. Brouwer. Causatio^{NT}: Modeling causation in AI&Law. In *Law and the Semantic Web*, p. 77-96, 2003.

A. Oskamp, M. Lauritsen. AI in law practice? so far, not much. *Artificial Intelligence and Law*, 10(4):227-236, September 2002.

C. Rolland, N. Prakash. From conceptual modelling to requirements engineering. *Annals of Software Engineering*, 10:151-176, 2000.

R. Rubino, A. Rotolo, G. Sartor. An OWL ontology of fundamental legal concepts. In *Legal Knowledge and Information Systems: JURIX 2006 the Nine-*

teenth Annual Conference, p. 101-110, Amsterdam, Netherlands, December 7-9 2006. IOS Press.

G. Sartor. Cognitive automata and the law. In *The Law and Electronic Agents* (Eds. J. Bing, G. Sartor), Oslo: Unipubskriftserier, 2003, p. 67-114.

G. Sartor.Fundamental legal concepts: a formal and teleological characterisation. *Artificial Intelligence and Law*, 14(1-2):101-142, April 2006.

A. Valente. Legal Knowledge Engineering: *A Modelling Approach*. IOS Press, Amsterdam, Netherlands, 1995.

M. Van Hoecke. *Law as Communication*. Hart Publishing, Oxford, 2002.

A. van Lamsweerde. Goal-oriented requirements engineering: A guided tour. In *RE '01: Proceedings of the Fifth IEEE International Symposium on Requirements Engineering (RE '01)*, p. 249-263, Washington, DC, USA, August 27-31 2001. IEEE Computer Society.

Rechtstexte und Ontologien

Felix GANTNER

1. Einleitung

Bereits zu der Zeit, als die Rechtsinformatik noch als „Rechtskybernetik“ [1] bezeichnet wurde, stand sowohl die Suche nach zweckmäßigen Formalisierungen von Rechtstexten und juristischen Entscheidungsverfahren, als auch die EDV-unterstützte Publikation von und die Recherche nach juristischen Dokumenten im Zentrum der Forschungstätigkeit. An der Bedeutung dieser Fragestellungen hat sich im Laufe der Jahre [2] trotz der dramatischen Veränderungen des technischen Umfelds nichts geändert.

Gerade die Bemühungen zur Umwandlung des Internet vom Informationsmedium für Menschen zum „Semantic Web“, [3] das Daten und Informationen so abbildet, dass Computer sie autonom interpretieren können, haben gezeigt, dass sogar ein wachsender Bedarf an effizienten Methoden zur logischen und inhaltlichen Formalisierung von Texten und den darin verwendeten Begriffen besteht.

Ontologien werden als Schlüsseltechnologie zur Abbildung von (Rechts)Begriffen in einer für Computer bearbeitbaren Form angesehen. Dadurch sollen neben Verbesserungen bei der Recherche in Datenbanken (Information Retrieval) auch die Automatisierung juristischer Entscheidungen und die Verwaltung von juristischen Metadaten (z.B. zur Unterstützung legistischer Arbeit) verbessert werden.

---

1 Vgl. Steinmüller, Informationstechnologie und Gesellschaft (1993), der die Rechtsinformatik in den Jahren 1949 – 1969 als Rechtskybernetik bezeichnet (S. 135ff).

2 Vgl. Fiedler – Barthel – Voogd, Untersuchungen zur Formalisierung im Recht als Beitrag zur Grundlagenforschung juristischer Datenverarbeitung (UFORED) – Endbericht (1983).

3 Der Begriff „Semantic Web“ geht auf Tim Berners-Lee, der am europäischen Kernforschungszentrum CERN die Grundlagen für das World Wide Web und den ersten Web-Browser entwickelte, zurück. (Vgl Andy Carvin, Tim Berners-Lee: Weaving a Semantic Web (2005) http://www.digitaldivide.net/articles/view.php?ArticleID=20) Ziel des semantischen Web ist es, die Bedeutung von Begriffen, die in Dokumenten oder Datenbanken im Internet bereitgestellt werden, formal festzulegen. Informationen sollen dadurch nicht mehr nur von Menschen, sondern auch von Computern autonom verstanden und bearbeitet werden können.
Zum aktuellen Stand der Entwicklungen vgl. Feigenbaum – Herman – Hongsermeier – Neumann – Stephens, The Semantic Web in Action, Scientific American, vol. 297, Dezember 2007 S. 90, http://thefigtrees.net/lee/sw/sciam/semantic-web-in-action.

1.1. Begriffsbestimmung Ontologie

In der Philosophie wird unter Ontologie die Lehre vom Sein als solches, von den allgemeinsten Seinsbestimmungen, Seinsbegriffen und Seinsbedeutungen verstanden. [4]

Im Gegensatz dazu wird in der Technik und Informatik – insbesondere im Bereich der künstlichen Intelligenz und Wissensrepräsentation – unter Ontologie eine explizite formale Spezifikation einer Begriffsbildung verstanden. [5]

Ohne an dieser Stelle auf technische Details einzugehen, kann eine Ontologie als formale Festlegung von Begriffen und deren Bedeutung, von Begriffshierarchien, Beziehungen zwischen Begriffen und deren Eigenschaften (Attributen) umschrieben werden.

Bei der Entwicklung einer Ontologie wird versucht, die in einem Fachgebiet (Domäne) verwendeten Begriffe bzw. zumindest die wichtigsten davon eindeutig festzulegen. Darauf aufbauend werden die Beziehungen (Relationen) zwischen den einzelnen Begriffen oder zwischen ihren Attributen definiert.

Ist dies geschafft, so kann das erzeugte Begriffsnetzwerk, die Ontologie, als Basis für technische Anwendungen dienen. Da Begriffe in der Ontologie eindeutig [6] festgelegt sind, kann Software so programmiert werden, dass sie bei jedem Vorkommen eines Begriffs in einem Text oder einem Datensatz in einer Datenbank bestimmte Aktionen autonom durchführt.

Wird in einem Text bei den wichtigen Begriffen jeweils ein Verweis auf die Begriffsdefinition in der Ontologie hinzugefügt und damit der Web-Inhalt semantisch angereichert [7], so kann dem Programm auch unabhängig von der Schreib-

---

4 Hoffmeister, Wörterbuch der philosophischen Begriffe^2 (1955) S. 443.

5 Zur Definition des Begriffs Ontologie vgl Gašević – Djurić – Devedžić, Model Driven Architecture and Ontology Development (2006) S. 45ff. Zu juristischen Ontologien vgl. Breuker – Valente – Winkels, Legal Ontologies: A Functional View, http://www.di.unito.it/~guido/ontologie/valente.ps.

6 Jedem Begriff wird eine eindeutige Adresse (URI, Uniform Resource Identifier) zugeordnet, durch die auf den Begriff verwiesen werden kann.

7 Mayer – Müller – Jablonski – Schlundt, Semantisches Wissensmanagement für Verwaltungsprozesse und –informationen, in Schweighofer – Liebwald – Augeneder – Menzel (Hrsg-), Effizienz von e-Lösungen in Staat und Gesellschaft S. 197 (198).

weise [8] mitgeteilt werden, welcher Begriff tatsächlich gemeint ist. Der Computer kann dadurch den Text zwar nicht „verstehen", aber doch korrekt interpretieren.

Die Definition von Ontologien und der Verweis auf Elemente einer Ontologie erfolgt mit standardisierten Definitions- und Beschreibungssprachen wie RDF (Resource Description Framework) [9] und Web Ontology Language (OWL) [10].

In der Verwendung standardisierter Beschreibungssprachen liegt auch der große Vorteil gegenüber anderen technischen Lösungen. Bereits für eine bestimmte Domäne entwickelte Ontologien können in anderen Anwendungen mit relativ geringem Aufwand verwendet werden, da die grundlegenden Datenformate und technischen Konzepte nicht mehr neu entwickelt werden müssen. Es ist daher z.B. möglich, im Internet (u.U. sogar frei) verfügbare Ontologien auf mehreren WWW-Sites einzusetzen. Programme, die diese WWW-Sites analysieren, können damit auf eine einheitliche „Wissensbasis" zurückgreifen.

Ebenso ist es aber auch möglich, unterschiedliche Ontologien in einander überzuführen und auf einander abzubilden. Bei Kenntnis der Beziehungen zwischen den einzelnen Elementen der verschiedenen Ontologien kann eine „Meta-Ontologie" gebildet werden. [11]

---

8 Gerade im juristischen Bereich führt die uneinheitliche Verwendung von Bezeichnungen für Gesetze bei der automatisierten Bearbeitung juristischer Dokumente bzw. bei der Recherche in Datenbanken zu großen Problemen und vermindert die Qualität von Rechtsdatenbanken erheblich (Gantner, Automatic Recognition of Legal References and Generation of Hyperlinks, in: The Law in the Information Society/Il Diritto nella Societa dell'Informazione, Instituto per la documentazione giuridica del CNR (Hrg.), 2.-5. 12. 1998, Florenz, Conference Proceedings CD-ROM).
Ebenso stellt die mehrfache Verwendung identer Abkürzungen für unterschiedliche Rechtsvorschriften (NSchG wird für Nachtschichtschwerarbeitsgesetz und für Naturschutzgesetz verwendet) für die Rechtsdokumentation eine große Herausforderung dar. Paschinger, Konkurrierende Rechtsvorschriften-Abkürzungen in Schweighofer – Menzel (Hrsg.) E-Commerce und E-Government: aktuelle Fragestellungen der Rechtsinformatik (2000) S. 169.
Gerade für diese Probleme stellt die Entwicklung und Verwendung von Ontologien eine mögliche Lösung dar.

9 http://www.w3.org/RDF/

10 http://www.w3.org/TR/owl-features/

11 Für juristische Ontologien vgl. Pepijn Visser Trevor Benchcapon, Ontologies in the Design of Legal Knowledge Systems; Towards a Library of Legal Domain Ontologies, http://www.di.unito.it/~guido/ontologie/visser.ps.

2. Juristische Ontologien in der Praxis

Sowohl in Österreich [12], als auch international [13] wird intensiv an der Erstellung juristischer Ontologien und an der Implementierung von Beispielanwendungen – von Rechtsdatenbanken über Expertensysteme bis hin zur juristischen Dokumenterstellung – geforscht.

Die Praxis haben sie jedoch nicht erreicht. [14] „Bisher spielt sich Semantik meist in der akademischen Forschung ab. Die Gründe hierfür sind seit Jahrzehnten aus der künstlichen Intelligenz bekannt: Wer inferieren will, braucht Ontologien – fertige Ontologien mit dem Anspruch auf Vollständigkeit. Diese muss jedoch erst einmal ein Gremium aus Fachexperten erstellen. Was aber zur Sisyphosarbeit ausarten kann. Denn derartige Konzeptwelten können in puncto Umfang explodieren, ihre Erstellung ist vor allem in dynamisch geprägten Domänen nie gänzlich abgeschlossen“. [15]

Der juristische Bereich ist in vielen Bereichen durch Änderungen von Rechtsgrundlagen und Rechtsprechung als sehr dynamisches und komplexes System einzustufen. Wird die Ähnlichkeit zur künstlichen Intelligenz ernst genommen, so gilt für Ontologien, was Haft 1992 in Bezug auf juristische Expertensysteme feststellte:

„Insgesamt ist also große Zurückhaltung bezüglich der neuen Technologie und Methodologie der Juristischen Expertensysteme angebracht. Von einem Durch-

---

12 Schweighofer – Liebwald, Konzeption einer Ontologie der österreichischen Rechtsordnung in Schweighofer – Liebwald – Kreuzbauer – Menzel (Hrsg.) Informationstechnik in der juristischen Realität – Aktuelle Fragen der Rechtsinformatik 2004 (2004) S. 39; Schweighofer – Liebwald, Projekt LOIS: Juristische Ontologien und Thesauri, in Schweighofer – Liebwald – Augeneder – Menzel (Hrsg-), Effizienz von e-Lösungen in Staat und Gesellschaft S. 79; Schweighofer – Haneder – Rauber – Dittenbach, Improvement of Vector Representations of Legal Documents with Legal Ontologies, Proceedings of the 5th international Conference on Business Information Systems (BIS 2002); Schweighofer – Geist, Legal Query Expansion using Ontologies and relevance Feedback, in Casanovas – Biasiotti – Francesconi – Sagri (Hrsg.), Proceedings of LOAIT 07 – II Workshop on Legal Ontologies and Artificial Intelligence Techniques, S. 149, http://www.ittig.cnr.it/loait/LOAIT07-Proceedings.pdf.

13 Statt vieler siehe z.B. Proceedings of the Workshop on Semantic Web technology for Law 2007 http://www.cs.vu.nl/~mcaklein/SW4Law/proceedings.pdf; Casanovas – Biasiotti – Francesconi – Sagri (Hrsg.), Proceedings of LOAIT 07 – II Workshop on Legal Ontologies and Artificial Intelligence Techniques, http://www.ittig.cnr.it/loait/LOAIT07-Proceedings.pdf.

14 Feigenbaum – Herman – Hongsermeier – Neumann – Stephens, The Semantic Web in Action, a.a.O. umschreiben dies – fast beschwörend – so: „The Semantic Web will probably operate more behind the scenes than the World Wide Web does. ... Grand Visions rarely progress exactly as planned, but the Semantic Web is indeed emerging and is making online information more useful than ever.“

15 Ziegler, Sinn oder nicht Sinn, c't 2007 Heft 21, 172 (176)

bruch kann weder jetzt noch in der näheren Zukunft die Rede sein. Bei der Planung und beim Entwurf von Richterarbeitsplätzen sollte zwar die Möglichkeit der Integration von juristischen Expertensystemen gesehen werden, besondere Maßnahmen oder aktives Drängen in diese Richtung erscheint jedoch aufgrund des gegenwärtigen Erkenntnisstandes nicht angezeigt". [16]

Auch wenn wahrscheinlich ist, dass juristische Ontologien in der Praxis an der zufriedenstellenden und vor allem kostengünstigen Erfüllung der Anforderungen

- Vollständigkeit der Erfassung der Begriffe eines Rechtsgebiets,
- Qualität der Begriffsbildung,
- Wartbarkeit bei Änderungen und
- leistbarer Aufwand

scheitern werden, so soll doch noch untersucht werden, ob Ontologien als neue Technik gerade für die computerunterstützte Erstellung und Bearbeitung von Rechtstexten besondere Funktionen bieten, die sie gegenüber herkömmlichen Arbeitsmitteln qualifizieren.

Ontologien leisten vor allem die (mehr oder weniger) vollständige Erfassung und Bereitstellung der in einer Domäne benutzten Begriffe in standardisierter, von Maschinen bearbeitbarer Form. Weiters dient eine Ontologie der Festlegung von Beziehungen zwischen Begriffen. Die Elemente der Ontologien können ein Verweisziel in Texten sein, wenn Begriffe darin über die Ontologie eindeutig definiert werden sollen (semantische Anreicherung des Textes).

Begriffsdefinition und Verwaltung von Verweisen sind aber nicht nur die zentralen Aufgaben von Ontologien, sondern auch Probleme, mit denen in der juristischen Dokumentation, insbesondere in Rechtsdatenbanken, seit langem umgegangen wird.

Im folgenden wird am Beispiel der Judikaturdokumentation im VwGH Wien [17] dargestellt, in welcher Form in der Praxis bis jetzt, ohne die Verwendung von Ontologien, Probleme der Begriffsverwaltung gelöst wurden.

---

[16] Haft, Untersuchung der Möglichkeiten des Einsatzes von Expertensystemen zur Unterstützung von Richtern, Staatsanwälten und Rechtspflegern – Abschlussbericht (1992) 2. (nicht publiziert); siehe auch Haft – Fiedler (Hrsg.), Untersuchung der Möglichkeiten des Einsatzes von Expertensystemen zur Unterstützung von Richtern, Staatsanwälten und Rechtspflegern (1992) S. 83.

[17] Die EDV-Lösung für Judikaturdokumentation und Aktenverwaltung im VwGH wurde vom Autor im Rahmen seiner Tätigkeit als EDV-Berater realisiert. Die dabei gewonnenen Einsichten in Datenstrukturen und Arbeitsabläufe sind die Grundlage für die gewählten Beispiele.

2.1. Begriffsdefinition in der Normenliste des VwGH

Die Normenliste des VwGH Wien [18] ist eine Liste mit eindeutigen Bezeichnungen für die im VwGH angewendeten Bundes-, Landes- und sonstigen Rechtsvorschriften. [19]

Durch die Normenliste sollen die Schwächen, die Volltextdatenbanken gerade bei der Suche nach Rechtsvorschriften aufweisen, ausgeglichen werden. (Ein Ziel, das auch bei der Erstellung von Ontologien zur Verbesserung von Rechtsdatenbanken angegeben wird.)

Eines der Hauptprobleme für die Suche über Rechtsvorschriften bei der Recherche in Rechtsdatenbanken ist die uneinheitliche Zitierweise im Volltext der Dokumente. Nicht für alle Rechtsvorschriften sind verbindliche Kurzbezeichnungen, die für Normzitate verwendet werden, festgelegt, und selbst wenn eine solche vorhanden ist, muss sie vom Autor nicht immer verwendet werden.

So bezeichnen die folgenden, aus Entscheidungstexten entnommenen Normzitate ein und dieselbe Rechtsvorschrift:

- BG BGBl 1980/320
- BG vom 2. 7. 1980, mit dem das Gesetz über Gesellschaften mit beschränkter Haftung geändert wurde (BGBl. 320)
- BGBl 1980/320
- BGBl.Nr. 320/1980
- Bundesgesetz BGBl Nr 320/1980
- Bundesgesetz über die Änderung des Gesetz über Gesellschaften mit beschränkter Haftung vom 2 Juli 1980
- Bundesgesetz vom 2 Juli 1980, BGBl Nr 320
- Bundesgesetz BGBl. Nr. 320/1980
- Bundesgesetz vom 2. Juli 1980, BGBl. Nr. 320
- Bundesgesetz vom 2. Juli 1980, mit dem das Gesetz über Gesellschaften mit beschränkter Haftung geändert wird, BGBl.Nr. 320
- Gesetz vom 2 Juli 1980, BGBl Nr 320
- GmbH-Gesetzovelle 1980
- GmbH-Nov. 1980 BGBl. 320
- GmbHNov 1980
- Nov. BGBl. 320/1980

[18] http://www.ris2.bka.gv.at/Nol/

[19] Paschinger, Die Judikaturdokumentation des VwGH, Der Wiener IT-Kongreß 1993 „Informations- und Kommunikationstechnologie für das neue Europa, Band I (1993) 70 (74). Zur Bedeutung der Normenliste für die Dokumenterzeugung in der Rechtsdatenbank des VwGH vgl. Paschinger, VwGH Judikatur auf digitalen Medien, ZUV 1997 14 (17).

– Novelle BGBl.Nr. 320/1980

Eine Suche nach „GmbH-Gesetzovelle 1980“ kann nur einen Bruchteil der Dokumente, die diese Rechtsvorschrift betreffen, finden.

Zusätzlich verwenden Bundes- und Landesgesetzgeber dieselbe Normbezeichnung für unterschiedliche Rechtsvorschriften [20], was dazu führt, dass bei der Suche nach solchen mehrfach benutzten Rechtsvorschriftenbezeichnungen viel zu viele, irrelevante Dokumente gefunden werden.

Durch diese fehlende Eindeutigkeit der Rechtsvorschriftenbezeichnungen wird das Ergebnis einer Datenbankrecherche zu einem Zufallsergebnis.

Daher wird in den Metadaten der Datenbankdokumente für jedes Rechtsvorschriftenzitat, nach dem gesucht werden können soll, ein Verweis auf ein Element der Normenliste eingetragen.

Die oben genannte Novelle des GmbHG wird so als „GmbHGNov 1980“ [21] erfasst. Über diesen Suchbegriff können alle relevanten Dokumente gefunden werden.

Begonnen wurde mit dem Aufbau der Normenliste nach dem Aufbau der elektronischen Judikaturdokumentation 1990. Sie wurde zuerst als Textverarbeitungsdokument geführt.

Nachdem die Normenliste mehrere tausend [22] Einträge enthielt, war diese Form der Datenhaltung nicht mehr praktikabel. Im Rahmen der Realisierung einer Akten- und Judikaturverwaltung im VwGH [23] wurde auch die Normenliste als eigene Datenbank aufgebaut. In dieser Datenbank kann durch die Software sichergestellt werden, dass sie einfach verwaltet und gewartet werden kann, dass einzelne Elemente nicht doppelt angelegt werden und dass die Normenliste in die Entscheidungsdokumentation integriert ist.

Die Normenliste wird im VwGH in ihrer konkreten Realisierung erfolgreich genutzt und ist ein an die Bedürfnisse der Judikaturdokumentation angepasstes System.

---

[20] Siehe FN 8.

[21] http://www.ris2.bka.gv.at/Dokument.wxe?QueryID=Normenliste&Dokumentnummer=NL00002305 Jeder Eintrag der Normenliste enthält neben der standardisierten Rechtsvorschriftenbezeichnung auch Metadaten, wie z.B. Publikationsorgan, Einordnung im Index des geltenden Bundesrechts (http://www.ris.bka.gv.at/bundesrecht/indexbundesrecht/index.html), CELEX-Nummer bei EU-Rechtsvorschrif-ten.

[22] Im Augenblick enthält die Normenliste über 10000 Elemente.

[23] Gantner, Judikaturdokumentation und Aktenverwaltung im Verwaltungsgerichtshof Wien, Tagungsband 9. Deutscher EDV-Gerichtstag Saarbrücken 2000

2.1.1. Unterschiede zu Ontologien

Die Normenliste des VwGH ist in ihrer jetzigen Form keinesfalls als Ontologie zu bezeichnen. Sie kann vielmehr als Thesaurus [24] eingeordnet werden.

Im Gegensatz zu einer Ontologie hat sie die flache Struktur einer Liste und enthält keine (formalisierten) Beziehungen und Verweise zwischen den einzelnen Elementen.

Als internes Arbeitsmittel der Judikaturdokumentation im VwGH werden die einzelnen Einträge in der Normenliste nicht durch einen (u.U. weltweit adressierbaren) eindeutigen Bezeichner (URI) gekennzeichnet.

Der Thesaurus Normenliste könnte jedoch als Datenbasis und Ausgangspunkt für eine Ontologie dienen. In diesem Fall wäre es aber notwendig, die Struktur dieses Informationssystems zu erweitern und komplexer zu gestalten. Insbesondere die auf den ersten Blick sehr interessante Möglichkeit der Vernetzung der einzelnen Begriffe durch Verweise würde zu einem wesentlich erhöhten Datenerfassungs- und Wartungsaufwand führen. Dies vor allem auch deshalb, weil das Festlegen einer Beziehung zwischen zwei oder mehreren Elementen einer juristischen Ontologie auch juristisches Fachwissen voraussetzt.

2.1.2. Verweise

Verweise sind das zentrale Gestaltungselement des World Wide Web. Ohne Hyperlink wäre das Internet in seiner heutigen Form nicht denkbar.

Relationen (Verweise) zwischen einzelnen Begriffen sind auch ein konstituierendes Merkmal von Ontologien, das sie von weniger mächtigen Abbildungsformen wie z.B. Thesauri abgrenzt.

Auch in der Judikaturdokumentation des VwGH wurde die Möglichkeit einer Verknüpfung von Entscheidungen über Verweise [25] umgesetzt. Diese zeichnet sich aus durch standardisierte Verweisarten, die frei definiert werden können. Die Verweisarten können wiederum zu Verweisgruppen zusammengefasst werden.

In der Entscheidungsdatenbank werden die Verweise bei den Dokumenten angezeigt und dienen als Hyperlink zur Navigation zwischen diesen. Zusätzlich

---

[24] Ein Thesaurus ist eine geordnete Zusammenstellung von Begriffen und ihren (vorwiegend natürlich-sprachigen) Bezeichnungen, die in einem Dokumentationssystem zum Indexieren, Speichern und Wiederauffinden dient. (DIN 1463) Vgl Schweighofer, Rechtsinformatik und Wissensrepräsentation (1999) 63f.

[25] Zur konkreten Ausgestaltung der Verweispraxis im VwGH vgl. die Beispiele und Erläuterungen in Paschinger, Änderung der Rechtsprechung des VwGH im RIS, in Schweighofer – Menzel – Kreuzbauer (Hrsg.) IT in Recht und Staat (2002), 209; Paschinger, Sinn und Unsinn von juristischen Datenfriedhöfen, in Schweighofer – Menzel – Kreuzbauer – Liebwald (Hrsg.) Zwischen Rechtstheorie und e-Government (2003), 331.

kann auch nach Verweisen gesucht werden, so dass Abfragen in der Form „alle Dokumente, die den Verweis ‚Abgehen von früherer Rechtsprechung' enthalten" möglich sind.

Dieses noch relativ einfache [26] System der Linkverwaltung zeigte sehr schnell, wie komplex ein Dokumentationssystem durch die Einführung der Möglichkeit von Referenzen werden kann. Zwar wurde die Qualität der Dokumentation gesteigert, der Aufwand zur Erreichung dieses Ziels wuchs aber auch entsprechend.

Es zeigte sich vor allem, dass mit der Verknüpfung von Entscheidungen auch eine juristische Interpretation der Beziehung zwischen diesen verbunden ist. In der Folge wurden die Verweistypen immer differenzierter ausgestaltet, um die korrekte rechtliche Beziehung abbilden zu können.

Leider wurde jedoch festgestellt, dass auf Seite der Datenbankbenutzer kein Bedarf für eine derart differenzierte Verweisgestaltung bestand und der Aufwand daher nicht den erwarteten Nutzen brachte.

Nach einer Bereinigung und Vereinfachung der Verweisstruktur wurde ein zufriedenstellendes Gleichgewicht zwischen Aufwand und Nutzen für die Datenbankbenutzer erreicht.

In Bezug auf juristische Ontologien führt diese Erfahrung zur Frage, ob die zentrale Bedeutung, die Relationen in diesen Begriffsnetzen haben, in vielen Systemen nicht zu einer Belastung wird.

Jedenfalls ist bei der Planung und Umsetzung juristischer Informationssysteme darauf zu achten, dass die Balance zwischen Nutzen und technischen Möglichkeiten nicht verloren geht.

3. Anwendungsgebiete für juristische Ontologien

Wie die dargestellten Beispiele zeigen, ist für die Realisierung leistungsfähiger juristischer Informationssysteme der Einsatz juristischer Ontologien nicht Voraussetzung. Vielmehr kann die Nutzung der durch Ontologien bereitgestellten Möglichkeiten der Gestaltung von Datenstrukturen und Beziehungen sogar zu einem Mehraufwand führen, der nicht gerechtfertigt ist, weil die Benutzer des Systems an den dadurch realisierten Funktionen kein Interesse haben.

Es scheint somit, dass für juristische Ontologien weder besonderer Bedarf, noch allzu viele Anwendungsbereiche vorhanden sind.

---

[26] Wie komplex Verweise gestaltet werden können, zeigt Berger, Die Erschließung von Verweisungen bei der Gesetzesdokumentation (1971), wo ein System mit unterschiedlichen Verweisarten und Prädikaten zu den Verweisen entwickelt wird, um die Beziehungen zwischen Rechtsvorschriften abbilden zu können.

Dies gilt jedoch nur, soweit die bei den Beispielen implizit vorgegebenen Einschränkungen beachtet werden. Sowohl Normenliste als auch Judikaturdokumentation im VwGH sind als interne Anwendung konzipiert. Es ist keine Internetanwendung [27] mit einem unbegrenzten Benutzerkreis.

Das Ziel des „Semantic Web" hingegen ist es, Daten und Informationen so abzubilden, dass sie im Internet einer (möglichst) unbeschränkten oder zumindest großen Benutzerzahl zur Verfügung gestellt werden und dass vor allem Computer sie autonom interpretieren können.

Erst unter diesen Vorgaben kann der Aufwand, der mit der Erstellung und Wartung von (umfangreichen) Ontologien verbunden ist, gerechtfertigt sein.

Welches diese Anwendungen sein werden, ist im Augenblick noch nicht absehbar. Ob und wann sie realisiert werden, wird die Zukunft zeigen.

---

[27] Auch wenn die Daten aus der Judikaturdokumentation in das Rechtsinformationssystem des Bundes (RIS, http://www.ris2.bka.gv.at) übernommen werden, handelt es sich bei der Anwendung selbst um keinen Internet-Dienst.

Strukturimmanente Denkansätze in der Legistik

Wolfgang KAHLIG

1. Grundlagen

1.1. Definition „Rechtstheorie"

Als Rechtstheorie wird der Versuch bezeichnet, das Recht in seinen gesamten Erscheinungsformen systematisch zu beobachten und daraus nachprüfbare (falsifizierbare) Erkenntnisse zu gewinnen. [1] Rechtstheorie galt zunächst als Teilbereich der Rechtsphilosophie und entwickelte sich gegen Ende des 19. Jahrhunderts als eigenständige Disziplin.

1.2. „Ontologie" im Sinne der Rechtsinformatik

Die Informatik versteht unter einer Ontologie die konzeptuelle Formalisierung eines Wissensbereiches. Es soll Wissen derart eindeutig und unmissverständlich beschrieben werden und vermittelt werden können, dass sowohl Menschen mit verschiedenen Sprachebenen, aber auch „künstliche Intelligenzen", wie hoch entwickelte IT-Komponenten die Begriffe „verstehen" und mit ihnen „umgehen können". Gerade diese Funktionalität ist für eine Wissenschaft, die für das menschliche Zusammenleben höchst wichtig ist, nämlich die der Definition von Regeln, die ja in der Gesetzgebung und Legistik ihren Ausgang nehmen, praktisch unumgänglich; dies insbesondere auch deshalb, damit die rasch fortschreitende globale Kommunikation unterstützt werden kann.

Um nun „Regeln für Regeln" zu schaffen und möglichst einheitliche Kommunikations- und Informationssysteme zu ermöglichen sind, verstärkt in den letzten Jahren, für verschiedene Bereich wohldefinierte Systeme entwickelt worden, wie z.B. für die Durchführung staatlicher Funktionen, also der Verwaltung. Diese umfassenden, verwaltungstechnischen Arbeiten, repräsentiert im E-Government, bedürfen dringend im Bereich der Gesetzgebung und Exekution einer Ergänzung.

---

[1] Vgl. GOOGLE, WIKIPEDIA

Die Form, die logische Aufbereitung und die semantische Strukturierung des Großteils der bestehenden Regelwerke bzw. Gesetze basiert oft auf einer traditionell bedingten Ausprägung; die Erkenntnisse der modernen Wissenschaften werden nicht oder nur höchst minimal berücksichtigt. Technologische Erkenntnisse werden nur sehr beschränkt genutzt. Statt klarer Übersichten und Lösungsrezepte werden den Betroffenen oft seitenlange Rätselaufgaben angeboten.

Die Ansätze in diesem Exposé beziehen sich auf den aktuellen Wissensstand, sowie auch auf eigene Analysen und Erkenntnisse und zeigen Wege auf, wie einerseits bestehende Regeln und Gesetze neu strukturiert und „verständlicher" gemacht werden können und diese andererseits künftig, im Rahmen eines Wissens-Thesaurus, konstruiert werden könnten.

1.3. Definition „Thesaurus"

– Alphabetisch und systematisch geordnetes, thematisch begrenztes Verzeichnis von Sachwörtern bzw. Sachwortgruppen. [2]

1.4. Definition „Content"

Content [dt. Inhalt], allgemein: die eigentliche, Bedeutung tragende Information eines Dokuments oder einer Nachricht. [3] Dabei werden sprachliche uns sonstige Ausschmückungen in den Hintergrund gedrängt, damit die eigentliche Aussage klar erscheinen soll.

2. Problemanalyse [4]

Die Ausführungen Meinrad Handstanger's zitierend, sind im Bericht des VfGH über dessen Tätigkeit im Jahr 2004 im Kapitel „Wahrnehmungen" folgende Ausführungen zu finden:

„Nochmals: Mangelhafte Legistik

Im Tätigkeitsbericht über das Jahr 2003 hatte der Verfassungsgerichtshof die folgende Feststellung getroffen:

‚Der Verfassungsgerichtshof beobachtet seit geraumer Zeit, dass allein die Feststellung der für die Lösung eines Falles maßgeblichen Rechtslage oftmals sehr zeitaufwändig und

---

2 Vgl. „BROCKHAUS"

3 Vgl. „DUDEN"

4 Lt. Referat Meinrad Handstanger, Kgft., Nov.2005

es darüber hinaus in vielen Fällen ausgesprochen schwierig ist, das vom Gesetzgeber Angeordnete zu verstehen. Ursache dafür sind verschiedene legistische Unzulänglichkeiten, wie mangelnde sprachliche Präzision, überlange Sätze, die verschiedene Gedanken ineinander verstricken, eine unzureichende Systematik, häufig kaum durchschaubare Verweisungsketten und teilweise sogar Widersprüchlichkeiten im Angeordneten.

Zahlreiche, häufig in Sammelgesetze verpackte Novellierungen und deren unterschiedliches, zum Teil rückwirkendes Inkrafttreten bewirkt ein Übriges. ... ‘

Auch im Berichtsjahr hatte sich der Verfassungsgerichtshof wiederholt mit gesetzlichen Regelungen zu befassen, deren Systematik nur mit Mühe zu durchschauen und deren Sinnermittlung nicht zuletzt deshalb schwierig ist, weil in den anzuwendenden Rechtstexten die Regeln der Grammatik und sonstige Prinzipien der deutschen Sprache gröblich missachtet werden.

Der Verfassungsgerichtshof regt daher erneut dringend an, der legistischen Ausarbeitung insgesamt erhöhtes Augenmerk zuzuwenden.“

Neben den hier angesprochenen legistischen Mängeln (Missachtung von Syntax, Semantik und Pragmatik, Verwendung von überlangen, sowie ungeordneten Sätzen), trifft man auch auf normsystematische Probleme, wie eine unzureichende und schwer durchschaubare Gesetzessystematik, kaum durchschaubare Verweisungsketten und Novellierungen in Sammelgesetzen mit unterschiedlichem Inkrafttreten, sowie Normwidersprüche.

Auf Grund eigener praktischer Erfahrungen zitiert M. Handstanger u.a. folgende Beispiele:

- Novellen verpacken neues materielles Recht in Zuständigkeitsvorschriften, verfahrensrechtlichen Regelungen oder Inkrafttretensbestimmungen
- Nichterfassung aller Regelfälle
- Konstruktionsmängel beim Verfahrensablauf, beim Ineinandergreifen von Rechtsinstituten und Rechtsschichten
- Gesetzestext und Gesetzesmaterialien klaffen grob auseinander
- Stammgesetz und Novelle werden von unterschiedlichen faktischen Annahmen geleitet
- die Umsetzung von Gemeinschaftsrecht wird der Umsetzungsverpflichtung nicht gerecht
- offenbares Inkaufnehmen von Verstößen gegen zu beachtendes Recht (Völkerrecht, Verfassungsrecht, Gemeinschaftsrecht)
- mangelnde Sprachpräzision infolge bedeutungsoffener umgangssprachlicher Wendungen
- schon lange in Kraft stehende, unzureichende Normtexte werden nicht neu erlassen sondern bloß wieder verlautbart

- Verdünnung des Dialogs mit Grenzorganen der Vollziehung ("Nichtbeantwortung“ bzw. selektive „Beantwortung“ von Judikatur)
- Inkonsistenz von Rechtsgebieten

3. Zielsetzungen

3.1. Hauptziele

Hauptziele sind meta-logische Strukturen und Zusammenhänge zu bilden, ein „Schatzhaus“ für alle ähnlichen bzw. zusammenhängenden Fälle und „komfortable“ Suchalgorithmen, die nicht nur auf Stichworte Antworten geben, sondern auch auf komplexere Zusammenhänge und vergleichbare Sachverhalte hinweisen.

3.2. Erstziele

Erstellung von Suchwort-Katalogen unter Verwendung von „Normworten“ (Worte in der Grundform, unter Vernachlässigung von Konjugation und Deklination). Verweisungen auf Primärrecht, Verordnungen, Richtlinien, allgemeine „Regeln“.

3.3. Technische Voraussetzungen

Voraussetzung für die Ermittlung von direkten und übergeordneten Strukturen sind relationale Datenbanken, vernetzte Computeranlagen, europaweite/weltweite Netze und eine weitere Vernetzung von Universitäten und Forschungsinstituten.

3.4. Logische Strukturen

Wesentlich ist es, dass logische Verknüpfungen, Übersichten, übergeordnete Zusammenhänge vorhanden sind, bzw. gebildet werden können. Jeder Regelblock, aber auch jede Einzelregel muss in ein logisches Gefüge eingepasst werden können.

3.5. Sprachtechnologie

Einführung eines elektronischen Rechtserzeugungsprozesses lt. Beschlussprotokoll Nr. 60/9, betreffend Elektronischer Rechtserzeugungsprozess, Projekt „E-Recht“, in der Sitzung der Bundesregierung am 6. Juni 2001. Dadurch sollte die Texterstellung des Rechtssetzungsprozesses auf eine konsequente elektronische Grundlage gestellt werden. Die Grundkonzeption des Projektes muss dergestalt sein, dass von der Begutachtung einer Rechtsvorschrift (Verordnung, Gesetz, Staatsvertrag) bis zur (Internet-)Kundmachung dieser Rechtsvorschrift ein durchgehender elektronischer Produktionsweg eingerichtet wird.

4. Istzustand

4.1. Basis: Rechtstexte

Zunächst ergibt sich die Frage nach der Darstellungsart, die eine überdimensionale Komplexität suggeriert. Auch andere Wissensgebiete sind bezüglich Komplexität vergleichbar mit dem Rechtsgebäude. (Medizin, Genforschung, Technik/Maschinenbau: Explosions-Zeichnungen bei Maschinen, Stücklisten, Mikrofilmmechanismen usw.). Die Informatik als moderne Wissenschaft, die sich damit beschäftigt, wie Daten gesammelt, erfasst, aufbereitet, verarbeitet, weitergegeben und insbesondere zur Verfügung gestellt werden, versteht sich heutzutage weniger darin, dass festgeschriebene Werte und Informationen bei der Erfassung und der Zur-Verfügung-Stellung einfach beschleunigt werden, es muss auch rationalisiert und strukturiert werden.

Folgende Problematik ergibt sich oft für den Leser: Ein Gesetz wird novelliert. Derjenige, der die Basis für die Änderungen praktisch auswendig im Kopf hat, für den ist es kein Problem den alten Text mit dem neuen zu vergleichen. Es wäre jedoch hilfreicher, wenn, nicht nur fallweise, sondern konsequent der alte UND der neue Inhalt nebeneinander (oder untereinander) in einem neuen Gesamttext erschienen. Der bisherige Text könnte etwa in Klammern gesetzt sein.

Auch eine Einblendung von Verweisen wäre überlegenswert (statt „§ 1091 ABGB", Andruck der entsprechenden Stelle).

4.2. Basis der Rechtstexte: Legistik

Die Legistiktexte des Verfassungsdienstes sind zwar sorgfältig abgestimmte Regeln, die oft (Zeitdruck usw.) zu wenig konsequent eingehalten werden. Dennoch werden laufend starke Bemühungen gesetzt, möglichst umfassende Zusammenstellungen zu erarbeiten, wie dies im „Legistischen Handbuch des Landes Steiermark" vor relativ Kurzem mit ausgeprägter Berücksichtigung der Darstellung von Strukturen und Visualisierungen von Abläufen geschehen ist.

4.3. Basis der Legistik

Durch die Methoden der Rechtssprache, Rechtstechnik und der formellen Gestaltung soll auf die Begriffe, die Begriffsbestimmungen und die logischen Elemente derart Einfluss genommen werden, dass durchgehende, aber auch einfache Strukturen entstehen.

5. Analyse Istzustand

Oft erkennt man ein Wachsen und „Wuchern" von rechtlich relevanten Informationen und Regeln, oft gilt das Prinzip: Alles Bisherige bleibt aufrecht, neu kommt aber noch dazu: ... Bei der Rechtserzeugung wird, bis auf Ausnahmen, keine Rücksicht auf mögliche Thesaurierungskataloge genommen. Die Meta-Logik ist meist nur in den Köpfen von Fachleuten bzw. Fachautoren, die laufend Kommentare schreiben (müssen).

Selbst die Gestaltung der Sätze ist derart, dass der Aufbau kaum den Schluss auf Struktur und Logik ermöglicht. Als Beispiel möge der § 1 MRG dienen:

§ 1. (1) Dieses Bundesgesetz gilt für die Miete von Wohnungen, einzelnen Wohnungsteilen oder Geschäftsräumlichkeiten aller Art (wie im besonderen von Geschäftsräumen, Magazinen, Werkstätten, Arbeitsräumen, Amts- oder Kanzleiräumen) samt den etwa mitgemieteten (PAR. 1091 ABGB) Haus- oder Grundflächen (wie im besonderen von Hausgärten, Abstell-, Lade- oder Parkflächen) und für die genossenschaftlichen Nutzungsverträge über derartige Objekte (im folgende Mietgegenstände genannt);

6. Optionen

6.1. Abbildung von Strukturen

Allein schon durch eine einfache Anordnung der Begriffe / Satzteile kann erreicht werden, dass Zusammenhänge leichter erkannt werden und logische Strukturen ins Auge springen und damit rascher überblickt werden können. Beispielsweise könnte der weiter oben zitierte § 1 MRG folgendermaßen lauten (ohne Sinnesänderung):

§ 1. (1) MIETE / GELTUNGSBEREICH

Dieses Bundesgesetz gilt für die Miete von

- *Wohnungen,*
- *einzelnen Wohnungsteilen oder*
- *Geschäftsräumlichkeiten aller Art*
  (wie im besonderen von

Geschäftsräumen,
Magazinen,
Werkstätten,
Arbeitsräumen,
Amts- und Kanzleiräumen) ...

6.2. Strategien

Die weitere Automatisierung, Rationalisierung und Vereinfachung bilden die Basis. Grundsätzlich sollten alle „Regeln" wie eine Tageszeitung oder eine „Checkliste" lesbar sein. Der Grundsatz der Vermeidung von Längen und Schachtelungen sollte konsequent beachtet werden, wie ja großteils in den Legistik-Vorschriften gefordert.

Neue Techniken sind notwendig, wie etwa die Tabellentechnik, eine Darstellung in übersichtlichen, Excel-ähnlichen Bildern. Die Visualisierung [5] durch Darstellung in Übersichten mittels Struktogramm, Flussdiagramm und Schautafel muss zum Grundsatz erhoben werden.

Auch die wichtige Logik-Notation durch bewusste und sichtbare Hervorhebung der „UND" bzw. „ODER" –Strukturen und der „Klammerbildung" ist von entscheidender Bedeutung.

Es muss beachtet werden, dass die Verbindung zwischen Sätzen bzw. Satzteilen mit verschiedenwertigen Bindeworten erfolgt. So bindet ein „UND" bekanntlich stärker als ein „ODER", die Umkehrung dieser Regel wäre, wie in folgendem Beispiel, durch entsprechende Klammerbildung möglich:

Wenn das Ereignis A eintritt und das Ereignis B eintritt oder das Ereignis C eintritt, dann geschieht das Ereignis XY.

wäre ident mit:

Wenn (das Ereignis A eintritt und das Ereignis B eintritt) oder das Ereignis C eintritt, dann geschieht das Ereignis XY.

---

[5] Heindl / Kahlig / Stingl Wohn- und Steuerrecht anschaulich, Manz, 2004, Wien
Heindl / Kahlig: Mietrecht automatisch, Manz, 2004, Wien CD-Ausgabe
Heindl / Kahlig: WEG2002 automatisch, Manz, 2004, Wien CD-Ausgabe
Kahlig Wolf: Mietrecht einfach, Eppenberg, Wien, 1997
Kahlig Wolf: Handbuch des Immobilienwesens, CONTAKT, 2004, Loseblattausgabe
Lachmayer: Möglichkeiten einer Verwendung normentheoretischer Analysen für die Gesetzgebung, Studien zu einer Theorie der Gesetzgebung, Springer-Verlag Berlin-Heidelberg-New York, 1976
Lachmayer: Regeln zur grafischen Darstellung des Rechts, Österreichisches Anwaltsblatt, 1976
Lachmayer: Grafische Darstellungen im Rechtsunterricht, Zeitschrift für Verkehrsrecht, 1976

Einen völlig anderen Sinn ergäbe der obige Satz bei geänderter Klammernsetzung:

Wenn das Ereignis A eintritt und (das Ereignis B eintritt oder das Ereignis C eintritt), dann geschieht das Ereignis XY.

C allein wäre nun nicht mehr ausschlaggebend (nicht mehr „hinreichend“)!

6.3. Modell – Strukturierung

Auf die oft nicht klare Verwendung der Bindeworte UND / ODER / SOWIE wird in der Literatur immer wieder hingewiesen. Problematisch ist dabei, dass beispielsweise die „UND“ – Konnektion manchmal logisch (im Sinne der Inhaltsdarstellung) verwendet wird, manchmal aber auch saloppe Beendigung von „ODER“ – Konnektionen, die – wieder auf Grund von unzulänglichen sprachliche Usancen nicht dezidiert mit „ODER“ getrennt werden, sondern einfach mit einem Beistrich.

Beispiel aus § 1 MRG:

§ 1. (1) Dieses Bundesgesetz gilt für die Miete von Wohnungen, einzelnen Wohnungsteilen oder Geschäftsräumlichkeiten aller Art (. . .) samt den etwa mitgemieteten (. . .) Haus- oder Grundflächen (. . .) *und* für die genossenschaftlichen Nutzungsverträge über derartige Objekte (. . .)

Der logische Content soll uns eigentlich eine logische Aufzählung vermitteln, sodass das obige „und“ ein rein „sprachliches Und“ darstellt und nach den sprachlichen Usancen das Ende einer Aufzählung darstellt. Vom rein „logischen“ Aspekt her soll uns nämlich mitgeteilt werden, dass dieses Bundesgesetz gilt für

Miete von Wohnungen	*ODER (auch)*
einzelnen Wohnungsteilen	*ODER (auch)*
Geschäftsräumlichkeiten aller Art . . .	*ODER (auch)*
für die genossenschaftlichen Nutzungsverträge . . .	

„ODER“ hat bekanntlich 2 Bedeutungen, nämlich ein

- „ausschließendes ODER“ (ehemals als „AUT“ bezeichnet) und ein
- „aufzählendes ODER“ (ehemals als „VEL“ bezeichnet)

Da oft „logische“ Bindeworte mit sprachlich üblichen, oft salopp verwendeten Bindeworten in einem Topf gesehen wird, könnte zu dem obigen Zitat der Einwand kommen, dass der Satz durchaus auch mit „UND“ verbunden werden könnte.

Diese Behauptung scheint im ersten Augenblick richtig, wenn man liest:

§ 1. (1) Dieses Bundesgesetz gilt
für die Miete von Wohnungen *und*
für die Miete von einzelnen Wohnungsteilen *und*
für die Miete von Geschäftsräumlichkeiten aller Art ... *und*
für die genossenschaftlichen Nutzungsverträge...

mit Beachtung der konsequenten Logikregeln jedoch ergibt sich[6]

§ 1. (1) Dieses Bundesgesetz gilt nur, wenn es sich handelt um
die Miete von Wohnungen *ODER(VEL)*
die Miete von einzelnen Wohnungsteilen *ODER(VEL)*
die Miete von Geschäftsräumlichkeiten aller Art ... *ODER(VEL)*
genossenschaftliche Nutzungsverträge...

Schließlich mit den „NOTWENDIG“ / „HINREICHEND“ – Operatoren ergibt sich:

§ 1. (1) Es ist NOTWENDIG, dass es sich um
die Miete von Wohnungen *ODER(VEL)*
die Miete von einzelnen Wohnungsteilen *ODER(VEL)*
die Miete von Geschäftsräumlichkeiten ... *ODER(VEL)*
genossenschaftliche Nutzungsverträge...
handelt, damit das Bundesgesetz gilt.

Und noch klarer mit der WENN / DANN – Notation:

§ 1. (1) WENN es sich handelt um
die Miete von Wohnungen *ODER(VEL)*
die Miete von einzelnen Wohnungsteilen *ODER(VEL)*
usw.
DANN ist das Bundesgesetz anzuwenden.

Dabei wird klar, dass es sich tatsächlich – im logischen Sinn – um aufzählende ODER handelt, nicht etwa um das ausschließende ODER (... aber nicht...) und keinesfalls um die logische Konjunktion „UND“. (Das logische UND wür-

[6] Vgl. Kahlig W., Rechtsmodellierung im E-Government, Fallbeispiele zur Legistik,(2005) Diss., Kepleruniversität Linz

de bedingen, dass es sich bei dem zu untersuchenden Subjekt GLEICHZEITIG um eine Wohnungsmiete, als auch um ein Miete von einzelnen Wohnungsteilen, als auch um eine Geschäftsräumlichkeit, als auch um einen genossenschaftlichen Nutzungsvertrag handelt.

Das erwähnte Beispiel oben, bei dem das „UND“ in der Konstruktion als plausibel erscheint, ist tatsächlich ein sprachliches „und auch“, das mit dem „ODER (VEL) gleichzusetzen wäre.

Abgeleitet durch diese Überlegung und aus Ergebnissen aus der Literatur, kann daher die Forderung erhoben werden, dass die Bindeworte „UND“ (b.z.w. „sowie“) bzw. „ODER“ zu ersetzen sind durch

ET	...	logisches UND
AUT	...	logisches ODER, ausschließend (also „entweder oder aber nicht beides“)
VEL	...	logisches ODER, aufzählend (also dies oder das, oder auch beides,...)

Natürlich könnte auch bei diesem Modell der Lesbarkeitseinwurf erfolgen. Eine möglich „Minimalvariante“ wäre daher:

UND	...	*Verwendung ausschließlich als logisches UND*
ODER	...	*ausschließlich als ausschließendes ODER*
Beistrich	...	*Verwendung als aufzählendes ODER*

6.4. Konditionalmodell

In den aktuellen Texten müssen (um das logische Element der Klammer vermeiden zu wollen) sprachliche Klimmzüge durchgeführt werden, die der Lesbarkeit nicht gerade förderlich sind.

Ein zweites Beispiel für die strenge logische Gliederung wäre die zwingende Einführung der „SONST“-Klausel in „WENN“-Sätzen:

Beispiel aus § 10 MRG, mit WENN / SONST-Klausel:

Bei einer mietrechtlichen Neuvermietung steht es dem Vermieter frei, eine an den Vormieter geleistete Ablöse an den neuen Mieter weiterzuverrechnen oder auf eine Ablöse zu verzichten (§ 10 Abs 6 MRG)
WENN der Vermieter vom neuen Mieter keinen Ersatz verlangt
DANN sind die Bestimmungen über den höchstzulässigen Hauptmietzins (§ 16) uneingeschränkt anzuwenden; usw.
SONST

Die abgegoltene Aufwendung ist bei der Bestimmung des Hauptmietzinses als nicht getätigt zu betrachten und daher nicht zu berücksichtigen.

6.5. Vorbilder

Stets führt die Zerlegung in Einzelschritte zum Ziel, die Natur kann auch hierbei wieder Vorbild sein (Doppelhelix). Auch das Beispiel der Computerentwicklung kann angeführt werden: Die ersten Computeranlagen waren „analog", der Trend zum „bit", also zum digitalen Motto: „JA oder NEIN" hat sich jedoch durchgesetzt.

7. Ausblick und konkrete Schritte

7.1. Nationale und international wohldefinierte, logische Legistikelemente

Die Bildung von Arbeitsgruppen und die Erarbeitung von übergeordneten, internationalen Elementen werden unvermeidlich sein.

7.2. Grundlagenarbeit

7.2.1.Akzeptanz

Das Beschreiten von ungewöhnlichen Wegen muss erlaubt sein, ja muss der Regelfall werden. Die sachliche und neutrale Beurteilung der fremden Meinung bzw. Überzeugung ist essentiell. (Zitat Ludwig Adamovich: „Die Rechtswissenschaft ist unterentwickelt, die sich auf Dogmatik beschränkt;")

7.2.2.Initiativen / Keine falschen Ängste

Oft wird ein Vorwand vorgeschützt um Neuerungen hintanzuhalten. Als klassisches, historisches Beispiel kann die Angst vor dem Buchdruck genannt werden. Jede neue Idee hat natürlich Vor- und Nachteile, die jedoch gegeneinander abgewogen werden müssen. Aus jetziger Sicht wäre der Buchdruck auch bei äußerstem Widerstand nicht aufzuhalten gewesen. Der von Zeit zu Zeit ausgesprochene Hinweis: „Du nimmst uns das Brot weg!" ist sicher ernst zu nehmen, darf jedoch die Weiterentwicklung nicht hemmen. Überholte Ängste, die den Fortschritt zu blockieren suchen, müssen abgebaut werden.

7.2.3. Konkrete und neutrale Kontrollmechanismen

Elementar wird sein, dass eine entsprechend ausgestattete Kontrollinstanz auf möglichst breiter Parteienbasis eingerichtet wird.

8. Ergebnis

Die Erarbeitung von Thesauren ist – wie auch an den Bemühungen bezüglich Einrichtung und Wartung von Thesauren des Nachbarlandes Schweiz erkennbar – schwierig und aufwendig. Insbesondere die Wartung ist auf Grund der jetzigen „unzusammenhängenden" und nicht automatisch/elektronisch gestalteten Regeln höchst aufwendig, aber machbar und sinnvoll. Erst nach Installation und Institutionalisierung der beschriebenen Methodiken ist die laufende Pflege und Erweiterung vereinfacht möglich. Dadurch könnten „Regeln" einfacher und verständlicher werden und so manchen Aufwand vermeiden helfen.

9. Literaturhinweise

Adamovich, Ludwig, Probleme einer modernen Gesetzestechnik, in: Winkler, G. / Schilcher, B. (Hsg.), Gesetzgebung, Wien (1981)

Eichenberger, Kurt et al. (Hsg.), Grundfragen der Rechtssetzung, Basel (1978)

Holzinger, Gerhart, Die Kundmachung von Rechtsvorschriften in Österreich, in: Schäffer, H. (Hsg.), Theorie der Rechtssetzung, Wien (1988), 303 ff.

Heindl / Kahlig, Mietrecht anschaulich, Manz, 2001, Wien

Heindl / Kahlig, Mietrecht anschaulich, Manz, 2002, Wien

Heindl / Kahlig, Wohnrecht anschaulich, Manz, 2003, Wien

Heindl Wohn- und Steuerrecht anschaulich, Manz, 2004, Wien

Heindl / Kahlig / Stingl, Wohn- und Steuerrecht anschaulich – Gesamtausgabe, Manz, 2004, Wien

Heindl / Kahlig, Mietrecht automatisch, Manz, 2004, Wien CD-Ausgabe

Heindl / Kahlig, WEG2002 automatisch, Manz, 2004, Wien CD-Ausgabe

Kahlig Wolf, Mietrecht einfach, Eppenberg, Wien, 1997

Kahlig Wolf, Handbuch des Immobilienwesens, CONTAKT, 2004, Loseblattausgabe

Kahlig Wolf, Steuer-Handbuch des Immobilienwesens, CONTAKT, 1996, Loseblattausgabe

Kahlig / Stingl, Beiblätter im Steuerrecht anschaulich, Manz, 2005

Kahlig / Stingl, Beiblätter im Steuerrecht automatisch, Manz, 2004

Kahlig Wolfgang, Dissertation Rechtsmodellierung im E-Government, Fallbeispiele zur Legistik, Kepler Universität, Linz, 2005

Lachmayer / Reisinger, Legistische Analyse der Struktur von Gesetzen, Manz, 1976, Wien

Lachmayer, Zur grafischen Darstellung des Obligationenrechts, Schweizerische Zeitschrift für Kaufmännisches Bildungswesen, 1977

Lachmayer / Computergraphik und Rechtsdidaktik, Manz, 1978, Wien

Lachmayer: Grafische Darstellungen als Hilfsmittel des Gesetzgebers, Gesetzgebungstheorie, Juristische Logik, Zivil- und Prozessrecht, Springer-Verlag Berlin-Heidelberg-New York, 1978

Lachmayer, Visualisierung des Rechts, Akten des 2.Semiotischen Kolloquiums Regensburg, 1978

Thumb Norbert, Grundlagen und Praxis der Netzplantechnik, mi verlag moderne industrie

Wimmer Maria / Traunmüller Roland / Lenk R. Electronic Business invading the Public Sector, Proceedings of the 34th Hawaii International Conference on System Sciences, Hawaii 2001

Norms as Information.
Some Remarks on the Ontic Quality of Norms

Guenther KREUZBAUER

1. Legal logic and legal metaphysics

Ilmar Tammelo (1917–1981) was one of the most important legal scholars of the 20th century. [1] His contributions to legal philosophy in general [2] and legal logic in particular [3] still influence our view of the law. Tammelo wrote some of his most important works in the field of legal logic, pioneering this discipline alongside Ulrich Klug, Ota Weinberger, Jürgen Rödig, Georges Kalinowski and others.

Logic is essentially the theoretical reconstruction and analysis of the formal aspects of linguistic units and legal logic deals with linguistic units within the realm of law. Logic is no empirical discipline because it does not analyse language as it is but tries to find out and reconstruct its formal principles. This means, that logic does not simply observe real world texts but it spots, analyses and displays the formal possibilities of language. So, logic rather deals with potentia than actus. Modern logic started with the works of Gottlob Frege (1848–1925) and Bertrand Russell (1872–1970) and for the main part of its history went along with analytical philosophy. Ilmar Tammelo was among the first who tried to incorporate logical methods into legal science, which stands in sharp contrast to some other schools, like classical hermeneutical legal methodology, redeveloped in particular by Friedrich Carl von Savigny (1779–1861), legal topics, reinvented by Theodor Viehweg (1907–1988) and legal rhetoric, predominantly influenced by Chaïm Perelman (1912–1984) and Stephen Toulmin (*1922). The invention of modern logic along with the development of analytical philosophy was a milestone of the philosophy of the 20th century, because it offered a kind of new rationality: *the possibility to calculate with language*. Nevertheless there are also some problems associated with this tradition of which only two should be mentioned here – and formulated in a rather strong form: The first is that many philosophical problems are neither logical nor linguistic problems, because for instance nobody was ever

---

1 Cf. Schreiner 1984.

2 Cf. Tammelo 1975, Tammelo 1977.

3 Cf. Tammelo 1971, Tammelo & Schreiner 1974, Tammelo & Schreiner 1977.

able to solve an ethical dilemma like Sophie's choice by logical or linguistic methods only. The second is that some philosophical disciplines were declared to be irrational too hastily, especially ethics and metaphysics. [4] Although contemporary analytical philosophy is much more tolerant on this, especially metaphysics still suffers from some bad reputation. We will elaborate on this in more detail below.

2. What are norms?

One of the still open fundamental questions of legal philosophy is: What are norms? Unfortunately, neither legal philosophy nor legal logic was able to answer it. Legal logic was unable to do this, because this question contains an essential metaphysical aspect, which is the first reason, why metaphysics is needed for legal philosophy. Why legal philosophy was not able to answer the question is not quite clear, but bearing this in mind one could think about using ideas from other disciplines, like sociology, psychology, socio-biology etc. If one wants to incorporate concepts and theories from other disciplines, one has to know, whether these concepts really fit into one's own discipline, in our case: legal philosophy. Here, the most serious problem is the category error, by which we mean that properties are ascribed to things that belong to categories whose elements cannot have this property. Logic does not deliver any guidance for preventing it, which is actually not unexpected because category problems are ontological problems in essence and therefore belong to metaphysics. This is the second reason, why metaphysics is inescapable for legal philosophy.

The ontic quality of the norm is a pre-question for many other questions of legal philosophy, especially logical ones, therefore addressing it is in a way an expansion of the work of Ilmar Tammelo and his colleagues. We will start by discussing the status of metaphysics in (legal) philosophy, carry on with working out an idea, which can be called the 'quasi-analytical concept of the norm' and after this will discuss common ontological concepts of norms. Finally we will argue for the view, that norms (if we consider them as existing isolated entities) should be understood as *informational entities*, therefore belonging to a certain ontological category of information.

3. Rational metaphysics and legal philosophy?

In contrast to (classical) analytical philosophy we will argue that metaphysics (1) can be done in a rational way, (2) is a necessary discipline not only of philoso-

[4] Cf. Hieke 2006.

phy but also of legal philosophy and (3) that there are many philosophical problems that are metaphysical problems in essence. There is neither the space nor the duty for an extensive treatise on all these questions, because this could fill several books, but we will briefly discuss them:

Ad (1): We hold, that a scientific discipline can be said to be rational, if and only if the discourse within its scientific community is fulfilled according to the principles of rationality at least in a weak sense. Rationality in a weak sense includes three problems: (a) the acceptance of empirical facts, (b) the acceptance of meta-empirical facts and principles (like logical and mathematical facts and natural laws) and (c) the rational use of language.

Ad a: In a rational scientific discipline empirical facts can only be taken as existing if and only if there is intersubjective agreement within the scientific community that they have been observed; in non-empirical disciplines like mathematics or logic, this can be ignored.

Ad b: The acceptance of meta-empirical facts and principles is rational if and only if argumentation lines, in which statements about these meta-empirical facts or principles are relevantly embedded, are consistent, i.e. free of contradictions.

Ad c: a rational use of language means that (i) all concepts are sufficiently well defined, (ii) all sentences are sufficiently meaningful and (iii) all inferences are sufficiently clear, so that it can be decided whether the premises of argumentation lines are true or false, and whether conclusions really follow from the premises. It should be clear that there are forms of metaphysic that could meat all conditions of rationality: Since metaphysics does not claim to be empirical and it is actually undisputed that it really is not of this kind (a) can be ignored; (b) is no insurmountable obstacle and the same holds for (c). Of course, the history of philosophy is full of metaphysics that did not meat these conditions, but this is not our problem, because we want to establish rational metaphysics only. Also many forms of theology would not be regarded as rational sciences, but we do not claim that all forms of theology are a priori irrational and this also does not determine the question whether religion has a cultural value or not, as also music is culturally important without being rational. It should be mentioned that probably all kinds of esotericism would fail to meet the conditions.

Ad (2) We claim that metaphysics is a necessary discipline, because metaphysical arguments are the only one that can prevent the already mentioned category errors. Category errors occur very frequently in everyday language and also law is full of them: The legislator for example is no person, so it cannot have a will; society is no person either, so it cannot act; norms are no texts, because even if you burn down all of a country's code books, the norms are still valid, etc.

Ad (3) Category errors for instance are neither logic nor linguistic but metaphysical problems. The statements "All unicorns are white." and "Hamlet is male." are no problematic sentences in terms of logics or linguistics. The problematic point is whether non-existing entities can be white or male. But these are metaphysical questions.

4. Norms and Ontology

In this analysis norms are tackled in the prescriptive sense only, as they can be found e.g. in statutes, orders etc. Norms in the sense of "normal", as they are usually found as parts of natural laws are out of consideration. Prima vista, we assume norms as existing isolated entities, showing certain characteristics and a preliminary concept of the norm includes everything, which could be called a norm by an average speaker of a language like English, German etc. We will assume all things, whether they are material or non-material, as delimitated in at least one way with possible stability in time and/or space. We also presuppose the existence of a '*quasi-analytical concept of the norm*' [5], by which we mean a *set of quasi-analytical norm characteristics.* So, we obviously apply an idea of analytical philosophy, but instead of using it for sentences only, we use it for characteristics, according to the following definition: a characteristic is quasi-analytic if and only if the fact of its existence can be formulated in a sentence that is *quasi-analytically true*. As the most important quasi-analytical norm characteristics we suppose: (1) norms (in the prescriptive sense) are social entities, (2) norms are non-material phenomena, (3) norms request something from somebody and (4) norms establish an "ought".

We shall not go into a detailed discussion of the philosophical aspects of ontology, i.e. we will neither work out a well-founded system of philosophical categories nor consider all available scientific aspects, like the results of quantum physics, cosmology and such. Our categories are rather those of a philosopher's dayly life. Of course this is a rather straightforward and view, but using these pragmatic categories makes for an easier understanding and since this inquiry would

[5] Methodologically the quasi-analytical concept of the norm was worked out by an empirical analysis of the application of the term 'norm' in historical and contemporary scientific literature conducted by the author and published in Kreuzbauer 2006. As this analysis dealt with texts written in natural language a certain amount of vagueness was inescapable. This is indicated by the affix "quasi".

work equally with complex categories it could always be adjusted to any system of categories whatever. Our categories are:

1. material entities
2. "mixed entities"
   a) objects and attributes
   b) states of affairs
   c) signs
   d) propositions in terms of linguistics
   e) psychological entities
3. non-material entities
   a) events
   b) ideal entities in the terms of Plato
   c) information in the author's terms

5. Investigating different ontological concepts of norms

a) Are norms material entities?

This possibility is already excluded by the quasi-analytical characteristic No. 2 ("norms are non-material phenomena") and it is also very unlikely, because nobody claims this. Common sense tells us that material things are those that can be experienced directly (seen, touched etc.). We all know that an apple is a material thing, because we can touch it. A norm can never be experienced directly and therefore it is no material thing.

So, like many other entities like energy, natural laws, mathematical entities etc., also norms can only be non-material entities.

b) Are norms "mixed entities"?

By mixed entities we shall mean entities which have characteristics typical for material and non-material objects at the same time.

(1) Are norms objects or attributes?

From axiom No. 3 ("norms are existing isolated entities") follows that norms are indeed objects, but, in the light of what we said about material things, they are non-material objects.

Since nothing can simultaneously be an object and an attribut, it is quite obvious that they are no attributes.

(2) Are norms states of affairs in terms of ontology?

The existence of a norm is of course a state of affairs in terms of ontology. But the question arises whether they themselves can be states of affairs. Usually we preserve the term 'state of affairs' for the connection between an object and an attribute. Since norms are objects, they cannot be states of affairs for the same reason as they cannot be attributes. Analogically, also no apple for instance is a state of affairs, only the fact of its existence is.

(3) Are norms (material or non-material) signs?

Turning now to a mere semiotic category, we analyse, whether norms could be signs, like linguistic signs, traffic signs etc. In semiotics there is no consensus as to whether signs are material or non-material things [6], but this is no obstacle for our inquiry, because there is an overwhelming consensus in legal theory that norms are no signs themselves but merely represented by them.

Since norms are no material objects, traffic signs etc. cannot be norms but only represent them. Norm sentences can be taken as sequences of signs and the only possibility for a norm to be a sign is equivalence with a norm sentence or a relevant part of it. But if norms and norm sentences were equivalent, norm would have to share the destiny of their corresponding norm sentences. In fact they do not, because norms exist even if their norm sentence is terminated, because the same norm can be formulated in different languages or by using different sentences in the same language and because the norm sentences can have different meanings depending on their application in different situations.

In the end it seems obvious that norms are no norm sentences and pars pro toto not signs.

(4) Are norms propositions in terms of linguistics?

Speaking about norm sentences brings us to linguistics. By this term we mean pure linguistics excluding social aspects because we have already said that norms are indeed social entities. [7] There are scientists who consider norms as propositions and by this concept we usually mean the meaning of a linguistic term, like a sign, sentence etc. So just as well we can ask the question whether norms are simply the meanings of terms. Following Rudolf Carnap (and others), analytical philosophy distinguishes between intension and extension or, in other terms, between

6 Cf. Nöth: 1995, pp. 80–81

7 Cf. quasi-analytical norm characteristic No. 1.

reference and meaning. The important fact is that the concept 'proposition' has no pragmatic aspect, because following this path of thinking the question whether a sign has this or that meaning is determined by semantics and not by pragmatics.

It is evident that norms have a strong connection to linguistic signs, because we cannot operate them without using signs, whether they are linguistic signs, visual signs or suchlike. So this assertion cannot be refuted as easily as the others.

The main argument against this view is that semantics does not tell us, whether something is a norm or not, i.e., linguistic terms do not clearly show us when their propositions are norms or not, because depending on pragmatic usage (i.e. social aspects) the same sentence can have a normative or non-normative meaning, like "There's the door.", "We are going to bed now.". In most cases we know when something is a norm, but from where? As these examples show, it is not semantics, which means that norms are no propositions.

(5) Are norms psychic entities?

By the term 'psychic entity' we mean any product of a mental process, like thoughts, emotions, motivations etc. Given the above-mentioned axioms and quasi-analytical norm characteristics, it is rather obvious that norms cannot be psychic entities. Psychic entities exist only when we produce them, which means that a norm would exist only for the time we are thinking about it. It is common knowledge that a law does not only exist, when somebody thinks about it, thus they are usually taken as independent from the thoughts of people. We could argue that it is enough to save such thoughts in our memory, like we do for instance, when we have certain longer lasting attitudes. But then we could still ask the question whose memory should count exactly. Should it be the memory of more persons or a whole people? Which memories should count exactly and how many memories of how many people should be sufficient to state, that there is a norm?

The strongest argument against the possibility that norms are psychic entities follows from axiom No. 3, which, as we remember, tells us, that norms are "existing isolated entities". If we suppose norms to be psychic entities, we have to take into account the fact that a single norm represents the thoughts of more than one person, because otherwise everybody would have her own norm, leading to the result that everybody would have her own law. So if one norm exists in the thoughts of many persons, it is probable, that those thoughts differ at least slightly from each other, because we cannot assume that different brains will produce exactly the same thoughts. So the norm would be a fuzzy mixture of thoughts, existing more or less as statistical entity. But then it is not at all possible to delimit it exactly from other psychic phenomena, therefore it cannot be isolated exactly as an entity and so cannot be an isolated entity.

For that reason on the basis of our axioms, norms cannot be seen as psychic entities.

c) Are norms non-material entities?

Finally let us consider various kinds of non-material entities. As quasi-analytical characteristic No. 2 says and as it has also come out form our investigation, norms are non-material things in fact. Since there are different kinds of non-material entities we have to make a distinction. We will consider events, platonic ideal entities and information (as it will be defined below).

(1) Are norms events?

As an event, we take non-material phenomena existing in a delimitated point or period of time, but without stability in time (in contrast to material things which do possess this stability). Events also have some relation to space, because some of them are also fixed in space, but not all events are of that kind, therefore this is no necessary characteristic.

We will not distinguish between events, actions, occasions and suchlike, and – merely for the sake of simplicity – call them all 'events'. But we will distinguish between atomic and molecular events. Atomic events are existing just at a point in time, while molecular events are existing over a period of time, which can be measured, e.g. with a clock. It is obvious that norms usually exist for longer than a point in time, and thus could generally not be atomic events.

Now let us investigate whether they could be molecular events. All molecular events consist of certain steps but as we said above they do not have temporal stability, because an event is never the same at two following points in time. They exist in progress, which means that they change their character in any moment. All existing molecular events have once been part of the presence or are part of presence right now. If they are or have been going on, they do or did at least consist of two atomic events (otherwise they would not be molecular per definition) and so contain an atomic event, which is or was necessarily part of the presence and also at least one atomic event which is or was necessarily already part of the past. Norms do not contain parts of presence and past at the same time. So for that reason alone they cannot be molecular events.

Beside this, we remember that molecular events do consist of steps, have no temporal stability and exist in progress, whereas norms do not consist of steps, do have temporal stability and finally do not exist in progress. Of course norms can be changed as well, mostly by an act of the norm-setting authority, but between such actions, they remain stable. So there are a lot of arguments that they cannot be molecular events.

So norms are neither atomic nor molecular events, thus finally are no events at all. They are generated and managed by events (precisely by human actions, argumentum 'social entities'), so they might be the results of events but they are no events themselves.

(2) Are norms ideal entities in the terms of Plato?

One of the major topics of all philosophy is the question whether ideas (ideal entities) have a real existence or not. This dispute is almost as old as philosophy itself, but here we do not want to engage in it. From Plato philosophy inherited the assumption of a realm of immaterial, eternal and unchangeable entities, called ideas. [8] In Plato's sense ideas are archetypes of real existing entities, so that any existing thing in the world can definitely be adjusted to the idea it belongs to. These ideas exist objectively, i.e. independently of our knowledge. Plato's theory can be called two-world-metaphysics in contrast, e.g., to Popper's three-world-metaphysics [9] and it has to be mentioned that Plato's view is historically and systematically connected with Euclidian geometry with its implicit idea of a universe based on a handful of archetypal, geometrical entities (sentences, shapes and bodies). So his ideas are much more abstract than modern philosophy is prepared to accept and after the discovery of non-Euclidian geometry even mathematics is much further away from this view than ever.

It is easy to understand that norms cannot be ideas in the Platonic sense, because as social entities they are neither eternal nor unchangeable. In addition, if they were archetypes, then archetypes of what? Finally, if we were to assume that norms, and by that we mean *all* norms, were Platonic ideas, this would create a very extensive and complex realm of ideas, because, if all norms are ideas, even the little and unimportant ones like case decisions or administrative acts, we would arrive at a very huge number of ideas as well.

(3) Are norms informational entities (in the author's terms)?

Finally, none of the opinions discussed above can lead to a satisfactory metaphysical basis for legal philosophy. We therefore have to look for something else and

8 Plato (1968/1969): Republic (Politea) 514a – 519 [Vol. II, pp. 376 – 381]; Euthyphro 6 d, e [Vol. I, p. 314]; Phaedros 72 e [Vol. II, p. 425] et.al.

9 Cf. Popper: 1972, p. 74.

will find it in information theory. In the most simple case the concept of "information", which dates back to Claude Shannon [10], can be defined by the formula: $I(x_i) = -\log_2 (P_i)$, when '$I(x_i)$' is the amount of information contained in a sign 'x_i' and 'P_i' is the probability of the occurrence of the sign 'x_i'. In legal philosophy we cannot use this definition for many reasons, especially because it is a quantitative concept, which is unsatisfactory for our purpose. So we have to make our own notion of information. Let us first consider that the universe has a certain shape, let us call it its 'structure'. Everything existing in this universe exists in space and time and has its very own structure as well. We call this a 'structure of the first type'. Then let us take two of these structures. They can be the same or not the same. If they are the same, it is possible to make an abstraction of the two structures which is a structure itself, but of a completely other type. Since it is the abstraction of them, it is not an entity existing in time and space (because where and when would it exist?), but belonging to a second universe of abstract structures, which we call 'structures of a second type'. Since these structures depend on the non-abstract structures of the first type, they differ from Platonic ideas, because they are neither eternal nor unchangeable. They can also appear in social contexts as abstractions of social structures (of the first type). Those structures of the second type seem to be pretty close to our common concept of information, so we explicitly define information as structures of the second type.

Now we can examine whether norms can be seen as informational entities in this sense (or as structures of the second type) and for this purpose we have to test how this concept fits to the four quasi-analytical characteristics:

1. Following quasi-analytical characteristic No. 1 norms are non-material entities, and also since information was defined as a non-material category, there is no contradiction.
2. Following quasi-analytical characteristic No. 2 norms are social entities. Remembering, that structures of the second type could be structures of social structures (of the first type), they themselves are abstract social structures. This means that they are social entities as well, which proves that informational entities can also be social entities, and finally there is again no contradiction.
3. From quasi-analytical characteristic No. 3 it follows that norms do request something from somebody. Requesting is a form of communication and therefore norms follow from communication. On the other hand, communication is the transfer of information, so if we take it as a feature of norms to be an item of information representing a request, our definition fits in perfectly.

[10] Shannon/Weaver: 1949, pp. 3–6

4. Finally, from quasi-analytical characteristic No. 4 it follows that norms establish an 'ought'. 'Ought' is a qualified kind of request. The difference is mainly that fulfilling a (pure) request is not usually considered as being socially valuable, whereas fulfilling an established 'ought' is. So, what we said about requests under (3) applies as well for the 'ought,' and, once again, we have no contradiction.

6. Result and further research

The fact that we cannot find any contradictions between the four quasi-analytical characteristics and the idea of norms as informational entities seems to be a good first indicator about the plausibility of this theory. It shows that whereas none of the other concepts leads to a consistent theory, understanding norms as information leads is sound. That means that even if we stop here, it would be quite good result. Nevertheless, it should be tried to think about the direction in which further research should go. Here, we have to admit that our thesis has a major disadvantage, caused by the presupposition of norms as existing isolated non-material phenomena. This is problematic because social entities can never be isolated from each other and because we cannot prove the existence of non-material entities. Therefore we should look for a theory of norms as social, non-material but non-isolated entities, but if norms do not exist as isolated entities, this is virtually the same, as if they do not exist at all. So, further research should try to find a norm theory for "non-existing norms" and this is not as implausible as it sounds, because norms could be fictions constructed by people who ascribe certain features to them. The core of such a theory would be the old idea that norms only exist in minds and we would not speak about norms anymore but about different norm-ideas corresponding more or less with each other.

7. References

Hieke, Alexander (2006). *Rationale Begründungen in der Metaphysik*, in: G. Kreuzbauer & G. J. W. Dorn (eds.), Argumentation in Theorie und Praxis: Philosophie und Didaktik des Argumentierens. LIT-Verlag, Wien, pp. 99–112.

Kreuzbauer, Günther (2006). *Die Norm im Völkerrecht: Eine rechtsphilosophische und rechtstheoretische Untersuchung*. LIT-Verlag, Wien.

Nöth, Winfried (1995): *Handbook of Semiotics*. Indiana University Press, Bloomington.

Plato (1968/1969): Republic (Politea) 514a – 519 (Vol. II, pp. 376 – 381); Euthyphro 6 d, e (Vol. I, p. 314); Phaedros 72 e (Vol. II, p. 425), in: Jowett, Benjamin: The Dialogues of Plato: Translated into English with Analyses and Introduction, [reprint of the 4th edition]. Clarendon Press, Oxford.

Popper, Karl Raimund (1972): Objective Knowledge: An Evolutionary Approach. Oxford University Press, Oxford.

Schreiner, Helmut (1984). *Ilmar Tammelos Leben und Werk*, in: W. Krawietz, T. Mayer-Maly & O. Weinberger (eds.), Objetivierung des Rechtsdenkens: Gedächtnisschrift für Ilmar Tammelo. Duncker & Humblot, Berlin, pp. 35–18.

Shannon, Claude E./Weaver, Warren (1949): *The Mathematical Theory Of Communication.* University of Illinois Press, Urbana.

Tammelo, Ilmar (1971). *Rechtslogik und materiale Gerechtigkeit: Beiträge zur Rechtsphilosophie und zur Theorie des Völkerrechts*, Studien und Texte zur Theorie und Methodologie des Rechts: Beiträge zur Rechtsphilosophie und zur Theorie des Völkerrechts, vol. 10 [J. Esser (ed.)]. Athenäum, Frankfurt am Main.

Tammelo, Ilmar (1975). *Zur Philosophie des Überlebens: Gerechtigkeit, Kommunikation und Eunomik*. Karl Alber Verlag, Freiburg/Br. et al.

Tammelo, Ilmar (1977). *Theorie der Gerechtigkeit*. Karl Alber Verlag, Freiburg/Br. et al.

Tammelo, Ilmar & Schreiner, Helmut (1974). *Grundzüge und Grundverfahren der Rechtslogik*, vol. 1. Verlag Dokumentation, Pullach bei München.

Tammelo, Ilmar & Schreiner, Helmut (1977). *Grundzüge und Grundverfahren der Rechtslogik*, vol. 2. Verlag Dokumentation, Pullach bei München.

VIII. Neue Entwicklungen?

Biofakte: Anthropologische Grundlagen und Herausforderungen für das Recht

Gunnar DUTTGE

I. Grundfrage

Das in den letzten Jahren näher ausgebreitete und inzwischen intensiv diskutierte kulturphilosophische Konzept der sog. Biofakte [1] wirft aus der Perspektive des Rechts und seiner philosophischen Grundlegung eine Reihe von Fragen auf, die weit jenseits des herkömmlichen thematischen Spektrums rechtsphilosophischen Denkens liegen. Aus der Warte des Rechts können diese Fragen allerdings zunächst nur formuliert und als solche festgehalten werden, um auf diese Weise den Ariadnefaden [2] auszulegen; erst das weitere interdisziplinäre Gespräch wird erweisen, ob es gelingt, selbige durch wechselseitiges Anfragen und Verständlichmachen der je eigenen Vorverständnisse auch schrittweise zu beantworten. In diesem Lichte sind die hier formulierten – durchweg kritischen – Anmerkungen Ausdruck eines von aufrichtigem Interesse getragenen Bemühens, die Relevanz jenes neuen – interessanten – Versuchs einer Wiederbelebung der philosophischen Anthropologie unter dem modernen Aspekt der technischen Machbarkeit bzw. Veränderbarkeit menschlichen Lebens für das Recht auszuloten.

Denn selbstredend kommt auch das Recht nicht ohne „Menschenbild" [3] aus, mithin nicht ohne eine – wenigstens vorläufige [4] – Antwort auf die klassische Grundfrage: „Was ist der Mensch?" [5] Wenn dies zumindest skizzenhaft in einem Band erörtert werden darf, der dem renommierten Rechtstheoretiker Ilmar Tammelo gewidmet ist, dann erscheint dies geradezu als glückliche Fügung: Verdan-

---

1 Näher *Karafyllis* (in diesem Band); siehe auch *dies.*, in: EWE 17 (2006), 613, 622: „... ist ein erster Versuch in Richtung einer *Cultural Philosophy of Science*".

2 Zur griechischen Mythologie: *Schwab*, Sagen des klassischen Altertums, 1975, Erster Teil, 5. Buch, S. 214; im hiesigen Kontext näher *Gronke*, Mit Ariadne im Labyrinth der Verständigung, in: Krohn/Neißer (Hrsg.), Verständigung über Verständigung, 2004, S. 12 ff.

3 Zum Wandel des Menschenbildes im Recht siehe die gleichnamige Schrift von *E.-W. Böckenförde* (2001).

4 Zu Recht betont bei *J. P. Müller*, Der politische Mensch – Menschliche Politik, 1999, S. 3 f.

5 Dazu neuerdings der lesenswerte gleichnamige, im Auftrag der Göttinger Akademie der Wissenschaften von *Norbert Elsner* und *Hans-Ludwig Schreiber* herausgegebene Sammelband (2. Aufl. 2003).

ken wir ihm doch nicht nur beachtenswerte Überlegungen zur Spezifität menschlicher Existenz in Abgrenzung zu nicht-menschlichem Leben,[6] sondern insbesondere auch den Begriff der „Transhumanität" – freilich nicht im Sinne einer Überwölbung genuin menschlicher Wesenszüge und Gegebenheiten durch den Einsatz moderner Technik gemeint, sondern eines eigentümlichen Angelegt-Seins menschlichen Daseins in Richtung eines Überschreitens der irdischen Grenzen zum Reich der Idealität hin: konkret in Richtung eines „Zustand[s] ..., den der Mensch dadurch erlangt, dass er über sich selbst hinauswächst, um so ein transformiertes Wesen zu werden – ein Wesen, das er werden kann, wenn er, von Vernunft geleitet, vollen Gebrauch von all seinen Fähigkeiten der Selbsterkenntnis und der Selbstschöpfung macht".[7]

In diesem Lichte ließe sich freilich als ethisches Problem allenfalls das Nichtausschöpfen der vorhandenen Möglichkeiten, nicht aber umgekehrt der Einsatz aller vorhandenen Optionen ausmachen, zumal – mit dem Bonner Philosophen Jan Szaif – die Überwindung von „Zufall" durch gezielte Gestaltung offenbar ohnehin „generell ein Zug der menschlichen Kulturentwicklung" ist. Schließlich liegt das Bedrohliche an den Einwirkungen der Natur „... häufig gerade in ihrer Unkalkulierbarkeit [...]; die naturwüchsige Kontingenz [steht] in eklatantem Widerspruch [...] zur Planbarkeit unserer Anliegen und [kann] darum in menschlichen Lebenssinn zerstörend eingreifen".[8]

Nimmt man dies ernst, so erscheint die zumindest partielle Eindämmung dieses Ausgeliefertseins durch eingreifend verändernden Einsatz von Wissenschaft und Technik geradezu als ein ethisches Gebot und ist keine Frage mehr des „Ob", sondern allenfalls noch des „Wann", „Wo" und „Wie", dass der Mensch zunächst die ihn umgebende „Natur"[9] und sodann – erst recht[10] – auch sich selbst

[6] Z.B. *Tammelo*, Zur Philosophie des Überlebens. Gerechtigkeit, Kommunikation und Eunomik, 1975, S. 127 f.: „Während die anderen Lebewesen fähig zu sein scheinen, nur zum Gewahrwerden ihrer Umwelt und ihrer eigenen Identität zu gelangen, ist der Mensch darüber hinaus auch fähig, ein Bewusstsein seines eigenen Bewusst-Seins zu erreichen. Ungleich den anderen Lebewesen gibt es für ihn nicht bloß das Hier und Jetzt: Es ist ihm lebenswichtig, die Grenzen seiner augenblicklichen Lage sprengen zu können [...]. Als ein vorausblickendes und vorsorgendes Geschöpf kann der Mensch es sich nicht leisten, nur auf die Gaben und Kräfte der Natur zu vertrauen, er muss sich weitgehend auf sich selbst verlassen – und ist daher ein «prometheisches» Wesen, auch ein den anderen Lebewesen unbekannten Leiden ausgesetztes Wesen".

[7] *Tammelo*, Zur Philosophie des Überlebens (o. Fn 6), S. 93 f.

[8] *Szaif*, Artifizielles Werden, in: Jahrbuch für Wissenschaft und Ethik, Bd. 5 (2000), S. 53, 56.

[9] Noch im unbefangenen, philosophisch unreflektierten Verständnis gemeint.

[10] Treffend *Szaif* (o. Fn 8), S. 55: Es ist „nicht ohne weiteres einsichtig, weshalb bei unserem individuellen Ursprung Natürlichkeit versus Artifizialität, Zufall versus Planung ein schützenswertes Gut sein sollen".

und schließlich seine Gattung (im Wege keimbahntherapeutischer Veränderungen) zum Gestaltungsobjekt macht. Sieht sich doch das moderne Ideal menschlicher Subjektivität unter dem spezifischen Attribut des Schöpferischen längst nicht mehr auf eine Fortführung der jahrtausendealten Tradition bloßer „Nachahmung der Natur“ [11] beschränkt, sondern erst im „... künstlerische[n], geniale[n] Schaffen ... die einzige ganz und gar selbstbestimmte und daher vorbildliche Berufung des Menschen“ [12] nach der Devise: „Von der Nachahmung der Natur zu ihrer Hervorbringung, von der Mimesis zur Autopoiesis“. [13]

In der Tat zeigen Zukunftsvisionen (etwa mit Blick auf die Nanotechnologie) [14] wie bereits bestehende Praktiken etwa in der Gen- und Reproduktionstechnik, dass die Einflussnahmen aus Menschenhand auch vor lebenden Entitäten keinen Halt machen, und selbst jene am Ursprung einsetzenden, die Entwicklung auslösenden Prozesse mit umfasst, sich mithin längst nicht mehr nur im pflanzlichen Bereich, sondern inzwischen auch beim Menschen Verfahrensweisen des „künstlichen“ Zur-Welt-Bringens (qua IvF) etabliert und praktiziert finden. Hubert Markl hat hieran allerdings die berechtigte Frage angeschlossen: „Wird, was in der Vergangenheit und bis zum heutigen Tag die eher harmlose und oftmals auch misslingende Wahl eines als ... positiv bewerteten Partners so ziemlich die einzige Möglichkeit der «Zuchtwahl» für vermeintliche oder wirkliche Wunschkinder war, in der Zukunft etwa dadurch abgelöst werden, dass die Verbindung moderner wissenschaftlicher Gendiagnostik, Gentechnik und Reproduktionsbiotechnik für dazu bereite Eltern ganz neue Wege zu «schönen neuen Menschen» als eigene Nachkommen eröffnet?“ [15]

Angesichts dieser fortschreitender Technisierung des Natürlich-Kreatürlichen, des längst nicht mehr im Verborgenen wirkenden Vormarsches des „Gemachten“ in das „Werdende“ wirkt der schon bei Aristoteles beschriebene und wohl auch ganz der menschlichen Intuition entsprechende Dualismus zwischen „Natur“ und „Technik“ als zu simplifizierend – auf der einen Seite die „Natur“ als dasjenige, was sich von selbst bewegt und aus sich selbst heraus

---

11 Dazu vertiefend *Hans Blumenberg*, Nachahmung der Natur. Zur Vorgeschichte der Idee des schöpferischen Menschen, in: Studium generale 10 (1957), 266 ff.

12 Näher *Früchtl*, Die Idee des schöpferischen Menschen, in: Wetz/Timm (Hrsg.), Die Kunst des Überlebens. Nachdenken über Hans Blumenberg, 1999.

13 *Früchtl*, Übernehmen, Supermänner, Cyborgs, in: Bohrer/Scheel (Hrsg.), Zukunft denken – Nach den Utopien (Sonderheft Merkur Nr. 629/630), Sept./Okt. 2001, 897, 908.

14 Zu den hiermit einhergehenden Hoffnungen im Überblick: *Baumgartner*, in: Aus Politik und Zeitgeschichte 2004, Ausgabe 23-24; *Woyke*, in: Journal of General Philosophy of Science, 38 (2007), 329 ff.

15 *Markl*, Schöner neuer Mensch?, in: Bohrer/Scheel (Hrsg.), Zukunft denken – Nach den Utopien (Sonderheft Merkur Nr. 629/630), Sept./Okt. 2001, 873, 878.

wächst, sowie auf der anderen Seite die „Technik" als dasjenige, was von außen bewegt und geschaffen wird. Im Zeitalter der Lebenswissenschaften scheint sich, um die neuen Phänomene überhaupt adäquat erfassen zu können, vielmehr die Notwendigkeit eines „Mittelbegriffs" zu zeigen, der eine Brücke bildet zwischen den herkömmlichen Perspektiven des Wachstums von Lebewesen einerseits sowie von menschlich-gewillkürten Handlungen zur Erzeugung von Artefakten andererseits.

Die sprachliche Neuschöpfung der sog. Biofakte (bestehend aus einer Verbindung von „Bios" und „Artefakt") soll eben diesen „Mittelbegriff" repräsentieren, indem hiermit „natürlich-künstliche Mischwesen" in Bezug genommen werden, „die durch zweckgerichtetes Handeln in der Welt sind, aber dennoch wachsen können", [16] bei denen m.a.W. also verglichen mit rein „natürlichem" Leben abweichende „Kausalitätsbedingungen" vorherrschten, die aber denselben „Kontinuitätsbedingungen" des Wachstums unterliegen. [17] Sowohl dieses Konzept als auch die Bezeichnung seines Gegenstandes verdankt sich maßgeblich dem wissenschaftlichen Wirken der Frankfurter Philosophin und Biologin Nicole Karafyllis, die in ihren zahlreichen Veröffentlichungen, zuletzt vor allem in ihrer Habilitationsschrift zur „Phänomenologie des Wachstums" [18] sowie in zwei Abhandlungen im Zeitschriftenforum „Erwägen Wissen Ethik" (EWE) [19] Wegweisendes zur Sache vorgelegt hat.

II. Kritische Anfragen

Die aus juristischer bzw. rechtsphilosophischer Perspektive vorzutragenden Anfragen gehen in zweierlei Richtung: Erstens drängt sich die zentrale Frage auf, ob die Grenzüberschreitung zum Technisch-Künstlichen hin nicht die Etablierung und Durchsetzung von Verboten zur Erhaltung des „Natürlichen" indiziert oder jedenfalls intentional befördert. Karafyllis hat in ihrem – soweit ersichtlich – letzten einschlägigen Artikel diese auf normativer Ebene zu findende Option als „Wertaussage" klassifiziert und sich zueigen gemacht, gemeint im Sinne der

---

16 *Karafyllis (Hrsg.)*, Biofakte – Versuch über den Menschen zwischen Artefakt und Lebewesen, 2003, S. 11 ff.

17 In einer kurzen Formel: „Ein Biofakt tritt wachsend nicht unmittelbar ins Dasein, sondern vermittelt durch einen Dritten" (*Karafyllis*, Biofakte – Grundlagen, Probleme, Perspektiven, in: EWE 17 [2006], Heft 4, 547, 550).

18 *Karafyllis*, Die Phänomenologie des Wachstums. Zur Philosophie und Wissenschaftsgeschichte des produktiven Lebens zwischen den Konzepten von „Natur" und „Technik", 2006/2008.

19 *Karafyllis*, Biofakte – Grundlagen, Probleme, Perspektiven, in: EWE 17 (2006), Heft 4, 547 ff. und 613 ff.

Auszeichnung eines „Weltzustandes“ als „erhaltenswert“, [20] und zwar konkret des „Nicht-Gemachtwordenseins“; hieraus folgt mit einer gewissen Zwangsläufigkeit, dass dieser Zustand des „natürlich Gewordenen“ normativ für „unverfügbar“ erklärt wird. [21] Unter diesem Fokus lassen sich bekanntlich die zentralen biorechtlichen und -ethischen Auseinandersetzungen der Vergangenheit und Gegenwart einfangen, ehedem vor allem zur Organtransplantation [22] und zur IvF [23], gegenwärtig etwa zur Stammzellforschung, [24] zur PID/PGD oder zur Xenotransplantation [25] und in Zukunft absehbar wohl zunehmend kontrovers verhandelt zur bisher noch ausnahmslos verbotenen Keimbahntherapie (vgl. § 5 ESchG). [26]

Aus all den hierzu geführten bereichsspezifischen Diskursen wird jedoch keinerlei hoffnungspendender Anknüpfungspunkt dafür erkennbar, dass „künstliche“ Einwirkungen auf das Leben allein ihrer Technizität wegen jedenfalls auf Dauer durch Normen verhindert oder begrenzt werden könnten, mehr noch: dass sich entsprechende Verbote überhaupt überzeugend begründen lassen, soweit sie nicht direkt oder wenigstens mittelbar auf die Betroffenheit schutzwürdiger „Rechte“ konkreter (Rechts-)Subjekte verweisen können (was auf einer gänzlich anderen argumentativen Ebene läge, gut zu veranschaulichen etwa an der Divergenz zwischen therapeutischem und reproduktivem Klonen: das erstgenannte – sog. Forschungsklonen – ist in Deutschland derzeit noch verboten, weil eine werthafte Entität geopfert wird; ganz anders liegt es hingegen beim reproduktiven Klonen, das aber in diesem Lichte überraschend weltweit als schlechthin inakzeptabler Tabubruch gilt – eine Annahme, die jedoch mit gravierenden Begründungs-

---

[20] *Karafyllis*, in: EWE 17 (2006), Heft 4, 613, 614 f.

[21] Explizit *Karafyllis* (o. Fn 20), 616: „Die genetische Sicht auf eine „Natürlichkeit“ kann Normen zur Einhaltung negativer Pflichten ... begründen. Diese Normen zu respektieren bedeutet, das natürliche Gewordensein als Grenze menschlicher Verfügung zu respektieren“; warum dies, obgleich auf eine „Wertaussage“ zurückgeführt, dann aber „nur für den eigenen Akt der Selbstbewusstwerdung“ gelten soll, jedoch „nicht von anderen [ge]fordert“ werden könne, ist allerdings nicht verständlich.

[22] Näher *Schicktanz*, Fremdkörper: Die Grenzüberschreitung als Prinzip der Organtransplantation, in: Karafyllis (Hrsg.), Biofakte (o. Fn 16), S. 179 ff.

[23] Z.B. *Kuhlmann*, Reproduktive Autonomie? Zur Denaturierung der menschlichen Fortpflanzung, in: Deutsche Zeitschrift für Philosophie 46 (1998), 917, 923: „Phantasma einer weitgehend oder vollständig entnaturalisierten und desexualisierten Fortpflanzung“; *Woopen*, Fortpflanzung zwischen Natürlichkeit und Künstlichkeit, in: Reproduktionsmedizin 2002, 233 ff.

[24] Zuletzt krit. *Duttge*, Lebensrecht und Menschenwürde – Grenzlinien bei der Embryonen- und Stammzellforschung, in: Zeitschrift für Rechtsphilosophie 2007, 76 ff.

[25] Z.B. *Schicktanz*, Organlieferant Tier? Medizin- und tierethische Probleme der Xenotransplantation, 2002.

[26] Siehe die Kritik bei *Wagner*, Der gentechnische Eingriff in die menschliche Keimbahn, 2007.

problemen kämpfen muss).[27] Denn im „nachmetaphysischen" Zeitalter[28] spricht schlechterdings nichts für die Annahme, dass derartige Tabuisierungen, rechtsphilosophisch zumeist begründet unter Inanspruchnahme eines auf das „Gattungsspezifische" bezogenen Verständnisses von „Menschenwürde" (i.S. einer „Würde der Menschheit"),[29] nicht ebenso wie andere Tabus schließlich dem modernen Rationalitätsstreben zum Opfer fallen. Fehlt es doch unverkennbar am nötigen Konsens über Notwendigkeit, Fundament und Inhalt eines eigenständigen, den Aspekt der „Zufälligkeit in Reproduktion und Evolution" implizierenden „Wertes".[30] Gegen künstliche Eingriffe errichtete Verbote, die ausschließlich einem ohnehin nur axiomatisch einführbaren Wert des „Natürlichen" geschuldet sind, erscheinen unter diesem Gesichtspunkt heute nicht mehr begründbar;[31] das lässt sich etwa auch an der Debatte zur grünen Gentechnik gut beobachten.[32]

Ein weiterer Lebenskontext, in dem sich die mangelnde Begründbarkeit der beschriebenen „Wertaussage" (scil.: der Anerkennung werthafter Zustände allein ihrer „Natürlichkeit" wegen) zeigt, ist die aktuelle Frage nach der rechtlichen bzw. ethischen Verantwortbarkeit lebensbeendender oder -verkürzender Maßnahmen, d.h. der Bereich der sog. Sterbehilfe. Bekanntlich wird in dieser Debatte – und keineswegs nur von Autoren, die den beiden christlichen Kirchen nahe stehen – immer wieder gerne auf das Gegensatzpaar abgehoben zwischen einerseits der „künstlichen" (d.h. „schlechten") Lebensverlängerung und andererseits dem „natürlichen" (und daher „guten") Sterben.

In einer Zeit, in der die moderne Intensivmedizin nahezu jedes Organversagen überbrücken kann und nahezu jeder Sterbeprozess auf eine bewusste Entscheidung zur Therapiebegrenzung zurückzuführen ist, verliert das Postulat einer dem Menschen vorgegebenen Trennung in jene beiden angeblich grundlegend verschiedene „Welten" jedoch jedwede Plausibilität[33] – es sei denn, man woll-

---

[27] Grdl. *Kersten*, Das Klonen von Menschen. Eine verfassungs-, europa- und völkerrechtliche Kritik, 2004.

[28] Vgl. *Habermas*, Nachmetaphysisches Denken, 1992, insbes. S. 35 ff.

[29] Z.B. *Seelmann*, in: Festschrift für Ernst Amadeus Wolff, 1998, S. 481, 487 und 492.

[30] *Siep*, Moral und Gattungsethik, in: Deutsche Zeitschrift für Philosophie 50 (2002), 111, 114.

[31] Weiterführend *van den Daele*, Die Natürlichkeit des Menschen als Kriterium und Schranke technischer Eingriffe, in: Wechselwirkung 103/104 (2000), 24 ff.

[32] Statt vieler nur *Ach*, in: Lege (Hrsg.), Gentechnik im nichtmenschlichen Bereich, 2000, S. 89 ff.; *Madsen/Sandoe*, in: Journal of Agricultural and Environmental Ethics 14 (2001), 161 ff.; *Ott*, in: Düwell/Steigleder (Hrsg.), Bioethik, 2003, S. 363 ff.; *Thompson*, Food Biotechnology in Ethical Perspective, 1997.

[33] Wie hier auch *Müller-Busch*, in: Kettler/Simon/Anselm/Lipp/Duttge (Hrsg.), Selbstbestimmung am Lebensende, 2006, S. 124, 125; *Schöne-Seifert*, in: Jahrbuch für Wissenschaft und Ethik, Bd. 2 (1997), 205, 219.

te auf den Einsatz von Medizin gänzlich verzichten. Die auch hier im Raume stehenden Unterlassungspflichten müssen daher auf einem anderen Begründungsfundament errichtet werden, etwa durch Klärung dessen, was ärztlicherseits noch „sinnvoll" oder bereits „aussichtslos" [34] erscheint, oder mittels Orientierung am (aktuellen, antizipierten [35] oder mutmaßlichen) Patientenwillen.

Karafyllis scheint dagegen die Begründungslast umkehren zu wollen, wenn sie ihre Sichtweise – in anderem Kontext – wie folgt umschreibt: „Es fehlen gute Gründe, warum man auch anderen, zukünftigen Menschen durch eine a priori künstlich vermittelte Existenz (geklonter Mensch) den Horizont der eigenen Entscheidung ... einengen darf, etwa durch manipulative Eingriffe auf der Gattungsgrenze". [36] Von einer freiheitsfundierten Bewertungsgrundlage ausgehend müsste die Frage jedoch gerade gegenteilig und damit richtiger lauten: Warum darf nicht gehandelt werden? Was legitimiert die postulierte Pflicht, etwas nicht zu tun, was die Bedingungen der Lebenswelt bzw. bestimmte schutzwürdige Interessen potentiell befördert? [37]

Die Legitimation hierfür soll ersichtlich aus der unverkennbar mitschwingenden Sorge vor einer Verengung der Lebensperspektive resultieren, wie sie beim Biofakt offenbar per se angenommen wird. Und in der Tat: Wenn einer „Artifizierung des Werdens" realiter negative Auswirkungen auf die Befähigung zur Selbstbestimmung und hinsichtlich der Gleichbehandlung des jeweils einzelnen Lebens zugemessen werden müssten, wenn etwa – wie Habermas erwägt – „die Technisierung der Menschennatur das gattungsethische Selbstverständnis in der Weise [zu] verändern [geeignet ist], dass wir uns nicht länger als ethisch freie und moralisch gleiche ... Lebewesen", als alleinige „Autoren des eigenen Lebens und als gleichberechtigte Mitglieder der moralischen Gemeinschaft verstehen könn[t]en", [38] dann dürfte die normative Einschätzung des Geschehens in der Tat grundlegend anders ausfallen. Karafyllis steht einer solchen Sichtweise, nach der ein Umschlagen von Naturbeherrschung in Selbstbemächtigung letztlich mit

---

[34] Zur „futility"-Debatte im Überblick *Duttge*, NStZ 2006, 479 ff.

[35] Im Wege der Abfassung einer sog. Patientenverfügung. Zum österreichischen Patientenverfügungsgesetz näher *Duttge*, Zeitschrift für Lebensrecht (ZfL) 2006, 81 ff.; *Kopetzki*, in: Duttge (Hrsg.), Ärztliche Behandlung am Lebensende, 2008, S. 79 ff.

[36] *Karafyllis*, in: EWE 17 (2006), Heft 4, 613, 616.

[37] Zu dieser Grundvoraussetzung in Abgrenzung zu Strategien bloßer „Fortschrittseuphorie" näher *Duttge*, „Fortschritt" im Recht, in: Schweighofer/Liebwald/Augeneder/Menzel (Hrsg.), Effizienz von e-Lösungen in Staat und Gesellschaft. Aktuelle Fragen der Rechtsinformatik, 2005, S. 546 ff.

[38] *Habermas*, Die Zukunft der menschlichen Natur. Auf dem Weg zu einer liberalen Eugenik?, 2001, S. 74, 77.

einer Herrschaft „Jetziger über Kommende“ [39] verbunden sei, zumindest nahe: Sie spricht in diesem Zusammenhang recht unmissverständlich von einer „Instrumentalisierung“ des Anbeginns [40] und einer Beeinträchtigung des Wachstums in seinem „Kern“, weil die „Autorenschaft des Lebens ... im Fokus der ethischen Problematik weniger [sei] als seine Urheberschaft“, [41] d.h. verglichen mit einem „herrschaftsfreien Anfang“. [42] An anderer Stelle heißt es: „Biofakte „leben sich selbst“ nur in der Phänomenologie des Augenblicks; sie leben irgend etwas Anderes ..., wenn sie auf ihre Zukunft und Vergangenheit hin befragt werden“. [43]

Dieser Sichtweise dürfte jedoch ein reduktionistischer Ansatz zugrunde liegen, der die Idee eines „unverursachten“ Wachstumstriebes, [44] ohne auf eine vollständige und hinreichende Argumentationskette zurückgreifen zu können, zur einzigen Gewähr vor einem nicht-autonomen, da programmierten „homo ex machina“ [45] stilisiert. Ähnlich liest sich dies bei Woopen: „Die Unverfügbarkeit individueller Anfangs- und Entfaltungsbedingungen sichert einen Kernbereich des Entzogenen, der den einen Menschen nicht zum Produkt der Herstellung durch einen anderen Menschen macht“. [46] Der dem Ganzen zugrunde liegende Determinismus ist m.E. aber ganz und gar unbegründet, da jedenfalls nach bisherigem Erkenntnisstand selbst im Falle einer vollständigen „Zuweisung“ der genetischen Ausstattung Verhaltensspielraum und Biographie eines Menschen weder physisch noch psychisch durch sein Genom derart vorbestimmt sind. [47]

Schon aus prinzipiellen Gründen vermag das „Sklavenargument“ nicht zu überzeugen, wie Volker Gerhardt treffend herausgestellt hat:

„Denn Sklave ist nur der, dem die Freiheit durch den präsenten Willen eines anderen genommen wird, der ihn gegen seinen Willen, also mit Gewalt zu einer Handlung (oder zu einer bestimmten Lebensweise) zwingt. Ein genetisch manipulierter Mensch hingegen, der über eigene Einsicht, einen eigenen Willen und über eigene Bewegungsfreiheit verfügt,

---

[39] *Jonas*, Lasst uns einen Menschen klonieren, in: ders., Technik, Medizin und Eugenik, 1985, S. 168.

[40] *Karafyllis*, in: EWE 17 (2006), Heft 4, 547, 556: „instrumentelles Dasein ... von Anfang an“.

[41] *Karafyllis*, Das Wesen der Biofakte, in: dies. (Hrsg.), Biofakte (o. Fn 16), S. 11, 14 und 16.

[42] *Karafyllis*, in: EWE 17 (2006), Heft 4, 547, 557.

[43] *Karafyllis*, ebd.

[44] *Karafyllis*, in: EWE 17 (2006), Heft 4, 547, 550 und 557.

[45] *Karafyllis*, Das Wesen der Biofakte, in: dies. (Hrsg.), Biofakte (o. Fn 16), S. 11, 24 f.

[46] *Woopen*, Fortpflanzung zwischen Natürlichkeit und Künstlichkeit, in: Reproduktionsmedizin 2002, 233, 239.

[47] Vgl. z.B. *Kersten*, Klonen (o. Fn 27), S. 491 ff.; *Propping*, Die Freiheit des Menschen im Zeitalter der Genetik, in: Elsner/Schreiber (Hrsg.), Was ist der Mensch?, 2. Aufl. 2003, S. 127 ff.

kann alles, was er an sich vorfindet, als seine Natur begreifen, auch wenn er von der Disposition durch die anderen weiß. Die Natur aber macht niemanden unfrei... ".[48]

Mit anderen Worten: Es ist nicht die artifizielle Einwirkung als solche, welche die Subjektqualität des Menschen bereits ernstlich gefährdet; vielmehr kommt es wesentlich auf Qualität und Zielrichtung der Intervention an, wobei nicht eine Erweiterung, sondern allein die weit reichende Reduktion der Optionen[49] im Zusammenwirken mit gleichgerichteten gesellschaftlichen Bedingungen und ggf. personalen Beziehungen im Einzelfall die „Subjektkonstitution"[50] des Menschen tatsächlich zu unterminieren vermag.

Eine solche Einebnung der Differenz zwischen „Person" und „Sache"[51] in den Wahrnehmungs- und Umgangsweisen dürfte jedoch eher seltener Ausnahmefall sein. Um es an einem letzten Beispiel zu verdeutlichen: Wenn es im Möglichkeitsbereich des Neuro-Enhancement liegt, den Menschen von seelischen Belastungen infolge traumatischer Ereignisse zu befreien,[52] was sollte den Zustand eines solchermaßen seelisch Belasteten und seine dahin führende Biographie dann noch zu etwas unbedingt „Erhaltenswertem", gleichsam „Unantastbaren" ausweisen können, wo die Befreiung von der seelischen Qual doch gerade als Erweiterung der Lebensperspektive qua Zurücknahme der psychisch bedingten Horizontverengung erlebt würde? Nur weil die Besserung von „Menschenhand" herbeizuführen wäre und nicht durch ein gnädiges Schicksal erfolgte?

Das liefe ersichtlich auf eine absurde „Heiligsprechung" des je zufälligen Da- und So-Seins hinaus, eine Art erweiterte, theologisch inspirierte „Geschenk"-Metapher, wonach der einzelne, der ohne sein Zutun in die Welt geworfen ist, das Geschenk der eigenen Existenz nur in unveränderter Gestalt annehmen dürfe.[53] Immerhin läge dann jedenfalls eines offen zutage: Der Verlust der Subjektqualität ginge nicht mehr – wie besorgt – mit dem künstlichen Eingreifen einher, sondern wäre bereits von vornherein zementiert – und zwar unabhängig davon, ob das in

---

48 *Gerhardt*, Die angeborene Würde des Menschen, 2004, S. 75.

49 Zutreffend *Birnbacher*, in: Deutsche Zeitschrift für Philosophie 50 (2002), 121, 124.

50 *Karafyllis*, in: EWE 17 (2006), Heft 4, 547, 556; relativierend aber in: EWE 17 (2006), Heft 4, 613, 624: gebrochen sei nicht die *Autorenschaft* über das eigene Leben, sondern die *Selbstverständlichkeit* dieser Autorenschaft.

51 Zu diesem Dualismus eingehend *Spaemann*, Personen – Versuche über den Unterschied zwischen „etwas" und „jemand", 1996.

52 Dazu näher die Beiträge in: *Schöne-Seifert/Ach/Opolka/Talbot* (Hrsg.), Neuro-Enhancement, 2006.

53 Zur Kritik z.B. *Anselm*, „Geschöpflichkeit" und „Heiligkeit des Lebens", in: Kodalle (Hrsg.), Das Recht auf ein Sterben in Würde (= Kritisches Jahrbuch der Philosophie, Beiheft 4), 2003, S. 121 ff.

Aussicht stehende Handlungsverbot als Element einer heteronomen Normenordnung oder nur als Grenze „guten“ Handelns im Verhältnis der Selbstbezüglichkeit begriffen wird; denn selbst wenn man letzteres annähme und daher die Sphäre des Rechts gar nicht als betroffen ansähe, [54] bleibt doch der Begründungszusammenhang solcher „Unverfügbarkeit“ weiterhin unsicher und in gewisser Weise ideologieverdächtig. Konkret gefragt: Worin genau liegt eigentlich der qualitative Umschlag vom Einsatz der Steinschleuder zum Herstellen von Biofakten?

Eine andere Dimension ist hingegen angesprochen, wenn – dies ist die zweite der eingangs erwähnten Anfragen – der normative Status von Biofakten in Frage steht, resultierend aus dem Umstand, dass ihnen gleichsam ein „Geburtsfehler“ und infolgedessen ein fundamentales Manko für ihre „Selbstkonstitution“ zugeschrieben ist. Im Lichte der postulierten „Mittelstellung“ zwischen „Artefakten“ auf der einen und „Lebewesen“ als „natürlich Entstandene und Gewachsene“ auf der anderen Seite [55] wird der angemessene Umgang mit solcherart „lebendigen Objekten (!)“ [56] unsicher und insbesondere zweifelhaft, ob für Biofakte überhaupt noch eine eigene „Selbstzweckhaftigkeit“ innerhalb der mit dem „Menschsein“ in Bezug genommenen „Gattungsgrenze“ [57] angenommen werden kann.

Zweifel hieran liegen nach dem bisher Verhandelten nicht zuletzt auch deshalb nahe, weil im „autonomen Wachstum“, im „Sich-Selbst-Nicht-Herstellenkönnen“, [58] nichts Geringeres als die entscheidende „differentia specifica“ für „Natur“ [59] und damit – auf dem Boden des Biofakt-Konzepts – offenbar ein schlechthin unverzichtbares Begriffsmerkmal für autonomes, selbstzweckhaftes Menschsein gesehen wird. Man bedenke: Der „unverursachte „Sprung“ vom Werden ins Dasein“ soll gleichsam das „Wesenhafte“ aller „Lebewesen“ kennzeichnen. [60] In diesem Lichte erscheint der genetisch programmierte Körper „nicht länger Teil der abendländischen Kultur und ihrer Bestimmung des Humanen“. [61] In ihrer jüngsten Stellungnahme erklärt Karafyllis dagegen, dass auch „nicht-natürlichen“ (z.B. geklonten) Menschen Rechte zugesprochen werden müssten, da die fundamentale Kategorie der Personalität „bislang nicht an eine Geschich-

[54] So verstehe ich *Karafyllis*, wenn sie insbesondere betont, dass man das eigene Unterlassen nicht von den anderen fordern könne (o. Fn 21).

[55] Vgl. *Karafyllis*, Das Wesen der Biofakte, in: dies. (Hrsg.), Biofakte (o. Fn 16), S. 11, 16.

[56] *Karafyllis*, in: EWE 17 (2006), Heft 4, 547, 555.

[57] *Karafyllis*, in: EWE 17 (2006), Heft 4, 547, 554.

[58] *Karafyllis*, in: EWE 17 (2006), Heft 4, 547, 555.

[59] *Karafyllis*, in: EWE 17 (2006), Heft 4, 547, 550 sowie 613, 620.

[60] Ausdrücklich *Karafyllis*, in: EWE 17 (2006), Heft 4, 547, 557.

[61] *Stoff*, Alraune, Biofakt, Cyborg, in: Ehm/Schicktanz (Hrsg.), Körper als Maß? Biomedizinische Eingriffe und ihre Auswirkungen auf Körper- und Identitätsverständnisse, 2006, S. 35, 45.

te des (Nicht-)Gemachtwordenseins geknüpft" werde.[62] Das hieße also: „Menschenwürde" auch für humanoide Roboter? – ist das wirklich schon das letzte Wort? Im Kontext der menschlichen Embryonalentwicklung wird demgegenüber auf ontologische Divergenzen zum „spezifisch Menschlichen" und – mit erkennbarer Sympathie – auf die Aquinsche Lehre von der „Sukzessivbeseelung" verwiesen.[63]

Sofern es jedoch richtig ist, dass vorgegebene ontologische Modalitäten den Ausgangspunkt jeder normativen Betrachtung bilden und den Menschen nur bei Vorhandensein einer arttypischen Spezifik (nicht notwendig im phänomenologischen Erscheinungsbild)[64] tatsächlich als „Mensch" erscheinen lassen (in seinem Anfang dagegen nach Karafyllis eher als „Pflanze"[65]), so dürfte die Frage nach dem normativen Status von Biofakten (bzw. voneinander zu scheidender unterschiedlicher „Biofakt-Typen")[66] bis auf weiteres eine offene sein. Die sich hieran anschließende Frage, inwieweit die speziell zu Embryonen zunehmend in Erscheinung tretende Idee von einer „gradualisierten", d.h. entwicklungsbedingt stufenweise anwachsenden Schutzwürdigkeit[67] sich mit dem unteilbaren „Grundstatus menschenrechtlicher Subjektivität" vereinbaren lässt, kann im hiesigen Rahmen nicht mehr näher ausbuchstabiert werden.[68]

---

[62] *Karafyllis*, in: EWE 17 (2006), Heft 4, 613, 615; siehe auch *Anderheiden*, in: EWE 17 (2006), Heft 4, 561, der eine Ausweitung der rechtlichen „Schutztendenz" auf Klone prognostiziert.

[63] *Karafyllis*, in: EWE 17 (2006), Heft 4, 613, 630.

[64] Zu den wesentlichen Theorieansätzen zur Erläuterung der Menschenwürdegarantie (Art. 1 GG) vgl. *Duttge* (o. Fn 24).

[65] So *Karafyllis*, ebd.: „Denn in dem pflanzlichen Anfang sind in der lebensweltlich relevanten aristotelischen Ontologie alle Lebewesen miteinander ... verbunden"; krit. hierzu *Ingensiep*, in: EWE 17 (2006), 585.

[66] Näher *Karafyllis*, in: EWE 17 (2006), Heft 4, 547, 553 ff.: Unterscheidung je nach Art der (instrumentellen) „Aneignung von Wachstum" – (1) Wachstum „als nachgeordnetes Mittel" (z.B. Keimbahntherapie), (2) Wachstum „als vorgeordnetes Mittel" (z.B. Doping, Wachstumshormone), (3) Wachstum „als übergeordnetes Mittel" (z.B. reproduktives Klonen).

[67] So insbes. *Dreier*, Zeitschrift für Biopolitik 2002, 4 ff. und JZ 2007, 260 ff.; ebenso *Enders*, Jura 2003, 666, 672 f.; *Hilgendorf*, in: Brohm-FS 2002, S. 387, 398 ff.; *Hörnle*, ARSP 2003, 318, 337; *Schreiber*, in: Bernsmann/Ulsenheimer (Hrsg.), Bochumer Beiträge zu aktuellen Strafrechtsthemen (= Geilen-FS), 2003, S. 157, 164 f.

[68] Dazu kritisch mit Bezug auf den Spätabbruch im europäischen Kontext: *Duttge*, in: Wewetzer/Wernstedt (Hrsg.), Spätabbruch der Schwangerschaft: Praktische, ethische und rechtliche Aspekte eines moralischen Konflikts, 2008. S. 86 ff.

III. Schlußbemerkung

Festhalten lässt sich jedoch: Die Vorstellung eines gleitenden Übergangs von „etwas“ zu „jemand“ (und vice versa – der umgekehrte Verlauf wäre ja denklogisch ebenso eröffnet) wirft zumindest erhebliche Begründungsschwierigkeiten auf, die sich nicht durch schlichte gesetzespositivistische Anleihen wie etwa zu Fristenregelungen beim Schwangerschaftsabbruch bewältigen lassen.[69] Vermutlich ist es der spezifisch kantische Dualismus zwischen „Person“ und „Sache“, zwischen „Würde“ und „Preis“,[70] der auch die tragenden normativen Pfeiler unserer Rechtsordnung prägt. Derart imprägniert können sich aber „Personen nur als Personen, Menschen nur als Menschen entwickeln; hingegen ist es ausgeschlossen, dass sich etwas – eine Sache – zur Person entwickelt“.[71] Sollte hier vielleicht aber gerade jener „blinde Fleck“ einer bisher nicht hinreichend reflektierten „Prä-Ontologisierung“ liegen, also jene Metaphysik, die im Zuge der modernen Biowissenschaften fragwürdig geworden ist?[72] Dann jedoch ist der Versuch gelungen, neue Diskurse anstoßen und bisher Selbstverständliches in Frage zu stellen.

Als hochverdienstlich muss dabei das Anliegen des Biofakte-Konzepts bezeichnet werden, dem naturwissenschaftlich-technischen Fortschritt eine kulturphilosophische Fundierung zu geben[73], zumal mit Blick auf den immer stärker um sich greifenden Trend zur „Naturalisierung“ der Wissenschaften im „imperialen Hochgefühl der wissenschaftlichen Machbarkeit“[74]. Denn es ist offensichtlich, dass es jedenfalls manchen Strömungen der Life Sciences an den nötigen „denkerischen Mitteln“ fehlt, „ihren zum Monströsen tendierenden Grenzüberschreitungen normative Schranken zu setzen“.[75] Auch in der seit wenigen Jahren auffallend boomenden „Synthetischen Biologie“ folgen die ethisch-philosophischen Reflexionen den Bestrebungen nach Gelingen eines „Extreme Genetic Engeneering“ mit deutlicher Verzögerung nach.[76] Da das Erkenntnisinteresse bei Karafyl-

---

69 So aber tendenziell *Karafyllis*, in: EWE 17 (2006), Heft 4, 613, 630: „plausible Sicht“.

70 Vgl. *Kant*, Grundlegung zur Metaphysik der Sitten, in: Werke (hrsg. von W. Weischedel), Bd. 6, S. 68.

71 *Spaemann*, Personen (o. Fn 51), S. 261.

72 Vgl. *Karafyllis*, in: EWE 17 (2006), Heft 4, 613, 618.

73 I.d.S. die selbst zugeschriebene Aufgabenstellung, vgl. *Karafyllis*, in: EWE 17 (2006), Heft 4, 613, 625.

74 *Euchner*, Der künstlich verbesserte Mensch und die „künstliche Intelligenz“, in: Leviathan 33 (2005), 40 ff., 61.

75 *Euchner* (vorstehende Fn), 63.

76 Siehe dazu kürzlich das „Perspektivenpapier“ zur Synthetischen Biologie von *Nora Schultz* anläßlich einer Plenarsitzung des Deutschen Ethikrates am 23. 4. 2009, abrufbar unter: http: //www.ethikrat.org/de_sittzungen/aprotokoll_2009-04.23.php; ausführlich Boldt/Müller/Maio, Synthetische Biologie. Eine ethisch-philosophische Analyse (Eidgenössische Ethikkommission

lis primär systematisierender Art ist,[77] sind die normativen Implikationen um so dringlicher klärungsbedürftig.

für die Biotechnologie), 2009

[77] So ausdrücklich *Karafyllis*, in: EWE 17 (2006), Heft 4, 613, 616; siehe auch *dies.*, in: EWE 17 (2006), Heft 4, 547: soll „ein terminologisches Niemandsland für den Bereich des Wachsenden zwischen den Sphären von «Natur» und «Technik» besiedeln".

Biofakte als neue Kategorie der Informatik?

Nicole C. KARAFYLLIS

1. Einleitung

Der Begriff „Biofakt" besteht aus einer Verbindung der Wörter „Bio" (als Präfix entlehnt von gr. *bios* = Leben) und „Artefakt". [1] Er ist, wie einst der Begriff „Bionik", ein Neologismus, der ein terminologisches Niemandsland zwischen Natur und Technik besiedeln soll, und wird seit 2003 in der Philosophie, Soziologie und angrenzenden Disziplinen weit rezipiert. [2] Ein Grund dafür ist die systematische Leerstelle zwischen den Kategorien von Natur und Technik, die insbesondere die neuen Biotechniken eröffnet haben. Artefakte sind künstliche, geplante und geschaffene Objekte. Die konstruierten Objekte fielen bislang immer in den Bereich der Gegenstände. Ein Artefakt meint stets Menschengemachtes und dient als Sammelbegriff für so unterschiedliche Dinge wie Bauwerke, Kunstwerke und Maschinen. Artefakte sind im allgemeinen tot. Biofakte hingegen sind biotische Artefakte, d.h. sie sind oder waren lebend. Die Kategorie der technischen Zurichtung des Lebenden ist zwar nicht neu (vgl. klassische Züchtung, Landschaftsarchitektur), jedoch gab es bislang keinen systematisierenden Begriff, der auf die technische Einflußnahme auf das vormals natürliche Wachstum verweist. Denn es sind die *Methoden*, die über die Einordnung entscheiden werden, ob etwas noch Natur oder schon Technik ist. Und auch, ob etwas ein Ding oder ein Wesen

[1] Vgl. *Karafyllis, N.C.* (Hg.), Biofakte – Versuch über den Menschen zwischen Artefakt und Lebewesen (2003), Mentis, Paderborn; *Dies.*, Biofakte – Grundlagen, Probleme, Perspektiven (2006). In Erwägen Wissen Ethik, Jg. 17 (4), 547-558.

[2] Vgl. u.a. *Birnbacher, D.*, Natürlichkeit (2006), DeGruyter, Berlin/NewYork, insb. 13f, sowie *Hubig, C.*, Die Kunst des Möglichen I (2006), transcript, Bielefeld, insb. 183ff. *Stoff, H.*, Alraune, Biofakt, Cyborg. Ein körpergeschichtliches ABC des 20. und 21. Jahrhunderts, in: *Ehm, S./Schicktanz, S.* (Hg.), Körper als Maß? (2006), Hirzel, Stuttgart, 35-50; *Hagner, M.* (2006), Die Welt als Labor und Versammlungsort, in: GAIA 15/2, 124-137; *Reichle, I.*, Kunst aus dem Labor. Zum Verhältnis von Kunst und Wissenschaft im Zeitalter der Technoscience (2005), Springer, Wien/New York. *Wehling, P.*, Social Inequalities beyond the modern Nature-Society-Divide?, in: Science, Technology & Innovation Studies (2005), Vol. 1 (1), 3-16; *Pulla, R.*, Radfahren als „Maschinensport". Technisierung von Sportgerät und Athlet im 20. Jahrhundert, in: Dresdner Beiträge zur Geschichte der Technikwissenschaften, Heft 29 (2004), 89-118; *Rammert, W.*, Technik, Handeln und Sozialstruktur. Eine Einführung in die Techniksoziologie. Technical University Technology Studies Working Papers 3 (2006), 6.

ist. Biofakte stehen als Mittleres zwischen den Lebewesen einerseits, die selbstbestimmt wachsen, und den Artefakten andererseits, die fremdbestimmte Dinge sind und nicht wachsen. Sie problematisieren durch die stetige Grenzerweiterung die Zuschreibung von *Autonomie* und *Identität*.

Dadurch bieten sich für die Geisteswissenschaften die bekannten Herausforderungen der (Bio)Ethik (vgl. den Beitrag von Gunnar Duttge, in diesem Band), aber vor allem ergeben sich neue Denkanstöße für die vorgelagerten Bereiche der Ontologie, Wissenschaftstheorie, Anthropologie und Phänomenologie. Auf letztere fokussiert mein Beitrag. Einfacher formuliert: Angesichts von Biofakten fragt man unter einer anwendungsbezogenen Perspektive neu: Was ist der Mensch? Was ist seine Natur? Wie und wo wird „der Mensch" (als Individuum und Gattung) gemacht? Wann und v.a. wo beginnt und endet sein/ihr Leben? Und wie wird das Menschliche des Menschen bzw. das Tierische des Tieres und das Pflanzliche der Pflanze „angesichts" von aus dem Labor freigesetzten Biofakten lebensweltlich noch erfahrbar? – Ob man „den Menschen" und seine Natur verändern darf (d.h. die ethische Frage), kann erst beantwortet werden, wenn man sich der anderen Fragen vergewissert hat. Allzu leicht meinen sich einige bioethisch motivierte AutorInnen der gesellschaftlichen Debatte um die Phänomenalität der Natur mit dem Hinweis zu entledigen, dass das Natürliche nicht gleichbedeutend mit dem Guten ist. Diese Aussage ist selbstverständlich richtig, aber sie ist nachrangig. Denn: Woher weiß man, was Natur ist?

Mit dieser Ausgangslage ist auch eine These formuliert, die es im Zeitalter der technischen Reproduzierbarkeit und der *technoscience* anzugreifen gilt. Die von Aristoteles u.a. in seiner *Physik* prominent vertretene These lautet, daß dasjenige, was wächst, stets Natur (gr. *physis*) ist. Auch „Leben" wäre demnach immer Natur. Dasjenige, was von außen bewegt wird, was nicht wächst, kann dagegen nach Aristoteles als Technik gelten. Technik wäre demnach unlebendig, und sie wäre immer ein Äußeres. Aber gilt das angesichts moderner Bio-Techniken wie Zellkultur, Organtransplantation, Nanobiotechnologie und der Reproduktionsmedizin noch? Wodurch unterscheidet sich endogenes Design (des Biofaktischen) von der Prothetik?

Eine mögliche Antwort wäre: Endogenes Design setzt beim Konstruieren (auf der Planungsebene) vom Modell des Inneren an dessen Repräsentation, d.h. außen an (z.B. einer Genkarte) und unterstützt beim Gestalten ein physisches Wachstum im Labor, das dieses Modell realiter hervorbringt und von innen nach außen erst wirklich werden lässt. Eine implantierte Prothese hingegen plant das Verinnerlichen eines außen schon vorliegenden Artefakts (z.B. das Einsetzen eines Herzschrittmachers), das sich in den leiblichen Kontext erst „einheilen" muß. Die assimilativen Potentiale des Pflanzlichen sind für beide Technisierungen grundlegend. Sie sorgen für das Bilden einer Entität, die sich irgendwann als leibliche *Ganzheit* versteht.

Der Einbau von Prothesen rechtfertigt noch nicht die Rede vom semiartifiziellen Wesen, vom Biofakt. Denn man könnte die Prothese immer auch wieder entfernen. Aber etwas, das gewachsen ist, kann man nicht mehr in Einzelteile auflösen. Aristoteles unterschied daher zwischen gr. *symphysis* und *synthesis*.

Warum ein neuer Begriff? Da Wissenschaftler mittels Biotechnik in das Wachstum des Lebewesens nun im Kern und damit im Anbeginn eingreifen können, und es aber gerade das Wachstum ist, daß das Lebewesen als solches erst kennzeichnet, bedarf es eines Mittelbegriffs, der das Überschreiten dieser Grenze deutlich macht, ohne die Grenze selbst zu verwischen. Denn Grenzen sind wichtig zur Orientierung, zum eigenen Selbstentwurf des Menschen. Bislang gebräuchliche Begriffe, die das Artefaktische des Lebenden umschreiben, trennen zum einen zwischen Menschen, Tieren, Pflanzen und Bakterien, zum anderen entstammen sie unterschiedlichen Kontexten, die einen nicht nur wissenschaftlichen Umgang mit ihnen erschweren. [3]

Biofakte problematisieren *in corpore* einen Wachstums- und einen Bewegungsbegriff, der bislang als Unterscheidungsmerkmal zwischen den Sphären der Natur und Technik gedient hat. Hier besteht Systematisierungsbedarf, der im Rahmen einer noch zu etablierenden Biotechnikphilosophie geleistet werden sollte. Sie konzentriert sich u.a. auf die disziplinären Vermischungen der biologischen und technischen Methoden, Ontologien und Begriffe, wie z.B. im Fall der Bioin-

---

[3] So ist z.B. für transgene Tiere alltagssprachlich das Wort „Chimäre“ gebräuchlich, das bis zur griechischen Mythologie führt und über die Jahrhunderte eine starke Wandlung durchlief. Bei transgenen Pflanzen und Bakterien spricht man wissenschaftlich meist von GVOs, gentechnisch veränderten Organismen, denn die Begriffe „Hybrid“ und „Bastard“ sind auch in der konventionellen Pflanzenzucht bereits gebräuchlich und entstammen dem Fachjargon der Kreuzungsgenetik. Beim biofaktischen Menschen schließlich werden Begriffe des Science Fiction Genres entliehen, wie etwa die Rede vom Cyborg (wenn auf die Ähnlichkeit zum Roboter angespielt wird) oder Replikant, wenn auf humane oder humanoide Klone abgehoben wird. An dieser Stelle sieht man die zugrunde liegende Utopie vom Menschsein, die dazu führt, den gegenwärtig technisch in seiner Wachstumsdynamik veränderbaren Menschen näher z.B. an eine imaginäre Sklavengesellschaft auf einem fernen Planeten anlehnen zu wollen, oder der Glaube an einen sorgen- und leidensfreien Menschen in einem vorweggenommenen Paradies. Die Bezeichnungen „Menschmaschinen“ und „Maschinenmenschen“ mögen zwar auf die technischen Anteile des Humanen verweisen, insbesondere in Bezug auf ihre mentalen Fähigkeiten (künstliche Intelligenz), sie setzen in ihren Klassifikationsbemühungen aber an einem fertigen Zustand an. Man sieht und fühlt sie nicht wachsen, sondern findet sie in erwachsenem Zustand als künstliche Entitäten vor. Kulturelle Referenz bleibt stets die verlorene Natürlichkeit des vormals von selbst Gewachsenen.

formatik. Dadurch verschiebt sich auch der empirische Bereich, in dem Menschen Erfahrungen mit wissenschaftlichen Konstrukten machen: Modellorganismen wie z.B. transgene Maispflanzen verlassen zunehmend die Sphäre des Labors und erscheinen im lebensweltlichen Kontext als – normierte – „Natur". Der Widerstand gegen solche Freisetzungen in Europa ist nicht nur durch das Wähnen möglicher Risiken motiviert, sondern auch durch die Einsicht, dass Pflanzen die naturontologische Basiseinheit „des Lebens" sind, und etwaige Normierungsversuche auch beim Menschen Anwendung finden könnten. „Natur" soll nach Überzeugung vieler Menschen vielfältig und widersprüchlich bleiben, weil sie dadurch als ein – sowohl versorgendes wie bedrohliches – Gegenüber dient, an dem sich „der Mensch" messen und bewähren kann.

2. Ontologien und Phänomene der Lebenswelt und Wissenschaftswelt

Biofakte sind phänomenal betrachtet Lebewesen, weil man sie wachsen sieht und sie wie „alte Bekannte" aussehen, aber sie sind in ihrem Werden nicht mehr selbsttätig. Ihr Wachstum wird zum Akzidens und gehört nicht mehr zu ihrer Substanz, in den Begriffen der Ontologie gesprochen. Man kann hier an transgene Pflanzen und Tiere, und irgendwann auch an Menschen denken.

Ihre Anfangsbedingungen wurden durch Fusionen und den Zusatz kontrollierbarer Medien gesetzt. Sie behalten gleichwohl die Fähigkeit zur Mutation und, im Falle von handlungsfähigen Lebewesen, als Erwachsene auch die Fähigkeit zur Handlung. Biofakte sind nicht Roboter mit menschlichen Funktionen, bei denen man den artifiziellen Anteil auch phänomenal sieht. Sondern umgekehrt: Man sieht den artifiziellen Anteil nicht und findet ihn womöglich auch nicht einmal auf substantieller, molekularer Ebene.

Wir haben diese verlorene Spur des Gemachten nicht nur bei Genpflanzen, sondern auch bei Menschen, v.a. bei den Leistungssteigerungen im Sport. Die Echtheit der Leistung von Sportlern, die Gendoping durchlaufen haben, liegt nicht nur unter ihrer Haut verborgen, sondern sie ist auch nicht mehr als *Körperfremdes* nachweisbar (Muskelstimulantien). Der Technikanteil hat sich quasi mit der Zeit *verwachsen*. Die Haut ist nicht mehr die Grenze der technischen Gestaltbarkeit von Körpern, sondern sie wird zu ihrem*Medium*. Die Reaktion der *Öffentlichkeit* ist analog zu der gegenüber der Grünen Gentechnik: Man will wissen, ob die Leistung „von selbst" oder von außen „gemacht" worden ist. Ohne diesen Anspruch auf Natürlichkeit und Authentizität wäre Doping kein Problem. Die Frage ist nun, wie man an dieses Wissen gelangt, und wer „man" ist.

Das vormals genuin Biologische, ausgedrückt in Termini wie „Zellwachstum", „Zelldifferenzierung" und „Ontogenese", rückt weiter weg vom natürlichen Phänomenbereich und näher heran ans Technische: Beobachtung, Kontrollierbarkeit und auch Erfindung des Wachsenden wird Programmierkunst und entfernt sich vom „Leben".

Wachstum scheint als zentrale Wesenseigenschaft von Lebewesen zu verbleiben. Biofakte sind zwar auch wachsend, aber nicht das Resultat einer selbst unverursachten Ursache „Zeugung", denn sie haben ja einen Urheber, einen zielsetzenden, planenden Konstrukteur, der ihr Wachstum *genau so und genau dann* veranlaßt. Die gängige Aussage von Kinderärzten „Das verwächst sich noch!" wird somit überflüssig. Vielleicht sind derart geplante und präuteral selektierte Biofakte auch nicht Autor ihrer eigenen Biographie, wie Jürgen Habermas in bezug auf geklonte Menschen meint, obwohl auch Biofakte ein Leben werden führen können. [4] Die *Autorschaft* des Lebens ist jedoch weniger im Fokus der ethischen Problematik als seine *Urheberschaft*. Lebewesen hatten bis vor kurzem keine Urheber in Bezug auf ihr individuelles Leben, die womöglich gar ein Recht auf die Verfügbarkeit genau *dieses* Lebens hätten einklagen können. Durch die Möglichkeit, sich ein bestimmtes Kind zu wünschen und diesen Wunsch zumindest aufgrund der genetischen Potentialität phänotypisch mit einiger Wahrscheinlichkeit erfüllt zu bekommen, hat sich dies geändert. [5] Biofaktizität steht damit im Dienste der *Euphänik*, d.h. sie greift noch bevor das Gewächs gewachsen ist – im Gegensatz zur Eugenik.

So wird an dieser Stelle offenkundig, daß Identität und Autonomie nicht einfach einem Objekt von außen zugeschrieben werden können, sondern sich subjektiv einem Wesen *einschreibt* und dessen Selbst erst narrativ konstituiert. [6] Diese phänomenologische Sicht, die die Selbstkonstitution hermeneutisch als einen Akt des eigenen Erzählens von „Welt" fasst, steht angesichts der biotechnischen Möglichkeiten im Konflikt mit der rechtlichen Einteilung von Person und Sache.

Wenn wir sagen, dass etwas ein Gewächs ist, so meinten wir bislang damit dreierlei: erstens, dass es eine *bekannte Gestalt* bildet; zweitens, dass sich diese Gestalt *von selbst* bildet, und drittens, dass diese Gestalt *vorläufig* ist. Vergänglichkeit und Unverfügbarkeit gehören zu den ontologischen Voraussetzungen der Lebewesen, die werden und vergehen. Von der Gestalt haben wir bislang rückgeschlossen, dass etwas gewachsen und damit Natur ist: eine Pflanze ja, ein Au-

---

4 Vgl. zu diesem Argument *Habermas, J.*, Die Zukunft der menschlichen Natur (2001), Suhrkamp, Frankfurt am Main.

5 Dabei gilt es zu verdeutlichen, daß es argumentativ einen Unterschied macht, ob man sich ein bestimmtes Kind wünscht, oder ein bestimmtes Kind *nicht* wünscht.

6 Vgl. *Ricoeur, P.*, Das Selbst als ein Anderer (2005), Wilhelm Fink, München.

tomobil nein. Wie aber steht es mit der Plastikblume? Sie zeigt eine bekannte Gestalt, und ist, ebenso wie transgene Maispflanzen, nicht Natur. Sie lässt aber auch eine Gestaltdifferenz durch Wachstum erwarten, die dann gar nicht eintritt. Im Moment des Augenblicks kann sie uns täuschen, aber nicht lange.

3. Typologie der Biofaktizität

Ausgehend von dieser Feststellung schlage ich eine Typologie der Biofaktiztität vor. Sie beschreibt die Schritte, in denen die ontologischen Differenzen zwischen *Lebenswelt und Wissenschaftswelt* zunehmend eingeebnet werden. Dies geschieht über vier Stufen: Imitation, Automation, Simulation und Fusion. Die Typisierungen der Phänomene erlauben Anknüpfungspunkte hinsichtlich ihrer technischen Reproduzierbarkeit. Ich systematisiere die Weisen, wie sie im Spannungsfeld Natur – Technik in *Erscheinung* treten. Es ist eine Verbindung von wissenschaftstheoretischer und phänomenologischer Methode.

3.1. Imitation

Seit der Antike bekannt ist das mimetische Spiel mit Imitaten. Die identische Erscheinung von etwas Hergestelltem mit etwas „natürlich" und „fertig" Gewachsenem bezeichnet man als Imitation. Ein natürlicher Prozeß wird so ontologisch in ein faktisches Ding transformiert, wobei höherstufig die technische Herstellung zum eigentlichen Prozeß wird. Typisches Beispiel wären etwa der Plastikbaum, die Wachsfigur ebenso wie der im 15. Jahrhundert erfundene Naturabguß von Tieren und Pflanzen aus Metall, Gips und Lehm. Die Imitation ist, wenn sie als Produkt vorliegt, notwendigerweise bewegungslos. Ihre Innovativität besteht darin, daß sie sich den Prozessen von Werden und Vergehen entziehen kann. Dadurch, daß sie vorliegt, symbolisiert sie ein bestimmtes Wachstums*stadium*. Die Imitation soll das Original illusionieren und damit auf einen natürlichen Anfang verweisen, der im Falle des Lebendigen ein *Ursprung* ist. Die Gestalt des Vorliegenden ist als Urbild wichtig, da die Imitation davon ihr Abbild gewinnt. Das Material, aus dem das Imitat hergestellt wird, darf selbst keine Kreativität und auch keine schnelle Vergänglichkeit aufweisen, damit das Abbild das Original in der gewünschten Form naturgetreu widerspiegeln kann. Die technische Handlung konzentriert sich auf die Imitation einer vorliegenden Naturform, die schon *vor* der technischen Einflußnahme als Standbild verdinglicht wurde und damit gedanklich stillgelegt wurde: auf ein Gewächs, kein Wachsendes. Die Imitation kann lebensweltlich solange ein Lebewesen vortäuschen, bis der Stillstand des vormals eigendynamisch Wachsenden als Bewegungslosigkeit ins Auge fällt oder andere sinnliche Qualitäten hinzugezogen werden (z.B. der Tastsinn), um die Leblosigkeit des Objekts zu erfassen. Auch wissenschaftliche Analyse schafft Klarheit (z.B. ob man in einer Plastikpflanze Zellen auffindet).

3.2. Automation

Nachdem man das Wachstum dingfest gemacht hat, kann man es sekundär wieder bewegen. Der Automat ist etwas, das sich als Einheit bewegt, aber nicht von selbst bewegt. Imitiert dieses Selbst, das man gewöhnlich als Maschine bezeichnet, zusätzlich zur dinglichen Gestalt auch die Bewegung von etwas „natürlich" Gewachsenem, hat man bei entsprechenden, für die Gestalt normalerweise üblichen Bewegungen den Eindruck, es mit einem „echten" Lebewesen zu tun zu haben. Mit dem Kennzeichen der Bewegung ist eine erste Verbindung zum Leben gezogen. Die Automation ist eine bewegte Form der Imitation, da sie an der Entität keinen *Gestaltwandel* bewirkt. Allerdings wird hier eine bereits an einem Wesen vorgefundene Bewegung in einer anderen Form (z.B. Rhythmik) erzwungen, als sie von Natur aus vorlag. Der Stoff des Lebewesens scheint entbehrlich, aber die Zweckerfüllung der Bewegung muß so gewährleistet sein, wie im natürlichen Vorbild. Bewegung wird teleologisch interpretiert. Da der Zweck erst an einer bestimmten Gestalt erkennbar wird, ist die natürliche Gestalt (wie die Position der Organe) für die Automation immer noch notwendig. Dies sieht man besonders schön an den humanoiden Robotern des Science Fiction Genres. Humanoide sind sie eben nur, weil sie eine im weitesten Sinne menschliche Gestalt haben.

Bei Pflanzen allerdings gelingt dies nicht, weil sie sich ohnehin nicht augenscheinlich bewegen. Wegen ihrer Langsamkeit und Verwurzelung sind sie für phänomenologisches Arbeiten meine Lieblingsobjekte. Denn da pflanzliches Leben nicht über Automatisierung imitierbar ist, entziehen sie sich der realen Mechanisierung. Man muß aufs Virtuelle und die Zeitraffertechnik ausweichen. Dies ist gleichbedeutend mit der Simulation.

3.3. Simulation

Die Simulation imitiert nicht material ein Ding, das als Gestalt vorliegt, sondern den *Prozeß*, der dieses Etwas als Gestaltwandel in Erscheinung bringt. Dazu bedarf die Simulation eines *Mediums*. Hier wechselt also die ontologische Differenz wieder vom Ding zum Prozeß, allerdings unter Verlust des Materials. Virtuelle Pflanzen auf dem Computerbildschirm als wachsend in Erscheinung treten zu lassen ist eine typische Simulation ihrer Form. Ihr Wachstum wird darin als Bewegung simuliert. Die Gestalt der Pflanze bleibt wichtig in ihrer zeitlichen Gestaltabfolge, d.h. in Form ihres *typischen* Gestaltwandels. Allerdings ist die Wurzel niemals simulierbar.

Mit Hilfe eines *Programms* kann man die Pflanze auf dem Bildschirm virtuell zum Blühen bringen und somit den aus der Natur bekannten Wachstumsverlauf zeigen. Im Gegensatz zur Automation, die nur die Bewegung programmgesteuert als bewegte Physiognomie imitiert, ermöglicht die Simulation auch die Imitation einer Natur*geschichte*. Die Relationalität zeitlicher Abläufe von bestimmten Stadien ist tragend für die Illusion, es mit einer echt wachsenden Pflanze zu tun zu haben. Die Kontinuität der *Bewegungsform* simuliert die Wuchsform. Der Körper als kreatürliches Medium des Gestaltwandels wird ersetzt durch ein technisches Medium wie den Computer. Beim Medienwechsel von Körper zu Rechner wird gleichzeitig der Wechsel vom *Vollzug* des Wachstums hin zum *Verlauf* des Wachstums in Objektperspektive vorgenommen.

3.4. Fusion

In der Fusion schließlich kommt die Biofaktizität wieder zurück zu ihrem Anfang, der Kreis zum Idealbild der Imitation und zum vormals aufgegebenen lebenden Material schließt sich. Die Fusion bedarf des Vorhanden- und Zuhandensein des lebenden Materials, das eine Eigendynamik aufweisen muß, damit die Fusion gelingen kann. Die neue Form setzt der Biotechniker auf Basis der bekannten Formen. Hierin unterscheidet sich die Fusion einerseits von der rein technischen Artefaktkonstruktion, der tote Materialien ausreichen, andererseits verbindet die Fusion mit der klassischen Realtechnik, daß bekannte Naturformen aufgelöst werden. Damit ist ihr tradierter Symbolgehalt hinfällig und die lebensweltliche Ontologie der Referenznahme. Der Biotechniker schafft neue Lebensformen, die über die Möglichkeiten der natürlichen Lebensformen, aus denen die Bestandteile des Lebenden extrahiert und verpflanzt wurden, zum Teil hinausgehen oder sie beschränken – je nach Zwecksetzung. Sein technisches Handeln kann man auf der Konstruktionsebene als *Provokation* der Natur beschreiben, der auf der Planungsebene eine *Präformation* vorausgeht. Die Fusion ist gewissermaßen das Gegenteil der Simulation, die ein künstliches Medium brauchte. Fusionen bedürfen kreatürlicher Medien wie Körper und Zellen, die etwas in Erscheinung bringen und uns in dem, was sie in Erscheinung bringen, mit neuen Wachstumsverläufen konfrontieren.

Die Spur des Medialen, die Aufschluß über den ontischen Zustand des Dings oder Wesen geben könnte, ist in der Fusion aufgehoben, v.a. wenn die Fusionsprodukte in der Gesellschaft weiter wachsen. Wachstum ist kein Medium mehr, ein Wesen von selbst in Erscheinung zu bringen, sondern es ist zum Lebens-Mittel geworden.

Ich fasse den Argumentationsgang zusammen. Biofaktizität wird als Konzept wichtig vor dem Zustand der *Entgrenzung*.

Im Labor schwindet die Grenze zwischen innerer und äußerer Natur. Jedes lebende Objekt ist ein potentielles Gewächs. Wichtig dabei ist, dass man dessen Wachstum *in vitro*, *in silico* und *in vivo* modellieren kann. Dabei kommen unterschiedliche Wachstumsbegriffe und deren semantische Felder zum Tragen (z.B. Interaktion, Selbstorganisation, Komplexität, Assimilation, Ontogenese, Differenzierung). Aus Körpern wird wachsendes Material extrahiert und implantiert. Zwischen Körpern wird Gewebe transplantiert.

Zweitens schwindet die Grenze zwischen den bekannten Lebensformen Pflanze, Tier und Mensch. Man muß das lebendige Material bereichsübergreifend einpflanzen, umpflanzen, auswählen etc. So können auch humane Reproduktionstechniken Biofakte hervorbringen. Auch die Präimplantationsdiagnostik gilt übergreifend: Sie gehört zum Bereich der Euphänik, bei dem man dasjenige für die Einpflanzung in ein Medium auswählt, was wirklich erscheinen soll, sei es beim Saatgut oder bei der In-Vitro-Fertilisation.

Drittens schwindet die Grenze zwischen Lebenswelt und Wissenschaftswelt, weil man im Labor euphänisch optimal modellierte Biofakte ins Freiland freisetzt. Sie erscheinen dort wie natürliche Lebewesen, und sind es nicht. Aus einem beständigen Zweifel rührt die Forderung nach Kennzeichnungspflicht. Grundlegend bleibt, daß Menschen wissen *wollen*, worum es sich handelt. Dieses Wissenwollen ist ein Hinweis auf die anthropologische Notwendigkeit von Natur. Es muß in gesellschaftlicher Perspektive wohl etwas geben, das anders als Technik ist und bleiben darf. – Ergo: Natur ist dasjenige, das wir nicht selbst gemacht haben, und so gilt auch bei Biofakten:

Wachstum kann man provozieren, aber nicht herstellen. Sein Potential bleibt im Bereich der Natur. Die physischen Vermögen, die auch bei den höheren Lebewesen genuin pflanzlicher Natur sind, liefern Antezedens- und Kontinuitätsbedingung des Wachstums.

Eine weitere Konsequenz entsteht: Durch die zunehmende Verschmelzung von Bio-, Nano- und Informationstechnologien („Converging Technologies") wird nicht, wie viele glauben, „die Natur“ ontologisch ausgehöhlt, sondern die Repräsentationsformen des Technischen, weil sie als vermeintlich bekannte Natur erscheinen. Die technische Handlung wird durch kreatürliche Medien unsichtbar und entzieht sich so einem gesellschaftlichen Diskurs um angemessene Zwecke.

4. Endogenes Design: Netzwerkmodellierung des Wachstums

Besonders deutlich zeigt sich dies in der Netzwerkmodellierung, die für das endogene Design zur Proteinmodellierung grundlegend ist. Das Proteom als Ansammlung aller eiweißhaltigen Moleküle, die ein spezifisches Genom bilden kann, liefert in der Biomedizin den dreidimensionalen Setzkasten des Körpers: den epistemischen Schritt von der DNA als Textstruktur des Genoms [7] zum Proteom als dreidimensionaler Körperstruktur. Mit ihrer Hilfe wird visualisiert, was aus der genetischen Struktur werden kann. Hier haben wir es mit einem weiteren blinden Fleck des Biofaktischen zu tun, denn „Werden“ wird für diese Modellierung ausschließlich funktional verstanden: Nur ein Protein, das eine Funktion für das Ganze des Organismus zu denken erlaubt, ist im Modell berechenbar. Offen bleibt bei der Modellierung dessen, was etwas „werden kann“, auch der Begriff des „Könnens“. Wachsen einem Vermögen im Leben quasi natürlich zu und sind damit ihrem Können nach endogen oder können sie technisch von außen vermittelt werden?

Bei den biowissenschaftlichen Versuchen, endogene Potentiale von Menschen zu eruieren, leistet die Genetik eine Heuristik zur Feststellung von Strukturen, die (im weitesten Sinne) vermögend sind und mit Hilfe von Techniken zu Möglichkeiten gemacht werden können. Dafür müssen sie labortechnisch beherrschbar sein. Die Proteomik beschäftigt sich [8] mit der *systematischen* Untersuchung der Genprodukte (Proteine). Sie versteht sich als funktionelle Genomforschung, in der Bioinformatiker sog. Expressionsdaten aggregieren und Wechselwirkungsnetzwerke (Protein-Protein-Interaktionsnetzwerke) auf der Basis von *random scale-free network*-Modellierung bilden. [9] „Wechselwirkung“ ist einer der wichtigen Schlüsselbegriffe beim Bilden eines Netzwerks. Denn gesucht sind die Proteom-Funktionen zu den ermittelten Strukturen des Genoms. Der Modellbegriff, der

---

7 *Kay, L. E.*, Who wrote the book of life? (2000), SUP, Stanford.

8 Insbesondere seit den jüngst vorliegenden Totalsequenzierungen der Genome von der Ackerschmalwand (Arabidopsis thaliana), der Hefe (Sacharomyces spec.), der Fruchtfliege (Drosophila melanogaster) und seit 2001 auch vom Menschen (Homo sapiens).

9 Vgl. *Keller, E. Fox*, „Revisiting ‚scale-free‘ networks“. In: BioEssays, Vol. 27 (2005), 1060-1068.

zwischen Genom und Proteom vermittelt, ist der des „Interaktoms“ und er modelliert Wachstum bioinformatisch als virtuelle Bewegung von Datenpunkten. Bei derartigen Methoden wird deutlich, dass es heute berechtigt ist, von *Converging Technologies* aus Bio-, Informations- und Nanotechnik zu sprechen. Eben aus diesem Grund sind Biofakte auch nicht auf den biotechnischen Bereich festzulegen, sondern sie durchlaufen vorher bestimmte Typologien der technischen Zurichtung, die jenseits der Biologie liegen. Dabei kommen die aufgefundenen Typen biofaktischer Phänomene (Imitation, Automation, Simulation und Fusion) [10] alle im Herstellungsprozeß eines funktionellen Interaktionsnetzwerks zur Anwendung.

„Ziel der funktionellen Genomforschung ist es, möglichst alle Wechselwirkungen, die in einer Zelle vorkommen können – ‚Interaktom‘ genannt – in eine Karte einzutragen und mit diesem Masterplan der Zelle die Funktion von uncharakterisierten menschlichen Proteinen aufzuklären. Mit dem Hefe-Zwei-Hybrid-Verfahren wurden zuerst Proteinnetzwerke für den Fadenwurm und die Fruchtfliege erstellt. Inzwischen ist es mit roboterunterstützten Hefe-Zwei-Hybrid-Projekten auch gelungen, die ersten umfassenden Protein-Netzwerke für den menschlichen Organismus zu erstellen. [...] Die Netzwerk-Karten sind eine wertvolle Informationsbasis für weiterführende Studien. Sie sind der Grundstein dafür, daß jetzt sozusagen ein Schaltplan unseres Körpers erstellt werden kann.“ [11]

Stelzl und Wanker verweisen auf den Pionier der *random scale-free networks*, Albert László Barabási, der die Idee, dass es größenfreie und damit „teleologisch“ offene Netzwerke gibt, die einer potenzgesetzmäßigen Verteilung (engl. *power law distribution*) folgen, 1999 das erste Mal zusammen mit seinen Kollegen in *Nature* veröffentlichte. [12] Seine Modellvorstellung entwickelte er anhand der Verteilung von *Hyperlinks* (verstanden als Knotenverbindungen von sog. „*hubs*“) im *World Wide Web*. Die zunächst als Vergleich getarnte Analogiesetzung zwischen Körper und Netzwerk war für die seitdem rasant zunehmende Popularität des Modells grundlegend, die in die gleiche Zeit fiel, als man Unmengen von Daten des menschlichen Genoms ohne Kenntnis ihrer Funktion und Regulation im Gesamtgeschehen vorliegen hatte. [13]

---

[10] Vgl. *Karafyllis,N. C.*, „Biofakte – Die technikphilosophischen Probleme der lebenden Artefakte für die fragile Anthropologie des Menschen“, in: Bora, A./Decker, M./Grunwald, A./Renn, O. (Hg.), Technik in einer fragilen Welt (2005), edition sigma, Berlin, 111-122.

[11] *Stelzl, U./Wanker, E.*, „Proteinwechselwirkungsnetzwerke: Aufklärung der Funktion von Proteinen“. In: Biologie in unserer Zeit. (36) 1 (2006), 12-13.

[12] *Albert, R./Jeong H./Barabási, A. L.*: „Diameter of the World Wide Web“, in: Nature 401 (1999), 130-131.

[13] *Vogelstein, B./Lane, D./Levine, A. J.*, „Surfing the p53 network“. In: Nature 408 (2000). 307-310, zit. In Keller 2005 (s. Fn. 9), 1060.

Die Zelle ist damit als *scale-free network* visuell feststellbar und dennoch mathematisch als offen interpretierbar. Das Netzwerk ist nicht etwa eine gegebene Architektur, sondern wird über die potenzgesetzmäßige Verteilung als *generativ*, d.h. als sich selbst generierend verstanden. Dadurch kann „Leben“ als Interaktionsnetzwerk der Zelle oder der anderer Körperräume wie etwa des Gehirns [14] modelliert werden. Um die Annahme, dass es sich bei dieser Modellierung um „Natur“ und ihre eigenen Wachstumspotentiale handelt, zu problematisieren, möchte ich folgende Punkte hervorheben:

- *Scale-free networks* arbeiten mit stochastischen Modellen, d.h. mit Probabilitäten, aus denen Potentiale abgeleitet werden. In Bezug auf die wesentliche Unterscheidung von Possibilität und Potentialität handelt es sich bei Netzwerken um eine Repräsentation der Possibilität, die allerdings gewichtet wird. Über die Gewichtung werden ein Konfidenzwert und damit auch eine Potentialität als endogenes Vermögen auf den ersten Blick verstehbar und rücken in den Bereich der biomedizinischen Kontrolle. Das Innere wird nach Außen verlagert, weil es nur als ein Äußeres repräsentierbar ist. Dadurch geht die Idee der eigenen Innerlichkeit des Anfangenkönnens verloren.
- Die Frage, wie ein Knoten einen anderen „ansteuert“, d.h. wie eine Interaktion zustande kommt, bleibt offen. Hinter dieser Fähigkeit zur Relationenbildung liegt die Wachstumsproblematik verborgen: gleichzeitig dasselbe zu *sein* und ein anderes *werden* zu können.
- Körpertopologien und Netzwerktopologien nutzen unterschiedliche Präsuppositionen des Bezugs: die bereichsumfassende Grenze (als Haut oder Membran) bei Körpertopologien, den strukturbildenden Knoten („*hub*“) bei Netzwerken. Die Grenzkonstitution ist selbst nicht modellierbar und damit bleibt der Schritt vom Netzwerk zum Körper der blinde Fleck, den symbolisch die pflanzlichen Vermögen der Einwurzelung und Assimilation bis heute als garantierter Restbestand von „Natur“ gewährleisten.
- Der Abgleich mit der *wet ware*, d.h. dem biologischen System zur Überprüfung der Funktion bleibt notwendig. Dazu dienen etwa die sog. Hefe-Zwei-Hybrid-Experimente.

Wichtig ist folgender Punkt, den Stelzl und Wanker im Nebensatz erwähnen: dass es mit Hilfe der Hefe-Zwei-Hybrid-Technik „dann möglich ist, mittels *Wachstumstests auf spezifischen Nährmedien* die Interaktionen von Proteinen *nachzuweisen*.“ [15]

---

[14] Vgl. *Ulshöfer, G./Karafyllis, N.C.* (Hg.), Emotional Intelligence and Elites: Sex, Gender and the Brain (erscheint 2007).

[15] Vgl. *Stelzl/Wanker* (2006) (s. Fn. 11), 12; im Orig. nicht hervorgehoben.

Erst das Wachstum erzeugt die Evidenz von „Leben", und zwar dadurch, dass wirklich dasjenige Phänomen, vermittelt über das Protein, aus einem Gen wird, was man von ihm im Netzwerkmodell funktional erwartet. Ohne Wachstum und Nährmedien kommt auch die Modellierung des Lebendigen nicht aus, wenn ihre konstruierten Realitäten wirklich werden sollen.

5. Anthropologischer Ausblick

Die Biofaktizität bleibt nicht nur im Bereich der Objekte und Dinge. Auch der Mensch als Subjekt muß sich zu derartig gestalteten Lebewesen verhalten. Er muß sich in der Grauzone zwischen Natur und Technik, deren Wesen und Dinge nicht mehr eindeutig als solche erscheinen, orientieren. Dies ist die Herausforderung für die gegenwärtige Anthropologie und (Bio)Technikphilosophie. Man spricht beim kulturellen Selbstentwurf des Menschen – in Anlehnung an Bruno Latour – auch von „Hybrid". Hybridität und Biofaktizität des Lebewesens meinen aber nicht dasselbe. Hybridität ist ein ontologischer und anthropologischer Begriff, Biofaktizität ein epistemologischer. Der Mensch als Hybrid zwischen Techniknutzer und Naturwesen bezeichnet damit seinen *Selbstentwurf*, verbunden mit der Geschichte seiner Herkunft. Das Biofakt zeigt hingegen theoretisch den *Fremdentwurf* an, d.h. die Gründe, warum man für die Zwecke anderer wachsen sollte. Praktisch zeigt es diese Gründe in der lebensweltlichen Sphäre jedoch gerade *nicht* mehr an. Dadurch ergibt sich eine phänomenale Leerstelle des Unsichtbaren, die erst durch den öffentlichen Diskurs um dasjenige, worum es sich handelt, sichtbar gemacht werden muß. Wenn „Natur" schon immer optimiert und gleichförmig ist, was bedeutet dies für das Konzept „Mensch"?

Der Begriff „Biofakt" koppelt die Möglichkeiten des Hybridseins an faktische Gegebenheiten der technischen Einflußnahme des Wachsens. Er zeigt auch, wie *Medien* der Einverleibung durch gesetzte Zwecke zu *Mitteln* der Sichtbarmachung werden können. Die Sichtbarmachung betrifft das leiblich Körperinnere (endogenes Design).

Das „Biofakt" soll die produktive Spannung zwischen lebender Entität und Identität angesichts der aktuellen technischen Möglichkeiten („Converging Technologies") konzeptionell neu beleben und den bioethischen Diskurs an die grundlegende Technikdebatte in den Geistes-, Sozial- und Kulturwissenschaften anbinden.

Ob Biofakte eine neue Kategorie für die Informatik sein können, hängt davon ab, wie man Wachstum auf den Begriff bringt. Versteht man darunter Aggregation (Selbstorganisation), dann sind sie es in dem Maße, wie man die Entstehung und

Aufrechterhaltung des Selbst steuern und regeln kann. Gültig wäre dann stets die Ontologie der Informatik, die lediglich auf die *wet ware* (Lebewesen) angewandt wird. Versteht man darunter die auf natürliche Prozesse verwiesene Assimilation und das raumzeitliche Bleiben des Selbst im eigenen Anfang, dann sind Biofakte eine neue Kategorie auf einer methodologischen Ebene (Modellkategorie), aber keine Entität, die im naturontologischen Sinne kategorisierbar wäre.[16]

Dennoch: Biofakte werden sich reproduzieren und könnten schon bald eine hochgradig normierte Parallel-Natur (bei Menschen: Parallel-Gesellschaft) konstituieren, die in Konkurrenz zur bisherigen stehen wird. Die aktuelle Konkurrenz zwischen ökologischem und konventionellem Landbau ist ein Hinweis in diese Richtung. Das Konzept Mensch der Zukunft wird – so meine Prognose – wieder stärker an die Potentiale der Natur rückgebunden werden, unter Einschluß ihrer Unwägbarkeiten. Hinter dieser vergleichsweise zurückhaltenden Einschätzung um die zukünftige Anerkennung von „Natur", „Mensch" und „Selbst" liegt allerdings mehr gesellschaftliches Konfliktpotential verborgen, als es gegenwärtig noch scheinen mag.[17]

Abgeschlossen im Frühjahr 2007

---

16 Vgl. *Karafyllis, N. C.*, Die Phänomenologie des Wachstums. Eine Philosophie des produktiven Lebens zwischen Natur und Technik (2006), Habil., Stuttgart; erscheint (2007) transcript, Bielefeld, edition panta rei.

17 Für mögliche Kritikpunkte, auch aus juristischer Sicht, am Biofakte-Konzept siehe die Diskussionseinheit in Erwägen Wissen Ethik, Jg. 17 (4) (2006).

Rechtserneuerung bei Ilmar Tammelo und neurowissenschaftliche Rechtstheorie

Robert WEIMAR

Rechtserneuerung erfolgt im gewaltenkoordinierten demokratischen Staat primär durch die Legislative, als Fortbildung des Rechts im Rahmen der Bindung an Gesetz und Recht auch durch die Rechtsprechung und öffentliche Verwaltung. Wer nun – wie Ilmar Tammelo [1] – von Rechtserneuerung spricht, denkt zunächst an deren äußere Formen, in denen sie geschieht, an den parlamentarischen Gesetzgeber, den Richter, wenn es sich um Rechtserneuerung in Form richterlicher Rechtsfortbildung handelt, und an die anderen zu Rechtsentscheidungen berufenen staatlichen Organe, die Rechtsvollziehung wahrnehmen.

Insbesondere aber denkt man wie Ilmar Tammelo [2] an die Ziele von Rechtserneuerung, ihre Gegenstände und ihre Funktionen, darunter in erster Linie an die Friedensförderung – neben den anderen Bemühungen wie etwa um ökologische und ökonomische Probleme und ihre Lösungen. Im Wesentlichen außer Betracht bleiben aus Tammelos Sicht der Rechtstheorie hingegen Rechtsanwendung und Rechtsschöpfung als *Entscheidungsprozesse*, die er – obwohl zugestandenermaßen „sehr wichtige Bereiche“ (Tammelo) [3] – nicht als ihr zugehörige Gegenstände ansieht. Für Ilmar Tammelo umfasst Rechtstheorie allein „all jene Prinzipien des fundamentalen Rechtsdenkens, die nur logisch nachvollziehbare Gedankengänge und auf Erfahrung gründende Überlegungen über das Recht zulassen“ [4]. Dabei ist m. E. jedoch nicht stehen zu bleiben.

Fragen und Erkenntnisse um die relevanten Entscheidungsprozesse selbst, die einer Rechtserneuerung bzw. Rechtsfortbildung zugrunde liegen und sie im Ergebnis bewirken, sind zum Verständnis dieser Phänomene wissenschaftlich unverzichtbar. Die Analyse auf die relevanten Entscheidungsprozesse selbst zu erstrecken, bedeutet einen wissenschaftlich notwendigen Schritt der Entwicklung und Gestaltung der Rechtstheorie heute, die das Handeln der Rechtsakteure nun auch

---

[1] Rechtserneuerung und Friede aus rechtstheoretischer Sicht, in: Tammelo, I./Mock, E. (Hrsg.), Rechtstheorie und Gesetzgebung – Festschrift für Robert Weimar, Frankfurt/M.-Bern-New York 1986, S. 3ff.

[2] Ebd.

[3] Ebd.

[4] Ebd., S. 4.

interdisziplinär deutlicher zu erfahren sucht. Doch bevor ich mich auf diesen Weg begebe, sollen Ilmar Tammelos Gedanken zur Rechtserneuerung im Folgenden näher nachgezeichnet werden, um so Rechtserneuerung bzw. Rechtsfortbildung als Entscheidungsprozesse dann in neurowissenschaftlicher Sicht nach heutigem Stand besser erschließen zu können.

1. Begriff und Ziel der Rechtserneuerung nach Tammelo

Erneuerung des Rechts kommt immer dann ins Spiel, wenn das Recht einer Gemeinschaft in seiner Friedensfunktion versagt. Diesem Zustand kann durch Erneuerung des Rechts abgeholfen werden.

Rechtserneuerung im Dienst des Friedens bedarf grundlegender Vorarbeiten, deren Bedingungen durch Wissenschaft und Philosophie zu schaffen sind. Das neuerte Recht muss sowohl formal als auch material gediegen, folgerichtig und sachrichtig sein. Solche Gediegenheit erfordert Beiträge modernen rechtstheoretischen Denkens. In ihrer vorbereitenden Phase stellt die Rechtserneuerung nicht das wirksame positive Recht von Morgen dar, sondern nur ein mögliches, ein potenzielles Recht. [5] In diesem Sinne sind Rechtserneuerungen zunächst von Juristen vorbereitet und werden dann in den rechtserzeugenden Gremien, denen viele Nichtjuristen angehören, wie zum Beispiel in den Parlamenten demokratischer Staaten, beschlossen.

Eine andere Form der Rechtserneuerung ist die richterliche Rechtsfortbildung, die nach Tammelo „wegen ihrer Schwerfälligkeit und Unzuverlässigkeit den heutigen Forderungen nach Rechtserneuerung nicht hinlänglich Rechnung tragen kann“. [6]

Viele Menschen haben – hebt Tammelo hervor – eine Abneigung dagegen, ihre Rechtsprobleme der Entscheidung durch eine Maschine zu überlassen; sie erwarten den Einsatz der richterlichen Urteilskraft und Menschlichkeit. [7] Allerdings gibt es hier ein Problem mit der Sprache, weil eine solche eine so komplizierte Grammatik und einen so großen Wortschatz besitze, dass nur wenige Menschen fähig seien, dies zu erlernen. [8] Aus pragmatischen Erwägungen müsse der Annahme widersprochen werden, Mehrdeutigkeiten seien rechtlichen Ausdrücken eben eigen. Dennoch erscheine es aber u. U. wünschenswert, dass die so entstehen-

[5] Ebd., S. 5.
[6] Ebd., S. 3.
[7] Ebd., S. 6.
[8] Ebd.

den Widersprüche dem Richter oder einem anderen entscheidungsbefugten Organ einen Ermessungsspielraum einräumten. Dasselbe gelte für Lücken im Recht.

Ziel der Rechtserneuerung – so Tammelo – solle es aus Sicht der Rechtstheorie vor allem sein, Vorschläge zur Lösung demografischer, ökologischer und ökonomischer Probleme sowie des irenologischen „Megaproblems" zu machen, das in direkter Beziehung zum Frieden stehe, während die „anderen Probleme hintergründig und grundlegend das ironologische Problem" bestimmten. [9]

Damit auch die *bestehenden* Gesetze vor diesem Hintergrund ihre Funktion erfüllen können, müssen ihre Verwalter das ihnen anvertraute Instrumentarium im Rahmen der Wahrung wie der Fortbildung des Rechts verantwortungsbewusst handhaben. [10] Die Bindung an die Gesetze hängt dabei ab von der Einbindung des Rechts und seiner Wirkung in bzw. auf die Persönlichkeit der Gesetzesverwalter. [11]

2. Rechtserneuerung als Entscheidungsprozess

Die Erkenntnisse der Neurowissenschaften, die gegenwärtig zu einer neuen Leitwissenschaft avancieren, sind für eine Vielzahl von Wissenschafts- und Praxisgebieten relevant – insbesondere wenn es wie in Rechtstheorie und Jurisprudenz um die „Willensfreiheit" des Menschen im Kontext zu treffender Entscheidungen geht.

Reduziert man die Funktionalität von Rechtserneuerung auf ihren wesentlichen Kern, so ergibt sich, dass mit Rechtserneuerung insbesondere entscheidungsrelevante Aufgaben verbunden sind. Dies setzt voraus, dass die Rechtsakteure als Entscheidungsträger nicht nur über notwendige Informationen für die zu suchende und zu findende rechtliche Problemlösung verfügen, sondern sich auch für oder gegen eine oder mehrere mögliche Alternativen frei entscheiden können. Dass „Willensfreiheit" im Kontext des Entscheidungsprozesses existiert, wird außerhalb der Neurowissenschaften ganz überwiegend angenommen. Dies bedeutet, dass mit der Entscheidung für die daraus entstehenden Konsequenzen auch Verantwortung zu übernehmen ist.

Rechtserneuerung besteht aus verschiedenen Phasen des jeweiligen Entscheidungsprozesses. In einer Entscheidungssituation gilt es zwischen verschiedenen Alternativen zu wählen. Insbesondere in der Rechtstheorie und der juristischen Methodologie findet sich hierzu eine Vielzahl von Modellen und Konzepten.

---

[9] Vgl. ebd., S. 9.

[10] Vgl. ergänzend R. Jakob, Zur psychologischen Dimension der Gesetze, in Tammelo/Mock (Hrsg.), (Fußn. 1), S. 259ff.

[11] Zu dieser Dimension vgl. Jakob, ebd.

Als Rechtserneuerungs-Entscheidung ist dabei eine bewusste, rationale Selektion einer von mehreren, potenziell möglichen Handlungsalternativen zu bezeichnen.[12] Um keine in diesem Sinne echte Entscheidung handelt es sich, wenn die Wahlhandlung nicht bewusst sondern routinehaft-intuitiv, nur assoziativ oder etwa fremddeterminiert vorgenommen wird, was in der Rechtspraxis nicht eben selten der Fall ist.

3. Zum Problem der Willensfreiheit

Neurobiologen wie Prinz[13], Roth[14] und Singer[15] vertreten die These, dass ein freier Wille nicht existiere; alle Entscheidungen seien neuronal determiniert. Sofern das zutrifft, sind hiervon Entscheidungen im Bereich Rechtserneuerung nicht ausgenommen. Das subjektive Gefühl – so die Neurowissenschaftler –, dass der eigene Wille es ist oder wir als Personen es sind, die unsere Handlungen maßgeblich selbst steuern, sei lediglich eine Illusion.

Es wird darauf verwiesen, dass die Hirnforschung aufgrund moderner bildgebender Verfahren *(neuroimaging)* den Beweis erbracht habe, dass das menschliche Gehirn schon vor jeder bewussten Entscheidung für eine bestimmte Handlung bereits beginnt, die entsprechende Entscheidung zu initiieren. Man stützt sich dabei insbesondere auf Experimente von Libet.[16] Libet selbst leitet allerdings aufgrund seiner Experimente keine Widerlegung der „Willensfreiheit" ab. Er spricht vielmehr von dem Nachweis, dass einer durch das Bereitschaftspotenzial eingeleiteten Handlung – hier: mit Blick etwa auf eine Rechtsfortbildung als Rechtserneuerung pro oder contra – noch kurz vor der geplanten Ausführung durch ein bewusstes „Veto" Einhalt geboten werden könnte (Veto-Hypothese).[17] Die Kritik an den Nachfolgeexperimenten von Haggard und Eimer[18] legt ebenfalls nahe, dass man diese Experimente kaum für eine Widerlegung der Willensfreiheit in Anspruch nehmen kann.

---

[12] Vgl. R. Weimar, Psychologische Strukturen richterlicher Entscheidung, Bern 1996, passim; ders., Einheit und Vielfalt der Rechtstheorie, Berlin 2008, insb. S. 602 ff.; ders., Konflikt und Entscheidung, Frankfurt/M. 2008.

[13] W. Prinz, Die Reaktion als Willenshandlung, in: Psychologische Rundschau (1998) 49, S. 10ff.; ders., Willensfreiheit als soziale Institution, in: Hillenkamp, T. (Hrsg.), Neue Hirnforschung – Neues Strafrecht?, Baden-Baden 2006, S. 51ff.

[14] G. Roth, Aus Sicht des Gehirns, Frankfurt/M. 2003.

[15] W. Singer, Der Beobachter im Gehirn, Frankfurt/M. 2002.

[16] B. Libet, Do we have a free will?, in: Journal of Consciousness Studies (1999), 6, pp. 8-9, 47-57.

[17] Vgl. P. Haggard, M. Eimer, On the relation between brain potentials and the awareness of voluntary movements, in: Experimental Brain Research (1999) 126, pp. 128ff.

[18] Siehe ebd.

Treffen diese Thesen zu, stellt sich die Frage, wer für die Entscheidungen im Bereich Rechtserneuerung verantwortlich ist. Kann man überhaupt Akteure von Rechtserneuerung für von ihnen getroffene Entscheidungen verantwortlich machen? Und weiter: Wofür benötigt man jetzt noch Entscheidungstheorien bzw. Managementmodelle? Trifft die Hypothese „neuronaler Determiniertheit" zu, würde dies – nicht nur im Blick auf Rechtserneuerung und die Beteiligten – weit reichende Konsequenzen haben. Aus diesem Grund erscheint es zunächst wichtig, die zentralen Positionen des „Neuro-Determinismus" kurz darzustellen und mit Blick auf die Relevanz für damit verbundenen Entscheidungen kritisch zu beleuchten.

4. Forschungsergebnisse

Im Kontext der neurowissenschaftlichen Evolution hat sich bekanntlich eine Vielzahl von neuen Wissenschaftssystemen entwickelt: Neuroökonomik *(neuroeconomics)*, Neurojurisprudenz, Neuroethik *(neuroethics)* etc., um nur beispielhaft einige zu nennen. Sie basieren auf der Zielsetzung der Neurowissenschaften, die – verkürzt formuliert – darin besteht, ein tiefergehendes Verständnis der Zusammenarbeit einzelner Nervenzellen (Neuronen) in Bezug auf die Verhaltenserzeugung zu entwickeln. Die neurowissenschaftlichen Ergebnisse lassen sich auf Fragestellungen anderer Wissenschaftsbereiche wie Rechtstheorie, Gesetzgebungs- und Rechtsprechungslehre im Grundsatz anwenden. So könnte man fragen, wie das menschliche Gehirn mit seiner Umwelt bei rechtlich relevanten Entscheidungssituationen interagiert.

Das primäre Anliegen einer Vielzahl von Untersuchungen neurowissenschaftlicher Natur ist darin zu sehen, die neuronale Bedingtheit von menschlichen Entscheidungen aufzuweisen und näher auszuarbeiten. Führende Neurowissenschaftler behaupten, wie oben angesprochen, dass Entscheidungen vom Gehirn getroffen werden, also auf neuronalen Prozessen basieren.

So kommen Entscheidungen und Handlungen nach Singer[19] nur zustande, wenn unterschiedliche Erregungsmuster (deren Resultate verschiedene Handlungsmuster seien) in einem permanenten Wettkampf miteinander ständen, ohne dass dieser einen übergeordneten Schiedsrichter benötige. Hiernach gibt es also insoweit keinen unabhängigen zentralen Beobachter. Das „bessere" Erregungsmuster (arousal) ist es, das gewinnt. Nach Singer sind Entscheidungen durch neuronale Programmierung determiniert. Roth[20], ein anderer prominenter Vertre-

[19] Singer (oben Fußn. 15).
[20] Roth (oben Fußn. 14).

ter des Neuro-Determinismus, behauptet die Determiniertheit sowohl bewusster als auch unbewusster Hirnaktivitäten. Neurowissenschaftler schlussfolgern, insbesondere aufgrund der Resultate der Libet-Experimente, dass, wenn man – subjektiv den Eindruck hat, eine Entscheidung zu treffen, diese längst unbewusst vom Gehirn getroffen war. Das Gehirn also ist es, das entscheidet – nicht der „Wille" des betreffenden Entscheiders als Person. Das Bewusstsein läuft nur „hinterher". In diesem Sinne formuliert Prinz: [21] „Wir tun nicht, was wir wollen, wir wollen, was wir tun". Oder wie Singer [22] es sinngemäß ähnlich sagt: Wir müssen, wie wir sind.

Als Zwischenfazit lässt sich hiernach festhalten:

- Singer [23] zufolge determinieren Hirnprozesse vermeintlich freie Handlungsmuster nicht anders als die vom Individuum selbst als unfrei eingestuften eigenen Verhaltensweisen. Aus Sicht der Neurologie sind nur determinierte Prozesse existent. Dies gilt auch für bewusstes Überlegen und Argumentieren.
- Nach Prinz [24] ist Willensfreiheit unter wissenschaftlichen Aspekten vom Prinzip her nicht gegeben. Es existiert Freiheitsbewusstsein in der Wahrnehmung (Erstperson-Perspektive), aber Determinismus in der Realität (Drittperson-Perspektive).
- Nach Roth [25] sind die Menschen weder in dem frei, was sie wollen, noch in dem, was sie tun. Bewussten Entscheidungen gehen unbewusste Vorentscheidungen voraus, letztere werden nicht seitens des Entscheiders als Person vollzogen. Naturgesetze determinieren alle Gehirnprozesse. Nicht der Mensch mit seinem bewussten Willen entscheidet, sondern allein das Gehirn. Ein inderterminierter Entscheidungswille wird lediglich in der Erstperson-Perspektive erlebt – aus Sicht der Naturwissenschaft gibt es ihn nicht.

Vor dem Hintergrund ihrer Kulturbedingtheit und Tradition ist es wenig erstaunlich, dass diese Thesen im Bereich der Rechtstheorie bisher so gut wie nicht zur Kenntnis genommen worden sind, obwohl die Konsequenzen von enormer Relevanz sein können.

---

[21] Prinz (oben Fußn. 13).

[22] Vgl. Singer (oben Fußn. 15).

[23] Singer ebd.

[24] Prinz (oben Fußn. 13).

[25] Roth, (oben Fußn. 14).

5. Diskussion

Die neurowissenschaftlichen Thesen sind teilweise auf Kritik gestoßen.[26] Insbesondere Kupke[27] führt hierzu aus: „Weitaus wichtiger scheint ... zu sein, die neuronale Funktionsweise von Entscheidungsprozessen zu verstehen und deren Komplexität nicht zu reduzieren. Zu dieser Komplexität gehört insbesondere die solchen Prozessen inhärente Zeitstruktur, die noch viel zu wenig beachtet wird.... Schaut man sich zu diesem Problem, dem der zeitlichen Konstitution von Entscheidungsprozessen, die Aussagen der Identitätstheoretiker etwas genauer an, so bemerkt man, dass sie sich in ihren neurowissenschaftlichen Analysen an einem linearen Konzept von Zeit orientieren, das stets nur ein Davor und ein Danach, ein Früher und ein Später kennt. Gerade diese Folge von Davor und Danach ist es, die hier zum entscheidenden Argument für die Determinismus-These wird: Wenn, so argumentieren sie, einem Willensentscheid neuronale Geschehnisse vorausgehen, durch die sich dieser Willensentscheid im Prinzip voraussagen lässt, dann ist unser Wille auch durch diese Geschehnisse determiniert". Zu prüfen ist also, ob dies, gerade in neurowissenschaftlicher Sicht, ein überzeugendes Argument ist. Weiter ist zu fragen, ob im Entscheidungsprozess selbst nicht eine andere Zeitstruktur als die bloße Abfolge des „Davor" und „Danach" realisiert ist.

Bennett und Hacker[28] sind der Ansicht, ein großer Teil der in den Neuro- und Kognitionswissenschaften vertretenen Theorien sei mit erheblicher Begriffsverwirrung behaftet. Infolgedessen – so Keil[29] – missverstünden Neurowissenschaftler ihre eigenen Forschungsergebnisse und stellten eine Menge von Behauptungen über das Gehirn und den Geist auf, die „sie fälschlich für empirische Befunde halten". Die Kritik von Bennett und Hacker zielt auf den Vorwurf des mereologischen Fehlschlusses[30] bzw. den Homunkulus-Fehlschluss. Damit ist die in den Neurowissenschaften verbreitete Praxis angesprochen, psychologische Prädikate nicht der Person als Ganzer, sondern Teilen von Personen und insbesondere dem Gehirn zuzuschreiben. Um bloße „façons de parler" oder harmlose Metaphern könne es sich hier nicht handeln, so Bennett und Hacker[31], da aus den homunkularen

---

26 Dazu etwa M. R. Bennett, P. M. S. Hacker, Philosophical Foundations of Neurosciences, Oxford 2003.

27 Ch. Kupke, Metophysischer Determinismus und naturgeschichtliche Freiheit. Zur gegenwärtigen Debatte über Willensfreiheit und Gehirndeterminismus, in: e-Journal Philosophie der Psychologie (http://www.jp.philo.at/text/kupkeC1.pdf (Abruf: 04.01.2007).

28 Vgl. dies. (oben Fußn. 26).

29 G. Keil, Eine fulminante Lehnstuhlkritik der Neurowissenschaften, in: Deutsche Zeitschrift für Philosophie (2005) 6, S. 951ff.

30 Dazu eingehend L. Ridder, Mereologie, Frankfurt/M. 2002.

31 Vgl. dies. (oben Fußn. 26).

Redeweisen theoretische Folgerungen gezogen würden. Es kommt auf die Folgerungen an, die die Neurowissenschaften – und angrenzende Disziplinen – selbst aus ihren Redewendungen ziehen, nicht darauf, welche Wortkonstruktionen Verwendung finden. Begriffsverwirrungen – so Keil [32] – seien in besonderem Maße heimtückisch, „wo sie unbemerkt in empirische Theorien eingeflochten werden". Sie wirken sich überall in den Wissenschaftssystemen nachteilig aus und können auch dazu führen, dass sich neue Wissenschaftsdisziplinen zu etablieren versuchen, denen die empirische Basis fehlt. Auch ist zu beachten, dass seit Gödel [33] die These im Raum steht, dass wissenschaftliche Erkenntnis eine immanente absolute Schranke habe. Des Weiteren ist offen, ob objektivierende Messergebnisse prinzipiell geeignet sind, Phänomene des Bewusstseins zu erklären. [34]

Ferner sei darauf hingewiesen, dass alle neurowissenschaftlichen Daten lediglich so valide sind wie die Deutungskonstrukte/-modelle, die zur Anwendung kommen. Je komplexer nämlich der Sachverhalt, desto unausweichlicher ist die Notwendigkeit, komplexe Modelle zur Verfügung zu haben, um die isoliert betrachteten „naiven" Einzeldaten in einen theoretisch fundierten Kontext zu stellen. [35] Nach Gödel ist es dem Menschen grundsätzlich verwehrt, mit den Instrumenten des formalen Denkens eine Theorie zu formulieren, die zugleich sowohl widerspruchsfrei als auch vollständig ist. Dies ist unabhängig davon, um welchen Gegenstandsbereich es sich handelt. [36]

6. Folgerungen

Vor diesem Hintergrund erscheint im Hinblick auf den uneingeschränkten Transfer neurowissenschaftlicher Erkenntnisse in die Rechtstheorie noch eine gewisse Zurückhaltung geboten, wenngleich die Etablierung neuer Wissenschaftszweige – wie Neuroökonomie, Neurojurisprudenz, neuro-administratics etc. – prinzipiell nicht aufzuhalten ist. Die Zukunft wird zeigen, ob es sich hier um wissenschaftsbasierte nachhaltige Sichtweisen handelt. Elgin [37] präsentiert zu der Frage

[32] Ders. (oben Fußn. 29).

[33] K. Gödel, Über formal unentscheidbare Sätze der Principia Mathematica und verwandter Systeme, in: Monatshefte für Mathematik und Physik (1931) 38, S. 173 ff.

[34] Dazu E. Schockenhoff, Beruht die Willensfreiheit auf einer Illusion?, in: Erwachsenenbildung (2004) 50, S. 111ff.

[35] R. Olivier, Das Gehirn als formales System, Göttingen 2006.

[36] Siehe dazu E. Nagel, J.R. Newman, Der Gödelsche Beweis, 8. Aufl., Oldenburg 2007.

[37] Ch. Z. Elgin, Erkenntnistheoretisches Gleichgewicht, in: Vogel, M./Wingert, L. (Hrsg.), Wissen zwischen Entdeckung und Konstruktion, Frankfurt/M. 2003, S. 193ff.

des Wissenserwerbs/-transfers in einem ontologisch noch ungesicherten Erkenntnisrahmen den Ansatz des „erkenntnistheoretischen Gleichgewichts". Hiernach wird die Haltbarkeit auch von wissenschaftlichen Behauptungen und –begriffen gestärkt, wenn sie nicht nur intersubjektiv, sondern darüber hinaus auch multi-/interdisziplinär überprüft und ggf. interaktiv modifiziert würden. Deshalb sollte die Rechtstheorie die bisherigen neurowissenschaftlichen Ergebnisse ebenso konstruktiv wie kritisch zur Kenntnis nehmen und in einen offenen Dialog eintreten, der von Vorurteilen frei ist. Soweit neurowissenschaftlich gesicherte Resultate vorliegen, geht es darum zu prüfen, ob und ggf. wie man diese entweder in bestehende Denkmodelle integrieren kann bzw. ob man neue Modellvorstellungen entwickeln muss. Der Nutzen der Neurowissenschaften für den Bereich der Rechtstheorie besteht gegenwärtig darin, dazu beizutragen, vergangenheitsinduzierte Verkrustungen aufzubrechen, wo dies erforderlich ist. Neurowissenschaftliche Ansätze dürften im Übrigen in der Lage sein, im Blick auf die Entscheidungsvielfalt in der Rechtspraxis neue Erkenntnishorizonte der Forschung zu erschließen. Neurowissenschaften eröffnen hier also die Möglichkeit, das herkömmliche Aufgabenfeld zu erweitern.

Durch die Vernetzung von Fragestellungen und Methoden der Rechtserneuerungsforschung mit Erkenntnissen der Neurowissenschaften kann die sich hier interdisziplinär öffnende Arbeit zusätzliche, erkenntnistheoretisch bedeutsame Dimensionen erschließen, um so die Realitätsnähe der Erkenntnis zu erhöhen. Jedenfalls besteht die Chance, mithilfe neurowissenschaftlicher Instrumente die Analyse relevanter Entscheidungsmuster besser zu verstehen.

7. Ausblick und weitere Forschung

Die Einbeziehung neurowissenschaftlicher Methoden und Erkenntnisse kann nach allem neue Möglichkeiten für die Erforschung des Entscheidungsverhaltens im Bereich von Rechtserneuerungsaktivitäten und damit auch für den kommunikativen Kontext entsprechender Entscheidungsprozesse eröffnen.

Bildgebende Verfahren der Neurowissenschaften (EEG, MEG, PET und fMRT), die hier aus Raumgründen nicht dargestellt werden konnten, können sowohl in der Entscheidungsforschung als auch im Bereich der Theoriebildung zum Verständnis von Entscheidungsprozessen von besonderem Nutzen sein. Wissenschaftliches Ziel dieser Methoden ist es, anhand gemessener raum-zeitlicher Aktivitätsmuster von Gehirnregionen Aufschluss darüber zu geben, welche mentalen Prozesse bei der Informationsverarbeitung beteiligt sind. Bei sorgfältiger Auswahl der Methode und des Experimentaldesigns können sie zu einem besseren

Verständnis des Erlebens und Verhaltens beitragen und sind insbesondere dann vorteilhaft, wenn Entscheider sich ihrer Gedanken und Gefühle nur teilweise bewusst sind.

Die sich im Rahmen von Rechtserneuerung vollziehende Informationsverarbeitung, wie sie hier nur verkürzt und in Umrissen dargestellt werden konnte, kann durch vier Funktionsbereiche grob gekennzeichnet werden: Wahrnehmung (Informationsaufnahme), Lernen und Gedächtnis (Informationsbearbeitung), Emotion (Informationsbewertung) sowie Absichten bzw. Verhalten (Informationsumsetzung). Mentale Inhalte werden mittels der logistischen Funktionen der Aktivation, der Konstruktion einer zeitlichen Kontinuität und der Aufmerksamkeit, die den Rahmen des Bewusstseins aufspannen, subjektiv verfügbar. Mittels neurowissenschaftlicher Erkenntnisse in diesen Bereichen können wichtige Ansatzpunkte für die Gestaltung von Entscheidungsaktivitäten im Bereich Rechtserneuerung aufgezeigt werden.

Diese Ansätze, die im Rahmen weiterer, insbesondere interdisziplinärer Studien näher zu untersuchen sind, bieten Gegenstände für zukünftige Forschungen, die zu folgenden konkreten Fragestellungen führen:

- Wie kann der Einfluss von Entscheidungsvorschlägen im Rahmen von Rechtserneuerung auf Entscheidungsergebnisse mithilfe bildgebender Verfahren untersucht werden? Führen überzeugend oder detailliert begründete Entscheidungsvorschläge eher zu einer Entlastung kortikaler Gehirnbereiche oder werden präfrontale Strukturen, die in den Zusammenhang mit sozialen und emotionalen Aspekten gebracht werden, aktiviert? Oder können beide Effekte in Abhängigkeit von spezifischen Situationen und unterschiedlichen zeitlichen Abschnitten des Informationsverarbeitungsprozesses beobachtet werden?
- Inwieweit lassen sich die Wirkungen bestimmter Entscheidungsvorschläge mithilfe bildgebender Verfahren, die freilich nicht schon die Möglichkeit des „Gedankenlesens“ bedeuten, mit zunehmender Genauigkeit auch bei unbewussten, subkortikalen Verarbeitungsprozessen messen und in diesem Rahmen erkennbar machen?
- Können Untersuchungen auch Beiträge leisten für die genauere Betrachtung des zentralen Bewertungssystems der limbischen Strukturen, das alle Wahrnehmungs- und Gedächtnisinhalte auf ihre subjektive „Neuheit“ und „Wichtigkeil“ hin überprüft.

Obwohl die Analyse auch einzelner Funktionen notwendig ist, sollte in der Rechtserneuerungsforschung beachtet werden, dass alle Dimensionen des Erlebens eng miteinander verbunden sind und daher integrativ betrachtet werden müssen.

8. Schluss

Bereits Ende des vergangenen Jahrhunderts konnte das interdisziplinäre Forschungsfeld der Neurowissenschaften eine Vielzahl neuer Erkenntnisse über das Gehirn gewinnen. Auch im Bereich des juristischen Entscheidungsverhaltens können diese eine zentrale Bedeutung einnehmen: Dabei wird ein verantwortungsvoller Umgang mit dem gewonnenen Wissen in Zukunft immer wichtiger. Vorab sollte die Rechtserneuerungsforschung als Entscheidungsforschung damit beginnen, sowohl die traditionellen als auch neurowissenschaftlichen Methoden und Modelle aufzugreifen, und diese in einem integrativen Prozess weiterentwickeln, um so die Bedingungen juristischen und rechtspolitischen Entscheidungsverhaltens in einer auch neurowissenschaftlich angeleiteten Rechtstheorie näher aufzudecken.

Anhänge

Ilmar Tammelo als Student um 1941 (P.J.)

Kritik zu Prof. Kliimann's normativistischer Unterscheidung des Privat- und des öffentlichen Rechts

Ilmar TAMMELO

Inhaltsverzeichnis

Vorwort

Die Vorgängerin des vorliegenden Aufsatzes ist die vom Verfasser im Herbst 1940 an der Universität Dorpat dem Professor Kliimann vorgelegte Seminararbeit „Kritik der normativistischen Unterscheidung des Privat- und des öffentlichen Rechts". Da der Verfasser damals mit einer anderen, umfangreicheren wissenschaftlichen Arbeit beschäftigt war, fehlte es ihm an der Zeit, seine volle Aufmerksamkeit der erstgenannten Arbeit zu widmen. Um diese termingemäss einzureichen, geschah es, ohne sie genügend ausgearbeitet zu haben. Obwohl Prof. Kliimann dieser Arbeit die beste Note (*maxime sufficit*) gab, und ihrer Problemstellung und methodologischen Seite seine Anerkennung zollte, beschuldigte er dennoch den Verfasser, seine Unterscheidung des Privat- und des öffentlichen Rechts falsch verstanden zu haben, und in den Erörterungen in *quaternionem terminorum* geraten zu sein. Betreffs dieser Vorwürfe muss der Verfasser aber hier bemerken, dass es ihm auch heute nicht gelungen ist, für sie eine Begründung zu finden.

Die Abschnitte 1, 2 und 3 sind der wesentlichste Teil des Aufsatzes und fallen mit den entsprechenden Abschnitten der Vorgängerin dieser Arbeit zusammen, ausser einigen belanglosen Veränderungen, die hier hauptsächlich wegen des Präzisierens und Verbesserns der Ausdrucksweise vorgenommen wurden. Ganz weggelassen sind jetzt die letzten drei Abschnitte der früheren Arbeit, weil wenig wesentlich bei der Behandlung des Problems. Die Abschnitte 4, 5 und 6 der vorliegenden Abhandlung sind als völlig neu zu betrachten.

Der Verfasser

1. Zur Einführung

In der theoretischen und dogmatischen Behandlung der Rechtsnormen und Rechtsinstitute der gegenwärtigen Rechtsordnungen sind die Begriffe des Privat- und des öffentlichen Rechts gleich wie unumgänglich geworden, und dementsprechend die Einteilung des Rechts ins Privat- und ins Öffentliche Recht.

Man kann nicht sagen, als wäre das Vorhandensein dieser Begriffe und dieser Einteilung unbegründet, denn die Normen, die auf Grund der heutigen Auffassung der Rechtswissenschaft für privatrechtlich bzw. öffentlichrechtlich gehalten werden, weichen voneinander erheblich an ihrer Beschaffenheit ab. So steht bei den privatrechtlichen Normen das zwischen den Normenadressaten befindliche Koordinationsverhältnis im Vordergrund, bei den öffentlich-rechtlichen Normen dagegen aber das Sub- und Superordinationsverhältnis; so sind die privatrechtlichen

Normen meistenteils dispositive Normen, während die öffentlich-rechtlichen Normen präzeptive Normen sind; so behandeln die privatrechtlichen Normen hauptsächlich die Verhältnisse zwischen den Bürgern selbst, während die öffentlichrechtlichen Normen besonders die Verhältnisse zwischen den Bürgern und dem Staat betreffen. Man kann sogar dies behaupten, dass bei den privatrechtlichen Normen schärfer das Privatinteresse vorherrscht, bei den öffentlichrechtlichen aber das öffentliche Interesse, und dass, wenn ein rechtswidriges Verhalten stattfindet, so erfolgt der Rechtsschutz gelegentlich des Verhaltens gegen die privatrechtlichen Normen aus der Initiative der Bürger selbst, gelegentlich des Verhaltens gegen die öffentlichrechtlichen Normen meistenteils aber aus der Initiative der Vertreter der öffentlichen Macht.

Die Unterscheidung des Privat- und des öffentlichen Rechts kannte schon die Antikzeit. So befasste sich mit dem genannten Problem ARISTOTELES, dessen Gedanken über diese Frage für die gegenwärtige Rechtswissenschaft ohne besonderen Belang sind. Weit mehr kommt in der letzten die in D 1, 1, 1, 2 befindliche Unterscheidung von ULPIANUS in Betracht. Das bezügliche *dictum* von ULPIANUS gibt aber keine den Forderungen der Logik entsprechenden Definitionen und keine Einteilung, und offensichtlich wollte auch der grosse römische Jurist diese nicht geben [1]. Wohl bringt der dem erwähnten *dictum* folgende Absatz ein Verzeichnis der Rechtszweige und -institute, die gemäss den damaligen Ansichten zum Privat- bzw. öffentlichen Recht gezählt wurden.

Auf Grund der Unterscheidung von ULPIANUS hat sich in der Rechtswissenschaft einerseits die Auffassung darüber ausgebildet, welche Normen und Institute für privatrechtlich, welche für öffentlichrechtlich zu halten sind [2], andrerseits hat man versucht, von der Idee des privaten und des öffentlichen Interesses von ULPIANUS ausgehend, Definitionen für die Begriffe des Privat- und des öffentlichen Rechts zu geben, und ein *fundamentum divisionis* für die Einteilung des Rechts ins Privat- und ins öffentliche Recht zu finden.

---

1 A.-T. Kliimann, Oiguskord, Tartu 1939, S 134f. Jedoch gibt es auch moderne Juristen, die in D 1,1,1,2 Definitionen sehen; siehe Emilio Betti, Corso di istitutioni di diritto romano, I, Padova 1928, S 70

2 Obzwar das *dictum* von ULPIANUS der Grund der Ausgestaltung der erwähnten Auffassung ist, bedeutet es doch nicht, als gehörten die von ihm aufgezählten Rechtszweige noch heute entsprechend zum Begriff des Privat- bzw. des öffentlichen Rechts. In Bezug auf die Auffassung von ULPIANUS hat sich eine Entwicklung abgespielt: so z.B. wurde das Zivilprozessrecht von ULPIANUS und überhaupt von den römischen Juristen vom Zivilrecht nicht unterschieden, weshalb auch das erste als eine privatrechtliche Disziplin betrachtet wurde, während heute das Zivilrecht allgemein zum Privatrecht, das Zivilprozessrecht aber zum öffentlichen Recht gezählt wird. Siehe Claude du PASQUIER, Introduction à la théorie générale et à la philosophie du Droit, Paris-Neuchâtel 1937, s 12ff.

Weder die älteren von der Idee des ULPIANUS ausgegangenen Theorien noch die neueren von den logischen Fehlern seiner Unterscheidung mehr oder weniger frei gewordenen Theorien [3] haben bisher wenigstens dieses von ihnen angestrebte Ziel zu erlangen vermocht – auf solche Weise bestimmte Begriffe des Privat- und des öffentlichen Rechts herzugeben, deren Umfänge genau die Begriffe derjenigen Rechtsnormen umfassten, welche die hergebrachte Auffassung für privatrechtlich bzw. für öffentlichrechtlich hält.

Es ist kein Wunder, dass in solcher Lage pessimistische Stimmen sich zu erheben begannen, welche die Einteilung des Rechts ins Privat- und ins öffentliche Recht praktisch nicht für notwendig und wissenschaftlich für unmöglich hielten [4].

Man muss anerkennen, es ist durchaus nicht so unbesonnen zu behaupten, dass es ein vergebliches Bemühen ist, den auf Grund der hergebrachten Auffassung fussenden privat- und öffentlichrechtlichen Normen- und Institutsgruppen ein logisches Gewand zu geben, wenn man berücksichtigt, dass diese hergebrachte Auffassung (und somit die erwähnten Gruppen und die bezügliche Gruppierung) sich, nur rein praktische Ziele verfolgend, geschichtlich ausgebildet hat [5]. Das scheint ein ebenso vergebliches Bemühen zu sein, wie ein zur Erweiterung der Erkenntnis führendes und allen Forderungen der Wissenschaft entsprechendes *fundamentum divisionis* zu finden, wodurch man eine logisch tadellose Einteilung erzielen könnte, in welcher als *membra divisionis* zwei aus verschiedenen Gegenständen bestehende Anhäufungen aufträten, die zu einem praktischen Zweck zusammengelegt worden sind oder die sogar eine sorglose Hand unbesonnen zusammen-geworfen hat.

Unten wird eine von den neuesten Theorien der Unterscheidung des Privat- und des öffentlichen Rechts der Kritik unterworfen. Es ist angebracht, diese Theorie die normativistische Unterscheidungstheorie des Privat- und des öffentlichen Rechts zu nennen, denn sie geht von der juristischen Struktur der Rechtsnormen aus und bildet so ein Gegenstück zu den älteren Theorien, die in der Unterscheidung oft metajuristische Begriffe (wie persönliche und materielle Interessen) verwenden; und zu den Theorien, die aus dem Modus des Rechtsschutzes, dem Charakter der Rechtsverhältnisse usw., nicht aber von der Rechtsnorm und seinen Elementen auszugehen [6].

Die erwähnte Theorie wurde zum ersten Mal von Prof. Dr. A.-T. Kliimann in seinem Werk „Theorie des Verwaltungsakts“ [7] der Wissenschaft vorgelegt. Die

[3] Über die Kritik dieser Theorien siehe Kliimann, aaO, S 135ff.

[4] AaO, S 138, N 318

[5] D. D. Grimm, Kurs rimskago prava, I, S.-Petersburg 1904, S 81

[6] Kliimann, aaO, S 135ff.

[7] Artur-Toeleid Kliimann, Administratiivakti teooria, Tartu 1932, S 44ff.

Ideen Prof. Kliimann's fanden in der Wissenschaft Widerhall, und einige Wissenschaftler haben später ähnliche Ansichten veröffentlicht [8]. In der am besten ausgearbeiteten Gestalt und am deutlichsten ist die normativistische Unterscheidungstheorie des Privat- und des öffentlichen Rechts in Prof. Kliimann's letztem Werk „Rechtsordnung" ausgearbeitet worden, weshalb die genannte Theorie in der in diesem Werk auftretenden Gestalt zum Gegenstand der nachstehenden Kritik genommen wird.

2. Prof. Kliimann's normativistische Unterscheidung des Privat- und des öffentlichen Rechts

In seinem Werk „Rechtsordnung" gibt Prof. Kliimann für die Begriffe des Privat- und des öffentlichen Rechts folgende Definitionen:

1. Die das Verhalten der Dispositiv-Normenadressaten regelnden Rechtsnormen werden das Privatrecht genannt [9].
2. Das das Verhalten der Präzeptiv-Normenadressaten regelnde Recht wird das öffentliche Recht genannt [10]. Aus den Definitionen geht hervor, dass Prof. Kliimann in der Einteilung des Rechts [11] den Begriff „Normenadressaten", deren Verhalten das bezügliche Recht regelt (und deren Eigenart des Privat- und des öffentlichen Rechts bestimmt), zur Einteilungsbasis genommen hat.

---

[8] Kliimann, Oiguskord, S 140, N 323

[9] Kliimann, Oiguskord, S 142: „Dispositiv-normiadressaatide käitumist korraldavat oigusnormistikku nimetatakse eraoiguseks." Hierbei ist zu erwähnen, dass der Ausdruck „Rechtsnorm" nicht die genaue Entsprechung dem estnischen Ausdrucke „oigusnormistik" ist. Der letzte lässt sich nicht einwandfrei ins Deutsche übersetzen. Die Begriffe „Norm" – „normistik" verhalten sich zueinander wie die Begriffe „das Bein" – „das Gebein" und „der Strauch" – „das Gesträuch".

[10] Ebendort: „Pretseptiiv-normiadrtessaatide käitumist kkorraldavat oigust nimetatakse avalikuks oiguseks."

[11] Die Definition des Privatrechts von Prof. Kliimann hat den Begriff „Rechtsnormen" als *genus proximum*, während die des öffentlichen Rechts den Begriff „Recht" als *genus proximum* hat. Es ist nicht anzunehmen, als hätte Prof. Kliimann hier einen groben logischen Fehler begangen, indem in seiner Einteilung *totum divisionis* variiert. Da Prof. Kliimann immerhin die Einteilung des Rechtsbegriffes zu geben bestrebt ist, muss man hier die Ausdrücke „Recht" und „Rechtsnormen" für identisch halten. In Anbetracht dessen werden in dieser Abhandlung die Ausdrücke „Rechtsnormen" und „Recht" nicht durcheinander in demselben Inhalt gebraucht, sondern statt des erstgenannten wird, wenn die beiden Ausdrücke als identisch zu betrachten sind, der Ausdruck „Recht" verwendet. Das Durcheinanderbrauchen der erwähnten Ausdrücke in demselben Inhalt hat Prof. Kliimann wie ersichtlich aus stilistischen Erwägungen begangen. Der Verfasser dieses Aufsatzes hat hierbei zu betonen, dass nach seiner Ansicht in den Definitionen die Genauigkeit, nicht der Stil im Vordergrund stehen sollte.

In den Definitionen treten als Unbekannte folgende Begriffe auf: erstens „Dispositiv-Normenadressaten“, zweitens „Präzeptiv-Normenadressaten“, drittens „Recht“, viertens „Verhalten“. Für diese Begriffe sind in der Rechtsordnung die Definitionen entweder unmittelbar gegeben oder sie sind aus den bezüglichen Aussagen im erwähnten Werk abzuleiten. Die oben gebrachten zwei Definitionen enthalten ausser den aufgezählten noch die Begriffe „regeln“ und „genannt werden“, aber diese scheint Prof. Kliimann nicht in einer von dem gewöhnlichen Sprachgebrauch abweichenden Bedeutung zu verstehen, weshalb sie weder von ihm definiert werden noch man in dieser Kritik für sie Definitionen zu schaffen versucht.

Auf Grund des Werks „Rechtsordnung“:

3. Die Normenadressaten, welche Rechtsnormen zu schaffen dispositiv berechtigt sind, werden Dispositiv-Normenadressaten genannt [12].
4. Die Normenadressaten, welche Rechtsnormen zu schaffen präzeptiv verpflichtet oder berechtigt sind, werden Präzeptiv-Normenadressaten genannt [13] [14].
5. Das Recht ist der prätentiöse Imperativ [15].
6. Das Verhalten im juristischen Sinne ist beliebiger geistiger oder physischer Zu-

---

[12] AaO: „Normiadressaate, mis on oigustatud looma oigusnorme dispositivselt, nimetatakse dispositiv-normiadressaadeks.“

[13] Ebendort: „Normiadressaate, mis on kohustatud vo oigustatud looma oigusnorme pretseptiivselt, nimetatakse pretseptiiv-normiadressaadeks:„

[14] Welchen Inhalt Prof. Kliimann für die Begriffe „dispositiv“ und „präzeptiv“ gibt, geht aus Folgendem hervor: aaO, S 140f.: „Die beiden Adressaten äussern ihren Willen dispositiv, d.h. die im Gesetz vorgesehne Willensautonomie nach ihrem Ermessen benutzend ... “; S 142: „... im öffentlichen Recht handelt der Aktivadressat in Bezug auf den Passivadressaten prinzipiell präzeptiv, d.h. vorherbestimmend, diktierend, vorschreibend, einseitig.“ (Die Übersetzungen stammen von I.T.). Der Inhalt dieser Begriffe ist nur durch die Deskription gegeben worden. Aber in Hinsicht der sehr wesentlichen Bedeutung dieser Begriffe in Prof. Kliimann's Theorie, ist es wohl zu wünschen, dass diese in einer vollständigen Definitionsform vorgelegt worden wären.

[15] Die im Text gegebene Definition ist in Rechtsordnung in einer Implikationsform gegeben. AaO, S 127: „... (69) der Imperativ x ist dann und nur dann das Recht, wenn der Imperativ x der prätentiöse Imperativ ist.“ AaO, S 128 gibt noch eine andere Definition für den Begriff „Recht“: „... (70) wenn die Norm x eine sanktionierte Norm ist, dann ist die Norm x eine Rechtsnorm.“ Die im Text gegebene Definition muss aber in dieser Kritik zur Grundlage der Behandlung genommen werden, den Prof. Kliimann gibt ihr einen grösseren theoretischen Wert. AaO, S 129: „Es ist klar, dass die Definition (70) beträchtlich handhabungstauglicher als die Definition (69) ist, obgleich lediglich die letzte richtig ist.“ (Die Übersetzungen stammen von I.T.). Wenn Prof. Kliimann die Definition (70) als handhabungstauglicher zu sein behauptet, hat man diese so zu verstehen, dass er ihr einen grösseren praktischen Wert beimisst.

stand einer Person, den es möglich ist, nach den äusserlich sich offenbarenden Merkmalen irgendwie wahrzunehmen oder zu erkennen [16].

3. Analyse zu Prof. Kliimann's Unterscheidung des Privat- und des öffentlichen Rechts

In den oben gebrachten Definitionen des Privat- und des öffentlichen Rechts [17] tritt ein wenig störend der Ausdruck „wird (bzw. werden) genannt" auf. Da eine Definition zu bestimmen hat, was ein *definiendum* ist, nicht aber, wie es genannt wird [18], sind die erwähnten Ausdrücke nicht zu verwechseln und synonymisch zu verwenden, denn sie haben nicht dieselbe Bedeutung und denselben Gegenstand. Es ist nicht zu bezweifeln, dass auch die erwähnten Definitionen bestimmen wollen, was die bezüglichen *definienda* sind. Mit Rücksicht darauf, die Genauigkeit der Ausdrucksweise der Definitionen zu erzielen und zweckmässiger ihre formal logische Seite zu untersuchen, wird nachstehend für Prof. Kliimann's Definitionen – ohne damit in diese sachlich wesentliche Momente einzuschalten oder zu trennen – durch die Veränderung ihrer Wortfolge und durch das Ersetzen des Ausdrucks „wird (bzw. werden) genannt" mit dem Ausdruck „ist" und des Ausdrucks „Rechtsnormen" mit dem Ausdruck „Recht" eine wenig andere Gestalt gegeben [19]:

7. Das Privatrecht ist das das Verhalten der Dispositiv-Normenadressaten regelnde Recht.
8. Das öffentliche Recht ist das das Verhalten der Präzeptiv-Normenadressaten regelnde Recht.

Diese Definitionen sind klassifikatorische [20] Definitionen, welche die Begriffe *per genus proximum et per differentiam specificam* bestimmen. Sowie für den

---

16 Vgl. aaO, S 209: „Als Verhalten aber hat man juristisch beliebigen geistigen oder physischen Zustand einer Person zu verstehen, den es möglich ist, nach den äusserlich sich offenbarenden Merkmalen irgendwie wahrzunehmen oder zu erkennen." (die Übersetzung stammt von I.T.).

17 Siehe oben, S 14f.

18 Anders Felix KAUFMANN, Methodenlehre der Sozialwissenschaft, Wien 1936, S 48. Auf diese interessante logische Frage ist es hier nicht möglich einzugehen.

19 Siehe oben, S 15f., N 11

20 Über die klassifikatorische Definition siehe A. WOLF, Essentials of Scientific Method, London 1928, S 159ff.; W. FREIMANN, Loogika, Tartu 1936, S 123ff. Die Theorie der klassifikatorischen Definition und die formallogischen Forderungen, die an sie gestellt werden, hat schon ganz eingehend die traditionalistische Logik ausgearbeitet. Die Logistik hat nur zudem einige genauere und sicherere zum Feststellen der formalen Geltung der klassifikatorischen Definition gegeben. Über die neue Logik siehe Rudolf CARNAP, Abriss der Logistik, Wien 1929, S 1f.

Begriff des Privatrechts als auch für den des öffentlichen Rechts ist zum *genus*-Begriff der Begriff „Recht“, während zur *differentia specifica* für den Begriff „Privatrecht“ der Begriff „das Verhalten der Dispositiv-Normenadressaten regelnde“ und für den Begriff „öffentliches Recht“ der Begriff „das Verhalten der Präzeptiv-Normenadressaten regelnde“ gereicht.

Bei der Kritik der formallogischen Seite der Definitionen kommen folgende Forderungen in Betracht. Erstens eine Definition darf nicht verneinend sein (*definitio non fit per negationem*) [21]. Zweitens bei einer Begriffsbestimmung dürfen kein *idem per idem* und kein *circulus in definiendo* auftreten [22]. Drittens eine Definition muss genau sein, d.h. dort dürfen nicht die *propria* [23] und die *accidentia* [24], ebenso keine vergleichenden, bildlichen und symbolen Ausdrücke vorkommen. [25] Viertens die *definientia* dürfen keine Unbekannte enthalten – des näheren bedeutet es, dass alle in den *definientia* befindliche Begriffe bis zu den Grundbegriffen der bezüglichen Disziplin definiert werden müssen. Die Grundbegriffe zu definieren ist nicht erforderlich (oft, z.B. in der Geometrie kann es sogar unmöglich sein), ebenso die Begriffe, die zu den vorangehenden Disziplinen der betreffenden Disziplin gehören [26]. Fünftens eine Definition muss adäquat sein, d.h. der Umfang des *definiendums* und der *definiens* muss sich gegenseitig decken [27].

Wenn man die zur Betrachtung stehenden Definitionen untersucht, erweist sich, dass sie völlig der erstgenannten Forderung entsprechen. Weder das *genus proximum* noch die *differentia specifica* sind in diesem verneinend ausgedrückt [28]. Das ist auch nicht in diesen Definitionen getan, welche diejenigen Begriffe bestimmen, die die *definientia* der Definitionen des Privat- und des öffentlichen Rechts enthalten [29].

Prof. Kliimann's Unterscheidung des Privat- und des öffentlichen Rechts entspricht auch in jener Beziehung den Forderungen der Logik, dass in einer Definition kein *idem per idem* und kein *circulus in definiendo* sein darf. Wenn man die Definitionen, welche die Bestandteile der Theorie Prof. Kliimann's bilden, be-

---

21 FREIMANN, aaO, S 126

22 AaO, S 125f.

23 WOLF, aaO, S 101: „Such a characteristic implied by another characteristic already included in the definition is called a proprium . . . of the term defined.“

24 Ebendort: „Any quality not regarded as essential to the class of objects whose name is defined is called an accidens.“

25 FREIMANN, aaO, S 126

26 Alfred TARSKI, Einführung in die mathematische Logik und in die Methodologie der Mathematik, Wien 1937, S 79f.

27 FREIMANN, aaO, S 125

28 Siehe oben, S 14f.

29 Siehe oben, S 17ff.

trachtet, ist festzustellen, dass in diesen weder in deutlicher noch in verhüllter Weise diese logischen Fehler vorkommen [30].

Betreffs der Genauigkeitsforderung der Definition ist zu sagen, dass in keiner Definition, die in der hier zu kritisierenden Theorie in Betracht kommt, solche Ausdrücke zu finden sind, die man für bildlich, vergleichend oder symbolisch halten könnte. Ebenso fehlen in diesen Definitionen *accidentia*, denn alle in ihnen auftretende Merkmale sind notwendig, um den Begriffen des Privat- und des öffentlichen Rechts gerade solchen Inhalt zu geben, wie die bezüglichen Definitionen zu geben trachten. M.a.W. – in der zur Betrachtung stehenden Definition fehlen unwesentliche Merkmale. Und weiter kann man auch feststellen, dass in keiner von ihnen *propria* vorkommen, denn in keiner von ihnen sind solche Merkmale zu finden, die schon in einem anderen Merkmal derselben Definition enthalten wären.

Gleich den vorherbehandelten Definitionsforderungen kann man behaupten, dass die Forderung – in der Definition dürfen keine Unbekannte vorkommen, in Prof. Kliimann's normativistischen Unterscheidung des Privat- und des öffentlichen Rechts erfüllt ist, denn alle Begriffe, die die Definitionen des Privat- und des öffentlichen Rechts enthalten, sind entweder definiert worden oder sie sind als zu den vorangehenden Disziplinen der Rechtstheorie gehörige zu betrachten. Dasselbe ist über die anderen die Bestandteile dieser Theorie bildenden Definitionen [31] zu sagen [32].

Die Entscheidung der Adäquatheit der zur Betrachtung stehenden Definitionen erfolgt am zweckmässigsten durch das Konjugieren [33] der betreffenden Definitionssätze, d.h. wenn man von ihnen ausgehend [34] konträre, konvertierte und kontraponierte Sätze bildet [35]. Wenn nach diesen logischen Operationen alle jene

---

30 *Idem per idem* und *circulus in definiendo* sind die logischen Fehler vieler Unterscheidungen des Privat- und des öffentlichen Rechts, die ihnen ohne weiteres den wissenschaftlichen Wert nehmen. Diese Fehler treten schon in der Unterscheidung von ULPIANUS auf, und sie haben diese Theorien, die von der Idee von ULPIANUS ausgegangen sind, übernommen. Siehe Kliimann, Oiguskord, S 135ff.

31 Siehe oben, S 17ff.

32 Einigermassen könnte nur der Umstand, dass der Begriff „Normenadressat" in Prof. Kliimann's Theorie nicht definiert worden ist, Bedenken erregen, da dieser Anschein hat, als wäre er ein rechtstheoretischer Begriff. In der Tat verhält es sich aber nicht so, denn es gibt ja auch ethische, religiöse, konventionelle u.a. Normen, bzw. die Normenadressaten derer. Mithin gehört der Begriff „Normenadressat" zur Disziplin, deren Gegenstand die Normen überhaupt sind.

33 TARSKI, aaO, S 16f.

34 AaO, S 17

35 Ebensolches Verfahren wendet auch Prof. Kliimann an, und zwar beim Feststellen der formalen Geltung der Definition seines formalen Rechtsordnungsbegriffes. Siehe Kliimann, aaO, S 87

Sätze als Generalsätze sinn-, inhalts- und anschauungsvoll bestehen bleiben, so sind die Ausdrücke der *definienda* und der *definientia* der zu untersuchenden Definitionen äquivalent [36], d.h. der Umfang der entsprechenden Begriffe deckt sich gegenseitig, d.h. aber – die zur Betrachtung stehenden Definitionen sind adäquat.

Die Definitionssätze des Privat- und des öffentlichen Rechts, sowie die aus ihnen gebildeten konträren, konvertierten und kontraponierten Sätze erhalten eine besonders deutliche Gestalt, wenn man sie zu Implikationen umformt [37].

Dann bilden sich folgende Implikationen:

9. (Für beliebiges x) [38] wenn x [39] das Privatrecht ist, so ist x das das Verhalten der Dispositiv- Normenadressaten regelnde Recht.
   Der aus diesem als aus dem Ausgangssatz gebildete konträre Satz ist folgender:
10. (Für beliebiges x) wenn x nicht das Privatrecht ist, so ist x nicht das das Verhalten der Dispositiv-Normenadressaten regelnde Recht
   Der konvertierte Satz aus dem Ausgangssatz, d.i. aus dem Satz (9) ist:
11. (Für beliebiges x) wenn x das das Verhalten der Dispositiv-Normenadressaten regelnde Recht ist, so ist x das Privatrecht.
   Der kontraponierte Satz aus dem Ausgangssatz ist:
12. (Für beliebiges x) wenn x nicht das das Verhalten der Dispositiv-Normenadressaten regelnde Recht ist, so ist x nicht das Privatrecht.
   Beim Konjugieren des Definitionssatzes des öffentlichen Rechts bildet die folgende Implikation den Ausgangssatz:
13. (Für beliebiges x) wenn x das öffentliche Recht ist, so ist x das das Verhalten der Präzeptiv-Normenadressaten regelnde Recht.
   Der aus diesem Ausgangssatz gebildete konträre Satz ist:
14. (Für beliebiges x) wenn x nicht das öffentliche Recht ist, so ist x nicht das das Verhalten der Präzeptiv-Normenadressaten regelnde Recht.
   Der konvertierte Satz aus dem Ausgangssatz, d.i. aus dem Satz (15) ist:
15. (Für beliebiges x) wenn x das das Verhalten der Präzeptiv-Normenadressaten regelnde Recht ist, so ist x das öffentliche Recht.
   Der kontraponierte Satz aus dem Ausgangssatz (13) ist:

---

36 AaO, S 77: „Wenn die Ausdrücke verschiedene Bedeutungen haben, aber einen und denselben Gegenstand, dann hält man sie für äquivalent. Es ist klar, dass (22) die äquivalenten Ausdrücke eine und dieselbe Anschauung haben." (Übersetzung stammt von I.T.).

37 Über die Implikationen siehe TARSKI, aaO, S 16f.

38 (Für beliebiges x) ist ein Generaloperator, dessen Aufgabe zu zeigen ist, dass der ihm folgende Satz ein Generalsatz ist. Siehe TARSKI, aaO, S 7; CARNAP, aaO, S 9

39 Das x hier ist das sog. gebundene oder geschlossene x. Siehe darüber TARSKI, aaO, S 8; CARNAP, aaO, S 14

16. (Für beliebiges x) wenn x nicht das das Verhalten der Präzeptiv-Normenadressaten regelnde Recht ist, so ist x nicht das öffentliche Recht.

Von den oben gebrachten Implikationen sind die Sätze (11) und (15) für gültig zu halten. Diese Sätze haben Sinn, Gegenstand und Anschauung, denn was für eine Rechtsordnung man auch immer betrachtet, wo der Unterschied zwischen dem Privat- und dem öffentlichen Recht prinzipiell vorhanden ist, ist es möglich, betreffs der Rechtsnormen der bezüglichen Rechtsordnung zu behaupten, dass immer, wenn eine Norm das Verhalten der Dispositiv-Normenadressaten regelt, sie eine privatrechtliche Norm ist, andererseits, dass immer, wenn eine Norm das Verhalten der Präzeptiv-Normenadressaten regelt, sie eine öffentlichrechtliche Norm ist. Das Erwähnte zu behaupten ist deshalb möglich, weil hier Widersprechendes zu behaupten ganz unmöglich wäre – die Möglichkeit der kontradiktorischen Behauptung würde das Nichtvorhandensein des prinzipiellen Unterschiedes zwischen dem Privat- und dem öffentlichen Recht in der gegebenen Rechtsordnung, mithin in dieser die logische Unmöglichkeit der entsprechenden Unterscheidung bedeuten. Das würde betreffs des Privatrechts / Satz (11) / bedeuten, dass in der gegebenen Rechtsordnung die privatrechtlichen Normen das Verhalten der Nichtdispositiv-Normenadressaten regeln, d.h. das Verhalten solcher Normenadressaten, die ihren Willen nicht die im Gesetz vorgesehene Willensautonomie nach ihrem Ermessen benützend äussern. Das letzte würde m.a.W. bedeuten, dass es möglich wäre, Privatabmachungen zu schliessen, ohne dass die Parteien dabei Willensautonomie hätten. Betreffs des öffentlichen Rechts /Satz (15) / würde die Möglichkeit der kontradiktorischen Behauptung bedeuten, dass in der gegebenen Rechtsordnung die öffentlichrechtlichen Normen das Verhalten der Nichtpräzeptiv-Normenadressaten regeln. D.h. dass die öffentlichrechtlichen Normen das Verhalten solcher Normenadressaten regelten, die nicht vorherbestimmend, vorschreibend, einseitig handeln [40].

Für gültig muss man auch die Sätze (10) und (14) erklären, denn was für eine Rechtsordnung man auch immer betrachtet, die einen Unterschied zwischen dem Privat- und dem öffentlichen Recht macht, und wo dieser Unterschied prinzipiell vorhanden ist, ist es möglich betreffs der Rechtsnormen der bezüglichen Rechtsordnungen zu behaupten, dass nie, wenn eine Norm keine privatrechtliche ist, sie das Verhalten der Dispositiv-Normenadressaten regelt. Die Wahrheit dieser Behauptungen ist gleich den Sätzen (11) und (15) im Verfahren *deductio ad absurdum* zu beweisen.

---

[40] Dieser Erörterungsgang ist ein indirekter (apagogischer) Beweis, in welchem die Wahrhaftigkeit der gegebenen Behauptung von der Unmöglichkeit die der These widersprechende Behauptung als wahr zu erkennen, abgeleitet wird.

Durchaus unmöglich ist aber die Gültigkeit der Sätze (9) und (13) zu erweisen, denn man kann nicht behaupten, dass immer, wenn eine Norm privatrechtlich ist, sie das Verhalten der Dispositiv-Normenadressaten regelt, andrerseits, dass immer, wenn eine Norm öffentlich-rechtlich ist, sie das Verhalten der Präzeptiv-Normenadressaten regelt. Die Ungültigkeit der Sätze (9) und (13) rührt von diesem Umstand her, dass Prof. Kliimann den Begriffen der Dispositiv- und der Präzeptiv-Normenadressaten solchen Inhalt gibt [41], dass sie normenschaffende Adressaten sind. Da aber jede Rechtsordnung Normen kennt, welche ihre Adressaten zu keinem Normschaffen verpflichten oder berechtigen, sondern nur zu einem rein faktischen Verhalten, so ist es offenliegend, dass in den Rechtsordnungen auch diejenigen Normen vorkommen, die sich weder dem Begriffe des Privatnoch dem des öffentlichen Rechts in Prof. Kliimann's Theorie subsumieren lassen. Folglich sind die Sätze (9) und (13) als Generalsätze inhalts- und anschauungsleer. Sie können Gegenstand und Anschauung nur als Existenzsätze [42] haben. Da die Sätze (9) und (13) auf Grund des Generaloperators Generalsätze sind, aber, um inhalts- und anschauungsvoll zu bestehen, unerlässlich Nichtgeneralsätze sein müssen, enthalten sie in sich einen Widerspruch (wenn sie Definitionen zu sein erstreben), weshalb man sie formal falsch zu halten hat [43]. Aus den Sätzen (9) und (13) analogen Gründen sind auch die Sätze (12) und (16) inhalts- und anschauungsleer. Auch sie muss man, weil sie in sich einen Widerspruch enthalten, für formal falsch erklären [44]. Weil das Konjugieren der Sätze (9) und (13) so, dass alle durch das Konjugieren gebildeten Sätze als Generalsätze gelten würden, sich nicht durchführen lässt, sind die Begriffe des Privat- und des öffentlichen Rechts von Prof. Kliimann nicht adäquat, und die entsprechenden Definitionen sind keine Definitionen. Gleichfalls ist seine Einteilung des Rechts keine Einteilung im

41 Siehe oben, S 17f.

42 Die entsprechenden Existenzsätze wären: (Es gibt ein x) so dass x das Privatrecht ist und x zugleich das das verhalten der Dispositiv-Normenadressaten regelnde Recht ist, und – (es gibt ein x) so dass x das öffentliche Recht ist und x zugleich das das Verhalten der Präzeptiv-Normenadressaten regelnde Recht ist. Über die Existenzsätze und den Existenzoperator siehe TARSKI, aaO, S 7f.

43 Vgl. Edmund HUSSERL, Formale und transzendentiale Logik, Halle 1929, S 296: „Jeder Widerspruch schliesst von vorneherein Fragen der Adäquation aus, er ist a limine Falschheit."

44 Da der Beweisgang bezüglich der Sätze (12) und (16) wesentlich derselbe sein würde, wie gelegentlich der Sätze (9) und (13), ist es nicht notwendig, ihn bezüglich der erstgenannten Sätze vorzulegen. Das würde auch keine Bedeutung haben, weil die Ungültigkeit von Prof. Kliimann's Definitionen des Privat- und des öffentlichen Rechts schon durch die Feststellung der Ungültigkeit der Sätze (9) und (13) sowieso bewiesen ist.

wissenschaftlichen Sinne, da in einer wissenschaftlichen Einteilung die *membra divisionis* den Umfang des *totum divisionis* erschöpfen müssen [45].

Oben wurde gezeigt, dass die Begriffe des Privat- und des öffentlichen Rechts von Prof. Kliimann deswegen nicht adäquat sein können, weil jede Rechtsordnung diejenigen Normen kennt, deren Adressaten keinen normschaffenden Adressaten sind. Um diese Behauptung zu beweisen, betrachtet man unten gewisse im Stufenbau der Rechtsordnung auf der niedrigsten Stufe befindlichen Normen [46] – gewisse Verfügungen [47] und gewisse durch Privatabmachungen erzeugte Normen. Die Verfügungen sowie die durch Privatabmachungen geschaffenen Normen sind nach der Ansicht Prof. Kliiman's (und nach der Ansicht moderner Rechtswissenschaft) zweifelsohne Rechtsnormen [48], beliebig welche Verfügung und beliebig welche durch eine Privatabmachung geschaffenen Norm ihren Platz in einer wissenschaftlich vollwertigen Einteilung des Rechts haben muss.

Die durch die Privatabmachung *donatio* erzeugte Norm berechtigt den Beschenkten (*donatorius*) zu verlangen, dass der Schenkende (*donator*) ihm das im Vertrag bestimmte Objekt übergebe. Zugleich verpflichtet die erwähnte Norm den *donator* zu diesem Verhalten. Aber weder der *donator* noch der *donatorius* als die Adressaten dieser Norm, die sie durch ihre Abmachung erzeugten [49], sind normschaffende Adressaten, weil diese Norm sie zum Schaffen keiner Norm berechtigt, bzw. verpflichtet. Sie sind auf Grund der genannten Norm nur zu einer rein faktischen Handlung – zur Übergabe des Vertragsobjektes berechtigt bzw. verpflichtet. Wenn man die Normen, die durch Privatabmachungen, wie die *locatio – conductio*, die *emptio – venditio* u.a. erzeugt werden, betrachtet, ergibt sich dasselbe. Auch diese Normen berechtigen, bzw. verpflichten ihre Adressaten zu keinem Normenschaffen, sondern nur zu einem faktischen Verhalten.

Durch eine Besteuerungsverfügung [50], die eine zuständige Behörde rechtmässig erlassen hat, entsteht dem Steuerpflichtigen die Pflicht, den bestimmten Steu-

---

45 FREIMANN, aaO, S 129

46 Aber ebenso sind in den Rechtsordnungen auch die Generalnormen möglich, die Prof. Kliimanns Einteilung des Rechts nicht umfasst. Eine solche Norm wird innerhalb S 66ff. analysiert.

47 Über den Begriff der Verfügungen siehe Kliimann, aaO, S 279

48 AaO, SS279 und 144

49 Wohl sind der *donator* und der *donatorius* die normenschaffenden Adressaten bezüglich der im Zivilkodex befindlichen Norm, die ihre Adressaten zum Schliessen eines Schenkungsvertrages berechtigt.

50 Juhan VAABEL, Eesti riigi-maksundusoiguse pohiprobleeme (Grundprobleme des estnischen Steuerrechts), Dorpat 1934, S 122f.: „Eine Besteuerungsverfügung ... nennen wir einen Verwaltungsakt, womit das Steueramt festsetzt, dass der Steuerpflichtige auf Grund der Gesetze die Steuer zu bezahlen verpflichtet ist.“ (Die Übersetzung stammt von I.T.).

erbetrag zu bezahlen. Das in der Besteuerungsverfügung bestimmte Verhalten – das Steuereinrichten ist kein solches, wodurch eine Norm geschaffen wird[51], sondern die Verpflichtung, die Steuer zu bezahlen, und die Berechtigung, das Steuerzahlen zu verlangen – sind die Verpflichtung und die Berechtigung zu einem rein faktischen Verhalten. Daher kann man weder den Passiv- noch den Aktivadressaten der Besteuerungsverfügung im Sinne der Theorie Prof. Kliimann's für einen Dispositiv- oder einen Präzeptiv-Normenadressaten halten. Dasselbe muss man auch betreffs der Adressaten verschiedener anderer Verfügungen sagen (z.B. die Verfügung, mit der die Verwaltung einen Bürger eine Gastwirtschaft zu eröffnen berechtigt, und die Verfügung, mit der die Polizei einen Hausbesitzer den Korridor zu beleuchten verpflichtet u.v.a.).

Wie aus der Analyse der obenbetrachteten Normen einleuchtet, fehlt im Inhalt der Begriffe dieser Normen das Merkmal, das in Prof. Kliimann's Unterscheidung des Privat- und des öffentlichen Rechts das *fundamentum divisionis* ist, weshalb sie mit vielen anderen analogen Normen ausserhalb der Einteilung des Rechts bleiben müssen. Wie schon erwähnt, zweifelt die moderne Rechtswissenschaft nicht, dass die Normen von solcher Art, wie oben analysiert wurden, Rechtsnormen sind. Aber sogar das Amputieren aller dieser Normen als Rechtsnormen von der Rechtsordnung, würde der Theorie Prof. Kliimann's auch nicht den mindesten Vorteil bringen, denn in diesem Fall würden diejenigen Normen, die das Schaffen der zur Besprechung stehenden Normen regeln, zu den das faktische Verhalten regelnden Normen, d.h. nunmehr könnten sie keinen Platz in Prof. Kliimann's Einteilung des Rechts finden.

Unter der Behandlung der Adäquatheit der Definitionen des Privat- und des öffentlichen Rechts in Prof. Kliimann's Theorie hat man zu bemerken, dass seine Auffassung, als wäre das Recht der prätentiöse Imperativ[52], weit nicht den Einwendungen entzogen ist[53]. Dem Rechtsbegriff kann man ja solch einen Inhalt und solch einen Umfang geben, wenn man zu begründen vermag, dass die sog. Versprechensnormen keine Rechtsnormen sind. Das hat Prof. Kliimann nicht getan.

Ohne damit die Wichtigkeit der richtigen Definition des Rechtsbegriffes unterschätzen zu wollen, darf man doch behaupten, dass dieses, wie Prof. Kliimann den Rechtsbegriff definiert hat, für seine Unterscheidung des Privat- und des öffentlichen Rechts nicht von entscheidender Bedeutung ist, denn sein Rechtsbegriff als

---

[51] Wenn der Bürger die Steuer nicht bezahlt, erlässt das Steueramt eine Steuereinnahmeverfügung, siehe aaO, S 140. Das Schaffen dieser Verfügung regelt aber niemals die Besteuerungsverfügung, sondern eine Generalnorm. Die Besteuerungsverfügung ist nur eine Voraussetzung, um die Steuereinnahmeverfügung zu erlassen.

[52] Siehe oben, S 19

[53] Felix SOMLO, Juristische Grundlehre, Leipzig 1927, S 213ff.

angeblich verfehlt lässt sich, ohne seine Unterscheidungsidee zu entstellen, mit einem richtigen ersetzen. In Anbetracht dessen braucht man nicht hier auf die Frage nach der Adäquatheit von Prof. Kliimann's Rechtsdefinition einzugehen.

4. Stellungnahme über eine andere Variante der normativistischen Unterscheidung des Privat- und des öffentlichen Rechts

Der Umstand, dass Prof. Kliimann's Unterscheidung des Privat- und des öffentlichen Rechts im Werk Rechtsordnung auf eine genügend klare Weise vorliegt, gibt Anlass zu glauben, dass sie in dieser Kritik richtig aufgefasst worden ist. Dennoch hat Prof. Kliimann behauptet, dass der Verfasser dieses Aufsatzes seine Theorie nicht verstanden habe. Gleichzeitig hat er sie so darzulegen versucht, wie es auf Grund seines genannten Werkes wohl nicht möglich ist. Nämlich als der Verfasser dieses Aufsatzes die oben gebrachte Kritik im Herbst 1940 an der Universität Dorpat dem Prof. Kliimann als eine Seminararbeit vorzeigte, schrieb der letztere auf ihre Titelseite [54] unter anderem Folgendes:

Der Definierensgrund und -ausgangsstelle, und die Definierensweise sind nicht verstanden worden ... Ganz falsch ist die Erörterung darüber, als ob die gegebene Unterscheidung die gesamten Rechtsnormen oder das Recht nicht umfasste: die Unterscheidung (auf dem dynamisch-funktionellen Grund) will die Normen nicht nach ihren denkbaren Adressaten bestimmen und einteilen, sondern nur nach den Normenschaffenden. Und wie wäre es überhaupt denkbar, dass von den geschaffenen oder geschaffen werdenden Normen, die nach den Schaffenden eingeteilt worden sind, einige Adressaten hinausbleiben könnten? Oder kann nicht die nach den Schaffenden qualifizierte Norm unter anderen auch die Ausführer der faktischen Tätigkeit regeln. [55]

---

[54] Ilmar Tammelo, Kritik der normativistischen Unterscheidung des Privat- und des öffentlichen Rechts, Dorpat 1940 (die Übersetzung stammt von I.T.). Dieses Werk existiert nur als Manuskript, das sich im Archiv des Instituts für Verwaltungsrecht der Universität in Dorpat befindet.

[55] AaO: „Pole moistetud eraja avalikoiguse defineerimisviisi ... Päris väär on arutlus sellest, nagu ei haaraksantud vahetzegu kogu oigusnormistikku voi oigusti: vahetegu (dünaamilisfunktsionaalsel alusel) ei taha mitte määrata ja liigitada normistikke nende moeldavate adressaatide järgi. Ja kuidas see on üldse moeldav, et loodud voi loodayatest normest, mis on liigitatud loojate järgi, moned adressaadid voiksid välja jääda? Kas loojate järgi kvalifitseeritud norm ei voi siis sättida muuseas ka faktilise tegevuse sooritajaid?". Dieses Fragment ist wohl nicht im Druck erschienen, aber da es möglich ist seine Authentizität unwiderlegbar festzustellen, sollte es nicht unerlaubt sein, die in diesem ausgedrückten Gedanken zur Betrachtung zu nehmen. Der Verfasser ist dazu auch deswegen geneigt, weil die auf Grund dessen entstehende Variante der normativistischen Unterscheidung des Privat- und des öffentlichen Rechts genügend interessant ist.

Wenn man die Normen auf Grund der Normenschaffenden einteilt, d.h. laut der Adressaten dieser Normen, welche die gegebenen Normen zu schaffen berechtigen oder verpflichten, muss man allerdings einräumen, dass dann fast keine oben erwiesenen Fehler in Prof. Kliimann's Theorie mehr vorhanden sind. Aber auch solche Auslegung, richtiger – Veränderung, rettet seine Theorie nicht, denn jetzt kommen anstatt der beseitigten Fehler neue zum Vorschein.

Ausgehend von den Gedanken Prof. Kliimann's, die im oben gebrachten Fragment ausgedrückt worden sind, sollten die Definitionen des Privat- und des öffentlichen Rechts folgende Gestalt haben:

19. Das Privatrecht ist das von den Dispositiv-Normenadressaten geschaffenen Recht.
20. Das öffentliche Recht ist das von den Präzeptiv-Normenadressaten geschaffene Recht.

In diesen Definitionen würden die Begriffe „Dispositiv-Normenadressaten", „Präzeptiv-Normenadressaten" und „Recht" denselben Inhalt bewahren, welcher für sie im Werk Rechtsordnung gegeben ist[56], denn Prof. Kliimann's nachträgliche Berichtigungen berühren nicht diese Begriffe.

Wenn man den Begriffen des Privat und des öffentlichen Rechts solchen Inhalt gibt, ist es wohl möglich allen Normen, die sich auf der niedrigsten Stufe in der Rechtsordnung befinden, einen Platz in der Einteilung des Rechts ins Privat- und ins öffentliche Recht zu finden (denn für jede solche Norm gibt es in der Rechtsordnung eine andere Norm, die ihr Schaffen regelt), indem sich die durch Privatabmachungen geschaffenen Normen dem Begriff des Privatrechts, und die Verfügungen dem des öffentlichen Rechts subsumierten. Nämlich sind die von der höherstufigen Norm bestimmten Adressaten zum Schaffen der durch die Privatabmachungen erzeugten Normen immer dispositiv (d.i. so, dass sie die im Gesetz vorgesehene Willensautonomie nach dem Ermessen benutzen können) berechtigt, während zum Schaffen der Verfügungen diese Adressaten immer präzeptiv (d.i. so, dass die Verpflichtung oder die Berechtigung des Adressaten, eine Verfügung zu erlassen, für ihn prinzipiell vorherbestimmend, diktierend, vorschreibend und einseitig festgesetzt worden ist) verpflichtet oder berechtigt sind.

Obgleich auf Grund der Definitionen (19) und (20) die Singularnormen sich gut einteilen lassen, und auch fast alle Generalnormen, muss man doch diese Variante der normativistischen Unterscheidung des Privat- und des öffentlichen Rechts aus folgenden Gründen entschieden abweisen:

---

[56] Siehe oben, S17ff.

Erstens ist es ganz unmöglich auf Grund dieser Variante für denjenigen Normativakt, der die Basis [57] der gegebenen Rechtsordnung bildet (d.i. für den ersten, die gegebene Rechtsordnung konstituierenden Normativakt), in der Einteilung des Rechts einen Platz zu finden, weil das Schaffen dieses Normativaktes von keiner Rechtsnorm geregelt worden sein kann [58]. Folglich sind die Schöpfer eines solchen Normativaktes qua die Schöpfer dieses keine Normenadressaten, und mithin können sie als diese weder Präzeptiv- noch Dispositiv-Normenadressaten sein.

Zweitens geben die zur Besprechung stehenden Definitionen den Begriffen des Privat- und des öffentlichen Rechts solch einen Umfang, der keineswegs der Auffassung der Rechtswissenschaft betreffs des Umfangs dieser Begriffe entspricht. Eigentlich wäre es heute ganz unmöglich, die Generalnormen auf Grund dieser Definitionen in zwei Arten einzuteilen, denn die Generalnormen sind in den gegenwärtigen Rechtsordnungen immer von den Präzeptiv-Normenadressaten erzeugt. Die Berechtigung und die Verpflichtung, die Verfassungsnormen zu schaffen, sind für die Verfassungsschaffenden immer von derselben Art, ganz gleich ob sie solche Normen, die herkömmlich für öffentlichrechtlich gehalten werden, schaffen. Und weiter – die Schaffenden der im Zivilkodex befindlichen Normen kann man für keine Dispositiv-Normenadressaten erklären, denn sie sind von der höherstufigen Norm nicht dispositiv berechtigt, präzeptiv berechtigt oder verpflichtet. Folglich müssten alle Normen des Zivilkodex öffentlichrechtlich sein. Das wagt aber wohl kein Rechtsgelehrter, der den Dualismus des Rechts überhaupt anerkennt, bezüglich dieser Rechtsordnung, wo solcher Dualismus tatsächlich wahrzunehmen ist, zu behaupten.

5. Über die Anwendungsmöglichkeiten von Prof. Kliimann's normativistischer Unterscheidung des Privat- und des öffentlichen Rechts

Die normativistische Unterscheidung des Privat- und des öffentlichen Rechts (in der im Werk „Rechtsordnung" vorgelegten Gestalt) ist, obgleich theoretisch falsch, praktisch doch ziemlich erfolgreich anwendbar. Solche gewissermaßen paradoxe Tatsache rührt aus diesem Umstand her, dass in der Rechtswirklichkeit der Aktivadressat einer Norm sehr häufig mit dem Schöpfer dieser Norm (d.i. mit dem Adressaten einer höherstufigen Norm, die zum Schaffen der gegebenen Norm

[57] Kliimann, Oiguskord, SS 119 und 169ff.

[58] Denn es gilt als ein Axiom: was in einer Erscheinungseinheit zeitlich oder begrifflich das erste ist, dafür kann es nichts zeitlich oder begrifflich Vorangehendes in derselben Erscheinungseinheit mehr geben.

berechtigt oder verpflichtet ist) faktisch zusammenfällt. M.a.W. – die erwähnten Adressaten sind juristisch, und meistenteils auch physisch dieselbe Person. Diese Behauptung wird mit Folgendem anschaulicher:

Die im Zivilkodex befindliche Norm (X) berechtigt ihre Adressaten (A) und (B) dispositiv durch eine Privatabmachung eine Norm zu schaffen. Die genannten Adressaten schaffen diese Norm (X) und tragen nunmehr Verpflichtungen und Berechtigungen auf Grund dieser; d.h. sie werden zu ihren Adressaten (a) und (b). Wie es sich erweist, sind einerseits die Adressaten (A) und (a), andererseits die Adressaten (B) und (b), obwohl begrifflich ganz verschiedene, juristisch, möglich auch, dass physisch, dieselbe Person.

Die Norm (Y) berechtigt oder verpflichtet ihren Adressaten (C) präzeptiv eine Norm – eine Verfügung zu schaffen. Der Adressat (C) schafft diese Norm (y), und verpflichtet damit deren Passivadressaten (d) zu einem Verhalten. Mit derselben Verfügung entsteht aber dem (C) die Berechtigung, das in dieser Norm festgesetzte Verhalten von dem Adressaten (d) zu verlangen – d.h. er wird zum Aktivadressaten (c) der genannten Verfügung. Wie es sich ergibt, fallen auch hier die Adressaten zweier verschiedenen Normen juristisch, möglich auch, dass physisch (nicht aber begrifflich) zusammen, denn tatsächlich sind der Adressat (C) der Norm (Y) und der Adressat (c) der Norm (y) eine und dieselbe Person.

Schon durch eine oberflächliche Betrachtung leuchtet aus Vorstehendem ein, dass durchaus nicht die Möglichkeit ausgeschlossen ist, wo z.B. die Adressaten (A), (a), (C) und (c) alle juristisch und sogar physisch zusammenfallen. das kann z.B. dann geschehen, wenn dieselbe Behörde Verfügungen trifft und auch Privatabmachungen schliesst. In diesem Fall ist solche Behörde zugleich ein Dispositiv- und ein Präzeptiv-Normenadressat. Es ist klar, dass, wenn man nur das juristische (und physische) Zusammenfallen der Normenadressaten in Betracht zieht und die begriffliche Verschiedenheit derer nicht berücksichtigt, man in der Anwendung der Theorie Prof. Kliimann's in Verwirrungen gerät, aus denen diese Theorie nicht mehr einen Ausweg zeigt. Man könnte behaupten, dass tatsächlich wohl diese Verwirrungen nicht zu befürchten seien, denn jeder Jurist sollte den Unterschied zwischen den Adressaten (A) – (a), (B) – (b) usw. gut erfassen, auch wenn diese juristisch und physisch dieselbe Person bilden. Aber ungeachtet dessen, um die Anwendung der Theorie nicht vom Instinkt der Juristen abhängig zu machen, ist es unerlässlich notwendig, die wörtliche Darstellung der Definitionen Prof. Kliimann's zu verändern [59].

Obwohl nach diesbezüglichen Veränderungen die normativistische Unterscheidungstheorie des Privat- und des öffentlichen Rechts, indem sie dem Um-

[59] Diese Veränderung durchzuführen gehört nicht zu den Aufgaben dieses Aufsatzes.

stand des juristischen Zusammenfallens der Normenadressaten benützt, praktisch ziemlich gut anwendbar werden könnte, erlangt diese Unterscheidung auch dann den vollen theoretischen Wert nicht, weil von den denkbaren Rechtsordnungen diejenigen Normen nicht ausgeschlossen sind, deren Adressaten mit den Schaffenden dieser Normen keinesfalls zusammenfallen. Das beweist sich durch Folgendes:

Eine gewisse Rechtsordnung ermöglicht die Versicherung in den staatlichen Versicherungsanstalten durch einen öffentlichrechtlichen Akt. Auf Grund der präzeptiv berechtigenden oder verpflichtenden Norm (X) erlässt eine Behörde als der Adressat (A) (nämlich als ein normschaffender Adressat) der Norm (X) dazu die bezügliche Verfügung (x). Der Passivadressat (D) der letztgenannten Norm ist die Versicherungsanstalt, der nach dem Stattfinden des Versicherungsfalles auf Grund der Norm (x) dem Aktivadressaten (c), d.i. dem Versicherten, die Versicherungssumme zu bezahlen verpflichtet ist (d.h. der Adressat (b) ist zu einer faktischen Handlung verpflichtet). Wie es hier hervorgeht, sind die Adressaten der Norm (x) juristisch, und wahrscheinlich auch physisch, ganz andere Personen als der Adressat (A) der Norm (X), der die Norm (x) erzeugt hat.

Die Verfassungsnorm (Y) adressiert sich an alle Staatsbürger (d), (e), (f), ... (n) und sagt ihnen die Bewegungsfreiheit in den Staatsgrenzen zu, d.h. berechtigt sie zu einem rein faktischen Verhalten. Andererseits adressiert sich diese Norm an öffentliche Beamte und Behörden (d1), (e1), (f1) ... (n1) und verpflichtet sie die Ausübung dieser Berechtigung den Bürgern nicht zu verbieten und zu hindern, d.h. verpflichtet sie zu einem rein faktischen (negativen) Verhalten. Die Norm (Y) versteht unter den Bürgern nur die physischen Personen, deshalb kann sie keinesfalls an den Verfassungsgebenden selbst, der im gegebenen Falle eine juristische Person ist, sich adressieren; wenn man auch dies berücksichtigt, dass der Verfassungsgebende gleich nach dem Erfüllen seiner Aufgabe als Verfassungsgebender juristisch zu bestehen aufhört, so dass er auf keine Weise eine solche Behörde sein kann, die als Hinderer der Bewegungsfreiheit der Bürger in Betracht kommt. Falls die Norm (Y) solch einen Inhalt hat, so ausgelegt und auch angewendet wird, dass sich die bezügliche Berechtigung und Verpflichtung unmittelbar an die Adressaten knüpft (d.h. die Norm lässt sich ohne Konkretisieren anwenden und wird tatsächlich ohne Konkretisieren angewendet), so muss die Norm (Y) unvermeidlich ausserhalb des Umfangs der Begriffe des Privat- und des öffentlichen Rechts bleiben (gleichwie man auch diese Begriffe in Prof. Kliimann's Theorie präzisiert), weil die Adressaten der Norm (Y) keine normenschaffenden Adressaten sind. Hier ist es auch unnütz bei dem Normschaffenden, d.i. bei dem Verfassungsgebenden einen Ausweg zu suchen, denn den letztgenannten und die Adressaten der Norm (Y) muss man juristisch scharf auseinanderhalten.

Eine Theorie ist wissenschaftlich dann und nur dann vollwertig, wenn sie nicht nur bei allen im gegebenen Moment vorhandenen Erscheinungen, sondern auch bei allen denkbaren und möglichen Erscheinungen in derselben Erscheinungsart anzuwenden ist. Solchen Forderungen entspricht Prof. Kliimann's normativistische Unterscheidung des Privat- und des öffentlichen Rechts keinesfalls. Indem man sich auf diesen Umstand stützt, dass in der Rechtswirklichkeit bei vielen Normen wenigstens ein Adressat mit dem Schaffenden bezüglicher Norm juristisch zusammenfällt, kann man die zur Betrachtung stehende Theorie praktisch mit Erfolg anwenden, und um so besser je seltener die Normen von solcher Art, die in den letzten zwei Beispielen analysiert wurden, in Rechtsordnungen vorkommen. Und so weit sich diese Theorie praktisch anwenden lässt, stehen ihre Ergebnisse in hohem Masse mit der hergebrachten Auffassung von den Gruppen der privat- und öffentlichrechtlichen Normen und Instituten in Einklang.

6. Schlussbetrachtungen

Wie die vorangehende Behandlung erweist, muss man die Unterscheidung Prof. Kliimann's gleich anderen bisherigen Unterscheidungen des Privat- und des öffentlichen Rechts für theoretisch misslungen erklären, ungeachtet dessen, dass sie bei gewissen Voraussetzungen praktisch nicht ohne Wert ist. Die Tatsache, dass es auch bis heute nicht gelungen ist, das Unterscheidungsproblem des Privat- und des öffentlichen Rechts theoretisch tadellos zu lösen, regt an, eine resolute Frage zu stellen, ob überhaupt seine Lösung möglich ist.

In der Wissenschaft sind nicht wenig Probleme vorhanden, die man wegen ihrer Kompliziertheit durch Jahrhunderte nicht zu lösen vermocht hat. Aber dieser Umstand erlaubt noch nicht über diese Probleme hinwegzusehen. Nicht die Kompliziertheit, die Schwierigkeit eines Problems kann zur Ablehnung seines Lösens berechtigen, sondern die logische Unmöglichkeit das Problem zu lösen, oder das Nichtvorhandensein irgendeines praktischen Bedürfnisses danach. Was da praktische Bedürfnis nach der Unterscheidung des Privat- und des öffentlichen Rechts anbelangt, hat man es bei denjenigen politischen Regierungsformen zu bejahen, welche den Bürgern, besonders auf wirtschaftlichem Gebiet, eine gewisse autonome Tätigkeitssphäre ermöglichen. Solche politische Tendenz spiegelt sich auch in den Normen und den Instituten der Rechtsordnung, und bringt einen Dualismus des Rechts mit sich, den Juristen bei der Rechtsanwendung in Betracht ziehen müssen. Wenn man feststellen kann, dass dieser Dualismus nicht nur ein scheinbarer ist, dann gibt es keinen Zweifel, dass er sich auch durch das theoretische Denken erfassen lässt, wie schwer auch sein Einschliessen in die logischen Formeln sein mag.

Bei der theoretischen Behandlung des Dualismus des Rechts ist es vor allem notwendig zu erforschen, wie weit sich die auf Grund der hergebrachten Auffassung bestehende privatrechtliche, und andererseits die öffentlichrechtliche Gruppe der Rechtsnormen und -institute aus homogenen Erscheinungen bildet. Wenn es sich erweist, dass die erwähnten Gruppen aus heterogenen Erscheinungen bestehen, so darf man sich durchaus nicht von dieser Gruppierung stören lassen und fürchten, beim Einteilen des Rechts solch eine logische Grenze zu ziehen, die nicht genau mit der Grenze der herkömmlichen Gruppen der privat- und der öffentlichrechtlichen Normen und Institute zusammenfällt. Die theoretische Lösung des Unterscheidungsproblems des Privat- und des öffentlichen Rechts muss man dann für ganz gelungen halten, wenn der Dualismus des Rechts in einer logisch tadellosen und sein Wesen richtig bestimmenden Einteilung fixiert wird, ganz gleich wie genau die Ergebnisse dieser Einteilung mit der erwähnten hergebrachten Auffassung in Einklang stehen.

Mit dem Unterscheidungsproblem des Privat- und des öffentlichen Rechts haben sich die Rechtsgelehrten von mehreren Generationen beschäftigt, indem sie verschiedene Theorien bezüglich der Unterscheidung aufgestellt, und die Lösungsversuche dieses Problems der anderen Wissenschaftler kritisiert haben. Obwohl alle bisherigen Anstrengungen nicht zum erwünschten Ziel geführt haben, enthalten jedoch viele Konstruktionen und die gegenseitige Kritik so manche die Wahrheit ganz nah berührende Gedanken (z.B. die Sub- und die Koordinationstheorie, auch die normativistische Theorie), die bei der endgültigen Lösung des Problems nicht zu umgehen sind.

Durch die allseitige Analyse des Untersuchungsgegenstandes – des Rechts, und durch die Berück-sichtigung der bisherigen Lösungsversuche des Problems und ihrer Kritik, wobei man sich nicht von der hergebrachten, nur durch das praktische Denken ausgebildeten Auffassung betreffs des Lösungsergebnisses des Problems zurückhalten lässt, müsste es doch der Wissenschaft früher oder später gelingen, das allen bisherigen Angriffen beharrlich trotzende Problem – die Einteilung des Rechts ins Privat- und ins öffentliche Recht einwandfrei durchzuführen, endgültig zu lösen.

Angeführte Werke

Betti, Emilio, Corso di istituzioni di dirito romano, I, Padova 1928
Carnap, Rudolf, Abriss der Logistik, Wien 1929
du Pasquier, Claude, Introduction à la théorie générale et à la philosophie du Droit, Paris-Neuchâtel 1937
Freimann, W., Loogika, Tartu 1936
Grimm, D.D., Kurs rimskago prava, I, S.-Petersburg 1904
Husserl, Edmund, Formale und transzendentale Logik, Halle 1929
Kaufmann, Felix, Methodenlehre der Sozialwissenschaft, Wien 1936
Kliimann, Artur-Toeleid, Administratiivakti teooria, Tartu 1932
Kliimann, A.-T. Oiguskord, Tartu 1939
Somló, Felix, Juristische Grundlehre, Leipzig 1927
Tammelo, Ilmar, Era- ja avaliku oiguse normativistliku vaheteo kriiitika, Tartu 1940
Tarski, Alfred, Einführung in die mathematische Logik und in die Methodologie der Mathematik, Wien 1937
Vaabel, Juhan, Eesti riigi-maksunusoiguse pohiprobleeme, Tartu 1934
Wolf, A., Essentials of Scientific Method, London 1928

Transskript Marianne Jakob
Bearbeitung Raimund Jakob

Geschichte und Bedeutung von Tammelos Aufsatz zur Unterscheidung des Privats- vom öffentlichen Recht – Editorische Anmerkung

Raimund JAKOB

Der hier vorliegende Aufsatz „Kritik zu Prof. Kliimann's normativistischer Unterscheidung des Privat- und des öffentlichen Rechts" ist die von Ilmar Tammelo selbst überarbeitete und in die deutsche Sprache übertragene Fassung einer ursprünglich im Herbst 1940 von ihm an der Universität Dorpat (heute Tartu) verfassten und Prof. Artur-Töeleid Kliimann, einem Schüler von Hans Kelsen vorgelegten Seminararbeit (Era- ja avaliku oiguse normativistiku vaheteo kritika). In dieser hatte er die Unterscheidung des Privat- und des öffentlichen Rechts von Kliimann – für einen Studiosus nicht unbedingt selbstverständlich – kritisch kommentiert. Nachdem durch den gewaltsamen Tod von Kliimann 1941 ein weiterer Diskurs in dieser Sache unmöglich geworden war, hat Tammelo 1944 die hier vorliegende Fassung zur Suche nach einer Beurteilung und einer Möglichkeit für ein Stipendium an einer ungarischen Universität an den prominenten ungarischen Rechtsphilosophen (und Kelsen-Übersetzer) Prof. Julius Moór gesandt. Den Text der Arbeit der mit 1941 datiert ist, hat er als „mag. iur." unterfertigt, die Graduierung hatte 1943 stattgefunden. Dem Vernehmen nach soll ein weiteres Exemplar des Aufsatzes zu einem späteren Zeitpunkt an Kelsen gegangen sein. Auch andere namhafte Gelehrte wie Gustav Radbruch und Fritz von Hippel sollen ein Exemplar erhalten haben.

Diese frühe Arbeit war für Tammelo lebenslang von großer Bedeutung; auch seine Marburger Dissertation „Kritische Untersuchungen zur normativistischen Unterscheidungen des Privat- und des öffentlichen Rechts" (1944) basiert auf ihr. Und im Archiv für Rechts- und Sozialphilosophie (ARSP 39, S 90ff.) veröffentlicht er 1950 einen Aufsatz über die Rechtstheorie von Kliimann (Artur-Toeleid Kliimanns Rechtstheorie). Nicht zuletzt war von ihm beabsichtigt, das „Original" von 1941 als frühe Forschungsarbeit einer entsprechenden Veröffentlichung zuzuführen; dazu ist es aber nicht mehr gekommen. Nachdem bereits 1993 eine Fassung in estnischer Sprache im Druck erschienen war (In: The Works of Ilmar Tammelo 1939 –1943, Hg. Järvelaid, P., Hamburg, S 101ff.), ist im Zusammenhang mit der Aufarbeitung des Nachlasses von Moór die deutschsprachige Fassung „wiederentdeckt" und in einer kleinen Stückzahl durch die Rechtsfakultät der Loránd Eötvös Universität in Budapest zusammen mit der ungarischen Akademie der Wissenschaften 1995 als Faksimle des Typoskripts veröffentlicht (In: Aus dem Nachlass von Julius Moór, Hg. Varga, Cs., Budapest, S 63ff.; der oben erwähnte Begleitbrief, datierend vom 20. März 1944, auf dessen Kopf sich ein Foto der Hermannsfestung in Narva – dem Geburtsort von Tammelo – befindet, ist dort wiedergegeben auf den S 45f.) und ausgewählten Bibliotheken (UB-Salzburg DRW – 3402: RP 379) zur Verfügung gestellt worden.

Mit dem jetzigen Abdruck des Aufsatzes soll dem Wunsch von Tammelo entsprochen werden und diese Arbeit, die in gewisser Weise als Ausdruck seiner akademischen Wurzeln und als prägend für sein späteres Werk verstanden werden darf, einem breiteren Fachpublikum zugänglich gemacht werden. Heutzutage noch gültig, kommt Tammelo in diesem zu dem Ergebnis, dass das Problem einer „tadellosen" logischen Unterscheidung des Privat- vom öffentlichen Recht trotz aller gemachten Bemühungen und positiven Ansätze beharrlich einer endgültigen Lösung trotzt; sollte eine solche doch möglich und machbar sein, könnte dies einen großen Fortschritt für das Rechtsleben bedeuten.

Was die textliche Bearbeitung der nunmehr transskribierten Arbeit anlangt, so ist diese so behutsam wie nur möglich durchgeführt worden. Das von Tammelo verwendete Deutsch ist eine sehr klare Sprache, sie entspricht jenem Standard-Deutsch wie es vor sieben Jahrzehnten in Estland gesprochen wurde (Deutsch war dort bis 1945 und noch viele Jahre später eine praktizierte Verkehrssprache, dem entsprechend ist in der Nationalbibliothek in Tallinn ein „deutscher", ein „österreichischer" und ein „schweizerischer" Lesesaal eingerichtet). Es ist gut verständlich, die Rechtschreibung wurde beibehalten, nur explizite Tippfehler sind beseitigt worden oder es wurden ausnahmsweise Begriffe neu formuliert, die sonst möglicherweise für den gegenwärtigen Leser unverständlich gewesen wären, etwa „Authentizität" anstelle von „Authentie". Ähnliches gilt für eine Behörde, die eine Entscheidung „erlässt" anstelle von „gibt". Einzelne Worte in Latein sind ebenfalls modifiziert worden (Pluralformen). Was die Fußnoten anlangt, so hat Tammelo seinerzeit einen eigenen Anhang angefertigt, in welchem einige der in diesen befindlichen estnischsprachigen Textteile ins Deutsche übersetzt sind. Dieser Anhang ist in die Fußnoten integriert worden. Im Text noch enthaltene Worte in estnischer Sprache sind ohne Akzente wiedergegeben. Erneuert worden ist schließlich auch die in den Fußnoten verwendete Zitierweise.

Julius Moór und das „Überleben“ von Tammelos Manuskript – Eine zeitgeschichtliche Anmerkung [*]

Csaba VARGA

Die Umwälzungen und Katastrophen des XX. Jahrhunderts haben kaum jemanden verschont, der seinen Beruf ernst genommen und sich der Öffentlichkeit und seinem ganzen Volk gewidmet hatte. Die Jahre des aus einer lutheranischen Erzdiakonsfamilie in Kronstadt stammenden Julius Moór, [1] an der Universität von Klausenburg fielen in die Zeit des I. Weltkriegs. Felix Somló, ein Pioniergeist sowohl in der Rechtsphilosophie als auch in der Soziologie im Ungarn der Jahrhundertswende [2], war sein akademischer Lehrer und späterer väterlicher Freund.

Moór hat da angefangen, wo Somló aufgehört hat. Nachdem er Somló's deutsche und angloamerikanische Orientierung hinter sich gelassen hatte, folgte er den traditionellen deutsch–französisch–italienischen Denkschulen, und ebenso anspruchsvoll, wie damals sein Lehrer, nahm er die Verbindung mit den Größen des Faches auf. Er wurde Anhänger und zugleich Kritiker der Wiener Schule des Rechtspositivismus, einer seitdem einflussreichen Theorie in Kontinentaleuropa. Bald wurde er ein gefeierter Professor an der angesehenen Budapester Pázmány Péter Universität, Lehrer von Generationen, und wie aus seinen Büchern und Aufsätzen ersichtlich, einer der verantwortlichsten Geister, der das soziologische Denken in Ungarn geformt hat. [3] Moór hat unter anderem mit dem Rechtsphilosophen Gustav Radbruch, einem von Hitler's ersten gelehrten Opfern, der

[*] Ein besonderer Dank gebührt Herrn Dr. Péter Cserne, Juniorprofessor am Lehrstuhl für Rechtsphilosophie der Katholischen Universität von Ungarn für die Korrektur des deutschen Textes.

[1] Geboren 1888 in Brassó [Kronstadt], Siebenbürgen, Ungarn (jetzt: Braşov, Rumänien), gestorben 1950 in Budapest. Nach Studien in Kolozsvár [Klausenburg], Siebenbürgen, Ungarn [jetzt: Cluj-Napoca, Rumänien]), und befristeten Lehraufträgen ab 1914 an der Rechtsakademie Eperjes, Oberungarn (jetzt: Prešov, Slowakei) und ab 1918 an der Universität Kolozsvár, wurde er 1920 in Szeged, dann 1929 in Budapest zum Professor ernannt.

[2] Vgl. seine *Juristische Grundlehre* (Leipzig: Meiner 1917, ^{2}1927 [Neuauflage Aalen: Scientia 1973]) x + 556 S..., seine nachgelassene*Gedanken zu einer Ersten Philosophie* hrsg. Julius Moór (Berlin & Leipzig: de Gruyter 1926) 107 S., und seine *Schriften zur Rechtsphilosophie* hrsg. Csaba Varga (Budapest: Akadémiai Kiadó 1999) xx + 114 S. [Philosophiae Iuris: Excerpta Historica Philosophiae Hungaricae Iuris].

[3] Vgl. sein *Zum ewigen Frieden* Grundriss einer Philosophie des Pazifismus und des Anarchismus (Leipzig 1930) 101 S., *A jogi személyek elmélete* [Theorie der juristischen Personen] (Buda-

nach seiner Entlassung vom Rektorat an der Universität Heidelberg, im Studium der Lehrgeschichte des deutschen Strafrechts geistigen Zuflucht nahm, fortdauernd Briefe gewechselt. Moórs Autorität, gestützt durch das unbedingte Vertrauen des Reichsverwesers Admiral Horthy sowie seine Oberhausmitgliedschaft, ermöglichten ihm für einen Kollegen einzugreifen, der infolge seiner jüdischen Herkunft durch Deportation bedroht war. Es ist von symbolischer Wichtigkeit, dass er der erste Nachkriegsrektor der Pázmány Péter Universität war und vorübergehend auch als Präsident der Ungarischen Akademie für Wissenschaften wirkte. Er war auch der erste unter den in die engere Wahl genommenen Kandidaten für den Botschafterposten in Moskau, den er aber abgelehnt hat, denn er war überzeugt, dass die bevorstehenden Kämpfe zu Hause, in Ungarn gefochten werden sollten.

Nach dem Krieg fing er an mit erneuerter Kraft zu veröffentlichen.[4] Es war in der Ungarischen Unabhängigkeitspartei, dass er zum ersten Male eine direkte politische Rolle spielte. Das Datum des Pariser Friedensvertrags und damit das Ende der Rechtfertigung für die sowjetischen Militärbesetzung herannahend, ließ ihn die unmittelbare Drohung einer kommunistischen Machtübernahme eine klare Stellung zu beziehen. Das hat er mit Würde, seiner Statur gebührend in zwei großartigen Reden im Parlament getan. Den Kommunisten war der Bedeutung seiner Reden sehr bewusst. Ihre Antwort war entsprechend: am nächsten Tag wurde ihm das Betreten von Universitätsgebäuden einfach verboten. Waren es Agenten der sowjetischen Besetzungsmacht? Waren es Kollaborateure oder angeheuerte Verbrecher? Wer auch immer es war, seine Wohnung wurde beraubt und auf den Kopf gestellt.

pest: Magyar Tudományos Akadémia 1931) 379 S., *Szociológia és jogbölcselet* [Soziologie und Rechtsphilosophie] (Budapest: Királyi Magyar Egyetemi Nyomda 1934) 59 S., und *A szabad akarat problémája* [Das Problem der Willensfreiheit] (Budapest: Magyar Tudományos Akadémia 1943) 149 S.

4 Vgl. seine *A jogbölcselet problémái* [Probleme der Rechtsphilosophie] (Budapest: Magyar Szemle Társaság 1945) 81 S., *Jogfilozófia* [Rechtsphilosophie] (Budapest: Magyar Élet 1936, 1947) S. 287, sowie *Tegnap és holnap között* Tanulmányok [Zwischen gestern und morgen: Studien] (Budapest: Révai 1947) 172 S. Vgl. auch seine *Schriften zur Rechtsphilosophie* hrsg. Csaba Varga (Budapest: Szent István Társulat 2006) xxii + 485 S. [Philosophiae Iuris: Excerpta Historica Philosophiae Hungaricae Iuris / Bibliotheca Iuridica: Opera Classica 3].

Mit Pressekampagnen und politischen Demonstrationen zog man gegen ihn ins Feld, auch parlamentarische Interpellationen, die ihn als „verräterischen, faschistischen ideologischen Rädelsführer“ brandmarkten wurden gegen ihn vorgebracht, nur um die nackte Wahrheit zu verschleiern, dass die Kommunisten genau so waren, wie er sie beschrieben hatte und sich auf eine Weise benahmen, die seine Furcht um Ungarns Zukunft weitgehend gerechtfertigt hat. Ganz selbstverständlich wurde er, in ihren Worten, „auf eigene Bitte“ in Ruhestand versetzt, in der Mitte seines sechzigsten Lebensjahres. Dazu haben die Fakultäts- und Universitätsgremien einfach zugestimmt. Vor nicht so langer Zeit noch Präsident der Ungarischen Akademie der Wissenschaften, wurde ihm seine Mitgliedschaft dort genommen. [5]

Nach seinem Tod war es sein Freund und ehemaliger Professorenkollege, der berühmte Dichter, Ästhetikprofessor und Propst des Piaristenordens Sándor Sík, der seine unermesslich wertvolle Bibliothek aufbewahrt hatte, bis er selbst gestorben und der Orden zum Umzug gezwungen war. Nach einer ziemlich wechselhaften Geschichte wurde der Rest dieser Sammlung von etwa zehntausend Bänden, die ich schließlich 1977 nach mehrjähriger ständiger Suche in einem Kirchenanbau mit fehlender Tür in einem fern liegenden kleinen Dorf in trostlosem Zustand auffinden und identifizieren konnte, der Parlamentsbibliothek gespendet, um die beste rechtswissenschaftliche Sammlung des Landes weiter anzureichern. [6] Den Manuskripten, der Korrespondenz und anderen Archivmaterialien, die ich aus dieser bereits organisch zerfallenden Masse retten konnte, habe ich besondere Aufmerksamkeit gewidmet. [7] Glücklicherweise, waren unter diesen auch Tammelos Seminararbeit und Brief, die ich später, zusammen mit anderen Archivmateriali-

[5] Z.B. Csaba Varga ‚Philosophysing on Law in the Turmoil of Communist Takeover in Hungary (Two Portraits, Interwar and Post-war)‘ in *The 2005 ALPSA Annual Publication* of the Australian Legal Philosophy Students Association, ed. Max Leszkiewicz (Brisbane 2005), insb. S. 82–86, sowie József Szabadfalvi ‚Wesen und Problematik der Rechtsphilosophie: Die Rechtsphilosophie von Gyula Moór‘ *Rechtstheorie* 30 (1999) 3, S. 329–353 und András Jakab ‚Neukantianismus in der ungarischen Rechtstheorie in der ersten Hälfte des XX. Jahrhunderts‘ *Archiv für Rechts- und Sozialphilosophie* 94 (2008) 2, insb. S. 266–268.

[6] Cf. Károly Jónás ‚A Moór–Somló-hagyaték‘ [Das Vermächtnis von Somló & Moór] in Károly Jónás & Katalin Veredy *Az Országgyűlési Könyvtár története* 1870–1995 [Geschichte der Parlamementsbibliothek] (Budapest: [Magyar Országgyűlés] 1995), ch. 5.39, S. 205–206 & <http://www.ogyk.hu/e-konyvt/pdf-konyv/konyv05.pdf>.

[7] Zur Erinnerung, s. Csaba Varga ‚Kelsen-dokumentumok Magyarországon‘ [Kelsen-Dokumente in Ungarn] in *Hans Kelsen jogtudománya* [Hans Kelsens Rechtswissenschaft] hrsg. Lajos Cs. Kiss (Budapest: Gondolat & MTA Jogtudományi Intézete & ELTE Állam- és Jogtudományi Kar 2007), S. 58–85 [Bibliotheca iuridica: Acta congressum 16].

en veröffentlicht habe.[8] Seitdem ist die Manuskriptbroschüre von 79 Maschinenschriftseiten als Einheit Nr. 484.366 in der Parlamentsbibliothek katalogisiert[9].

---

8 Csaba Varga ‚Documents de Kelsen en Hongrie: Hans Kelsen et Julius Moór' *Droit et Société* [Paris] (1987), No. 7, S. 337–352 & <http://www.reds.msh-paris.fr/publications/revue/pdf/ds07/007-03.pdf> und *Aus dem Nachlaß von Julius MOÓR Gyula hagyatékából* hrsg. Csaba Varga (Budapest: ELTE „Comparative Legal Cultures" Project 1995) xv + 158 S. [Philosophiae Iuris], mit *facsimile* Dokumenten, einschliesslich dem nunmehr für die Nachwelt geretteten Exemplar von ILMAR TAMMELOs Seminararbeit in seiner eigenen Übersetzung über *Kritik zu Prof. Kliimann's normativistischer Unterscheidung des Privat- und des öffentlichen Rechts* [Dorpat 1941] (S. 63–145) und dem Begleitbrief (S. 45–46).

9 <http://opac.ogyk.hu>

Bibliografie Tammelo: Nachdrucke und Übersetzungen ab 1984* sowie Arbeiten über Tammelo

Peeter JÄRVELAID

A) Zusammenstellung der Nachdrucke und Übersetzungen der Veröffentlichungen von Ilmar Tammelo in den Jahren 1984-2008

Tammelo, Ilmar. Artur-Tõeleid Kliimanni õigusteooria, in: Nõukogude Õigus, 1987, Nr. 5, S. 346-348. (Übersetzung: Archiv für Rechts- und Sozialphilosophie, 1950, Bd. 39, S. 90-101).

Tammelo, Ilmar. Teorija prava Artur-Tõeleid Kliimann In: Sovetskoe pravo, 1987, Nr, 5.(Übersetzung: Archiv für Rechts- und Sozialphilosophie, 1950, Bd. 39, S. 90-101).

Tammelo, Ilmar. Kehtivus õiguseetlise probleemina. In: Akadeemia, 1989, Nr. 5, S. 956-967. (Nachdruck: Õigusteaduslik Ajakiri, 1957, Nr. 2, S. 6-11).

Tammelo, Ilmar. Ellu jääda ja edasi minna. In: Akadeemia, 1990, Nr. 6-10, S. 1313-1344; 1521-1552; 1761-1792; 1985-2015; 2205-2240. Übersetzt von Ilmar Anvelt. (Übersetzung: Survival and surprassing, 1971).

Tammelo, Ilmar. Õiglase valitsemisvormi otsinguil – Akadeemia (1991) Nr. 10, S. 2035-2045. Übersetzt von Merike Saul.

Ilmar Tammelo varased tööd (1939-1943) = The works of Ilmar Tammelo (1939-1943) hrsg. von Peeter Järvelaid, D. A. Loeber, Hamburg: 1993. – 223 S. – (Eesti õigusteaduse allikad; 1).

Tammelo, Ilmar. Õigusteaduse metodoloogia. In: Ilmar Tammelo varased tööd (1939-1943) = The works of Ilmar Tammelo (1939-1943). Hamburg, 1993, S. 31-100. (Eesti õigusteaduse allikad; 1).

Tammelo, Ilmar. Prof. Kliimann'i era- ja avaliku õiguse normativistliku vaheteo kriitika. In: Ilmar Tammelo varased tööd (1939-1943) = The works of Ilmar Tammelo (1939-1943). Hamburg, 1993, S. 101-120. – Bibl. S. 119-120. – (Eesti õigusteaduse allikad; 1).

---

* Die von Dorothea Mayer-Maly seinerzeit zusammengestellte Bibliografie (Verzeichnis der Veröffentlichungen von Ilmar Tammelo, In: Objektivierung des Rechtsdenkens, Berlin 1984, S 747ff.) endet mit dem Jahr 1984. Dasselbe gilt für die aufgrund estnischer Quellen ergänzte („compiled") Fassung von Järvelaid, P., In: The Works of Ilmar Tammelo 1939 – 1943, Hamburg 1993, S 205ff.

Tammelo, Ilmar. Õigusnorm ja ta struktuur. In: Ilmar Tammelo varased tööd (1939-1943) = The works of Ilmar Tammelo (1939-1943). Hamburg, 1993, S. 121-204. – Bibl. S. 201-204. – (Eesti õigusteaduse allikad; 1).

Tammelo, Ilmar. Rahvusvaheline õigus ja rahvusvaheline moraal. In: Vaba Eesti tähistel: valimik tsensuurivaba eesti mõttelugu aastaist 1948-64. Tallinn, 2000, S. 309-312. – Zuerst erschienen: Vaba Eesti (1964) Nr. 3.

Tammelo, Ilmar. Õiglus ja hool. – Tartu: Ilmamaa, 2001. (Eesti mõttelugu; 42). – Zweite Auflage 2006.

Tammelo, Ilmar. Õiglus ja hool. In: Õiglus ja hool. Tartu, 2001, S. 15-20. – (Eesti mõttelugu; 42). (Neuauflage: Olion, 1960, Nr. 1, S. 4-7).

Tammelo, Ilmar. Õigluse filosoofiast. In: Õiglus ja hool. Tartu, 2001, S. 23-154. – (Eesti mõttelugu; 42). (Übersetzung: Zur Philosophie der Gerechtigkeit, 1982).

Tammelo, Ilmar. Õigus, õiglus ja sotsiaalne reaalsus. In: Õiglus ja hool. Tartu, 2001, S. 155-168. – (Eesti mõttelugu; 42). (Übersetzung: Östereichische Zeitschrift für öffentliches Recht, 1957, Bd VIII, Heft 3, S. 373-384).

Tammelo, Ilmar. Faktide loomus kui juriidiline tópos. In: Õiglus ja hool. Tartu, 2001, S. 169-190. – (Eesti mõttelugu; 42). (Übersetzung: Archiv für Rechts- und Sozialphilosophie, 1963, Beiheft 39, S. 235-261).

Tammelo, Ilmar. Õigus, loogika ja inimsuhtlemine. In: Õiglus ja hool. Tartu, 2001, S. 191-222. – (Eesti mõttelugu; 42). (Archiv für Rechts- und Sozialphilosophie, 1964, Bd. 50, S. 331-366).

Tammelo, Ilmar. Õiglus ja meelerahu: mõtteid Meister Eckhardi õiglusõpetusest. In: Õiglus ja hool. Tartu, 2001, S. 223-228. – (Eesti mõttelugu; 42). (Übersetzung: Miscellanea on Law, Justice and Society 1971. Lawasia 2, S. 107-111).

Tammelo, Ilmar. Loomulik õigus õigusfilosoofia ajaloo valguses. In: Õiglus ja hool. Tartu, 2001, S. 229-236. – (Eesti mõttelugu; 42). (Übersetzung: Östereichische Zeitschrift für öffentliches Recht, 1974, Bd 25, S. 39-44).

Tammelo, Ilmar. Kehtivus õiguseetilise probleemina. In: Õiglus ja hool. Tartu, 2001, S. 237-246. – (Eesti mõttelugu; 42). (Nachdruck: Õigusteaduslik Ajakiri, 1957, Nr. 2, S. 6-11).

Tammelo, Ilmar. Juristide kontaktiotsingutest filosoofidega: mõeldes Luigi Bagolini seisukohtadele juristide ja filosoofide suhtlemise kohta. In: Õiglus ja hool. Tartu, 2001, S. 247-267. – (Eesti mõttelugu; 42). (Übersetzung: Journal of Legal Education, 1961, Nr. 13. S. 187-203).

Tammelo, Ilmar. Ellu jääda ja edasi minna. In: Õiglus ja hool. Tartu, 2001, S. 271-392. – (Eesti mõttelugu; 42). (Übersetzung: Survival and surprassing, 1971).

Tammelo, Ilmar. Kooseksisteerimine ja suhtlemine: teooria ja reaalsus nõukogude lähenemises rahvusvahelisse õigusesse. In: Õiglus ja hool. Tartu, 2001, S. 393-433. – (Eesti mõttelugu; 42). (Übersetzung: Sydney Law Rewiew, 1965, Nr. 5, S. 29-58).

Tammelo, Ilmar. Eesti rahvusliku pärimuse lahtimõtestamise suundi. In: Õiglus ja hool. Tartu, 2001, S. 434-436. – (Eesti mõttelugu; 42). (Nachdruck: „Vaba Eesti", 1963, Nr. 3, S. 45).

Tammelo, Ilmar. Eksistentsialism ja psühhoanalüüs. In: Õiglus ja hool. Tartu, 2001, S. 437-445. – (Eesti mõttelugu; 42). (Nachdruck: „Vaba Eesti", 1962, Nr. 1, S. 9-11).

Tammelo, Ilmar. Võitlus õigusfilosoofia pärast / übersetzt von Lauri Mälksoo. In: Juridica (2002) nr. 8, S. 511-513. – Õigusfilosoofiast kui akadeemilisest distsipliinist.

Tammelo, Ilmar. Kritik zu Prof. Kliimann's normativistischer Unterscheidung des Privat- und des oeffentlichen Rechts (Dorpat, 1941). In: Aus dem Nachlass von Julius Moór. Budapest, hrsg. von Csaba Varga: 1995, S. 63-145. – (Philosophiae iuris). – (Übersetzung: Prof. Kliimann'i era- ja avaliku õiguse normativistliku vaheteo kriitika).

Tammelo, Ilmar. About legal philosophy. In: International Journal for the Semiotics of Law (2005) nr. 1, S. 83-94.

Tammelo, Ilmar. [Kiri prof. J. Moorile (Freiburg, 1944)]. In: Aus dem Nachlass von Julius Moór. Budapest, 1995, S. 45-46. – (Philosophiae iuris).

B) Artikel und Notizen über Ilmar Tammelo in den Jahren 1982-2007

Uibopuu, Henn-Jüri. Ilmar Tammelo in memoriam. In: Teataja, 5. März 1982.

Arens, Ilmar. Ilmar Tammelo in memoriam. In: Eesti Päevaleht (Stockholm), 6. März 1982.

Arens, Ilmar. Tammelo postuumselt: Terrorism kui õigusfilosoofia probleem. In:Eesti Päevaleht (Stockholm), 11. Dezember 1982.

Arens, Ilmar. Postuumne Tammelo teos rahuküsimusest. In: Eesti Päevaleht (Stockholm), 15. Dezember 1982.

Arens, Ilmar. Prof. I.Tammelo postum käsitlemas rahuprobleeme. In: Vaba Eesti Sõna, 20. Januar 1983.

Vaska, Vootele. Õigus, loogika ja mõistuse ekstaas: Mõtteid ja märkmeid Ilmar Tammelo mälestuseks. In: Mana, 1984, Nr. 54, S. 30-34.

Vaska, Vootele. Õigus, loogika ja mõistuse ekstaas: Mõtteid ja märkmeid Ilmar Tammelo mälestuseks. In: Akadeemia. 1989, Nr. 5, S. 968-978.

Järvelaid, Peeter. Ilmar Tammelo (1917-1982). In: Tartu Ülikooli õigusteaduskonna kasvandik, Bologna Ülikooli audoktor ja Soome Teaduste Akadeemia välisliige. –Eesti Akadeemilise Õigusteaduse Selts 1989. aastal. Tartu: Tartu Ülikool, 1990, S. 123-145.

Järvelaid, Peeter. Ilmar Tammelo (1917-1982). In: Akadeemia, 1990, Nr. 10, S. 2219-2231.

Järvelaid, Peeter. Ilmar Tammelo (1917-1982). In: TÜ Toimetised, 1990, Nr. 914, S. 111-127.

Bibliografija trudov Ilmar Tammelo. Sostavitel' J.Isotamm. In: TÜ Toimetised, 1990, Nr. 914, S. 143.

Kergandberg, Eerik. Teeviit Ilmar Tammelo juurde. In: Eesti Akadeemilise Õigusteaduse Selts 1989. aastal. Tartu: Tartu Ülikool, 1990, S. 123-145.

Maruste, Rait. Eesti õigusteadus ja õigusteadlased väljaspool kodumaad. In: Eesti Akadeemilise Õigusteaduse Selts 1989. aastal. Tartu: Tartu Ülikool, 1990, S. 123-145.

Isotamm, Jaan. Täiendusi Ilmar Tammelo teoste bibliograafiale. In: Akadeemia, 1991, Nr. 10, S. 2046.

Järvelaid, Peeter. Ilmar Tammelo – 75. In: Eesti Jurist (1992) Nr. 1, S. 41-42.

Järvelaid, Peeter. 75 let so dnja roždenija Ilmara Tammelo. In: Jurist Ėstonii (1992) Nr. 1, S. 48-50. – Ilmar Tammelo 75.

Täiendusi Ilmar Tammelo teoste bibliograafiale / zusammengestellt von Peeter Järvelaid. In: Akadeemia (1991) Nr. 10, S. 2046. – Bibl. 13 nim.

Jõgi, Piibe. Ilmar Tammelo õpetus õiglusest [Abschlussarbeit] / Universität Tartu, Juristische Fakultät; Betreuer: Peeter Järvelaid. – Tartu, 1994. – 55 S. – Bibl. S. 53-54.

Järvelaid, Peeter. Ilmar Tammelo (1917-1982). In: Juristen. Ein biographisches Lexikon. Von der Antike bis zum 20. Jahrhundert. München, 1995, S. 606-607.

Rosenberg, Tiit. Eesti õigusajaloolaste töömailt. In: Kleio: Ajaloo Ajakiri (1995) Nr. 1, S. 49-50.

Jõgi, Piibe. Kaasaegsed teooriad õiglusest anglo-ameerika õigusfilosoofias [Magisterarbeit] / Universität Tartu, Juristische Fakultät; Betreuer: Peeter Järvelaid. – Tartu, 1996. – 98 S.

Jõgi, Piibe. Õigus ja eetika: teooriad õigusest ja õiglusest 20. sajandi õigusfilosoofias. – Tallinn: Juura, 1997. – 224 S. – Bibl. S. 223-224. (Über I. Tammelo siehe S. 126-168.)

Järvelaid, Peeter. Rändur, kes alati teel… In: Välis-Eesti: Välis-Eesti Ühingu ajakiri (1997) Nr. 1/2, S. 22-24; Nr. 4, S. 23-29. – Õigusteadlane Ilmar Tammelo (1917-1982).

Tammelo, Ilmar. In: Eesti Entsüklopeedia, Bd. 14: Eesti elulood. Tallinn: Eesti Entsüklopeediakirjastus, 2000, S. 514.

Järvelaid, Peeter. Tammelo, Ilmar (1917-1982). In: Juristen: ein biographisches Lexikon: von der Antike bis zum 20. Jahrhundert. München, 2001, S. 621-622. – (Beck'sche Reihe; 1417).

Narits, Raul. Elutee, mis oli pühendatud õigluse otsinguile: Ilmar Tammelo. In: Juridica (2002) nr. 9, S. 635-638.

Kiili, Jaanus. Korp! Rotalia liikmed akadeemilises maailmas. In: Korporatsioon Rotalia 90: juubelialbum. Tallinn, 2003, S. 220-239. – Biografische Übersichten von Juristen: Peeter Järvelaid, S. 224; Ilmar Tammelo, S. 230; Jüri Uluots, S. 230-231.

Järvelaid, Peeter. Unustatud geeniuse tagasitulek. In: Postimees, 6. September 2002, S. 15.

Järvelaid, Peeter. Euroopa kultuuriruumis matkates. In: Õigus ja poliitika kultuuris: artikleid ja esseid / Peeter Järvelaid. Tallinn, 2002, S. 139-179.

Verenich, Vadim. Introduction: The Perspectives of the Tartu-Moscow Semiotic School on Legal Semiotics. In: International Journal for the Semiotics of Law (2005) Nr. 1, S. 1-4.

Järvelaid, Peeter. Kuulus narvalane ja maailmakodanik – prof. Ilmar Tammelo (25.02.1917-07.02.1982). In: Eesti Elu (Toronto), 7. Dezember. 2007, S. 7.

Järvelaid, Peeter. Narvakas ja ilmakodanik Ilmar Tammelo väärib Narvas tänavat. In: Narva Postiljon, 20. Oktober 2007, S. 2.

Autoren

BRIESKORN, Dr. Norbert SJ, Prof. für Rechtsgeschichte, Rechtsphilosophie und Kirchenrecht an der Hochschule für Philosophie München der Gesellschaft Jesu, dort Rektor von 1999-2005

CYRAS, Dr. Vytautas, ao.Prof. am Department of Software Engineering der Universität Vilnius

DUTTGE, Dr. Gunnar, Professor für Strafrecht und Strafprozessrecht, Abteilung für strafrechtliches Medizin- und Biorecht, Geschäftsführender Direktor des Zentrums für Medizinrecht an der Universität Göttingen

FISCHER, DDr. Michael, Univ.-Prof. für Rechts- und Sozialphilosophie sowie Politikwissenschaft, Leiter des Fachbereichs für Sozial- und Wirtschaftswissenschaften der Universität Salzburg; Honorarprofessor für Kulturwissenschaften der Universität Klagenfurt; Hrsg. der Reihen „Ethik transdisziplinär“ und „Schriften zur Rechts-, Sozial- und Wirtschaftsphilosophie“, Bern.

GANTNER, Dipl. Ing. Mag., Felix, Österreichisches Forschungsinstitut für Rechtsinformatik (Fa. Infolex)

HANDSTANGER, Dr. Meinrad, HR Richter am Verwaltungsgerichtshof in Wien; Lehrbeauftragter am Institut für Öffentliches Recht der Universität Graz sowie am Institut für Europarecht der Universität Innsbruck

JAKOB, Dr. Raimund, Lehrbeauftragter am Fachbereich für Sozial- und Wirtschaftswissenschaften der Universität Salzburg; Mitbegründer des Europäischen Instituts für Rechtspsychologie (EIRP) in Zürich, Mitglied des Wissenschaftlichen Beirats ebendort; Mitherausgeber der Reihe „Schriften zur Rechtspsychologie (SRP)“, Bern

JÄRVELAID, Dr. Peeter, o.Prof. für Rechtsgeschichte und Rechtstheorie an der Juristischen Fakultät der Universität Nord in Tallinn; 2003-2005 Rektor der Estnischen Akademie für Innere Sicherheit; 2006-2007 Rektor der Estnischen Marineakademie

KAHLIG, Dr. Wolfgang, Prof., Kontakt-EDV Betriebsberatung, Wien

KARAFYLLIS, Dr. Nicole C., Full Professor of Philosophy, College of Humanities and Social Sciences, United Arab Emirates University, Al-Ain (UAE)

KREUZBAUER, MMag. Dr. Günther, Ass.-Prof. am Fachbereich für Sozial- und Wirtschaftswissenschaften der Universität Salzburg

KRONAUER, Dr. Ulrich, Honorarprofessor; Mitarbeiter am Deutschen Rechtswörterbuch, Forschungsstelle der Heidelberger Akademie der Wissenschaften; Lehrbeauftragter am Institut für Philosophie der Universität Karlsruhe

LACHMAYER, Dr. Friedrich, MR i.R.; Univ.-Prof.; Lehrbeauftragter am Institut für Rechtsinformatik der Universität Innsbruck; Generalvorsitzender IRIS

PAVCNIK, Dr. Marijan, o.Prof. für Rechtstheorie und Rechtssoziologie, University of Ljubljana

PHILIPPS, Dr. Lothar, Prof. am Institut für die gesamten Strafrechtswissenschaften, Rechtsphilosophie und Rechtsinformatik der Universität München

ROTTER, Dr. Frank, Professor i.R. für Öffentliches Recht und Soziologie an der Hochschule Fulda; nbd. Prof. für Rechtssoziologie, Rechts- und Sozialphilosophie am Fachbereich für Rechts- und Wirtschaftswissenschaften der Universität Mainz

SCHULZ, Dr. Lorenz, M.A., RA, apl. Prof. FB Rechtswissenschaft Universität Frankfurt/Main; Lehrstuhlvertretung Strafrecht, Universität München

SCHWEIGHOFER, Mag. DDr. Erich, ao.Univ.-Prof. am Institut für Europarecht der Universität Wien, Arbeitsgruppe Rechtsinformatik (Juridicum); Generalvorsitzender IRIS

de SOUSA e BRITO, Dr. José, Richter i.R. am portugiesischen Verfassungsgericht; Prof. an der Neuen Universität Lissabon

de SOUSA MENDES, Dr. Paulo, Jurist der portugiesischen Börsenaufsicht (CMVM), Gastprofessor an der Rechtsfakultät der Universität Lissabon

VARGA, Dr. Csaba, Professor der Rechtswissenschaften, Leiter des Fachbereichs für Rechtsphilosophie an der Katholischen Péter Pázmány Universität in Budapest; Wissenschaftlicher Berater, Institut für Rechtswissenschaften der Ungarischen Akademie für Wissenschaften

WEIMAR, Dr. mult., Robert, LL.M, LL.M., Univ.-Prof. Department of Law der Universität Siegen; Kursleiter am Institut für Medizinische Psychologie der Universität Heidelberg

YOSHINO, Hajime, o.Prof. für Rechtswissenschaft an der Meiji Gakuin University Graduate Law School in Tokio

Ein Schlusswort: Bemerkungen zu Ilmar Tammelo und IRIS

Erich SCHWEIGHOFER

Das Internationale Informatik Symposion IRIS spiegelt seine Vielfalt nicht nur durch die Anzahl der Themen, deren Interdisziplinarität, die fruchtbaren Ideen oder die verschiedenen bisherigen Namen der Konferenz wieder, sondern auch durch die Vielzahl von „Egos“ und deren unterschiedlichsten Motiviationen, die unter IRIS gebündelt werden.

Ich habe Ilmar Tammelo selbst nie persönlich kennengelernt. Während meiner Habilitation habe ich seine Bücher zur Rechtslogik mit großem Interesse gelesen und war von der Denkschärfe, aber auch guten Lesbarkeit beeindruckt.

IRIS gibt es, weil renommierte Wissenschaftler dies als die beste Chance der Weiterentwicklung einer wichtigen aber leider – nicht nur, aber insbesondere auch im deutschen Sprachraum – unterfinanzierten Wissenschaft gesehen haben. A Min Tjoa als Mitgründer und Mitorganisator der DEXA und als Geburtshelfer des Arbeitskreises Rechtsinformatik der OCG hat in einer Konferenz die beste Chance gesehen, eine kritische Masse an Rechtsinformatikern für das Fach zu gewinnen. Der Vorschlag wurde schon 1989 unterbreitet; aus Mangel an Ressourcen wurde dies vorläufig nicht verfolgt. Es dauerte doch einige Zeit – mit einem Zwischenspiel der Idee einer gemeinsamen Konferenz mit Witold Abramowicz von der Wirtschaftsuniversität Posen –, dass dieser Vorschlag von mir aufgegriffen wurde. In der Zwischenzeit fungierte das Seminar aus Rechts- und Verwaltungsinformatik von Friedrich Lachmayer und Roland Traunmüller an der Universität Wien als eine Art „Ständige Rechtsinformatik-Konferenz“.

Eine wichtige Rolle spielte ein von mir organisiertes Treffen der habilitierten Rechtsinformatiker im Februar 1997 in Salzburg. Die Idee der Konferenz wurde wieder aufgegriffen und über den Sommer verfeinert und im Oktober 1997 auf der Tagung der GI-Verwaltungsinformatik von einer kleinen Gruppe österreichischer und deutscher Rechtsinformatiker in Hamburg beschlossen (unter dem Titel: Internationales Rechtsinformatik Kolloquium). Roland Traunmüller als langjähriger Leiter des Arbeitskreises Verwaltungsinformatik der OCG (nunmehr E-Government Forum) und „Vize“ von Herbert Fiedler, dieser als langjähriger Sprecher des Fachausschusses Rechtsinformatik und Informationsrecht der GI und Friedrich Lachmayer als langjähriger Hauptorganisator des Seminars für Rechts-

und Verwaltungsinformatik und „RIS-Chef" im Bundeskanzleramit haben diesen Beschluss unterstützt und mitgetragen. Die wesentlichen Merkmale der heutigen IRIS waren schon damals präsent: offene und kompetitive Konferenz mit möglichst geringen Teilnahmekosten.

In der Folge hat sich gezeigt, dass ein Omnia-Aufruf um Beiträge nicht genügt, um Rechtsinformatiker nach Salzburg einzuladen. Friedrich Lachmayer hat es unternommen, die entscheidende persönliche Werbung zu unternehmen und die möglichen Referenten in seiner bekannt direkten Art konkret mit Vortragsvorschlag angesprochen. Wenn auch nun die Beiträge schon seit langem über Omnia-Aufruf ausreichend kommen: diese Methode wird nach wie vor, insbesondere nun von mir, verfolgt, wenn neue Workshops aufzubauen oder die Internationalität zu verstärken ist.

Ich habe mich schon damals gefragt, warum Friedrich Lachmayer dies neben seinen beiden „Hüten" als damaliger Abteilungsleiter im Bundeskanzleramt-Verfassungsdienst und Universitätsdozent (mit dem Titel eines Universitätsprofessors) in Innsbruck bzw Wien diese Arbeit auf sich nimmt. Sein Beitrag in diesem Band ist die Antwort. Es war für ihn eine Wiederbelebung einer Gesprächskultur, die Ilmar Tammelo in den 1970er Jahren geschaffen hat, die ihn zur Wissenschaft gebracht hat und die er als Schüler Tammelos wiederbeleben wollte.

Das Erbe Tammelos soll in diesem Band gewürdigt werden. Dem schließe ich mich gerne an, und zwar für die großartigen Bücher, die er uns hinterlassen hat, aber insbesondere auch in der Gesprächskultur. Einige Anmerkungen sind natürlich schon angebracht. IRIS ist nicht mehr ein Gesprächskreis, sondern eine Großkonferenz mit vielen unterschiedlichen Gruppierungen, einer hohen Internationalität, und der Integration von Verwaltung und Wirtschaft. IRIS ist als Großkonferenz den Schuhen Tammelos entwachsen, und stellt eine Institution dar, wie dies A Min Tjoa und Roland Wagner mit der DEXA oder Witold Abramowicz mit der BIS gelungen ist. Die Organisation und Finanzierung ist heute ein Balanceakt zwischen zwei Universitäten, der Wirtschaft, der Verwaltung sowie KMUs und der Zivilgesellschaft unter meiner Leitung. Das offene Forums ohne Zugangsschwellen ist eine Herausforderung für die Organisatoren.

IRIS, war, ist und soll auch in Zukunft ein Forum der Würdigung großartiger Wissenschaftler der Rechtsinformatik sein:

- 2002: für den leider tragisch früh verstorbenen Helmut Schreiner,
- 2003: für den Mitgründer Friedrich Lachmayer zum Sechziger,
- 2004: für die Leitfigur der deutschen Rechtsinformatik und Rechtstheorie Lothar Philipps zum Siebziger,
- 2007: für Ilmar Tammelo und

– 2009: für Doyen der deutschen Rechtsinformatik Herbert Fiedler anlässlich seines Achtzigers.

Die Wissenschaft braucht zum Gedeihen Wissenschaftlerinnen und Wissenschaftler. Die Lebenskraft und Energie wird für wissenschaftliche Zwecke gebündelt und verbraucht – und dennoch oder gerade deshalb geht es weiter. Die damit verbundene Lebensfreude am Ereignis selbst ist in einer ideellen Sicht eine Form des Danks. Finanziell ist dies ja nicht ausreichend der Fall und in der Rechtsinformatik ist dieses Thema durch den Mangel an Stellen noch trauriger als sonst wo.

Ilmar Tammelo hat ein interessantes, aber schwieriges Leben als Wissenschaftler – und auch als Rechtsinformatiker – gelebt. Als Mitgründer und nunmehriger Hauptgestalter der IRIS freue ich mich sehr, dass wir diese Leistungen durch diese Gedächtnisschrift würdigen können!

Register

Austria: Forschung und Wissenschaft – Rechtswissenschaft

AUSTRIA
FORSCHUNG UND WISSENSCHAFT – RECHTSWISSENSCHAFT
Band 1

Manfred Büchele, Thomas Mildner,
Katharina Murschitz, Günter H. Roth, Ulrike Wörle

Corporate Governance
in Deutschland und Österreich

LIT

Manfred Büchele; Thomas Mildner; Katharina Murschitz; Günter H. Roth; Ulrike Wörle
Corporate Governance in Deutschland und Österreich
Corporate Governance ist ein neuer Titel für das alte Thema, eine gute Unternehmensführung und wirksame Kontrolle in der Aktiengesellschaft zu gewährleisten. In dem Anglizismus schwingt freilich gleichzeitig die einseitige Fixierung auf den Shareholder value und die globalen Kapitalmärkte mit, und die Frage ist durchaus, wie lange die damit verbundenen sozialen Kosten noch in Kauf genommen werden. Doch welche gesellschaftspolitische Lösung auch immer gefunden werden mag, die Regelungsaufgabe bleibt allemal, die Unternehmensleiter als Treuhänder der ihnen anvertrauten Interessen rechenschaftspflichtig zu machen und hierfür im Unternehmensrecht die geeigneten Instrumente auszudifferenzieren.
Bd. 1, 2006, 248 S., 24,90 €, br., ISBN 3-8258-9436-3

LIT Verlag Berlin – Münster – Wien – Zürich – London
Auslieferung Deutschland / Österreich / Schweiz: siehe Impressumsseite

Gerwin Haybäck
Verbraucherschutzmodelle für ein faires Vertragsrecht
Mit 21 Abbildern von Reinhold Brandstätter
Verbraucherschutzmodelle dienen der Begründung eines Schwächerenschutzes. Die Arbeit untersucht und systematisiert unterschiedliche Strömungen des Verbraucherschutzes im Vertragsrecht. Ausgangspunkt ist das Phänomen des Marktversagens. Dazu tritt der Verbraucher keineswegs „souverän" dem Marktgeschehen gegenüber. Deshalb bedürfen Kapitalismus und Marktwirtschaft ethischer Rückbindung und rechtlicher Kontrolle. Dem Informationsmodell und den radikal-alternativen Schutzansätzen wird quasi als Kompromiss das gemäßigte soziale Schutzmodell gegenüber gestellt. Alle drei Modelle bedürfen der Ergänzung durch das europäische Verbraucherschutzmodell.
Bd. 2, 2008, 504 S., 54,90 €, gb., ISBN 978-3-8258-1483-0

LIT Verlag Berlin – Münster – Wien – Zürich – London
Auslieferung Deutschland / Österreich / Schweiz: siehe Impressumsseite

Recht und Kultur
hrsg. von Univ. Prof. Dr. Heinz Barta
(Universität Innsbruck)

Heinz Barta; Günther Pallaver (Hg.)
Karl Anton von Martini
Ein österreichischer Jurist, Rechtslehrer, Justiz- und Bildungsreformer im Dienste des Naturrechts
Dieser Band enthält die deutschsprachigen Referate der Tagung, die im Jahre 2000 anlässlich der 200. Wiederkehr des Todes des großen österreichischen Juristen Karl Anton von Martini († 8. August 1800) in Trient stattgefunden hat. Zu diesen Referaten kamen einige neue Beiträge hinzu, die Martini und das A(llgemeine) B(ürgerliche) GB(esetzbuch) betreffen. – Damit soll ein weiterer Beitrag geleistet werden, um Martini von historischen Vorurteilen zu befreien.
Bd. 4, 2007, 320 S., 24,90 €, br., ISBN 978-3-8258-0502-9

LIT Verlag Berlin – Münster – Wien – Zürich – London
Auslieferung Deutschland / Österreich / Schweiz: siehe Impressumsseite

Gregor Lässer
Martinis Rechtsphilosophie und das österreichische Privatrecht
Von Martinis ‚Lehrbegriff des Naturrechts' (1762) zum Allgemeinen Bürgerlichen Gesetzbuch (1811/12)
Österreich verdankt Karl Anton von Martini (1726 – 1800) viel. Sein Einfluss auf die österreichische Privatrechtskodifikation reicht über die Kodifikationsstufen des *„Entwurf Martini"* (1796) und das *„Westgalizische Gesetzbuch"* (1797) bis zum *ABGB* von 1811/12. Martinis Wirken als Kodifikator war geleitet von naturrechtlichem Denken, das auch seine beiden Hauptwerke bestimmt: die *„Positiones de lege naturali"* (1762) und die *„Exercitationes sex"* (1766). Zentrale Teile seines Werks – die angeborenen Rechte, sein Sach-, Eigentums- und Vertragsbegriff und va. sein gesetzliches Auslegungs- und Lückenfüllungskonzept bilden noch heute Marksteine des österreichischen Privatrechts und sollten Bestandteil eines künftigen europäischen Privatrechts werden.
Bd. 5, 2008, 200 S., 19,90 €, br., ISBN 978-3-8258-1111-2

Michael Koller
Not kennt kein Gebot
Entstehung – Verbreitung – Bedeutung eines Rechtssprichwortes
Die vorliegende Arbeit beschäftigt sich mit den Grundlagen menschlicher Vergesellschaftung. Insbesondere wird dargestellt, dass Menschen notwendigerweise eines gewissen Mindestmaßes an Ordnung bedürfen, um sich überhaupt zum „Menschen" entwickeln zu können und nicht auf animalischem Niveau zu verharren. Dazu werden verschiedene Evolutionsstufen näher beleuchtet. Gleichzeitig zeigt die Untersuchung, dass die menschliche Gesellschaft eines „Staates" bedarf und dieser wiederum des Rechts um einen notwendigen Ausgleich zwischen individueller „Kreativität" und kollektiver „Kulturalität" durchführen zu können.
Bd. 7, 2009, 240 S., 19,90 €, br., ISBN 978-3-643-50057-1

LIT Verlag Berlin – Münster – Wien – Zürich – London
Auslieferung Deutschland / Österreich / Schweiz: siehe Impressumsseite